高等院校精品课程系列教材

大学生创业启程

第 2 版

Entrepreneurship Fundamentals
for College Students

主编 丁忠明
副主编 焦晓波 郝喜玲

机械工业出版社
China Machine Press

图书在版编目（CIP）数据

大学生创业启程 / 丁忠明主编 . — 2版 . —北京：机械工业出版社，2019.2（2025.2重印）
（高等院校精品课程系列教材）

ISBN 978-7-111-61937-6

I. 大… II. 丁… III. 大学生 – 创业 – 高等学校 – 教材 IV. G647.38

中国版本图书馆CIP数据核字（2019）第019791号

本书首先简要介绍了创业的时代背景、基本知识和概念，接着讨论了大学生创业类型选择、创业者思维训练和能力培养、创业机会的识别与评估、创业团队的组建、创业资源的获取与利用、商业模式设计、创业计划书的撰写、创业风险和创业失败应对、新创企业的成立和管理，最后总结了大学生创业活动。本书特色如下：

（1）突出基础，通俗易懂。根据教育部对创业基础课程的基本要求和大学生的学习需求，本书在深入理解该基本要求精神的前提下，做到融会贯通，对于创业理论知识的阐述力求系统、简洁、实用。

（2）内容合理，注重实践。本书将创业的基本理论知识融入一系列体验式活动中，科学设计内容，案例鲜活而丰富，注重创业的实践性，培养大学生的创业意识与创业能力。除更新了案例素材外，第2版还增加了创业风险和创业失败应对、新创企业的成立和管理等内容。

（3）体例丰富，启发性强。每章设有创业名言、本章框架、开篇案例、创业聚焦、他山之石、小贴士、要点回顾、复习思考题等栏目，便于学生学习，每章结尾还设计了牛刀小试栏目，供学生游戏、实验、实训，学以致用。

本书既可作为普通高等院校全体大学生的创业基础课程教材，也可作为创业者的参考读物。

出版发行：机械工业出版社（北京市西城区百万庄大街22号　邮政编码：100037）
责任编辑：鲜梦思　　　　　　　　　　　　责任校对：殷　虹
印　　刷：北京捷迅佳彩印刷有限公司　　　版　　次：2025年2月第2版第11次印刷
开　　本：185mm×260mm　1/16　　　　　　印　　张：20.25
书　　号：ISBN 978-7-111-61937-6　　　　 定　　价：49.00元

客服电话：(010) 88361066　68326294

版权所有·侵权必究
封底无防伪标均为盗版

改革开放 40 年,中国经济和社会发生了翻天覆地的变化,创业者和企业家功不可没。从改革开放初期允许个体户经商到当下大力弘扬优秀企业家精神,创业的价值得到越来越多的肯定。党的十九大报告明确提出,中国特色社会主义进入了新时代。新时代迫切需要培养一大批真正具有引领能力的创新创业人才,服务社会主义现代化强国建设,引领未来人类文明的发展方向。新时代要有新气象,更要有新作为。

党的二十大报告提出"创新是第一动力",创新是社会进步的灵魂,是国家兴旺发达的不竭动力,是从根本上打开增长之锁的钥匙,是建设现代化经济体系的战略支撑。创业是推动经济社会发展、改善民生的重要途径。大力推进创新创业工作是落实国家战略、服务"大众创业、万众创新"的重要举措,更是我国高等教育自身改革发展的根本需要,使命光荣、任务艰巨、前景广阔。

创新创业教育是高等教育发展的时代性特征、阶段性特征、标志性特征,是国际发展潮流和趋势。有效培育大学生的创新精神、创业意识和创新创业能力,是高校创新创业工作的出发点和落脚点。

开展创新创业教育,就是以培养创新精神、创业意识和创新创业能力为导向,创新人才培养体制机制,全面深化人才培养模式和教育教学方法改革,推动专业教育与创新创业教育有机融合,积极探索产教协同、科教协同等育人模式,实现学生、教师和课程的全覆盖。

教材是高校开展创新创业教育的重要组成部分。我们的教学团队,致力于打造一本既有科学体系又与时俱进且通俗易懂的精品教材。根据外部环境的变化和高校打造新经管战略的要求,我们对《大学生创业启程》进行了修订,全书的逻辑框架如下:

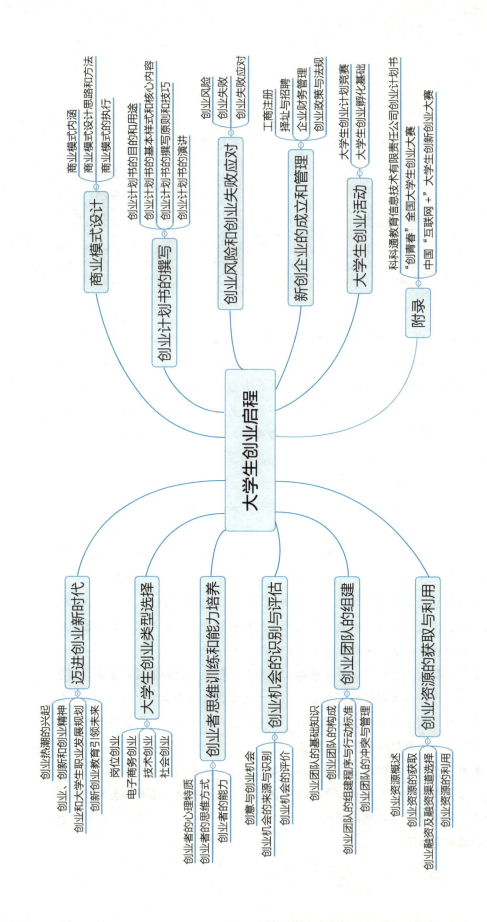

本书在保留了原有基本内容的基础上，主要变化有：

（1）进一步完善教材架构体系。由原先的9章增加为11章，内容涵盖从大学生对创业基本知识的了解到参加大学生创业活动的体验，修订后的教材结构更加合理。

（2）增加最新的内容，体现与时俱进的精神。对"创业聚焦""小贴士""他山之石"等栏目进行了调整，特别是增加了创业风险和创业失败等方面的内容，完善了本书的内容架构。

（3）新增附录内容，便于学生自学。本书还新增了一篇关于大学生创业项目计划书的具体内容，以及介绍"创青春"全国大学生创业大赛和中国"互联网+"大学生创新创业大赛等方面的内容。

本书分为11章，各章编写分工如下：

第一章	迈进创业新时代	焦晓波
第二章	大学生创业类型选择	许云华
第三章	创业者思维训练和能力培养	郝喜玲
第四章	创业机会的识别与评估	任玲玉
第五章	创业团队的组建	华斌
第六章	创业资源的获取与利用	魏纪泳
第七章	商业模式设计	黄紫微
第八章	创业计划书的撰写	杜晶晶
第九章	创业风险和创业失败应对	郝喜玲
第十章	新创企业的成立和管理	刘冬华
第十一章	大学生创业活动	刘冬华
前言、参考文献、附录、各章框架导图		焦晓波

本次修订由丁忠明教授设计总体方案，并得到了安徽财经大学各级领导的关心和帮助，以及机械工业出版社编辑的大力支持，对他们的辛勤劳动表示衷心的感谢。

由于时间和学识等多方面的限制，比照精品教材的要求，本书还有很多不足，我们真诚欢迎诸位读者朋友提出宝贵的建议，也恳请同行专家批评指正。

前言
PREFACE
第1版

20世纪80年代以来,伴随着社会经济结构转型以及新技术的快速发展,特别是互联网的普及应用,直接引发了新一轮的创业热潮。创业活动日趋活跃,创新创业精神正在成为经济发展和社会进步的重要推动力量。正如彼得·德鲁克所言,人类历史已走到一个重要转折点:创业型社会。客观上说,当今世界已进入一个崭新的创业竞争时代,国与国之间的竞争聚焦在创业与创新水平上。创业是否活跃,已经成为衡量区域经济是否发达的一个重要参考标准。

2014年9月,李克强总理在达沃斯论坛开幕式致辞中呼吁:让每个有创业愿望的人都拥有自主创业的空间,让创新创造的血液在全社会自由流动,让自主发展的精神在全体人民中蔚然成风。借改革创新的"东风",在960万平方公里土地上掀起一个"大众创业""草根创业"的新浪潮,中国人民勤劳智慧的"自然禀赋"就会充分发挥,中国经济持续发展的"发动机"就会更新换代升级。2015年,国务院出台了《国务院关于大力推进大众创业万众创新若干政策的意见》,激发了社会的创新活力和创业热情。在党的十九大报告中,习近平总书记指出中国特色社会主义进入了新时代,提出要加快建设创新型国家,优先发展教育事业,实现高等教育内涵式发展。习近平总书记提出了在本世纪中叶,把中国建成富强民主文明和谐美丽的社会主义现代化强国的战略目标。

在这样的时代背景下,大学生作为创业阵营中不可忽视的新生力量,在践行"双创"理念的同时,也在激发整个社会的创新活力、提供新的增长动力等方面发挥着日益重要的作用。近年来,大学生创业的比例和数量都在增加,他们创业的目的或是安身立命,或是实现自我;他们创业的方式或是开办新的企业,或是在已有企业中开展创新实践。创业的途中充满诸多的不确定性,不过,整个社会也为大学生营造了一个追求梦想的平台。

创业教育的本质在于创新型人才培养,这是国家针对高等教育的战略部署和大学生"双创"教育任务的实质与内涵。在高校开展创新创业教育，是深化高等教育教学改革，培养学生创新精神和实践能力的重要途径；是落实以创业带动就业，促进高校毕业生充分就业的重要手段。创新创业教育作为适应经济社会和国家发展战略需要而产生的一种教学理念与模式，有助于高校将人才培养、科学研究和社会服务紧密地结合起来，实现从注重知识向更加重视学习能力、实践能力和创新能力的转变，教育学生学会知识技能，学会动手与动脑，学会生存与生活，学会做人与做事，促进学生主动适应社会；有助于激发大学生的学习兴趣和创业热情，有助于提高大学生服务国家和人民的社会责任感，树立创立事业、成就事业，服务新时代国家现代化建设的人生观和价值观。

高校的创新创业教育需要顺应社会需求，发挥应有的作用。令人欣喜的是，在各种政策的推动下，高校已将创业教育纳入大学生课程体系，大学生将通过创业课程，了解中国市场现状，打破职业偏见，为自己找到更多的就业出路。2002年，教育部将清华大学、中国人民大学等9所高校确定为开展创业教育的试点院校，开启创业人才培养的局部试验。2015年，国务院办公厅颁布了《关于深化高等学校创新创业教育改革的实施意见》，为高校开展创新创业教育提供了诸多的优惠政策和制度支持。"大众创业、万众创新"已经成为我国的国家发展战略，成为助推我国经济发展的新引擎，全社会正形成创新驱动发展、创业焕发生机的新局面。"众创空间""创客""互联网+"等新名词逐渐走进大学生的日常生活，创业教育迎来了崭新的春天。

2009年，安徽财经大学在全校范围开设了创业学课程，这属于国内首创。安徽财经大学相继出台了一系列鼓励大学生参加创新创业大赛的政策，成立了创新创业与企业成长研究中心。2014年，批准设立创新创业与企业成长学科特区，创建创业学院。2017年9月，成立了安徽财经大学工商管理学院创新创业教学部。安徽财经大学还在完善人才培养质量标准、创新人才培养模式、健全创新创业教育课程体系、改革教学方法和考核方式、强化创新创业实践、改革教学和学籍管理制度、加强教师创新创业教育教学能力建设、改进学生创业指导服务、完善创新创业资金支持和政策保障体系等方面进行了系统性的制度设计。

作为教育的基础性资源，大学生创业教育离不开课程教材的支撑。我们充分考虑了大学生对创业教育的需求，开设了"大学生创业基础"课程；为方便学生学习，特别组织了创业教学一线具有高级职称或取得博士学位的老师，编写了本书。具体特色如下：

（1）突出基础，通俗易懂。本书的阅读对象是普通高等院校全体大学生，我们根据教育部对创业教育课程的基本要求，在深入理解该教学要求精神的前提下，做到融会贯通。本书对创业理论知识按照简洁、精练、系统的原则进行编写，力求通俗易懂。

（2）内容合理，注重实践。本书将创业的相关理论知识融入一系列体验活动，科学设计内容，融入大量的鲜活案例来增强创业教育的实操性，培养大学生的创业意识与创业能力，同时，每章设计了思维导图，便于学生了解各章架构。

（3）体例丰富，启发性强。章首编排与该章内容相关的开篇案例；学习目标介绍本章重点、难点内容；通过创业聚焦、他山之石介绍国内外相关的创业案例；穿插一系列小贴士，介绍与创业相关的知识点；章后编排了要点回顾、关键名词、复习思考题，以便学习；每章结尾还设计了牛刀小试栏目，供学生游戏、实验、实训，力求做到融会贯通，知行统一。

本书适用于普通高等院校各专业学生，以及普通高校继续教育各专业的学员，也可以作为创业基础知识与入门学习的自学参考书。

本书是集体智慧的结晶。本书的主编是安徽财经大学丁忠明教授，负责整体框架设计，副主编是安徽财经大学工商管理学院创新创业教学部焦晓波教授、郝喜玲副教授，参编人员是安徽财经大学工商管理学院杜晶晶副教授、刘冬华副教授、许云华副教授、华斌博士、魏纪泳博士、任玲玉博士和黄紫微博士。本书具体编写人员分工如下：焦晓波，第一章；许云华，第二章；郝喜玲，第三章；任玲玉，第四章；华斌，第五章；魏纪泳，第六章；黄紫微，第七章；杜晶晶，第八章；刘冬华，第九章。

本书的编写力求充分反映我国高等学校创业教育教学实践的最新进展，选取了大量一手案例与资料。在编写过程中，我们借鉴、参考了国内外大量关于创业指导与创业教育研究方面的文献资料，以及一些创业教育专家学者的理论和观点。本书的编写不仅得到了安徽财经大学校领导和校团委的支持，还得到了安徽财经大学工商管理学院副院长胡登峰教授、副院长张莹教授的大力支持。安徽财经大学经庭如教授、陈阿兴教授、徐旭初教授、王晶晶教授、宋思根教授以及校团委夏光兰、招生就业处顾思伟、学生处胡晓辉等专家，机械工业出版社的编辑也为我们的写作提供了不少有益的建议和帮助，安徽广晟信息科技有限公司王勇经理和安徽财经大学焦晓波教授共同为本书制作了思维导图，本书在撰写过程中参考了大量文献资料，难以一一列出，在此一并表示感谢！

尽管我们付出了巨大努力，但由于时间紧迫，水平有限，书中难免存在疏漏，恳请专家和读者不吝赐教，共同推动大学生创新创业教育事业的发展。

目录 CONTENTS

第 2 版前言
第 1 版前言

第一章 迈进创业新时代 ················· 1
开篇案例　互联网连续创业者：张一鸣 ···· 2
第一节　创业热潮的兴起 ················· 3
第二节　创业、创新和创业精神 ········ 14
第三节　创业和大学生职业发展规划 ···· 22
第四节　创新创业教育引领未来 ········ 27
要点回顾 ······························· 29
关键名词 ······························· 30
复习思考题 ···························· 30
牛刀小试 ······························· 30

第二章 大学生创业类型选择 ········· 32
开篇案例　连环创客：王兴 ················ 33
第一节　岗位创业 ······················· 34
第二节　电子商务创业 ·················· 38
第三节　技术创业 ······················· 40
第四节　社会创业 ······················· 42
要点回顾 ······························· 47
关键名词 ······························· 47

复习思考题 ···························· 47
牛刀小试 ······························· 47

第三章 创业者思维训练和能力培养 ······· 49
开篇案例　知识分享平台的精益创业之路 ···· 50
第一节　创业者的心理特质 ·············· 51
第二节　创业者的思维方式 ·············· 55
第三节　创业者的能力 ·················· 73
要点回顾 ······························· 80
关键名词 ······························· 81
复习思考题 ···························· 81
牛刀小试 ······························· 81

第四章 创业机会的识别与评估 ········· 84
开篇案例　年年家玻璃淘宝店 ············ 85
第一节　创意与创业机会 ················ 86
第二节　创业机会的来源与识别 ········ 95
第三节　创业机会的评价 ················ 107
要点回顾 ······························· 110
关键名词 ······························· 111
复习思考题 ···························· 111
牛刀小试 ······························· 111

第五章 创业团队的组建 …………… 112

开篇案例　复星科技集团的创业团队 … 113
第一节　创业团队的基础知识…………… 114
第二节　创业团队的构成………………… 118
第三节　创业团队的组建程序与行动
　　　　标准…………………………… 124
第四节　创业团队的冲突与管理………… 130
要点回顾……………………………………… 139
关键名词……………………………………… 140
复习思考题…………………………………… 140
牛刀小试……………………………………… 140

第六章 创业资源的获取与利用 ……… 141

开篇案例　王明"英语＋早餐"创业
　　　　项目的资源获取与利用…… 142
第一节　创业资源概述…………………… 143
第二节　创业资源的获取………………… 147
第三节　创业融资及融资渠道选择……… 153
第四节　创业资源的利用………………… 162
要点回顾……………………………………… 168
关键名词……………………………………… 168
复习思考题…………………………………… 168
牛刀小试……………………………………… 169

第七章 商业模式设计 ………………… 170

开篇案例　《创造101》也有商业
　　　　模式……………………………… 171
第一节　商业模式内涵…………………… 172
第二节　商业模式设计思路和方法……… 182
第三节　商业模式的执行………………… 189
要点回顾……………………………………… 195
关键名词……………………………………… 195
复习思考题…………………………………… 195
牛刀小试……………………………………… 196

第八章 创业计划书的撰写 …………… 197

开篇案例　"概率论"：校园社交
　　　　新玩法………………………… 198
第一节　创业计划书的目的和用途……… 199
第二节　创业计划书的基本样式和核心
　　　　内容…………………………… 202
第三节　创业计划书的撰写原则和
　　　　技巧…………………………… 207
第四节　创业计划书的演讲……………… 212
要点回顾……………………………………… 216
关键名词……………………………………… 217
复习思考题…………………………………… 217
牛刀小试……………………………………… 217

第九章 创业风险和创业失败应对 …… 218

开篇案例　大学生创业法律风险需
　　　　重视…………………………… 219
第一节　创业风险………………………… 220
第二节　创业失败………………………… 229
第三节　创业失败应对…………………… 237
要点回顾……………………………………… 246
关键名词……………………………………… 246
复习思考题…………………………………… 247
牛刀小试……………………………………… 247

第十章 新创企业的成立和管理 ……… 249

开篇案例　切勿违规取得发票，以免损失
　　　　后悔莫及……………………… 250
第一节　工商注册………………………… 250
第二节　择址与招聘……………………… 255
第三节　企业财务管理…………………… 259
第四节　创业政策与法规………………… 262
要点回顾……………………………………… 264
关键名词……………………………………… 265
复习思考题…………………………………… 265

牛刀小试 ································ 265

第十一章　大学生创业活动 ·············· 266

开篇案例　尚艺文化纪念品工作室 ······ 267
第一节　大学生创业计划竞赛 ············ 268
第二节　大学生创业孵化基地 ············ 278
要点回顾 ································ 285
关键名词 ································ 286
复习思考题 ······························ 286
牛刀小试 ································ 286

附录 A　科科通教育信息技术有限责任公司创业计划书 ·············· 287

附录 B　"创青春"全国大学生创业大赛 ································ 290

附录 C　中国"互联网＋"大学生创新创业大赛 ························ 300

参考文献 ································ 309
网站推荐 ································ 311
微信公众号推荐 ························ 312

第一章 迈进创业新时代

 创业名言

世界目前的经济已由"管理型经济"转变为"创业型经济",企业唯有重视创新与企业家精神,才能再创企业生机。

——彼得·德鲁克

 本章框架

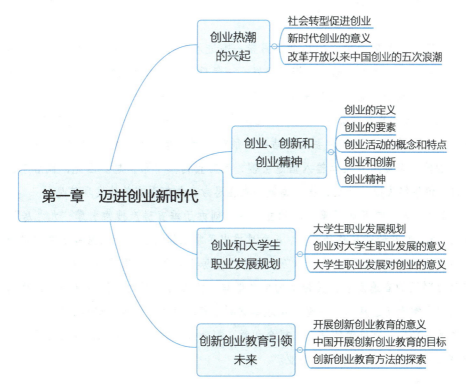

学习目标

通过本章学习,你应该能够:
1. 了解新时代创业的意义
2. 认识中国创业五次浪潮的阶段和特征
3. 理解创业的概念和创业要素
4. 把握大学生创业和职业生涯发展规划的关系
5. 认识高校开展创业教育的重要性
6. 领会创业的真正内涵

⊙ 开篇案例　互联网连续创业者:张一鸣

张一鸣,男,1983年出生于福建龙岩。在中学阶段,张一鸣的化学成绩一直很好,但他对化学实验课不感兴趣。上实验课时,支酒精锅、倒试管这些烦琐的程序让他感觉到既琐碎又危险。但他开始模糊地感知到,自己喜欢的是有体验感和参与感,并能够迅速见效的事物。他认为:你的行为,你的输出,都要尽快看到变化。计算机是最快的。在高考填志愿时,他就报考了南开大学微电子专业,随后又转到南开大学软件工程专业。在大学期间,他参加过"挑战杯"全国大学生创业大赛。2005年,张一鸣顺利毕业。

他这种不甘于做常规、重复性事情的性格,也在他日后的创业中一再显现。

张一鸣早就嗅到了互联网行业大发展的气息。2005年大学一毕业,他就组成3人团队,开发了一款面向企业的IAM协同办公系统。但产品的市场定位失误导致了创业失利,当时协同办公在中国根本还没有发展起来。

在一次短暂而失败的创业后,2006年2月张一鸣进入旅游搜索网站——酷讯。作为酷讯的第一个工程师,他全面负责酷讯的搜索研发,一年后成为技术高级经理,管理着40多人,最终担任技术委员会主席。成为管理者之后,技术出身的张一鸣很想学习大公司的管理方法,于是在2008年离开酷讯去了微软。在微软工作时,有一件事让张一鸣感受强烈。他想订一张回家的火车票,但那时去火车站买票很难,网上也不知道何时会出现二手票。酷讯当时已有的搜索需要用户主动输入信息去搜,实时查询二手票信息。因此,他后来创立了海内公司,但最终失败。此后,张一鸣就一直在思考,如何更有效地发现信息。

2009年10月,张一鸣开始了第一次独立创业,创办了垂直房产搜索引擎"九九房"。在"九九房",张一鸣开始涉足移动开发,6个月推出了掌上租房、掌上买房等5款移动应用,在当时的移动互联网环境下拥有150万个用户,是房产类移动应用的第一名。

随着移动互联网的高速发展,其带来的信息爆炸,使人们面对的选择越来越多,面对信息超载,人们常常无所适从。张一鸣敏锐地察觉到了移动互联网的发展趋势,"在这个前提下帮用户发现感兴趣、有价值的信息,机会和意义都变得非常大"。为此,他辞去了九九房CEO的职务,开始了自己的第五次创业。

2012年3月,他创办北京字节跳动(ByteDance)科技有限公司(简称字节跳动)。顾名思义,公司产品和数据相关。字节跳动开发出名为"今日头条"的手机应用,成为国内用户数量增速最快的新闻客户端。

字节跳动公司标识

"今日头条"是一款基于数据挖掘的推荐引擎产品。首先,系统会采集海量的信息,然后通过数据挖掘,智能分析每时每刻最热门、最值得用户关注的资讯;其次,推荐引擎会根据用户以前获取信息的情况,建立起个人用户模型,两者结合,就能智能地为用户推荐个性化的信息,有人将此形象地比喻为一千个人眼前会有一千个今日头条。

今日头条标识　　　　　　　　　　　抖音标识

北京字节跳动科技有限公司的愿景是要做"全球创作与交流平台"。目前,该公司旗下的西瓜视频、火山小视频、抖音短视频、悟空问答、FaceU等产品广受用户欢迎,其中TikTok、TopBuzz、News Republic等多款产品已经进入北美、南美、欧洲、亚洲等市场,并获得成功。

资料来源:编者根据相关资料整理,仅供教学使用。

第一节　创业热潮的兴起

一、社会转型促进创业

经济发展的历史告诉我们,社会大变革时代,往往是创业者辈出的时代。这种所谓的社会变革,既包括科学技术的重大突破、产业结构的变化,又包括社会制度,特别是经济体制的转型。

纵观全球,许多创业者的成功都是借助于社会大变革的有利时机,充分发挥自己智慧的结果。

石油的开发和应用是人类能源史上的一次重大变革。19世纪60年代，美国的石油行业发展如火如荼，洛克菲勒敏锐地发现炼油将是整个石油行业的关键所在，于是他以4 000美元起家，建立了垄断美国炼油业的石油帝国。

汽车的出现，颠覆了人们的传统出行方式。福特认识到汽车日后将成为主流交通工具，立志要生产出平民买得起的汽车，从而创造了驰名的福特汽车。

在变革过程中，旧的秩序已被打乱，而新的秩序还没建立，或者还很不完善，有许多新的创业机会可供操作。这种过程经常被称为社会转型期。在社会转型期，传统的占统治地位的规则（如法律法规、意识形态、生活习俗、社会规范等）已经不再为社会所认可，或者是约束力减弱。这时，人们的思维发生分化，一些具有创新意识、认清社会转型方向的人，一旦抓住市场机会，比别人先行一步，就可以创造出一条光辉的财富之路。这方面典型的例子是我国经济改革过程中出现的"温州模式"。在改革开放之后，温州并没有被列入改革的前沿地区。该地区的政策与全国大多数地区的政策也没有什么区别。而20年后，温州经济之所以蓬勃发展，民营经济成为主体，就在于实行了改革开放政策后，温州人比其他地区的人更早意识到社会正在发生转型，传统的计划经济一统天下的局面将会改观。于是，在其他地区还没有行动之前，温州人就不远千里到全国各地开发廊、服装店，甚至摆修鞋摊，在市场还没有被发掘的地方寻找赚钱的机会。

在社会转型时期，人们的思想观念发生了很大的转化，为各种人才提供了用武之地。在这种环境氛围中，以前被埋没的许多"奇才""偏才"，都可以在新的环境中发挥自己的特长，闯荡出一片属于自己的天地，更使得许多具有创业观念和能力的人才，发挥聪明才智，走自己的创业之路。

创业聚焦

张旭豪的10年创业之路

"饿了么"的标识

张旭豪，本科就读于同济大学，后进入上海交通大学攻读研究生。

在上海交通大学读研一期间，一次他和几个同学一起打游戏到了半夜时，突然感觉肚子饿了。于是，他就问大家："你们饿了吗？"大家你看看我，我看看你，都说："是啊！"确实肚子饿了。

接着，大家翻出口袋里那些餐馆的名片，开始打电话，想看看哪家餐馆还在营业。奇怪的是一个电话也打不通。这时，张旭豪的头脑里开始萌生一个创业想法：我们能不能做个送外卖的工具？这个想法一说出口，大家顿时感觉不到饿了，一起讨论到了深夜5点。经过一段时间的市场调研，他发现"送餐软件"还是个空白市场，他们很快写出了创业计划书，并且得到了上海市学生事务中心主管的"上海觉群大学生创业基金"的资助，终于如愿以偿地开办了自己的公司。

创业伊始，大家还讨论过公司的名称问题，最终，"饿了么"这句大学生间的点外卖口禅胜出，因它的亲切顺口成了公司的响亮大名。最初的启动资金全靠几个人东拼西凑，连学费都没能幸免。接下来的创业并没有想象中那么容易，为了让创业计划书尽快变成现实，团队中一位计算机专业的大四学生，不得不休学一年，以完成这个点餐平台的产品设计。目前，"饿了么"订餐平台已经完成F轮融资，张旭豪的公司已经发展到10 000多人。2017年"饿了么"和百度外卖合并，进行更加长远的战略布局。通过一点一点地积累信誉和人气，今天的"饿了么"已成了大学生订餐的流行语，人们只要用鼠标轻轻一点，外卖自动送货上门。

2018年4月2日，阿里巴巴、蚂蚁金服与"饿了么"联合宣布，阿里巴巴已经签订收购协议，将联合蚂蚁金服以95亿美元对"饿了么"进行全资收购。同年5月，完成收购。随后，张旭豪和其他几个联合创始人离开"饿了么"。"饿了么"的新任股东为杭州阿里巴巴创业投资管理有限公司。

历经10年的创业之路，张旭豪认为自己是一个理想主义者：商业不是去竞争的，而是有效地运营社会资源去创造价值。

资料来源：编者根据相关资料整理，仅供教学使用。

二、新时代创业的意义

所有迹象都表明，21世纪将是创业型经济大发展的时代。融知识、技术、管理、资本与创业精神于一体的创业型经济，对加快转变经济发展方式、调整优化经济结构以及缓解就业压力等都具有深刻的现实意义和长远的战略意义。创业已经成为经济发展的重要引擎，成为驱动技术创新和促进社会就业的重要载体。不难预见，随着世界各国和地区纷纷奏响创业型经济的号角，创业型经济必将风靡全球。在新时代，创业的意义表现为以下几个方面。

(一) 创业是经济发展的"发动机"

创业对一个国家和地区的经济发展具有巨大的推动作用。正如美国创业管理大师拉里·法雷尔所言：创业精神是国家繁荣的驱动力……政府从未像现在这样热衷于发展创业型经济，以开发就业机会，促进经济增长。当今，美国超过95%的财富是创业一代自1980年创造出来的。进入21世纪后，美国成年人

（18～64岁）中大约有10%的人准备开办新企业，每年创办的新企业有9万多家，仅硅谷就聚集了7 000多家高科技公司，每天都有数十项技术成果衍生为技术创业型企业。

随着我国资源环境约束日益强化，要素的规模驱动力逐步减弱，传统的高投入、高消耗、粗放型发展方式难以为继，中国经济发展进入新常态，需要从要素驱动、投资驱动转向创新驱动。因此，大力推进"大众创业、万众创新"，支持各类市场主体不断开办新企业，开发新产品，开拓新市场，培育新兴产业，形成小企业"铺天盖地"、大企业"顶天立地"的发展格局。国家通过创新驱动发展，打造新引擎、形成新动力，催生了数以千万计的中小企业迅速崛起，这些新创企业成为培育和催生经济社会发展的强大动力与源泉。

回顾改革开放40多年的发展历程，具有创业精神的企业家为我们提供了新产品，使我们的工作更有效率，我们的生活更加舒适和丰富多彩。《全球创业观察》(*Global Entrepreneurship Monitor*，GEM)的一项调查显示：目前，中国青年人（18～44岁）的创业总体活跃程度在接受观察的70个国家中排名第22位，创业活跃程度超出全球平均水平，在世界范围内处于活跃地位。80后成为青年创业者的主力军，早期创业活动指数为21.34%，90后创业者的早期创业指数为14.32%。总之，创业已成为中国乃至世界各国和地区经济发展的"发动机"。

> **小贴士** 熊彼特谈企业家的创业精神
>
> - 建立私人王国。企业家经常"存在一种梦想和意志，要去找到一个私人王国，常常也是一个王朝"。对没有其他机会获得社会地位的人来说，这样的梦想动力是巨大的。
> - 对胜利的热情。企业家"存在征服的意志、战斗的冲动，以及证明自己比别人优越的冲动，他求得成功不仅是为了成功的果实，还是为了成功本身"。利润和金钱是次要的考虑，而"作为成功的指标和胜利的象征才受到重视"。
> - 创造的喜悦。企业家"存在创造的快乐，把事情做成的快乐，或者只是施展个人能力和智谋的快乐。这类似于一个无所不在的动机"。企业家是典型的反享乐主义者。
> - 坚强的意志。企业家"在自己熟悉的循环流转中是顺着潮流游泳，如果他想要改变这种循环流转，就是逆着潮流游泳。以前的助力现在变成了阻力，过去熟悉的数据现在变成了未知数"。"需要有新的和另一种意志上的努力……去为设想和拟定的新组合而搏斗，并设法使自己把它看成一种真正的可能性，而不仅是一场白日梦"。

（二）创业是技术创新的"孵化器"

创业的核心和本质就是创新。创新支撑着创业，创业是创新的重要体现形式。成功的创业者善于抓住市场潜在的盈利机会，以获取商业利益为目标，重新整合资源，配置生产要素，通过创办组织，承担市场风险，建立起效能更强、效率更高和成本更低的生产运作系统，从而推出新产品、新工艺、新方法、新服务，开辟新市场，获得新资源，开展科技、商业和金融等一系列创业型经济活动。以美国为例，20 世纪 90 年代以来，创新型小企业承担了美国全部创新活动的 67%，成为美国技术创新的重要推动者。就中国而言，许多技术型创业企业已成为转变经济增长方式的主力军，成为国家创新型建设的中坚力量。可见，创业已成为世界各国和地区实现技术创新的"孵化器"。

（三）创业是社会就业的"增容器"

就业是民生之本，创业是发展之基、就业之源。经济合作与发展组织的一项调查显示：所有就业机会的 70% 要归功于创业者和中小企业家。就美国而言，就业机会大多是由创业型企业提供的，创业型就业是美国就业政策成功的核心。尤其是在大企业进行大规模裁员时，中小企业在稳定就业方面发挥了十分重要的作用。例如在 20 世纪 90 年代，美国的大企业裁掉了 600 多万个工作岗位，但就业率却没有降到历史最低水平，这得力于创业型企业所做出的就业贡献。

目前，我国人口接近 14 亿。每年高校毕业生、农村转移劳动力、城镇就业困难人员、退役军人等，数量较大。虽然人力资源转化为人力资本的潜力巨大，但就业总体压力较大，结构性矛盾凸显。推进大众创业，就是要通过转变政府职能建设服务型政府，营造公平竞争的创业环境，使有梦想、有意愿、有能力的科技人员、高校毕业生、农民工、退役军人、失业人员等各类创业主体都能"如鱼得水"，通过创业增加收入，让更多的人富起来，促进收入分配结构调整，实现以创新支持创业、以创业带动就业的良性互动发展。

创业成为我国促增长、惠民生和保稳定的坚实基础，成为扩大就业、实现富民之道的根本举措。新时代，推进"大众创业、万众创新"，鼓励劳动者通过创业实现自我雇用的同时，吸纳更多求职者就业的目的，就是要发挥创业带动就业的倍增效应，使创业成为社会就业的巨大"增容器"。

创业聚焦

北大才子的"壹号土猪"

陈生，出生于广东湛江遂溪县官湖村的一个农村家庭。1980 年，考取北京大学经济学院。1984 年，陈生从北京大学毕业，被分配到广州市委办公厅，成为一名公务员，两年后被调到湛江市委办公室。看似顺风顺水的铁饭碗，陈生却坐不住了!随着20世纪90年代下海狂潮的迅速升温,陈生决定辞掉公务员,下海经商。陈生卖过菜,卖过白酒,卖过房子,卖过饮料。2006年,陈生在湛江和广西交界处附近打造他的土猪养殖场,2007年开始在广州开猪肉档卖猪肉。在短短两年时间里,发展成为广州乃至广东省最大的猪肉连锁店"壹号土猪"。

1985年,陕西省长安县鸣犊镇的农家少年陆步轩,以高出本科线100多分的成绩考取了北京大学中文系,是当年的长安县文科状元。4年的苦读,仿佛做了一场梦,当1989年夏天醒来时,梦境已被彻底击了个粉碎,陆步轩被分配到长安县柴油机械配件厂。几年后企业垮了,彻底失去饭碗的陆步轩,不再有班上,于是他就在社会上混。他做过装修,开过小商店。最后不得已而为之,完全是为生活所迫,于2000年,将生意惨淡的小商店转成了肉铺——"眼镜肉店"。一个偶然的采访报道,使得北大学子卖猪肉的故事,一瞬间晓谕大江南北,也带来了纷纷的争论。由于媒体的"推波助澜","眼镜肉店"可谓大名远扬。

2013年,陈生在回北京大学参加创业事迹汇报时,决定和陆步轩联手卖肉,聘请陆步轩为"壹号土猪"的名誉校长,经营符合高端需求的品牌猪肉。两人说要把猪肉卖出北大水平!

陈生认为,越是经济发达、生活条件好的大城市越难买到传统的"土"产品,猪肉就是非常典型的代表。这是经济学上劣币驱逐良币原理的一种表现。国外的洋猪瘦肉率高,养殖时间短,成本低,价格也低,这样消费者都去买便宜的,真正传统的土特产就被挤出了市场,最后不见踪迹。

陈生和陆步轩决定自己养猪、自己卖猪。他们卖的猪不仅品种为土猪,还以放养的模式养殖,给猪听音乐。他们认为,猪和人一样,只有心情愉悦,才会长得又肥又壮。每年,"壹号土猪"都会招聘应届大学生,这些大学生必须经过40天的培训,学习猪肉分割、销售技巧、服务礼仪、烹饪等,再前往各档口工作。此外,陆步轩还结合自己当屠夫的经历,写出了不少屠夫学校需要的教材。

壹号土猪标识

2015年,两人联手打造的"壹号土猪"销量超过10亿元,在国内成为响亮的土猪肉第一品牌,全国开了700家连锁店!

到了2016年,由陈生和陆步轩联合打造的"壹号土猪"宣布正式签约天猫生鲜,成为其唯一官方授权的线上平台。他们抓住了互联网这个风口,让"猪"飞了起来!如今,"壹号土猪"成功登陆新三板,陆步轩身价飙升,陈生的身价更是到了上百亿元。

资料来源:编者根据相关资料整理,仅供教学使用。

三、改革开放以来中国创业的五次浪潮

在经济社会发展的不同阶段,创业活动的特征不同,相同的是每次创业浪潮都与社会经济发展、祖国命运紧密相连。改革开放以来,中国创业历经了五次浪潮。

(一)第一次创业浪潮(1984~1991年)

1984年被视为我国创业元年,它的里程碑事件是十二届三中全会通过了《关于经济体制改革的决定》。这是1978年改革开放以来第一份以经济体制改革为主题的文件,它确定了中国由计划经济体制向市场经济体制的转型。在计划经济体制下,政府管企业的人、财、物,以及产、供、销,也管居民的生老病死。举一个例子,如果消费者想要买米,可不是带着钱就能随心所欲采购的,除了钱之外还得有粮票!有了粮票,消费者才可以在给定的期间去粮店核票买米。企业的生产计划也不是根据市场行情自由安排的,生产计划统一由政府下达,原料由政府调拨,销售由政府指定,一切交易都按政府规划好的执行。到了20世纪80年代,这种计划经济越来越不适应社会的发展和广大人民群众日益增长的物质文化需求了。社会上出现了严重的物资短缺、商品供不应求等问题。为了解决这一问题,1984年国家开始着手市场经济体制改革,就在这一年,柳传志创办了联想,张瑞敏成了厂长,王石开始了创业。这批中国最早的企业家如今依然活跃在商界。

正是他们的创业活动推动了整个市场经济体制的建立,我们每个人至今仍然从中受益。在原先的计划经济条件下,企业只是政府指令下的一个生产单位。他们那时要在计划经济的树枝上发展市场经济的新芽,在制度的变革中自然会遭遇很多我们无法想象的困难。他们的策略只能是摸着石头过河,逢山修路、遇水架桥。比如,当时江浙一带的企业家创办的乡镇企业没有技术储备,业务无法开展。而邻近的大都市上海倒是有技术人才,可这些技术人才都有单位,不可能放弃铁饭碗加盟他们的私营企业。他们就创造了"星期日工程师",即请技术专家星期日到企业上一天班,为工厂提供技术指导。这样技术专家既能在工作之余获得报酬,企业也能解决技术难题。就是这些创造性解决问题的方法不断地推动中国改革开放的进程。

那一代创业者在计划经济背景下开展的创业活动,提高了中国各个行业的产能,解决了当时物资短缺的问题。那批创业先锋也探索出了最早的市场经济条件下企业运行的基本框架。他们通过自己诚实守信的运营和企业的成功,在整个社会中树立了创业的正面形象,改善了人们对企业和企业家的认识,为后继的创业者创造了良好的经商氛围。第一波创业者是极具胆识的英雄,他们的

创业行为打开了中国创业的新时代篇章。

> **创业聚焦**
>
> **第一波创业弄潮儿**
>
> 从1984年开始的这一轮创业潮代表人物有步鑫生、张瑞敏、柳传志、王石、任正非等，这些当年站在创业和改革大潮潮头的弄潮儿，如今有的已经销声匿迹，有的已经成为业界大亨，在自己所处的领域里占据着举足轻重的地位。
>
> 1984年的新闻人物步鑫生，就是以浙江海盐县衬衫总厂做的"三新"（款式新、衣型新、装潢新）和"一快"（周转得快）以及对员工薪酬实行"按劳分配"而闻名全国。
>
> 张瑞敏给中国商界的贡献主要在管理上。"不准在车间随地大小便"和"76台不合格冰箱被砸成废铁"，这些广为流传的段子恰恰是那时中国企业管理改革的写照，也成了"中国制造"的缩影。
>
> 年届40下海的柳传志则从代理进口计算机等起家，在北京中关村摸索出一条"贸工技"的发展道路。其他从中科院下海的同行则在中关村创立了声名显赫一时的"两通两海"（信通、四通、京海、科海），那时，名气都比联想大。
>
> 后来创立万科地产的王石，最初也是以贸易发家的。"外汇"和"进口商品"曾让很多活跃于香港、北京两地的商人在中国对外开放的初期淘到了第一桶金。
>
> 任正非和5个朋友一起组建华为公司，注册资本为2.1万元，业务为代理香港康力公司的模拟交换机。
>
> **资料来源：** 编者根据相关资料整理，仅供教学使用。

（二）第二次创业浪潮（1992～1997年）

1992年，80多岁高龄的邓小平同志视察了深圳等地，他呼吁要加快改革开放的步伐。在这样的背景下，当年党的十四大通过了关于进行社会主义市场经济体制改革的决定，首次提出中国改革的总体目标是建立社会主义市场经济体制。当年春天，中国国家经济体制改革委员会出台了两个重要文件：《有限责任公司规范意见》和《股份有限公司规范意见》。政府第一次允许个人通过投资入股的方式创办企业成为股东。此外，还推动了股票市场发展，其至当年深圳还发生过百万人哄抢股票的"8·10风波"，可见股票市场的发展带来的社会震动。当时还有一个变化是政府允许个人通过身份挂靠，离开原来的国有企业，进入民营企业，这大大地促进了人才的流动。

在邓小平南方谈话精神的感召下，一些体制内胆子大的人纷纷下海经商。我国人力资源和社会保障部曾做过统计，当年辞职下海者超过12万人，通过停薪留职、兼职的形式投身商海的人超过1 000万人。现在依然活跃在商界的有波导的徐立华、慧聪的郭凡生、新东方的俞敏洪、复星的郭广昌、立帆的尹明善等,都是"92潮"的典型企业家代表。

该轮创业浪潮涉及的领域不再局限于制造业,还包括信息咨询、金融、贸易等。由于这些创业者都受过良好的教育,在办企业的过程中他们从一开始就尝试建立现代企业制度,这为后续的发展打下了良好的基础。同时,股份制的推行和股票市场的发展带动了整个资本市场的建立。人事制度在这一时期也有所松动。"92潮"后国家建立了户口档案的托管制度,使停薪留职或者辞职经商变得更加可行。

由于这一波下海经商者基本都在物质上获取了丰厚的回报,因此社会上开始理解和认可创业者,甚至人们提及"万元户"时会有羡慕的心情。创业活动在社会中变得更加常见。

(三)第三次创业浪潮(1998～2007年)

在第三波创业浪潮来临之前,创办企业的门槛还是比较高。初期资金投入对许多人而言依然是一个不可逾越的障碍。1996年之后,中国出现了两股重要力量驱动创业,使得创业门槛大大降低。一是信息技术的全球发展,它催生了一大批高科技的互联网公司,这些公司在美国上市后形成了一股互联网创业的浪潮。二是大批留美学生回到中国,使中国有了一批渴望把美国市场的成功业务移植到国内的人,如亚信的丁健、搜狐的张朝阳、百度的李彦宏等。这批海归回国创业还引入了风险投资方式。

同时期,中国本土培养的大学生也开始创业了。新浪的王志东、网易的丁磊、腾讯的马化腾都是本土成长起来的技术人才。无论是门户网站还是腾讯QQ,都是把在国际市场上流行的产品以中国用户接受的方式移植到国内,依托中国庞大的人口基数成就了一番事业。

这一波浪潮带入了一些新的东西。首先,境外风险投资大量进入中国,使得创业企业的资金来源更加多样化。其次,创业企业上市通道不仅包括沪深股市,还包括境外交易所。最后,国外创业企业的先进管理方式进入国内,带来了宝贵的经验。此外,随着企业上市,创业者的社会地位和影响力发生了非常大的改变。社会上出现了对创业者尊重、敬佩甚至是敬仰的思潮。创业教育也开始逐步在高校中萌芽。

(四)第四次创业浪潮(2008～2014年)

真正将年轻人全面带动起来的创业浪潮始于2008年移动互联时代的到来。这波浪潮让全民创业成为可能,特别是2014年起创业活动开始蓬勃发展。在外部政策和环境方面,中央政府把通过创业推动经济发展上升到了国家战略的高度，各级政府部门相继出台一系列鼓励创业的政策。随着移动互联网技术的进步，市场上出现了很多基于移动互联网的平台。有了这些平台，每个人都可以通过做一个App的形式来创立新企业，做一个产品让千家万户所接受，并且多样化的投资主体都在搜寻好的投资项目。除风险投资外，还出现了大量天使投资、新三板、创业板等，创业企业发展的每个阶段都有相应的资金提供者。

> **小贴士** 世界互联网大会
>
> 世界互联网大会（World Internet Conference），是由中华人民共和国倡导并举办的世界性互联网盛会，旨在搭建中国与世界互联互通的国际平台和国际互联网共享共治的中国平台，让各国在争议中求共识、在共识中谋合作、在合作中创共赢。
>
> - 第一届世界互联网大会于2014年11月19～21日在浙江乌镇举行，以"互联互通·共享共治"为主题。
> - 第二届世界互联网大会于2015年12月16～18日在浙江乌镇举行，以"互联互通·共享共治——共建网络空间命运共同体"为主题。
> - 第三届世界互联网大会于2016年11月16～18日在浙江乌镇举行，以"创新驱动 造福人类——携手共建网络空间命运共同体"为主题。
> - 第四届世界互联网大会于2017年12月3～5日在浙江乌镇举行，以"发展数字经济促进开放共享——携手共建网络空间命运共同体"为主题。
> - 第五届世界互联网大会于2018年11月7～9日在浙江乌镇举行，以"创造互信共治的数字世界——携手共建网络空间命运共同体"为主题。

世界互联网大会会标

（五）第五次创业浪潮（2015年至今）

第五次创业浪潮的起点在2015年。国家层面全面推进了以"互联网+"为核心驱动的"大众创业、万众创新"的创业浪潮，对中国的政治、经济、社会等各个领域影响深远。

全社会对"大众创业、万众创新"表现出了极大的热情。2017年10月18日，习近平总书记在党的十九大报告中，明确提出了我国新时代的战略发展目标，即到本世纪中叶把我国建设成为富强民主文明和谐美丽的社会主义现代化强国。新时代的创新创业正在如火如荼地进行。全国各地的创业园区、创业孵化器、众创空间如雨后春笋般涌现,大量的在世界范围内有影响力的新兴科技公司成批涌现。大学生创业、留学人员归国创业、科技人员创业和农民工返乡创业,这四类群体表现得尤为突出。与历次浪潮相比,这次创业浪潮无论在规模、数量和政府推进力度上都是空前的,对中国在世界范围内的和平崛起与中华民族伟大复兴来说具有极其重要的时代意义。

小贴士 "大众创业、万众创新"的由来

2014年9月,李克强总理在达沃斯论坛开幕式致辞中呼吁:让每个有创业愿望的人都拥有自主创业的空间,让创新创造的血液在全社会自由流动,让自主发展的精神在全体人民中蔚然成风。借改革创新的"东风",在960万平方公里土地上掀起一个"大众创业""草根创业"的新浪潮,中国人民勤劳智慧的"自然禀赋"就会充分发挥,中国经济持续发展的"发动机"就会更新换代升级。

2015年1月,李总理在瑞士达沃斯世界经济论坛2015年年会致辞中,把创新创业定位为新引擎。中国经济要实现中高速发展,必须用好政府和市场这"两只手",开启"双引擎"。一是打造新引擎,二是要改造传统引擎。"打造新引擎",是指推动"大众创业、万众创新",释放民智民力,增进大众福祉,实现人生价值,推动社会纵向流动,促进社会公平正义。可以看到这个"新",不仅仅局限于经济领域,还扩张到了民生福祉领域。

2015年8月26日,在国务院常务会议上,李总理说:"有人把推进大众创业、万众创新仅仅理解为'保就业',这远远不够,这其实是一项重大的经济社会改革,是结构性改革!""推进大众创业、万众创新,有助于中小企业、小微企业提升竞争力,改善经济结构,也有利于打通社会纵向横向的流动通道,有利于推进收入分配体制改革,更是我们依靠市场机制培育的中国经济的新动能。"

2015年9月23日,李总理在河南考察时又指出,"大众创业、万众创新既是小微企业生存之路,又是大企业繁荣兴盛之道"。大企业通过"双创"更能集聚全员智慧,迸发更大能量。大企业也要用"双创"与小企业更好对接,合作放出创业创新的连环炮,放大"双创"效应。要把国企改革和"双创"结合,发展混合所有制经济,让各类企业共同撑起中国经济的蓝天。

2017年9月,全国大众创业万众创新活动周开幕,李克强总理做出重要批示。批示指出:全国大众创业万众创新活动周是创新创业者碰撞思想、交流成果、展示风采的重要平台。当前,双创与各行各业深度融合发展,精准对接市场需求与社会海量创新资源,有效激发了市场活力和社会创造力,加快推动了新旧动能转换,促进了机会公平和就业扩大。要继续认真贯彻党中央、国务院决策部署,落实新发展理念,以推进供给侧结构性改革为主线,深入实施创新驱动发展战略,进一步培育融合、协同、共享的双创生态环境,着力营造公平竞争的市场秩序,着力完善包容审慎的监管制度,着力构建大中小企业融通发展

的新格局，推动数字经济、平台经济发展，努力取得更多高水平的双创成果，以新产业蓬勃发展、新动能持续壮大、新人才不断涌现为经济转型升级提供有力支撑。

2018年9月18日，国务院印发《关于推动创新创业高质量发展打造"双创"升级版的意见》（《意见》），提出了打造"双创"升级版的八个方面政策措施。《意见》指出，要以习近平新时代中国特色社会主义思想为指导，全面贯彻党的十九大和十九届二中、三中全会精神，按照高质量发展要求，深入实施创新驱动发展战略，通过打造"双创"升级版，进一步优化创新创业环境，大幅降低创新创业成本，提升创业带动就业能力，增强科技创新引领作用，提升支撑平台服务能力，推动形成线上线下结合、产学研用协同、大中小企业融合的创新创业格局，为加快培育发展新动能、实现更充分就业和经济高质量发展提供坚实的保障。

第二节　创业、创新和创业精神

一、创业的定义

古代的创业是开创基业、开创事业的意思。《孟子·惠王下》："君子创业垂统，为可继也。"诸葛亮《出师表》中的"先帝创业未半，而中道崩殂"就是此意。所以，在《辞海》中，"创业"被理解为"开创基业"。

哈佛商学院霍华德·斯蒂文森教授认为：创业是不拘泥于当前资源条件的限制，对机会的追寻，是组合、利用不同资源，开发机会并创造价值的过程。从范围上讲，创业的概念有广义和狭义之分。狭义的创业是指创建一个新企业的过程，广义的创业是指创造新事业的过程。换言之，所有创造新事业的过程都是创业。无论是创建新企业、企业内部创业，还是在工作岗位上创造性地发挥自己的聪明才智，通过发现机会、整合资源实现自己的价值和抱负，都可以称为创业。所以从广义的角度理解，创业主体既包括营利性组织，也包括非营利性组织；既包括政府设置的部门和机构，也包括非政府组织；既包括大型的事业，也包括小规模的个人或家庭事业。创业不仅仅是一种行为，更是一种思维方式和人生态度，创业即创造人生事业。

二、创业的要素

创业要素就是创业活动所必须具有的组成部分。创业者可以通过改善这些要素的组合来提高创业成功的可能性。

商机、创业团队、资源对于创业成功有着不可或缺的影响。全球创业教育之父杰弗里·A.蒂蒙斯教授提出三者的有效搭配，对创业成功来说有着极大的促进作用，如图1-1所示。

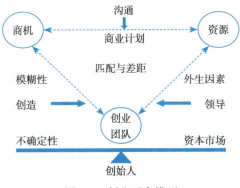

图 1-1 创业要素模型

（一）商机

商机是创业者开创事业的基础。唯有找准商机，把握创业时机，找到下一个创业的大风口，才能更充分地发挥优秀团队、完善商业模式的作用，最终取得成功。创业时机的重要性不言而喻。创业时机只有与市场环境和商业模式结合起来才能发挥其最大价值，因为时机是促进商业模式的重要一环。

（二）创业团队

人是创业的核心。在创业过程中，由各种人才组成的创业团队决定着创业的成功或失败。

创业团队不需要每个人都是全才，都拥有身经百战的经验，但是每个人都要学会协作，拥有自己的特长，并且在自己所负责的领域能有与之匹配的技能，进而实现团队整体的实力。创业的过程处于变化中，包括市场、产品、竞争等。公司创业开始就要面临这种变化，创业团队必须能够在动态变化的环境中不断纠正航向，不断寻找属于自己的正确方向，并且在不确定的创业过程中处之泰然，在遇到困难时勇于面对，在遇到失败时学会成长，进而积累自身的创业经验，降低创业失败的风险。

企业要想快速发展就必须有思想统一、激情融合的创业团队，只有这样的团队，才能在人才组合的凝聚力上达到一种新高度，这是人力资源组合的升华。任何一个伟大的企业，其背后一定有一个坚不可摧的优秀团队。同样，任何企业的成功和伟大，都体现在团队的优秀和卓越上。

（三）资源

资源是支撑创业企业成长的基础。随着企业创建变得日趋简单，越来越多的人走向创业，进而使获取资源的竞争变得更加激烈，创业企业的生存变得更加艰难。资源是创业活动的支撑要素。当创业者面临很好的创业机会时，还需要有相应的资源将机会转化为价值创造，这里的资源包括资金、设备和场地等，缺乏资源就无法开发和利用机会。当然，资源固然很重要，创业者也要警惕过分强调资源的作用。创业者普遍存在的一个错误观念是必须所有所需资源都到位，才能开展创业活动，这样的观念容易导致创业者错失良机。成功的创业企业应着眼于设计创意精巧、用资谨慎的战略，最小化使用并控制资源，而不是贪图完全拥有资源。

无论是商机、资源还是创业团队，并没有优劣之分，这三类因素也并非一成不变。成功的创业活动必须对这三种要素做出最适当的搭配，并且能够随着创业活动的开展进行相应的动态调整。

创业聚焦

只开了20天的火锅店

上海某大学一宿舍的四个女生，在毕业时突然决定：她们也要创业。创什么业呢？她们有一个共同的爱好，那就是吃火锅。于是，她们决定开一家火锅店。

说干就干！她们四人分别向家长借款5万元，凑齐了20万元的启动资金。开始选门面、装修，在办理各种手续时，由于不懂如何办理，还托了亲戚和家长的朋友帮忙。办好了所有工商、税务、环保、卫生等证件和手续，经过了一个多月的辛苦，总算可以风风光光地开张了。

可是火锅店刚刚开张20天，四个小姑娘就一个都不见了！家长忙问她们：为什么不去店里了？她们几个的回答出奇的一致：开火锅店原来这么脏哦！

资料来源：编者根据相关资料整理，仅供教学使用。

三、创业活动的概念和特点

创业活动存在于各个领域，类似一个连续谱系，从自我雇用到开创新事业。创业活动是创业者通过捕捉商业机会，配置相关资源，为个人和社会创造价值的过程。创业活动具有如下几个特点。

（1）机会导向。创业活动最显著的特点是机会导向，机会是创业的前提，而善于把握机会则是创业成功的关键。创业活动实质上就是识别机会、开发和利用机会、实现机会价值的过程。

（2）整合资源。由于创业者往往面临资源匮乏的问题，因此，对创业者来说，需要超脱自身拥有资源的限制，运用社会资本、管理经验、领导才能和大胆的创意以及创新的商业模式来实现资源在更大范围内的整合和价值创造。资源限制一般不会成为创业者的制约因素，创业者往往能够整合他人的资源为己所用。从历史经验来看，那些资源匮乏的地区往往创业活力最强，而那些资源富足的地区创业活力通常不足。

（3）价值创造。价值创造强调的是对社会和经济发展的贡献，以及对人们物质和精神生活丰富的贡献。只有突出价值创造的创业活动才有生命力，才能更有助于其生存和发展。

（4）顾客中心。创业者先从识别顾客入手，根据顾客需求提供产品和服务，借助战略伙伴关系来扩大销售，拥有更多的市场份额后再扩展战略伙伴关系。创业者习惯于以满足顾客需求为出发点和新一轮创业的起点。

（5）超前行动。超前行动就是某一组织的行为总能领先其他组织一步。创业活动的机会导向决定了创业活动必须突出速度，并做到超前行动。机会都具有时效性，甚至可能稍纵即逝。在现实生活中，创业者一旦有了创业想法，往往会在比较短的时间内快速付诸实施，并在实践中不断摸索、改进，寻求发展。在许多情况下，进行周密的市场调查，制定精细的工作计划和严格的预算等，是大公司的做法，对创业企业来说并不合适。

（6）创新变革。创业活动就是不断打破旧秩序，创造新秩序的过程。因此，变革和创新贯穿于整个创业过程。创新与创业活动无法分开，没有创新的创业不可能持久，没有创业的创新不可能为社会和个人创造价值与财富。对创业者及其所创建的企业来说，创业与发展的过程永远是不断变革的过程。

创业聚焦

"创咖 E 姐"在路上

王磊，80后，自创个人品牌"创咖E姐"。大学毕业后，她先后在世界500强外企、央企以及几家民企工作，主要从事人力资源管理。其间自己也创业，主要从事运营管理工作。目前，在合肥从事创新创业孵化工作，是一家创业园副总经理，主要针对安徽省大学生开展双创工作。王磊根据自己就业和创业的经验，研发出自己的版权课程"斜杠青年"系列，并在全国大赛上获奖。先后为中科大MBA班、中科大火灾实验室、合工大电工电子实验中心、安徽中医药大学黄埔一期、新华学院人力资源管理专业、家乐福、华润雪花、春天物流、红泥小厨、科大讯飞、安凯汽车、大麦教育、青少年夏令营、安徽省人才市场、合肥市滨湖区政府世纪商圈、巢湖市经开区政府、中华英才网、金柚网、5F创业园、科硕创业园、车库咖啡创业孵化器、IE果园创业孵化器等组织和机构做过培训与创新创业服务工作，在安徽省创业圈赢得了良好的口碑！2016年获得"德国赛飞——创业辅导师、最佳商业计划书、最佳值日生"证书，2017年受聘为"创业沙拉导师"。

颇有女神范儿的王磊多才多艺。她主持过CCTV发现之旅《创业之星》栏目组发起的《疯狂面试官》栏目合肥站海选启动仪式、安徽省首届 VR 研讨会、合肥市滨湖区政府滨湖世纪商圈双创活动、2017 年合肥市第三届创客节等。

王磊的个人注册商标

王磊在培训工作上也有所建树。2016 年获得"第四届中国好讲师大赛暨安徽省首届徽师大赛的安徽省 10 强""第四届中国好讲师大赛全国总决赛最佳风采奖和全国优秀讲师"，2017 年被第五届中国好讲师大赛聘为"全国推广大使"和"安徽赛区代言人"。她还被评为中国好讲师 2018 年度优秀推广大使。

从就业到创业，王磊获得的等级资质证书、获奖证书和聘书，已经超过 20 本。在新时代，王磊和她的创业伙伴决定再接再厉，为打造安徽省大学生创新创业的梦工厂而不懈努力！

资料来源：编者根据相关资料整理，仅供教学使用。

四、创业和创新

创新这个概念出自熊彼特 1912 年出版的《经济发展理论》一书："创新是指把一种新的生产要素和生产条件的'新组合'引入生产体系，包括产品创新、工艺创新、市场创新、资源配置创新、组织创新等。"熊彼特的创新概念包含的范围很广，如涉及技术性变化的创新及非技术性变化的组织创新，无论怎样，其核心都在于"新组合"。

管理大师德鲁克在他 1985 年出版的《创新与企业家精神》[一]一书中也认为，创新与企业家精神（即创业）二者紧密相关、很难割离。谈到创新，人们容易把创新与发明、研究开发等技术活动混淆起来。创新不同于发明。发明是一个技术上的概念，其结果是发现一件新事物；创新则主要是一种经济术语，是将新事物、新思想付诸实践的过程。美国小企业管理局对创新的定义如下：创新是一种过程，这一过程始于发明成果，重点是对发明的利用和开发，结果是向市场推出新的产品或服务。这一定义有助于人们更好地理解和把握创新与发明的区别。本书认同美国小企业管理局对创新的定义。

创业与创新之间同样不是完全等同的概念，我们身边有很多创业活动是在模仿甚至复制别人的产品、服务和经营模式，自身并不具备创新性，但也是在创业。我们认为，创业更侧重于财富创造，更加关注市场和顾客。同时，创业还更加注重商业化过程，可表现为创新商业化，也可表现为模仿并商业化。[二]

[一] 该书中文版已由机械工业出版社出版。
[二] 张玉利，李华晶，薛杨. 创新与创业基础 [M]. 北京：高等教育出版社，2017.

创业的本质是创新。创业不可能做到事事、时时都创新，但绝不可把创新固定于一时一事。创新特别是被验证的创新是应对不确定性和克服资源约束的重要手段，不可替代。创新也不局限于技术创新或商业模式创新，而是指创业行为中的创新性，如创造性地整合资源。正如熊彼特所言，创业者可以从内部改变经济结构，不断地摧枯拉朽，创造新的结构，从而催生出新的组合。[⊖]

成功的创业离不开创新。我们需要以创新引领创业，通过创业推动创新。

创业聚焦

黄峥和拼多多

黄峥，2002年本科毕业于浙江大学竺可桢学院，2004年获得美国威斯康星大学计算机硕士学位；之后加入谷歌总部开始其职业生涯，任软件工程师和项目经理；后来，被派往中国参与建立谷歌中国办公室。2007年，黄峥从谷歌离职开始创业，先是创建了一家在线消费电子和家用电器领域的B2C电子商务公司Ouku.com，经过3年的发展，Ouku.com年营业额达到数亿人民币，但黄峥预见到这种传统电子商务模式难以为继，于2010年将这家公司出售，只保留了技术团队。之后，黄峥带领这支技术团队又创建了新的电商代运营公司乐其，乐其很快便实现了盈利。2013年，黄峥又带领乐其的一部分核心员工成立上海寻梦信息技术有限公司（简称寻梦），开始游戏运营业务，而就在寻梦不断发展壮大时，黄峥突然患了中耳炎，在家休息了将近一年。2015年4月，黄峥中耳炎治愈复出，创建了拼多多的前身拼好货。

拼好货以拼单玩法为切入点，通过微信朋友圈等社交平台邀请好友参团，达到规定人数时拼单就会生效，拼好货从水果品类切入，由于模式新颖，用户与订单量增长迅速。看到拼好货的迅猛发展，2015年下半年，黄峥旗下的上海寻梦信息技术有限公司CEO找到他，认为拼好货的这种拼单模式可以做成平台。于是2015年9月，上海寻梦团队成立拼多多。拼多多定位为供应商入驻、物流第三方合作的平台模式，同样采用拼单玩法。2016年9月中旬，为了集中力量更好地发展，黄峥决定将拼多多和拼好货合并，品牌统一为拼多多。

拼多多更重视软件产品的互动，把产品当成游戏运营。拼多多鼓励买家在社交网络上分享产品信息，并邀请亲友和社交网络组成拼单团队，以"拼单"方式获得更具吸引力的价格。因此，平台上的买家会主动将拼多多的平台介绍给他们的亲友和社交网络，并分享商品和他们的购物体验。这一互动功能不仅产生了低成本的内生性流量，还将网购转化为有趣的互动体验，提升了用户的参与热情。

拼多多基于社交网络拼团的全新电子

⊖ 张玉利，谢巍. 改革开放、创业与企业家精神 [J]. 南开管理评论，2018（5）：4-9.

> 商务模式带来了滚雪球效应,推动平台的买家用户呈指数级增长,数量庞大且高度活跃的买家群体又有助于平台吸引更多的商户,拼多多的销售规模有助于商户为买家提供更具价格竞争力的定制化产品与服务,由此形成了良性循环。2018年7月26日,拼多多在美国上市。
>
> 虽然中国经济发展迅猛,但同样存在着发展不均衡的现实,所以,消费需求的层次性与不均衡性依然存在。当前,随着新零售的不断发展,"一切以消费者为中心"的理念也越来越深入人心。而不管是消费升级,还是消费降级,都是以消费者需求为主导的。
>
> 上市不是终点,而是一个全新的起点。只有真正如黄峥所说"永不放弃做正确的事,永不放弃为最广大人群创造价值",拼多多才能"拼"出更大的未来。
>
> 资料来源:编者根据相关资料整理,仅供教学使用。

五、创业精神

(一)创业精神的内涵

在已有的管理学经典著作中,创业精神更多地表现为一种创新性的活动或行为,创业者通过这种行为对原有的资源进行重新组合,从而使其产生新的财富。该观点把创业精神等同于企业家精神,将创新视为创业的本质,并认为创业精神体现为完整的创新过程。在这个过程中,新服务或新产品的机会被确认、被创造,最后被开发出来,产生新的财富创造能力。也就是说,创业精神的本质在于为消费者创造出新的满足、新的价值。

从创业特征的角度出发,本书认为创业精神是指在创业者的主观世界中所具备的思想、观念、个性、意志和品质等。具体而言,创业精神包含哲学、心理和行为三个层面的内涵。哲学层面的创业精神体现为创业思维和创业观念,是创业者关于创业的理性思考与逻辑思维;心理层面的创业精神体现为创业个性和创业意志,是创业者关于创业的心理特征和心理基础;行为层面的创业精神体现为创业作风和创业品质,是创业者进行创业的行为模式和行动倾向。

在对大学生创业精神进行概括时,还应结合大学生创业不同阶段所需的知识与能力。综合已有观点,在大学生创业前期,创业精神是指能够激发大学生的创业兴趣,坚定大学生的创业意志,对创业的准备行为进行理性观察,最终影响大学生创业选择、方向和态度的思考过程;在大学生创业过程中,创业精神则是指能够激发大学生的创新思维,对创业各环节进行价值判断,规范创业行为、操守和信念,并不断鼓励创业大学生克服困难,实现创业目标和理想的精神体现。[1]

---

[1] 李巍,黄磊. 大学生创业基础 [M]. 北京:中国人民大学出版社,2017.

(二)大学生创业精神的培育

良好的创业精神是大学生创业成功的前提和条件,但创业精神的培育不可能在短期内得以实现,需要在理论学习和实践磨炼中有意识地培育与铸就。

1. 学习知识技能

对大学生而言,创业精神并不是先天具备的,而是需要在大学学习中通过后天培养逐步形成的。缺少主动、持续的理论学习,大学生很难构建起有效、实用的创业知识体系。因此,树立正确的学习观,运用合理的学习方法,养成主动学习、持续学习的习惯,有助于大学生获取知识和技能,培育创业精神。

2. 参与实践活动

创业精神是大学生创业者所必需的特质,需要在行为层面进行多次、反复的强化才能形成。良好的创业精神品质的形成重在实践训练,积极地投身实践既能带来及时的反馈和成就感,也能带来循序渐进、不断取得成功的喜悦。切切实实地投入到创业的实训实践活动中,有助于磨炼大学生坚强的心理品质。

3. 借鉴成功经验

对大学生创业者而言,他人的创业行为和成长本身就是一笔宝贵的财富,成功创业者具有一些共同的精神品质特征,包括自信、积极、独立思考、好奇心和勇于探索、敢于创新、敢于竞争和冒险、专注、意志坚定、不怕挫折的精神等。从创业成功的案例中吸取宝贵的经验和教训,有助于大学生创业者构建包括创业意识、创业观念、创业责任、创业态度、创业激情和创业思维等要素在内的创业精神体系。

4. 优化创业环境

高校是大学生学习创业知识、践行创业理念以及付诸创业行动的重要场所,因此在大学校园内营造良好的创业环境和氛围,是鼓励大学生自主创业、培育创业精神的关键前提。高校可以利用各种传播渠道和资源,树立创业榜样,弘扬创业精神;组织形式多样的创业活动,包括创新创业大赛、企业运营决策模拟竞赛、挑战杯大赛等,激发大学生的创业热情。

他山之石

南洋理工大学"校园艺术走道",展示跨学科公共艺术品

为了提高学生和公众对艺术的认识与鉴赏,新加坡南洋理工大学于2018年11月推出了"校园艺术走道"。

这项计划由南洋理工大学博物馆主

办，学生与公众将能沿着"校园艺术走道"观赏42件艺术作品。作品种类涵盖艺术装置、雕塑、绘画、摄影照片和新媒体。

由3名南洋理工大学艺术、设计与媒体学院学生设计的蕨类植物形长椅"Fern"，是其中一件跨学科艺术品。长椅位于南洋理工大学北区大楼广场，可以坐超过12人。长椅下方装有LED照明装置，在感应到周围亮度低时会亮起。此外，长椅上还设有两个充电点，方便在长椅上休息的学生为手机或其他小型电子设备充电，而电能则由装置在长椅顶部的太阳能光伏板来获得。

"校园艺术走道"横跨3个区域，除了南洋理工大学主校区外，还延伸至位于诺维娜校区的李光前学院以及滨海广场的校友会所。其中，主校区的"校园艺术走道"全长6.4千米，超过一半的艺术作品在此展出。

南洋理工大学学生作品"Fern"

校长苏布拉·苏雷什教授在"校园艺术走道"开幕礼上致辞时，对学校开始有跨学科的公共艺术品感到自豪。他说："南洋理工大学博物馆在努力让人们更容易接触和欣赏到艺术，而'校园艺术走道'让这两方面成为校园生活的一部分，提高了社区参与度。"

资料来源：编者根据相关资料整理，仅供教学使用。

第三节　创业和大学生职业发展规划

一、大学生职业发展规划

职业发展规划也叫职业生涯设计，是基于个人和组织方面的需要，结合环境中的机会而制订个人在职业领域未来发展计划的活动。

职业发展规划的意义在于：以现有条件为基础，确立职业发展方向，确定努力的方向和目标奋斗策略；突破已有职业格局的局限，为实现自我发展提供机会；帮助个体准确评价个人的特点和强项，评估个人目标和现状的差距，准确定位职业方向；重新认识自身的价值并使其增值，发现新的职业机遇，增强职业竞争力；了解就业人才市场需求，科学合理地选择行业和职业，提升个人实力，获得长期职业发展优势。

大学生职业发展规划要求大学生在老师的指导下，结合专业知识掌握程度和自己的兴趣爱好进行自我剖析，全面认识职业选择与职业发展过程中的主客观因素，准确进行自我定位，设定适合自己的职业发展目标，以此为基础制订相应的教育、培训、求职或创业计划，采取各种积极的行动实现职业发展目标。

大学生职业发展规划是一个过程，该过程包含以下要点：

第一，大学生职业发展规划的前提是全面客观地认识自身条件与影响职业发展的主客观因素。

第二，大学生职业发展规划的首要任务是确定个人的职业生涯发展目标。

第三，大学生职业发展规划是一个连续、系统、循环的动态过程，包括自我评估、环境分析、目标确定、计划制订、自我反馈和路径调整等步骤。

第四，大学生职业发展规划的实现以自身的学习和技能的掌握程度为条件。

第五，大学生职业发展规划的最终目的是要确定并实现一个可行的职业目标。

大学生职业发展阶段和任务，如表 1-1 所示。

表 1-1 大学生职业发展阶段和任务

大学生职业发展阶段	任务
职业准备期	低年级，发展个人职业兴趣，培育职业能力和职业素养
职业探索期	中高年级，清晰认识自身的优势和劣势，进行职业定位分析和规划，储备所需知识和能力
职业选择期	面临毕业，确定职业目标和职业发展路径
职业进入期	职场新人，梳理职场人际关系，积累工作经验
职业适应期	根据职业现状反馈对原有定位和目标进行调整，开展职业岗位所需的工作，努力寻求下一步发展
职业稳定期	制定中长期职业发展规划，明确职业发展的终极目标
职业衰退期	—

二、创业对大学生职业发展的意义

创业是一种人生态度，是一种职业发展的精神趋向。大学生在创业知识和技能的学习中，不应急功近利，而应将创业学习与职业发展目标相结合，通过创业学习与职业发展规划的结合，促进自己成才观念的转变，顺利实现就业，进而创造社会财富。

创业学习和实践对大学生职业发展的意义表现为以下几个方面。

（一）有利于大学生转变就业观念和形成良好的就业心态

我国进入经济新时代，社会就业竞争也越来越激烈。传统意义上的就业有了更多的"求职"和"创造新的就业岗位"的新内涵，大学生就业不仅仅是"专业对口"的就业，还可以是一种主动的"创造式"就业。通过创业课程学习或是参与创业竞赛和实践活动，有助于唤起大学生的主人翁意识，即寻求就业岗位不仅是为单位工作，更应该树立起为自己的事业工作的心态，进而树立起对自己负责的职业发展目标，使大学生的就业质量和就业满意度得以有效提升。

(二) 有利于大学生提高核心就业能力

目前，我国就业市场上存在两难的困境：一方面大学生找不到满意的工作，大学生就业难的呼声越来越高；另一方面用人单位找不到合适的人才，需要想方设法地吸引高素质人才。这种困境出现的主要原因在于大学生的就业能力与社会岗位需求不匹配、不对称，即高校培养的人才与市场需求的人才形成错位。归结起来，大学生的核心就业能力包括责任感、领导能力、沟通能力、学习能力和创新能力等，而这些能力是大学生通过创业学习和参与创业实践可以有效提升的。通过对大学生创业意识、创业精神和创业能力的培养，开发和提高他们就业与创业的核心素质和能力，帮助大学生以创业者的素质和心态去就业，将会大大提高大学生的就业竞争力。

(三) 有利于大学生拓宽就业途径

受我国传统教育观念的影响，大部分大学生对自己职业发展目标的定位主要集中于寻找稳定的工作岗位，使得公务员考试和事业单位考试成为我国最热门的"国考"。在这样的氛围中，我国高校对大学生的培养目标也以培养应用型人才为主，强调大学生对专业知识的把握和专业能力的培养，而忽略了对大学生创新精神和创业意识的塑造。实际上，创业教育作为高等教育发展史上一种新的国际教育理念，已经在全球范围内广泛兴起。通过学习创业知识和参与创业活动，在全面提高大学生核心素质和能力的基础上，鼓励和扶持有创业意向的大学生真正去创业，这不仅拓宽了大学生的职业发展路径，也为未来解决更多大学生的就业问题提供了就业岗位。大学生创业也有多种形式，可以在就业的岗位上进行创业，也可以先就业后创业，不能人为地将就业与创业割裂开来，两者是相互交叉、相互支撑的统一体。

归纳起来，创业学习和实践不只是教大学生如何创业，如何才能实现创业成功，更重要的是培养大学生的创业素质和创业品质，使大学生能够树立新的职业发展目标，端正职业发展过程中的心态，并以此为基础积累相应的知识和能力。对大学生而言，真正的职业发展成功不是拥有多少财富，而是每个人内心的快乐以及为社会发展进步所做的努力与贡献。

三、大学生职业发展对创业的意义

职业发展规划与设计有助于大学生明确自己的创业定位与目标，清晰描绘创业路径和选择恰当的创业模式。

(一)有助于大学生调节创业心态

职业发展规划与设计实质上属于心理学的一部分，体现为帮助大学生正确认识自我并实现自我发展和塑造个性的过程。将职业发展规划与设计的理念、知识和目标融入大学生的创业过程，能够帮助大学生培养创新创业意识，弘扬创新创业精神。尤其是对面临激烈市场竞争的创业大学生而言，通过接受职业发展的教育和技能培养，可以提前了解创业的艰辛和可能遇到的困难，培养面对困难的乐观心态，并掌握解决预期困难的方法和手段。

(二)有助于大学生明确创业目标

职业发展规划与设计，针对大学生职业选择时的主客观因素进行分析和测定，引导大学生确定自己的创新创业目标，并进行创新创业意识的塑造。确定正确的创业目标是成功创业的重要前提。在创业之前通过理性的思考、科学的分析确定职业发展目标，是确立创业目标的关键流程。各高校大学生都处于就业上岗的准备阶段，应在大学期间通过校内专业的职业发展规划课程学习，结合自身特点明确职业定位，辨明创业的未来发展方向，确立自己的个人发展目标，并制订一系列行动计划，充分发挥自身的潜能，提高创业成功的可能性。

(三)有助于大学生提高创业竞争力

如今各行各业竞争激烈，大学生创业无论选择哪个行业，进入哪个市场，都将面对诸多竞争对手。若要使自己的创业项目在激烈的竞争中脱颖而出，真正实现为社会创造财富、为顾客创造价值的目标，大学生就必须结合自身的职业发展优势，充分利用有助于自己创业成功的主客观因素，制定切实可行的创业目标和详细的创业计划。依据理性分析制定职业发展规划，系统、有计划地采取创业行动，逐渐积累个人经验和增强创业技能，有利于大学生专注于自己的优势并且根据实际所需适时、不断地发展创业项目，在关键时刻更好地安排创业任务的先后顺序，增强创业的核心竞争力。

创业聚焦

迈进新时代的科大讯飞

刘庆峰，1973年出生于安徽省泾县，1990年考入中国科学技术大学电子工程与信息科学系。第二年就被王仁华教授选入中国科学技术大学与国家智能计算机研究开发中心共同设立的"人机语音通信实验室"，在导师的带领下，开始对中文语音合成技术及其相关领域进行科学研究。语音合成技术的基本功能就是让电脑"会说话"。1995年，刘庆峰本科还没毕业，就报考了王仁华教授的研究生,并被录取。也就是在这一年,他在王仁华教授的推荐下开始担任该实验室承担的国家"863"项目的主要负责人。他说,让计算机像人一样开口说话,像人一样能听懂人说话,不是一件容易的事,但是我一定要让它变成现实。

1999年6月9日,在中国科学技术大学和导师王仁华的支持下,科大讯飞信息科技股份有限公司(简称科大讯飞)正式成立,注册资金300万元,已是博士生的刘庆峰担任总经理,开始了从一名科研工作者到企业家的转变。11月11日,智慧第一次转化为个人的巨额资产——以刘庆峰为首的中国科学技术大学6位大学生因为成功研制我国第一台"能听会说"的中文电脑,获得668.85万元的技术股权奖励,给被称为"大学生创业年"的1999年画上了一个浓重的惊叹号,同时也为中国在国际人机对话技术领域赢得了重要一席——只要会说中国话,就能非常方便地用语音控制电脑和畅游互联网。

刘庆峰曾两次面临出国的机会。面对中文语音技术迫切的产业化需求,他毅然放弃了出国深造的机会和国内外著名企业的高薪聘请,带领一批中国科学技术大学优秀毕业生,充满激情地创办科大讯飞。他与留下来的十几位同学签订合同,月薪只有1 000元,而且3年不变。"这些同学没有一个有怨言,他们是把它当成一种事业。要知道,国内的一些IT产业的大公司都在用高薪向他们发出邀请。这些人至今还留在科大讯飞,是公司的主体。中国科学技术大学中文语音技术走在全国甚至全世界的前列,他们功不可没。"回忆起科大讯飞成立的情形时,刘庆峰自豪地说。

讯飞人始终坚守"顶天立地"的产业创新发展理念:核心技术务必确保国际领先("顶天"),技术成果力求大规模推广应用("立地")。2002年10月,在国家"863"项目中期成果检查时,语音合成效果首次超过普通人说话的水平。2003年,科大讯飞获得迄今中文语音研究领域最高荣誉"国家科技进步奖",并且是国家信息产业部确定的中文语音标准工作组组长单位。2005年12月,"面向网络和嵌入式环境智能语音合成技术",荣获我国信息产业界最高荣誉——信息产业重大技术发明奖。科大讯飞彻底改变了1999年以前中文语音市场几乎全部由国外IT巨头垄断的局面。科大讯飞的智能语音技术已经代表了世界最高水平。

2008年,科大讯飞成为中国语音领域的第一家上市公司。2012年,科大讯飞做成了业界公认的中文语音产业第一,成为中国语音产业联盟的理事长单位。2016年,科大讯飞获CCTV十佳上市公司称号,牵头发布《人工智能深圳宣言》。2017年,科大讯飞在业界率先提出"人工智能+"。

科大讯飞的标识

有人问:科大讯飞保持企业发展张力和持续创业的激情源泉是什么?刘庆峰在科大讯飞18周年庆典上总结了如下几点。

第一，源于热爱的初心坚守。我们不是为了谋生，不是为了呼吁社会关注，不是为了拿融资，而是因为真的热爱这个技术，我们认为人工智能必将改变整个世界。

第二，源于"顶天立地"的创新道路。我们选择了一条最适合科大讯飞也是最符合未来的发展道路。

第三，源于持续拓展的产业梦想。我们每个人在任何一个组织中，也许会有天花板，但只有不断拓展我们的平台，人生才会有意义。

资料来源：编者根据相关资料整理，仅供教学使用。

第四节 创新创业教育引领未来

一、开展创新创业教育的意义

创业精神是推动创业型经济发展的持续动力。高校作为创业精神的培养地和培养高素质创新人才的主要场所，必须肩负起实施创新创业教育的重任。毫无疑问，发展创业型经济需要创新创业教育作为智力支持和保障，要求高校把创新创业教育作为推进高等教育综合改革的重要抓手，将创新创业教育贯穿于人才培养全过程，面向全体大学生开发和开设创新创业教育专门课程，纳入学分管理。

积极推进高等院校创新创业教育，是适应经济社会和国家发展战略需要而产生的一种教学理念与模式，对于促进高等教育科学发展，深化教育教学改革，提高人才培养质量具有重大的现实意义和长远的战略意义。大力推进高校创新创业教育，是国家实施创新驱动发展战略、促进经济提质增效升级的迫切需要，是推进高等教育综合改革、促进高校毕业生更高质量创业就业的重要举措。

创新创业教育融合了创新、创意、合作和敢于承担风险的能力，对各学科来说都有价值。因此，将会有更多的理、工、农、医、文等学科的学生在大学期间有机会学习一两门创业学课程。创新创业教育不同于以往的适应性、守成性教育，而是注重把创业精神的培养提高到与学术性和职业性同等重要的地位。培养具备创业精神的大学毕业生，并不一定要他们都成为企业的创建者，而是因为受过创业精神熏陶的大学毕业生，在任何单位和机构工作都会表现非凡、出类拔萃，能更好地适应未来社会需要，更好地促进经济社会的发展和提高个人生活质量。总之，创业精神将成为每位大学生必备的基本素质。

二、中国开展创新创业教育的目标

从2002年教育部选择中国人民大学、清华大学、北京航空航天大学、黑龙江大学、上海交通大学、南京财经大学、武汉大学、西安交通大学、西北工业大学9所高校进行"创业教育"试点，到2010年5月《教育部关于大力推进高等学校创新创业教育和大学生自主创业工作的意见》（教办〔2010〕3号）文件的出台，再到2015年5月《国务院办公厅关于深化高等学校创新创业教育改革的实施意见》（国办发〔2015〕36号）文件的颁布，全国各地吹响了全面深化高校创新创业教育改革的号角，明确了创新创业教育的总体目标，即"2017年取得重要进展，形成科学先进、广泛认同、具有中国特色的创新创业教育理念，形成一批可复制可推广的制度成果，普及创新创业教育，实现新一轮大学生创业引领计划预期目标。到2020年建立健全集课堂教学、自主学习、结合实践、指导帮扶、文化引领融为一体的高校创新创业教育体系，人才培养质量显著提升，学生的创新精神、创业意识和创新创业能力明显增强，投身创业实践的学生人数显著增加"。创业教育不再局限于商学院或经济管理学院，而是要面向全体大学生"开发开设研究方法、学科前沿、创业基础、就业创业指导等方面的必修课和选修课，纳入学分管理"。2018年9月18日，国务院印发《关于推动创新创业高质量发展打造"双创"升级版的意见》。

三、创新创业教育方法的探索

在课堂上着力培养大学生的创新精神、创业意识和创业能力，对任何高校教师来说都是一个挑战。传统的"一言堂""填鸭式"的教学方法日益使学生产生"审美疲劳"。如何提高大学生的学习效果？如何选择合适的讲授方法来鼓励、支持大学生的学习？对这些问题的求解与突破有助于制定有效的创业教育学习策略和教学策略。因此，必须以转变教育思想、更新教育观念为先导，以改革人才培养模式和课程体系为重点，改革考试考核内容和方式，注重考查学生运用知识分析问题、解决问题的能力，探索非标准答案考试，破除高分低能的积弊，方能实现创新创业教育教学的预期效果。

我们认为：创业课程的宗旨在于教"如何创业"，而不是教"什么是创业"。有效的创业教育，需要采取体验式学习、行动导向、导师辅导和项目小组等教学方法，使学生将所学的知识能够应用于课堂之外的商海或工作中。

目前，国内外有40多种创新创业教育的教学方法，常用的教学方法有：小组教学法、画图教学法、小组评审教学法、辩论式教学法、头脑风暴教学法、情境教学法、案例分析教学法、寻找商业创意教学法、调动学生兴趣教学法、从人际关系管理的角度解读创业计划教学法、围绕模拟创业者生活世界的教学法、企业家走进课堂教学法，等等。总之，预期的教学成果取决于整合最适宜的教学方法。

> **小贴士**　美国百森商学院的创业教育
>
> 　　美国百森商学院于1968年开设本科生阶段的创业学主修,为有创业兴趣和潜质的学生提供全面而综合的创业课程,并针对不同学习阶段的学生,推行渐进式的创业教育项目:"管理和创业基础"项目、"创业精神培养强化课程"项目以及"定制特殊路径"。其中,"管理和创业基础"项目是所有新生必须参加的为期一年的跨学科创业基础课程;"创业精神培养强化课程"项目主要针对二年级中具有较高创业潜质的学生,让学生选修其中的课程,使他们有机会在大学早期就接触各种创业活动;对高年级学生则为其创业学习"定制特殊路径",三、四年级的学生通过在新创企业、家族创业、公司创业以及社会创业四个领域中选修课程进行学习,加强对创业的认识。
>
> 　　百森商学院创业教育的一大特色是模块教学。它的课程体系包括创业者、战略与商业机会、资源需求与商业计划、创业企业融资与快速成长五大模块,分别培养学习者的创业素质、创业意识、创业知识以及应对创业风险的能力等。每个模块由一系列选修课程组成,并且分为基础级、专业级和支撑级,以满足不同创业潜质学生的需要。
>
> 　　百森商学院所有学习阶段的课程都包括具体实践内容。百森商学院不仅拥有创业教育的实践基地、开展多样化的外延拓展活动,而且还鼓励学生积极参加各种创业计划大赛、创业演练。学生在这些实践中,从最初的计划拟订到后期的成果转化以及作为企业的运营都完全是在市场中进行并接受市场的考验。这样尽量使学习者置身于创建企业、发展企业这一动态过程中,使学生有机会面临真实的创业情境,获得关于创业各个环节的亲身体验,能够将课堂上的理论运用到现实世界中。

　　经过多年的努力,我国高校创新创业教育迎来了新局面、新气象。创新创业教育不仅能够培养学生的创新精神、创业意识和创新创业能力,还是深化高等教育改革的重要抓手,能够促进高等教育在理念和行动上进行转变。

　　"大众创业、万众创新"时代的来临,为拥有创业精神的人提供了一个良好的发展平台。时代赋予了当代大学生的使命不仅是做求职者,还要成为工作岗位的创造者,为社会创造出更多的工作岗位,带动一大批人实现就业。世界上唯一永恒不变的就是"变化",拥有创业精神的应变能力,是应对未来不确定性的"撒手锏"。

　　创业是一种素质,一种职业,一种生活方式,一种境界,更是一种追求。创业将使得"为自己工作的观念"深深扎根于社会文化中,并显示出强劲势头。人人都有创业潜能!人人都有获得成功的机会!

要点回顾

- 21世纪将是创业型经济大发展的时代。创业已经成为经济发展的重要引擎,成为驱动技术创新和促进社会就业的重要载体。

- 改革开放以来,中国创业历经了五次浪潮。当下全社会对"大众创业、万众创新"表现出了极大的热情,新时代的创新创业正在如火如荼地进行。
- 从范围上讲,创业的概念有广义和狭义之分。狭义的创业是指创建一个新企业的过程,广义的创业是指创造新事业的过程。
- 创业要素是创业活动所必须具有的组成部分。商机、创业团队、资源对于创业成功有着不可缺少的影响。创业者可以通过改善这些要素的组合来提高创业成功的可能性。
- 创业活动是创业者通过捕捉商业机会,配置相关资源,为个人和社会创造价值的过程。
- 创业是一种人生态度,是一种职业发展的精神趋向。大学生在创业知识和技能的学习中,不应急功近利,而应将创业学习与职业发展目标相结合,通过创业学习与职业发展规划的结合,促进自己成才观念的转变,顺利实现就业,进而创造社会财富。
- 积极推进高校创新创业教育,是适应经济社会和国家发展战略需要而产生的一种教学理念与模式。创新创业教育融合了创新、创意、合作和敢于承担风险的能力,对各学科来说都有价值。

关键名词

创业　创业要素　创业活动　创业精神　职业发展规划

复习思考题

1. 新时代创业具有哪些重要作用?
2. 如何理解创业?
3. 简述中国改革开放以来创业经历的五次浪潮。
4. 简述创业的基本要素。
5. 创业活动具有哪些特点?
6. 创业对大学生职业发展有何意义?

牛刀小试

结合本章内容,设计一份访谈提纲,找一位你身边的创业者进行访谈。要求如下:

1. 访谈时间设计在 1 小时左右。
2. 认真准备和设计访谈提纲,问题可以来自本章的主要知识点,也可以是你对创业、创业活动和创业教育的理解,还可以是你不清楚的问题甚至是疑惑。在设计访谈提纲时,你要预想可能的答案。
3. 自己找创业者,创业者类型不限。
4. 访谈时要做好记录,如果对方允许,最好录音。
5. 访谈时一定要注意创业者的表

情、思考、停顿等细节。

6. 访谈结束后一定要仔细整理，对照访谈前你预想的答案，看你发现了什么？

7. 你觉得从你访谈的创业者身上学到了什么？哪些是你根本无法学习到的？

回头看一看你设计的访谈提纲，觉得有哪些地方值得修改，接下来重新修改并完善你的访谈提纲。

_____
_____
_____
_____
_____

如果你访谈过创业者，请把你印象最深的事件、发现、关键词等写在下面的空白处。

_____
_____
_____
_____
_____
_____
_____
_____
_____

大学生创业类型选择

 创业名言

所有的创业者应该多花点时间,去学习别人是怎么失败的。

——马云

 本章框架

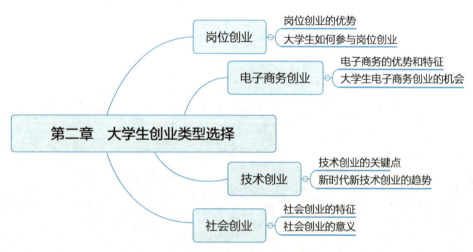

 学习目标

通过本章学习,你应该能够:

1. 了解各种创业类型的内涵及其优劣势
2. 掌握各种创业类型的适用范围
3. 在掌握各种创业类型异同的基础上找到适合自己的创业类型

⊙ 开篇案例　连环创客：王兴

一提到王兴，很多人的脑海里第一想到的词汇就是连环创业者，因为他是"校内网""饭否网""美团网"这三个中国大名鼎鼎网站的联合创始人，除此之外，他还有另外一个身份——大学生创业者，即在毕业之后，没有丰富的职业履历就开始创业的人。

他是一个人们口中的天才少年，高中没有参加高考就被保送到中国名牌学府清华大学，毕业后拿到全额奖学金去了美国特拉华大学，师从第一位获得 MIT 计算机科学博士学位的中国内地学者高光荣，随后归国创业，在前一两次不算成功的创业项目之后，王兴创立了中国版 Facebook——校内网，并很快风靡于大学校园。校内网于 2006 年 10 月被千橡以 200 万美元收购。2007 年 5 月 12 日，王兴创办饭否网。这也是中国第一个类 Twitter 项目，但就在饭否网发展势头一片良好之际，网站被关闭，这让王兴的事业受到挫折。之后连环创客王兴于 2010 年 3 月上线新项目——美团网，在千团大战之中脱颖而出，稳居行业前三，并先后获得红杉和阿里的两轮数千万美元的融资，这个连环创客的事业正逐渐走上正轨。2013 年 5 月，美团网单月流水已经突破 10 亿元人民币。

在后续的发展中，美团网不断四处出击，持续扩张，先后进入影票预售市场、打车市场、支付市场，甚至开起线下零售店。它的竞争对手包括了中国最强大的互联网巨头、最具有影响力的创业公司和一些老牌互联网上市公司。它进入的每个领域做得都不错。美团网点评 2016 年全年交易额是 2 400 亿元人民币，比 2015 年同期增长了 50%，2017 年交易额将达到 3 600 亿元人民币。

王兴是一个典型的学霸，拥有高学历、高智商，毕业后如果应聘科研院所或国内外著名大公司，也会有很好的发展，他为什么要选择创业？创业失败受阻之后，他是如何应对的？他的创业属于哪种类型的创业？

资料来源：编者根据相关资料整理，仅供教学使用。

当前正在大力推动的以"互联网+"为核心驱动的"大众创业、万众创新"的创业浪潮，承载着我国经济结构转型、推动我国经济进一步发展的重任，对中国的政治、经济、社会等各个领域影响深远。早期创业成功的典型案例，如阿里巴巴、腾讯、百度、华为、新浪等行业巨头，为我国的经济发展注入了新的活力，改变了人们日常生活的模式。在现阶段，我们所需要的创业与过去的创业形式存在着重要的差别。我们所需要的创业不仅仅是为了维持生计，提供与他人同质的产品或者服务。这种差别至少体现在两个方面：第一，能够提供更加优质化的产品或者服务；第二，能够发掘不同消费者潜在的需求。携程、美团网、滴滴出行、共享单车、智学网、小米等新创企业，都是精准地抓住了人们某些方面未被满足的需求，赢得了众多的用户，为企业的长远发展奠定了基础，这既为经济发展注入了新的活力，也极大地方便了人们的生活。新常态时期，我们更需要的正是这种类型的创业。

大学生创业备受社会期待和关注，同时也有越来越多的大学生选择将创业作为实现自我价值的方式。调查发现，创业的人千千万，但是不同的人创业也存在诸多的不同。依据不同的标准，我们可以将创业划分为不同的类型，这些类型的划分可以帮助我们更好地了解创业的结构和本质。你知道常见的创业类型有哪些吗？自己又适合哪种类型的创业呢？

第一节　岗位创业

岗位创业也叫企业内部创业，是指在从事岗位工作的同时，利用自身的专业技能知识以及所掌握的资源进行创新创业活动。大学生自主创业往往受到经验、资金、人脉等资源的限制，难度大、成功率低；而岗位创业可以依托已有的企业资源，较容易获得成功。

一、岗位创业的优势

在岗位上，每个人都可以实现创业。企业不仅可以满足我们的人生追求和价值追求，同时还给我们提供了更广阔的发展空间和更优化的发展平台。可以说岗位创业，实际是一种"零"成本、高回报的创业模式。

首先，提供资源。企业本身已经为员工在岗位上创业提供了资源。无论是岗位资源、人力资源，还是资金资源，都不需要"创业者"四处奔波筹集。

其次，降低风险。企业的经验可以供员工直接拿来吸收，这就使"创业"的风险降到最低，员工可以冒着最小的风险开辟事业。当员工在"创业"过程中发现自己的某些技能缺失，或者存在缺陷，企业就会及时提供相应的培训与辅导，帮助员工补上自己的短板。

最后，减轻压力。在岗位内部创业期间，企业会分担员工的压力。对员工而言，企业永远是自己最坚实的后盾。特别是在员工出现失败的情况下，企业会为员工的失败买单，不仅如此，还会为员工的失败提供咨询和分析，帮助员工找出失败的原因，帮助员工建立自信，走出失败的阴影，从头再来，这一点是单独创业者不可能获得的"优待"。

可见，与自己单独创业相比，在岗位上创业所要面对的创业环境会更加优化。

二、大学生如何参与岗位创业

每个大学生创业者身上最鲜明的特点就是有浓厚的专业背景，几乎每名创业者都能把自己在大学期间接受的专业教育直接应用于自己的创业实践。大学生创业如能结合自己的专业进行，更有利于创业实践。对于高校而言，如何根据学生的专业，有针对性地进行创业方面的教育和指导，是高校做好大学生创业教育首先需要思考和解决的问题之一。大学生要想参与到岗位创业中，主要应做好以下几个方面的工作。

（1）积极参与学校提供的创业教育通识课程。在岗位创业意识得到培养的基础上，积极学习专业类创业课程，增加岗位创业知识，而这正好契合了高校创业教育体系侧重于岗位创业意识、精神、能力培养的要求。

（2）积极参与专业教师渗透创业内容的专业课程教学。以创新人才培养模式、优化课程体系、贯通人才培养环节为重点，积极将创业教育与专业教育深度融合。

（3）积极响应学校的专业实践教学，强化岗位创业能力的培养。通过该层次的创业教育融入，结合专业实习、毕业设计等环节，引导学生在择业时选择合适的岗位或岗位意向，或选择自主创业。

创业聚焦

六种岗位创业模式

模式一：阶段管理式
代表企业：柯达

柯达公司内部创业体系的独到之处，在于其对创新业务分阶段的管理。大约10%有成功希望但与主营业务不符的创新提议，可以从NOD（New Opportunity Development，新业务开发）部门获得高达2.5万美元的资助。这一阶段被称为创业设想的开发阶段，发起人可以将20%的工作时间用于完善创业设想。

如果设想可行，便可进入下一阶段，即业务开发阶段。这时发起人可以离开原有岗位，并可获得高达7.5万美元的项目资助。发起人此时必须组建项目小组，撰写项目规划书，开发产品模型。这时项目小组会得到NOD部门的咨询服务和其他支持。

如果进展顺利，创业项目可以再进一步进入运作启动阶段。在这一阶段，项目可获得高达25万美元的资金支持，并在通过严格的项目评审后还可获得更多的资金。这时，项目从属于柯达技术公司（KTI）。KTI此时扮演控股公司和风险投资公司的双重角色。尽管KTI是柯达公司的子公司，但它所管理的诸多创业项目和柯达公司已经脱钩。KTI在此就像一个孵化器，它对创业项目的投资回报率的最低要求是25%。如果项目运转顺利，几年后，创业项目可以通过公开上市和转让实现资本增值。

启示 创新在不同阶段对资源和外部环境有不同的需求，内部创业同样存在规律，也会有相应的流程。

模式二：事业部先庇护，公司再放手
代表企业：宏碁

宏碁集团有36个子公司，各子公司通常是高度自治，如同诸侯，宏碁则像是由诸侯国组成的联合"国度"，一些子公司彼此之间在市场上也存在竞争。创办者施振荣将它们比喻成兄弟爬山各自努力。

对进入公司5年以上的员工，宏碁认为公司应该给他们提供舞台，包括通过内部创业机制为员工创造机会。宏碁鼓励员工参加内部竞标活动，让对项目感兴趣的员工参加竞标，中标者就是该项目的项目经理，负责项目的全过程实施。

宏碁坚持多元化的经营模式战略思想，采用相互关联的事业体渐进共生式发展，它的内创业公司通常与母公司在技术、渠道、上下游或人才方面有多项关联性。

宏碁内部创业有多种模式，最为成功的通常具有以下特点：一开始作为部门存在，新创部门在母公司的庇护下，集中优势资源开展业务。等新创事业在部门制下度过了生存期后，就采取引入外部资金的形式组成新公司。通常，母公司会把在新公司的资本比例控制在50%～80%，因为加入了互补性伙伴，增加了新的观点、文化和丰富的外部资源，所以新公司的老总及经营团队除了要达到母公司交付的目标及任务外，也必须用心应付其他大股东随时的监督和检验。

启示 宏碁集团应该是研究华人企业创业的一个很好的控制实验室，因为它在同一个集团有同样的产业环境，也有类似的文化。不过，与华人企业盛行的中央集权管理方式不同，当宏碁内部创业的企业成长到一定阶段后，宏碁在各子公司通常只掌握较少的股份，譬如在2002年宏碁主动将所持有的明基股份减少到三成。宏碁领军人物施振荣的特点是，刚开始时全力帮你，等发展壮大之后再全力给你更大的自由。至于过程中的度，则视具体情况而定，施振荣奉行模糊管理。

模式三：杯酒释兵权
代表企业：用友、华为

用友公司曾在合肥、武汉和温州推行了"创业计划"，公司总裁王文京希望这些地区分公司的员工离开公司，转为自行创业的代理商。王文京为离职做代理并成立公司的员工提供资金和产品的支持。员工级的能获得8万元赞助，经理级的能获得15万元赞助。不过这一措施却掀起大波，一些员工认为这是在变相裁员。

这种推行"内部创业"的形式并非第一起，早在2000年，华为也做过。当时华为把公司非核心业务和公交、餐饮等服务业务外包给老员工作为创业机会。华为鼓励员工离职创立新公司，帮助打通全国的分销网络。作为支持，华为为创业的员工免费提供价值相当于员工所持华为内部股1.7倍的公司产品。当然这是有条件的，创业公司产品不能同业竞争，并且不能互相挖墙脚。现在，一些地方为华为做工程安装调试工作的公司就是华为当初内部创业的人所创办的。

启示 用友和华为当然也有其他形式的内部创业，"杯酒释兵权"只是在特定时期的特定政策，用友是由于原有的渠道成本压力太大，需要变革。华为更多的是需要解决老员工的出路问题。在这里创业不是目的，而是企业解决其他问题的工具。

模式四：计划书模式
代表企业：富士通、松下

为推行内部创业，富士通成立了专门的基金，只要在富士通工作3年以上的员工，公司都鼓励他们申请创业基金。公司为此成立了专门的创业评定机构，那些被选上的员工，公司会给他们投入创业基金。这笔钱被当成是以公司的资金入股，用员工的智力和技术共同新创公司。随即，公司一般会向创业的员工提供资源、业务、技术等方面的支持。

松下在2000年投资100亿日元设立了公司创业基金，用于支持员工创业，它通过商业计划书，一年有3次海选，获资助者会经过半年的面试、筛选、培训和考察。为了鼓励员工创业，松下规定创业者初期出资比例可以在30%以下，以后再从松下回购股份，并且创业的员工可以签约成为松下的合同工，即使创业失败，5年内仍可回公司继续工作。

启示　同样是成立创业基金，目的和运作各不相同，富士通的创业基金更有利于让企业获得好的投资回报，而松下的创业基金则倾向于培育员工成为勇于向新生事物挑战的创业人才。虽然过去的几年里，每次能获得资助的员工不过寥寥数人，但这却是传递给员工的呼吁创新的明确信号。

模式五：公司风险投资式

代表企业：壳牌、英特尔

自从风险投资被互联网掀起了热潮后，就渐渐成为被采用得最多的创业方式之一。英特尔、微软、诺基亚等企业都成立了自己的风险投资公司或机构。这种投资不仅可以针对公司外部的项目，同样也可以针对公司内的部门或创业者。不过，最常见的是整合资源，内外兼顾。例如，壳牌石油的"游戏改变者"项目是该公司勘探与生产部发明的，为了给公司寻找新的市场机会，特别是突破性的机会，项目组四处收集创意，并为最有希望成功的想法提供资助。公司将10%的技术预算按"风险投资"的方法来使用。

启示　公司从事风险投资的形式主要有两种：一种是把用于风险投资的资金委托给专业的风险投资公司进行管理，由其成立的投资基金根据委托方的战略需要选择投资目标；另一种是公司直接成立独立的风险投资子公司，其运作方式与专业的风险投资公司相似。不过，一项来自英国的研究表明，那些针对企业外部的风险投资，新创建的业务只有不到5%被母公司采纳。

模式六：15%模式

代表企业：3M、Google

对创新型公司来说，最经典的案例莫过于3M的15%定律。员工可以不经同意，使用15%的工作时间做个人感兴趣的事，而高层会帮助员工排除新创过程的内部阻力。几十年来，这条定律已使3M的骨子里渗透着创新的气息。

Google现在同样使用了这种办法，甚至采用了更宽松的政策。在Google，员工有20%的自由工作时间可参与Top100中的任何项目，Top100是一个随时变动的项目列表，列表来自"想法邮递列表"，它像一个面向所有员工的留言板，员工有了一个创意，可以写在上面，其他的员工则可以对项目发表自己的建议并投票，很多好的项目会因为高的投票率而自然凸显。当然，Google会通过技术手段对员工的内部创业进行支持，如千万美元级别的"创始人奖"，或将项目开放给公众测试。

> **启示** 15%模式的最大特点是自由和开放的空间。公司预留出余地，不对员工的任何创新进行限制，那些绝妙的创新很自然地进化到创业的实操阶段。但15%模式的真正意义在于，它创造了一种组织的理念，为公司的创业文化赋予了灵魂。
>
> 资料来源：编者根据相关资料整理，仅供教学使用。

第二节 电子商务创业

电子商务（Electronic Commerce, EC），顾名思义，其内容包含两方面：一是电子方式，二是商贸活动。电子商务指的是利用简单、快捷、低成本的电子通信方式，买卖双方不谋面地进行各种商贸活动。这种以电子商务为载体开展的创业活动，称为电子商务创业。

一、电子商务的优势和特征

（1）普遍性。电子商务作为一种新型交易方式，将消费者、生产者、流通企业和政府带入了一个数字化网络经济，将人工操作和电子信息处理集成为一个不可分割的整体。

（2）方便性。电子商务不再受地域的限制，以非常简捷的方式完成商务活动，也能够全天候地存取资金、查询信息等，且服务质量大幅提高。

（3）安全性。安全性是电子商务至关重要的核心问题，电子商务使得端到端的安全解决方案得以实现，如加密机制、安全管理、签名机制、防火墙、防病毒保护等。

（4）协调性。作为一种新型的商业运营模式，电子商务使得客户与公司内部、生产商、批发商、零售商之间获得协调，银行、配送中心、通信部门、技术服务等在电子商务环境中获得协调，配合有序。

二、大学生电子商务创业的机会

（1）开设网上商店投资小，与租用店铺相比，商品价格相应地比传统店铺要低，带来的价格优势也使其具有更好的资金流动性和投资回报率。

（2）一个面向全球的、24小时、一年365天不间断营业的店铺，辅助以微信、QQ等现代通信方式和以顺丰速运等为代表的发达的物流配送体系，就构成了网上店铺的软硬件环境，只要会上网就能开网店创业。

（3）电子商务创业不受店面空间的制约，只要经营者有能力，就可以在网络页面上展示成千上万种商品的图片。

（4）在网上建立店铺，能够利用网络搜索技术的便利性，很容易搜集到客户信息，提供个性化的服务，建立良好、长远的客户关系。

（5）电子商务创业在时间上相对灵活，大学生可以在学习的同时，兼顾打理网店。

创业聚焦

贝贝网：移动电商新势力

母婴行业先行者，引领下半场新方向

贝贝网于2014年成立，是国内领先的移动母婴特卖平台，发展迅速。2016年6月，上线2年，完成D轮融资。其中D轮融资金额达1亿美元，投资方为新天域、北极光、高榕资本、今日资本等知名投资机构，拥有移动互联网行业多种资源，是移动端流量红利时代和应用市场红利时代发展起来的典型代表。

贝贝网：围绕母婴人群发展垂直用户经济

"妈妈经济"囊括母婴市场、女性时尚市场、家居用品市场。"妈妈经济"的核心观点就是每个妈妈背后都是一个家庭，整个"妈妈经济"将满足家庭消费所有需求，包括给小孩买东西、给妈妈自己买东西、给家里买东西，围绕妈妈人群购买力进行的业务拓展成为"大母婴"市场新的经济助力增长点。2016年，纯母婴用品线上交易规模为0.5万亿元，"大母婴"概念下市场交易规模为1.6万亿元，贝贝网在整体妈妈经济中渗透率较低，仍有较大的发展空间。图2-1是贝贝网的经营模式。

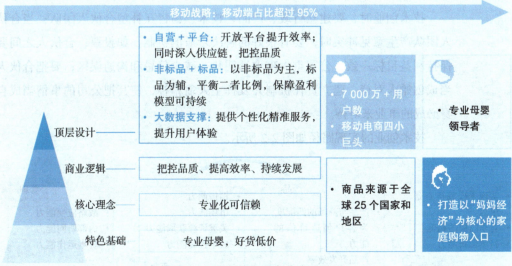

图2-1 母婴行业电商代表贝贝网

资料来源：编者根据相关资料整理，仅供教学使用。

第三节 技术创业

技术创业是指创业者在高层次技术的基础上所开展的创业活动。大部分技术创业企业成长快、就业创业能力强,因此很多国家对技术创业领域特别关注。技术创业者必须能够识别技术密集型事业的机会,在机会出现时必须能够汇聚人才,同时募集到足够的资金,为了适应快速成长局面能够及时做出战略决策。技术创业应该基于革命性的技术进步或者进化性的技术改善。技术创业的目标市场可能是已形成的现有市场,也可能是将形成的全新市场。技术创业的主体可能是相对独立的研究人员,也可能是现有企业的研发人员。

一、技术创业的关键点

1. 产品及想法

现在是信息量大、优秀产品非常多的时代,只有迎合用户的需求甚至超出期望才能获得成功。技术创业不仅需要好的想法、产品构思,也需要好的合伙人(三种合伙人,即管理、销售、技术),构建具有强大执行力的团队。

2. 合伙人的模式

有好的产品想法或者投资就要组建初始的核心部门,而作为技术人员可以采取以下几种模式:几个同学或者朋友一起组建团队,类似于腾讯、新东方的创始人;一个创始人找项目找人,一起做一项事业,类似于马云、史玉柱那样的创业公司;家族式,类似于当当网、四川希望集团。不管哪种模式搭建的合伙人团队,都需要保持一个目标。

3. 合伙人的分工

技术创业时,要建立行政、产品、技术、销售互补型合伙人团队;当合伙人团队产生意见冲突时,要有很好的解决矛盾的机制,如投票;合伙人之间要保持利益目标一致,公司重大事项透明化,减少猜忌和沟通误区;要把合伙人当成创始人对待,建立责任机制并发挥主人翁精神,使其把公司的事情当成自身必成的事业来对待。

技术创业的实现路径如图 2-2 所示。

图 2-2 技术创业的实现路径

二、新时代新技术创业的趋势

（1）新技术本身的创业，是纯正意义上的技术创业。在以色列有很多的技术创业公司，它们会在某个细分领域做技术创新。这样的创新通常会成为大公司收购的标的。这些公司能够共同推动一个产业的技术突破，在很多领域都有这样的机会。

（2）新技术创业更多地体现在新技术的应用而不是新技术的创造上。在中国这样的机会尤其多，因为中国是世界上最大的单一市场，能够孕育出很大的应用机会。除了一些特别专注于技术本身的公司外，大部分企业产品之间的差异可能很大，但核心技术壁垒表现得并不明显。比如人工智能，真正在算法上做创新的企业非常少，多数企业在算法达到门槛以上之后，在应用、数据和场景方面的创新做得更多一些。不管是现在很热门的无人驾驶还是智能医疗，绝大多数的门槛并不在算法上。

VR、AR 是 2016 年非常热门的领域，人工智能的热度也一直在持续增加。需要说明的是人工智能大规模的应用现在都处在早期阶段，大规模的商业应用目前还远没有到来。所以在当前阶段，数据的积累特别重要，与此相关的"数据创业"方向，热度有较快的持续上升。这里既包括底层的数据结构和数据处理上的一些公司，也包括在数据积累上有独特优势的公司。因此，未来的新技术的创业趋势会越来越多地聚焦在数据和应用层面上（见图 2-3）。

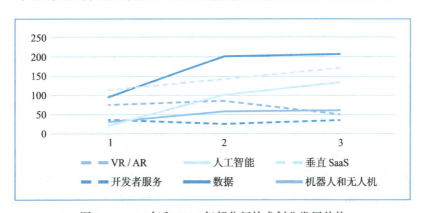

图 2-3　2016 年和 2017 年部分新技术创业发展趋势

创业聚焦

汪滔与大疆无人机

汪滔是"80 后"，2006 年在攻读研究生期间，与两位同学一起创立深圳市大疆创新科技有限公司（DJI-Innovations，DJI，简称大疆）。

大疆从开始只有几个人的创客团队，现已成长为一家有 4 000 多名员工、客户遍布 100 多个国家、估值超过 100 亿美元的高科技公司。

大疆是中国的一家无人飞行器控制系统及无人机解决方案的研发和生产商。公司致力于为无人机工业、行业用户以及专业航拍应用提供智能飞控产品和解决方案。在全球商用无人机领域占据领头羊地位，目前市场占有率为70%。2015年12月，公司推出一款智能农业喷洒防治无人机——大疆MG-1农业植保机，正式进入农业无人机领域。截至2016年，大疆在全球已提交专利申请超过1 500件，获得专利授权400多件，涉及领域包括无人机各部分结构设计、电路系统、飞行稳定、无线通信及控制系统等。2017年6月，公司入选《麻省理工科技评论》"2017年度全球50大最聪明公司"榜单。2018年11月7日，工信部发布2018年（第17届）中国软件业务收入百强企业，深圳市大疆创新科技有限公司排名第40位。

汪滔说，中国制造业大部分是"用七分的商术，对自己的三分产品进行包装，把精心包装的东西在社交圈、媒体圈中宣扬"，而大疆则是"七分技术，三分商术"。

资料来源：编者根据相关资料整理，仅供教学使用。

第四节 社会创业

社会创业又称公益创业，是近年来在全球范围内迅速兴起的一种全新创业理念，创新的创业模式旨在实施追求社会价值和商业价值并重的创业活动，兼顾社会性和企业性，将实现社会价值和企业化运营结合在一起。

1980年，美国人比尔·德雷顿首次提出社会创业的概念，并以实际行动实现自己的社会创业梦想，他成立了名为阿苏迦（Ashoka：Innovators for the Public）的全球性非营利组织。该组织致力于在全球范围内推广公益创业，专门物色和培养公益创业人才，向社会创业者提供种子基金，帮助他们开展社会创业，主要涉及社会公正、社区发展、环境保护以及满足弱势群体，如少数民族、妇女、老人、残疾人和孩子的需求等领域。由于比尔·德雷顿对社会变革做出的巨大贡献，2005年，比尔·德雷顿被《美国新闻与世界报道》评为年度"美国最杰出的领袖"。

社会创业已经逐步在全球范围内受到关注，并且极具发展的空间。2004年，戴维·伯恩斯坦（David Bornstein）出版的《如何改变世界》（How to Change the World）一书激励无数普通公众成为改变世界的社会创业者；2006年，"小额贷款"模式的创始人穆罕默德·尤努斯获得诺贝尔和平奖，更是鼓舞着更多的人投身社会创业；2009年，美国奥巴马政府成立了社会创新办公室，从国家政策的层面促进社会创新创业的发展；2012年，英国的"大社会资本"（Big Society Capital）正式运作，大量社会投资开始进入社会创新创业领域；2014年，欧盟全面启动"社会企业支持计划"（Society Enterprise Support Project），推动社会创新创业活动的发展与繁荣。

一、社会创业的特征

社会创业的内涵表明，社会创业作为一种新的创业模式，除了具有一般商业创业的特征外，又具有区别于商业创业的显著特征。社会创业的关键特征主要体现在社会性方面。

（一）以"解决社会问题"为导向

社会问题的存在是社会创业存在的前提和土壤。传统的商业创业尽管也执行具有社会责任感的行为，如捐赠、采用环保材料等，但它们并不直接面对社会问题。而社会创业源自发现一些未被解决的社会问题或者没有被满足的社会需求，"解决社会问题"是社会创业者的使命和终极目的。他们为解决社会问题而创造的产品或服务是直接与他们的使命相关的，他们雇用弱势群体人员或者销售与使命相关的产品和服务。社会创业主要受社会回报的驱动，它追求的是问题解决的社会影响最大化效果，用以动员更广泛的力量投入社会问题的解决。

（二）具有显著的社会目的和使命

社会创业的社会性特征最直接的体现是创造社会价值，具有显著的社会目的性和使命驱动性。社会创业的使命表明，由于社会创业者或机构采取创新的业务模式解决相应的社会问题，因此社会创业者或机构在社会部门中扮演着变革代理的角色，而完成这一角色的手段就是选择一项使命去创造和维持社会价值。与商业创业相比，利润（经济价值）虽然是一个目标，但已不是主要目标，利润是被再投入于使命之中而不是分配给股东。经济价值是社会创业的副产品。创造与使命相关的社会价值（而不是利润）的数量是衡量一个社会创业者成功的主要标准。

（三）问题解决方式的创新性

与商业创业不同，社会创业所面对的社会问题在一定程度上具有紧迫性、棘手性、社会危害性等特点，因此，社会创业在解决问题时需要具有比一般商业创业更强的创新性。这种创新性既包括问题解决方式的创新性，也体现在解决问题的组织创新性上。社会创业从根本上说是要创造新的价值（主要是社会价值），而不是简单地复制已经存在的组织或模式。因此，社会创业者或组织需要进行创新和变革，发现新问题，开发新项目，组建新组织，引入新资源，最大限度地弥补"政府失效"和"市场失灵",有效地解决各种社会问题。创新性还体现在组织的跨界合作和商业模式的创新上。

(四)核心资本的社会性

为确保产品或服务的有效提供,社会创业也需要各类创业资本,如场所、设施、资金、人员等。与商业创业不同的是,社会资本如社会关系、合作伙伴网络、志愿者、社会支持等是社会创业的核心资本。社会资本不同于物质资本和金融资本,它不会由于使用而减少,而是通过不断地消费和使用来增加其价值。社会资本具有资源杠杆功能,社会创业者或机构通过构建广泛的伙伴网络关系,能够为创业带来实体资本和财务资本。社会创业的成功与否不是取决于其物质资本和金融资本的多少,而是取决于社会资本的多少。

二、社会创业的意义

社会创业通过以下方法为社会带来改变:选定一项使命来创造和持续社会价值(而不仅仅是私有价值);发现和不断寻找新的机会来实现这项使命;不断创新、调整和学习,对服务对象和行为结果高度负责等。

在儿童保育、残障就业、社区发展等领域积极开展社会创新,社会创业不仅涵盖了非营利机构的创业活动和营利性机构践行社会责任的活动,而且还强调个人和组织必须运用商业知识来为社会创造更多的价值。

社会创业的类型一般以创业组织的类型来划分。社会创业构建了一个多维度模型,涵盖了非营利机构的创业活动和营利性机构践行社会责任的活动(见图2-4)。社会创业是应对"政府失效"和"市场失灵"的矫正力量,它以和平的方式实现了以往通过暴力和流血也未能实现的社会目标。

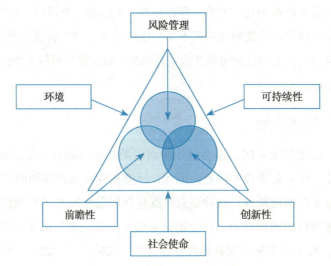

图2-4 社会创业的多维度模型

创业聚焦

筑梦"喜憨儿"：用资源拼凑实现社会创业价值

社会创业是通过商业手段解决社会问题的有效途径，但其生存与发展面临诸多挑战，能否突破资源约束限制是决定其成败的关键。

深圳"喜憨儿洗车中心"，是帮助心智障碍群体实现"弱有所扶"的社会创业项目。作为一名普普通通的心智障碍者父亲，曹军手中既没有充足的资金，也没有丰富的人脉，甚至连一个可行的创业项目也无从谈起。探寻和识别合适的创业机会十分不易，既需要考虑如何为心智障碍者提供合适的就业岗位，帮助他们融入社会并提高独立生活能力，也要考虑企业能否创造经济价值以实现长期存续。面对资源限制及合适的创业机会难探寻带来的极大挑战，曹军没有气馁，他明白创业就是摸着石头过河，需要大胆的尝试。

2014年年初，曹军开始构思建立一个"喜憨儿梦想庄园"，以家庭为单位接纳心智障碍者，将心智障碍者作为照顾对象。考虑到创业前期很难有经济实力聘请专业的看护人员，曹军希望充分发挥身边可用资源的能动性，由家长担任日常项目运转的主力来对庄园内的心智障碍者提供照顾和帮扶。如果能够吸引足够多不同年龄段的家长参与进来，那么庄园运营的接力棒就可以一批批传承。当70～80岁的老人离开时，留下的50～60岁的心智障碍孩子，会有40岁左右的其他孩子的家长接起下一棒，实现"守望相助，薪火相传"。曹军将这一美好的愿景分享在平时用于心智障碍者家长讨论交流的几个微信群中，利用这种手边即时可获取的联络资源，该愿景迅速得到家长的热烈讨论和热情反馈，最终成功召集到12位有一定经济基础和时间及精力的家长参与到梦想庄园的建设中，与曹军一起承担起照顾心智障碍者的任务。

慢慢地，梦想庄园的种种缺陷开始显现。曹军发现庄园终究只是一个养老休闲的场所，一方面，它解决了心智障碍者的父母对于自己老去后孩子无人照料的担忧，却没有从根本上提高心智障碍者适应社会的独立生活能力；另一方面，庄园项目没有稳定的收入来源，一味地消耗资源使得庄园在经营过程中经常出现资金短缺的窘况，长期运营难以为继。

曹军意识到，所谓"授人以鱼不如授人以渔"，要从根本上解决心智障碍者就业和养老的难题，就不能一味地依赖"输血"，而需要采用"造血"的方式实现创业项目的经济效益。于是他开始在全国对社会企业和社会创业项目进行考察，希望获得一些灵感。但是现实却向曹军泼了一盆冷水，他考察过的大多数社会企业都存在与梦想庄园类似的问题。这些企业尽管以解决社会问题为使命，但由于无法持续创造经济效益而导致它们很快地被市场淘汰。曹军明白，如果可以解决这一难题，距离创办成功的社会企业就更进了一步，孩子们的未来图景也将更加明亮清晰！

经历多次劳而无获的考察，2015年春节后，曹军终于拨云见雾，在一次考察中获得了惊喜。台湾高雄一家名为"台湾喜憨儿社会福利基金会"的机构成立于1995年，该基金会成立20多年来，成功开展了喜憨儿餐厅、烘焙屋、打击乐团、儿剧团、植栽工作队、童军团、喜憨儿学院、喜憨儿农场等多个项目，让心智障碍者通过表演、出售各类作品或提供餐饮服务等，获得一定规模且持续的经济效益，从而为项目持续经营不断提供"养分"。这次考察为曹军打了一剂强心剂，这不仅给了曹军灵感同时也坚定了他的信念。考察工作一结束，曹军就马不停蹄地开始构思适合深圳本地的创业项目。

在曹军看来，如果没有经过精准识别匹配，就把心智障碍者安置在不适合的行业和职位上，不但无法发挥他们的潜能帮助其获得社会认可，甚至可能引起大众不适而传递负能量，得不偿失。通过细致观察和分析心智障碍者的优势与劣势，曹军发现相较于其他残障类别，心智障碍者的劣势主要表现在思考能力的欠缺，而感观能力和四肢运动能力健全，能听、能看、能跑、能跳，这是他们的优势。要获得创业项目的成功，就必须充分挖掘和整合利用他们的优势来"拼凑"出大众所能接受的服务，并以此创造价值。结合心智障碍者的优劣势，曹军发现，洗车这类投资不大、技术含量和精细程度相对不高、可操作性强的工作相较之前的模式更加适合心智障碍者。心智障碍者虽然智力低于正常人，但是四肢运动能力比较发达，洗车工作正好不需要脑力运动，仅仅通过肌肉记忆就可以很好地完成。同时洗车的工作需要直接与顾客接触交流，喜憨儿特有的喜悦、憨厚的特质可以给来洗车的每位顾客以独特的服务体验，不仅有利于心智障碍者与社会的接触交流，也有利于帮助社会摒弃对心智障碍者甚至是弱势群体的偏见。

创业项目选择的难题终于解决了，随之而来的摆在曹军面前的是创建洗车中心的资金问题。曹军认为，创立洗车中心的目的不仅是为心智障碍者提供就业机会和一定的收入来源，其最终目标是能为"梦想庄园"这一心智障碍者托养中心提供源源不断的"给养"，靠经济收益覆盖"梦想庄园"全部的日常开销及人力成本。而洗车中心的员工当下通过劳动创造收益，对"梦想庄园"形成"经济投资"，未来在父母离去且失去劳动能力后便可在"梦想庄园"中实现老有所养、老有所依。此时，将由新一批的心智障碍者接棒，通过劳动创造经济效益，未来其"退休"后同样可免费享受"梦想庄园"提供的养老服务。作为"梦想庄园"的发动机，洗车中心等经营项目可以不断扩大规模或丰富业务类型（如园艺或清洁服务等），这些心智障碍者参与就业的组织通过永久持续的动力补给，与"梦想庄园"一起形成了一个具有自我造血能力且可持续的闭环，从而构建一个可以永久解决心智障碍者就业与托养相融合的"以产养托"运行体系。

自2015年成立至今，"喜憨儿洗车中心"已解决16余名心智障碍者的就业难题，向社会提供洗车服务累计3万余次，为社会各界寻求有效解决社会问题的创新路径提供了实践参考，企业的社会影响力也凭借"助人自助"的可持续模式获得显著提升（见图2-5）。

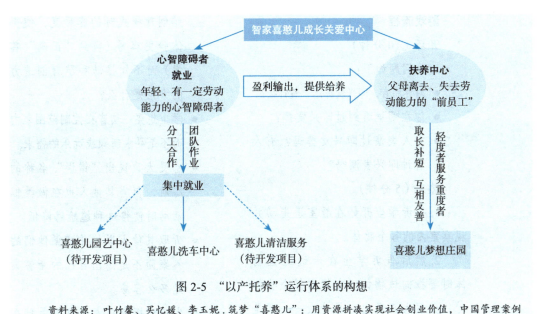

图 2-5 "以产托养"运行体系的构想

资料来源：叶竹馨、买忆媛、李玉妮.筑梦"喜憨儿"：用资源拼凑实现社会创业价值，中国管理案例共享中心，仅供教学使用。

要点回顾

- 常见的大学生创业类型有岗位创业、电子商务创业、技术创业和社会创业。
- 未来的新技术的创业趋势会越来越多地聚焦在数据和应用层面。

关键名词

岗位创业　技术创业　电子商务创业　社会创业

复习思考题

1. 创业的类型有哪些？
2. 大学生创业具有哪些特点？
3. 大学生创业有何优势与不足？

牛刀小试

即兴创造

Lakshmi Balachandra 教授开发了一个简短的即兴练习，为大学生提供了这样一个机会：认识个体在创意产生上的局限性以及反思在何种情况下创造力可能已经被压制。学生会思考他们的个人能力和对自己即兴能力的态度，以及将即兴思维纳入创业活动的方法。即兴发挥是创业方法的一个重要组成部分，产生创意和吸收重要、及时的信息的能力是创建新企业的关键技能。

学习目标

- 培养创业思维。
- 实践即兴发挥，用于产生创意和创造力。

游戏流程

开场（10分钟）

讨论问题如下：

- 对你而言，即兴发挥意味着什么？
- 你在哪里看到过即兴发挥？
- 有人表演过即兴发挥吗？有人看过即兴表演吗？

热身（5分钟）

1. 告诉学生开始在教室里走动并观察室内的每个物体。

2. 然后告诉学生在走过这些物体时要指向该物体。在指向每个物体时，必须大声说出它是什么——只是不能说出它的真实名称。

3. 学生要称呼它为不是它的东西，并且要非常快地这样做。举例来说，在指向教室中黑板之类的物体时大声说"狗"，然后指向另一个类似课桌的物体时大声说"土豆"或大脑中想到的任何东西。

4. 一两分钟后，要求学生停止并保持安静，然后进行小组讨论。

5. 当学生停下后，讨论对给物体命名这种体验的感觉如何，努力促使他们解释自己的真实感受。对于这阶段的总结可以采用如下问题：

- 这种体验如何？
- 你觉得这个练习难做吗？为什么？

总结

学生应该体验并能清楚阐述：

- 颠覆已知"答案"有多困难？
- 学生可能会陷入已知思维模式中的频率是多少？
- 鉴于采用一个已知分组（如茄子、黄瓜、西红柿、生菜）开始创建模式时的容易度，使得体验更容易（得到"正确"答案）而不知推动和孕育创造力的方法是什么？
- 学生想要一切皆在控制范围之内而不是寻求新颖或玩乐的需求。
- 感受大声说出"错误"名称的尴尬，但当其他人也在做类似活动时使得这种尴尬感降低。
- 听取其他人说的并遵循他们的答案而不是想出自己的新答案是多么容易。

学生应该探究在考虑可以做什么的时候，是什么阻碍了自己的思考。

让学生讨论在即兴发挥练习中个人经历的具体困难以及如何跨越这些困难来培养创业思维。让每个组派一名成员汇报通过即兴发挥孕育创造力的一个建议。

讨论最终应该包括如何将即兴发挥用于创意产生的实践中。

关键要点

1. 如何将即兴发挥用于培养创业思维：快速行动并调整或反应，而不是计划和预判。

2. 识别和发现个人在创业思维上的局限（为什么学生会在创意产生中回避创造力，他们的个人缺陷是什么）。

3. 如何通过采用快速思维和自由思维（通过创意产生和创造力的即兴发挥）培养创业思维？

资料来源：海迪·内克，帕特里夏·格林，坎迪达·布拉什.如何教创业——基于实践的百森教学法[M].薛红志，等译.北京：机械工业出版社，2015.

第三章
创业者思维训练和能力培养

 创业名言

创业家的第一天条就是没有规则,甚至打破规则。

——本·霍洛维茨

 本章框架

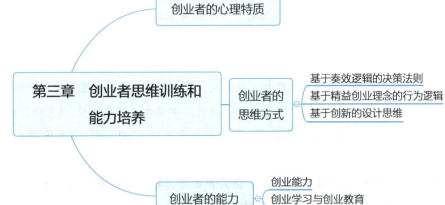

学习目标

通过本章学习,你应该能够:
1. 认识创业者的特质
2. 把握创业思维的内涵
3. 区分创业者所需的关键能力
4. 领会如何训练创业思维和培养创业能力

⊙ 开篇案例　知识分享平台的精益创业之路

2012年12月21日,《罗辑思维》第一期视频上线,每周更新一期。罗振宇分享个人读书所得,启发独立思考,视频以其丰满的知识品质和独特的个人语言表达风格,在互联网视频领域独树一帜。当日,同名微信公众账号开通运营,账号每天推送一段罗振宇本人的60秒语音,分享其生活感悟,并推送一篇知识性的文章。半年后,微信公众号就拥有了75万个粉丝,微博则拥有了30万个粉丝。《罗辑思维》开播几个月后便迅速红遍互联网,很快成长为最具价值的互联网社群知名品牌。

创业模式:社群经济下的会员制"自商业"模式

2013年8月,《罗辑思维》推出了付费会员制度。这个举动,引起了轩然大波,针对短视频推出会员模式,这在中国闻所未闻。但仅仅在两天之内,5 000个普通会员和500个铁杆会员就全部卖完,《罗辑思维》在两天之内收入160万元。这种尝试就是先把《罗辑思维》变成一个知识社群,用优质的内容产品对兴趣相似的粉丝产生黏性,然后通过会员制形成更加精准的交流社群,再以社群为基地为品牌提供推广合作的平台,最终,《罗辑思维》达到了变现,商家实现了推广,会员也得到了实质性的回报。所以说,这是一个三方共赢的"自商业"模式。

创业定位:提供高雅有趣的传播内容

《罗辑思维》的传播口号是"有种、有料、有趣","有种"即态度上不媚俗,"有料"即有价值的传播内容,"有趣"即分享方式好玩、有趣。这样的定位就把《罗辑思维》与那些传播娱乐八卦的、哗众取宠的自媒体区别开来,也与严肃的传统媒体区别开来。它兼顾了互联网自媒体与传统媒体的优点,同时又规避了两者的缺点,从而打造出了《罗辑思维》独一无二的传播定位。

2014年5月,罗振宇与申音(联合创始人)由于对公司未来发展方向产生分歧而和平分手。罗振宇重新注册北京思维造物信息科技有限公司。2015年,《罗辑思维》从一个知识输出平台开始做电商——卖书。由于拥有海量粉丝,以及经常能拿到独家版权,《罗辑思维》节目中推荐的书,即使比市场同类图书价格高一截,销量也很好,2015年,仅仅只是卖书的销售额就超过1亿元。

2015年12月31日傍晚,《罗辑思维》的主讲人罗振宇,在北京水立方进行《时间的朋友》主题跨年演讲,对超过530万人的《罗辑思维》粉丝和社群成员来说,它是一场盛大的节日。罗振宇说这场活动面对的是"爱学习人士",大家用"长知识"的方式跨年,一起进行20年。

2016年,罗振宇意识到"内容本身就是最好的交易",因此对整个公司未来的发展方向做出重大改变,逐渐弱化卖书模式,把《罗辑思维》从单纯的知识型IP转变为知识服务平台的流量入口,全力打造"得到"App,因为提供付费知识服务的边际成本几乎为零。

资料来源:编者根据相关资料整理,仅供教学使用。

移动互联网、物联网、云计算、3D打印等新技术的迅速发展，使得开发新产品的成本越来越低，然而大部分创业公司仍以失败告终，这表明在资源耗尽之前找到一个真正可行的方案是创业成功的唯一路径。《罗辑思维》在短短5年内就分别在自媒体、社群和内容创业领域拔得头筹，产品的快递迭代、不断试错，使其以最小成本不断逼近用户心中的完美方案。请学生以罗振宇3次创业产品转型经历为主线，结合精益创业理论，探讨创业过程中的产品迭代，分析从《罗辑思维》到"得到"的精益创业之路。

第一节 创业者的心理特质

在现实中人们也观察到许多成功的创业者有不少共性，如开创智能手机和平板电脑时代的史蒂夫·乔布斯，发起电气革命的托马斯·爱迪生，引领制造工艺创新的亨利·福特等，他们都有不服输的性格，充满了冒险精神，对自己感兴趣的事非常专注与执着等。这也导致人们容易产生一种错觉，认为创业者是天生的，成功的创业者与普通人不一样。实际上，创业是一种学习过程，创业者必须通过学习和积累经验不断完善自己。创业与基因谱系无关，与创业者的个性、生活经历、所处的家庭、工作和社会环境密切相关。成功的创业者往往经过了多次创业实践不断总结经验，训练创业思维和商业决策的敏感性，不断提升自身创业能力。

20世纪60~90年代，学者通过30多年的研究，试图找出"一组特质"将创业者和非创业者区别开来。他们通过根据创业者人格、态度与人口统计学特征来考察创业者与非创业者的特质差别，但是在解释创业行为和创业过程时只能获得有限的结论，且研究结论之间相互矛盾，难以用一组稳定的个人特质对创业做出普遍意义上的解释，并没有得出一组特质可以稳定地区分创业者和非创业者。综合来看，在特质论研究过程中发现的最主要的创业者特质，或者说得到较多学者认同的创业者心理特质，包括高成就需要、内部控制点、高风险倾向和高模糊容忍度。

成就需要是指争取成功、追求卓越感，希望做得最好的需要。高成就需要者与其他人的区别在于他们想把事情做得更好，他们努力是为了实现个人成就而不是成功的报酬本身，他们有一种使事情比以前做得更好的欲望。具有较高成就需要的创业者往往做事都比较主动，喜欢挑战性的目标，具有超越别人的欲望。

内部控制点是指个体充分相信自我行为主导未来而非环境控制未来，他们会把成功或失败的责任归因于个体的一些内在原因（如能力、努力程度等），而不是归因于自身以外的因素（如环境因素、运气等），即个体相信自己的命运由自己掌控，而不是由外部环境决定。许多成功的创业者都非常相信自己，而不相信成败由命运、运气等外界力量主宰。

风险倾向是指个体接受或回避风险的倾向性。已有研究发现创业者比非创业者具有更高的风险倾向性，但是也有学者质疑这一结论，认为创业者在承担风险方面与其他群体并无区别，带有偏颇的结论可能是由于不同研究对风险倾向的定义和测量方式不同导致的。不论如何，创业都是在高度不确定性下进行决策，创业者在做出选择时使用的信息量较少，往往需要承担一定的风险。

模糊容忍度指个体对模糊情境缺乏清晰划分的接受程度。创业是在资源高度约束、高度不确定性的条件下对假设的验证，具有创新性和风险性。既然存在着快速变化和风险，那么模糊性和不确定性也必然存在，成功创业者需要容忍这种模糊性，驾驭各种悖论和矛盾，对冲突能够泰然处之。

小贴士　成功创业者的共同创业特质

美国著名的创业学教授杰弗里·蒂蒙斯，通过对百森商学院杰出创业者协会学员的调查，总结了成功创业者表现出的共同创业特质，包括"6大核心特质"和"5种天赋"。

6大核心特质是可取并可学到的态度和行为，分别是：

（1）责任感与决策力；

（2）领导力；

（3）执着于商机；

（4）对风险、模糊性与不确定的容忍度；

（5）创造性、自立与适应能力；

（6）超越别人的动机。

5种天赋是其他人向往但不一定能学到的态度和行为，这些天赋分别为：

（1）才智、智慧和概念化；

（2）创造力和创新精神；

（3）经历、健康与情绪稳定；

（4）价值观；

（5）激发灵感的能力。

创业聚焦

你喜欢这样的乔布斯吗

有这样一个男孩，出生即被母亲抛弃，3岁时就想尽方法做恶作剧，上课从不听讲，从不完成家庭作业，顶撞老师，总是被赶出教室，性格孤僻，没有朋友，常被别人看作"怪物"。他拒绝读高中，并强迫他的父母搬了家。他说服父母让他去一所收费超出家庭承受范围的大学读书，却中途辍学。在生意场上，他迫使一个又一个商业精英为他工作,然而他又我行我素、目中无人,有时还要求别人完全听从他的指挥。在早期开发游戏时,他拿了5 000美元,却告诉共同创始人沃兹尼亚只有700美元。他就是史蒂夫·乔布斯!在成功与天才的光环下,乔布斯有着草根的家庭与成长经历,他冷酷、孤僻、暴躁、傲慢、极端、一意孤行……如果隐去乔布斯的名字,你觉得一个人具有这些特质创业会成功吗?

关于企业家和创业者成功的传说、经典故事往往都经久不衰,人们也热衷于为成功的创业者编排传奇的故事来增加喜剧色彩,以便突出鼓舞和宣传的作用,这也导致很多人只看到成功创业者头上笼罩着的"光环",以为创业者是具有较高创业天赋或某种特质的一群"另类"。下面将为你剖析一些历来被当作创业的神话,以及经过研究总结的现实情况。

他山之石

关于创业者的神话

某些创业神话总会得到人们的关注和青睐。但这里有一个问题:普遍规律虽然对某些特定类型的创业者适用,但创始人的多样性却向普遍规律提出了挑战。

神话1:创业者是天生的,并非后天培养

创业现实——大量研究表明:创业者在遗传基因上并非异于常人。没有人天生就是创业者,每个人都有成为创业者的潜力,能否成为创业者,是环境、生活经历以及个人选择的结果。即使创业者天生就具备了特定的才智、创造力和充沛的精力,这些品质本身也只不过是未苏醒的泥巴和未经涂抹的画布。创业者通过多年积累相关的技术、技能、经历和关系网后才被塑造成功,这当中包含着许多自我发展历程。

神话2:创业者是赌徒

创业现实——创业者和大多数人一样通常是适度风险承担者。成功的创业者会精心计算自己的预期风险,并在可承担损失范围内做决策。在有选择的情况下,他们通过与别人一起分担风险,避免或最小化风险来影响成功概率。他们不会故意承担更多的风险,不会承担不必要的风险,当风险不可避免时,他们也不会胆怯地退缩。

神话3:创业者喜欢单枪匹马

创业现实——想要完全拥有整个公司的所有权和控制权,只会限制企业的成长。单个创业者通常只能做到维持生计的状态。一个人很难单枪匹马地经营好一家高潜力的企业。最成功的创业者通常也是最优秀的团队领导者,他们与合作人、同事、顾问、投资者、重要客户、关键供应商等保持着有效的工作关系。

神话4:钱是创立企业最重要的要素

创业现实——如果其他资源和才能已经存在,钱自然随之而来;但是如果创业者有了足够的钱,成功却不一定会随之而来。钱是新企业成功因素中最不重要的一项。钱对于创业者而言就像颜料和画笔对于画家那样,它是没有生命的工具,只有被合适的手所掌握,才能创造奇迹。当一个创业者赚了几百万元甚至更多时，他还是会无止境地工作，憧憬着创建另一家公司。创业者因为乐于体验追求创业带来的兴奋而获得自身的成长和成功。

神话5：如果创立一家企业失败了，你将永远无法翻身

创业现实——通常创业者创立的第一家企业失败后，创业者会从中学习，进而能够创建另一家极为成功的公司。企业失败了，并不能说创业者失败了。失败常常能为创业者提供一个学习的机会。

神话6：创业者是他们自己的老板，他们完全独立

创业现实——创业者离完全独立很远，他们需要为很多赞助者服务，其中包括合伙人、投资者、顾客、供应商、债权人、雇员、家庭以及其他利益相关者。但是，创业者可以自由地选择是否、何时以及做些什么以来对他们做出回应。

神话7：如果创业者是有能力的，只需要一两年就会成功

创业现实——在风险投资业界有这样一种普遍的说法：柠檬（即指失败者）只要两年半就成熟了，而李子要七八年才有结果。几乎没有一家新企业可以在少于四年的时间内站稳脚跟。新创建的、由风险资本支持的公司一般在持续获利和上市前都会先经历一段亏损期，而实现盈利和上市通常要等5年以上。

资料来源：杰弗里·蒂蒙斯，小斯蒂芬·斯皮内利.创业学[M].周伟民，吕长春，译.北京：人民邮电出版社，2005.

　　创业者的心理素质一般指创业需要具备的心理条件，包括创业者的性格、气质、情感、自我意识等要素。这些素质往往以个人先天禀赋为基础，在后天环境和教育的影响下慢慢形成并发展。创业需要勇气，需要承受风险，需要有激情，这些都是在教室里无法教授的。比如当一个人几乎身无分文时，你无法教会他不要害怕，也无法教会他无论怎样都要坚持自己的想法。创业教育无法使我们成为像马云一样的人，但是我们可以从创业教育和创业学习中获益，通过创业教育和创业学习培养与锻炼自己的创业思维及创业能力。正如哈佛大学史蒂文森教授所说：即使人们拥有音乐天赋，你也不一定能将他们教成贝多芬，但如果他们拥有那样的天赋，却可能从钢琴课中受益。

　　创业教育并不仅是将一些具有创业天赋的人"挑选"出来，而是通过创业思维的训练和创业能力的培养，帮助个体能够在不确定性的环境中进行创新、创造，更好地规划自己的职业发展路径。比起培养"企业家""创业者"，创业教育更应该注重培养具有创业思维的人。社会变化很快，每个人的想法也可能会变，所以创业只是一个选项。将来不论创业与否，具备了创业思维和创业能力，我们将有更多的自由、灵活度、创造力，有信心、有能力追求自己想做的事情，并将它们做好。这一点在当今"VUCA"（Volatility——易变；Uncertainty——不确定性；Complexity——复杂性；Ambiguity——模糊性）中尤其重要！

> **小贴士** 成功创业者的 7 种特质

混沌大学创办人、酷 6 网创始人李善友认为成功创业者必备的 7 种特质如下：
- 第一，天生就要做老大；
- 第二，可以站着做"孙子"；
- 第三，有大优点，同时有很多缺点；
- 第四，思维与众不同；
- 第五，能够在失败上站起来；
- 第六，有激情和强烈内驱动力；
- 第七，敢于做艰难决策。

前两条属于情商，第三条和第四条属于智商，第五条至第七条则属于胆商。

第二节 创业者的思维方式

硅谷创投教父、PayPal 创始人彼得·蒂尔的《从 0 到 1》一书认为：创业秘籍并不存在，因为任何创新都是新颖独特的，任何权威都不可能具体规定如何创新。事实上，成功人士总能在意想不到的地方发现价值，他们遵循的是基本原则，而非秘籍。一个新公司最重要的力量是新思想，新思想甚至比灵活性更重要，而规模小才有思考的空间。《从 0 到 1》一书提出了在创新之路上获得成功必须要回答的问题：它并不是一本指南，也不是单纯地提供知识，而是一场思维运动。

创业者的思维到底包含哪些内容，这个问题可谓仁者见仁、智者见智。波士顿的 Youth Cities 的创始人维姬（Vicky）有十多年的创业教育经验，她认为创业思维是"当你遇到问题的时候，你能换个角度来面对它，将它看成一种机会，一种可以带来改变的机会，并且为其找到解决方案"。创业思维不是总等到一切都就绪了才开始做一件事情，而是"从自己是谁、自己手上拥有什么资源出发，立刻开始做一件事情，并且关注这件事情如何做得持久，是不是可以带来改变和影响"。完善的创业知识结构或专家型的创业知识、创业思维可以识别和培养。成功人士在创业过程中需要具备怎样的思维方式，需要遵循哪些基本的行为准则？或者进一步说应具备什么样的创业思维，遵循哪些基本行为准则更有助于成功，能最大程度地避免失败？了解和学习创业，并不一定都要创办企业，但是在高度不确定性和变化的环境中需要理解创业的逻辑，保持创业精神，把创业精神和创业思维运用到自己的工作实践中，对个人职业生涯发展具有极大的推动作用。

一、基于奏效逻辑的决策法则

创业具有风险性、不确定性，在这个过程中需要进行大量复杂的决策。如何在高度的不确定性、信息不对称和时间压力下做出正确有效的决策，如何使自己从创业新手成为专家型创业者？美国弗吉尼亚大学达顿商学院萨阿斯·萨阿斯瓦斯（Saras Sarasvathy）教授通过对专家型创业者的观察和研究，发现专家型创业者所具有的一些特别的行为准则和思维逻辑有悖于教科书中的标准模式。她提出的奏效理论（Effectuation）被称为创业管理十多年来最有趣和最受关注的理论之一，该理论也向传统的根深蒂固的创业战略思维提出重大挑战。奏效逻辑可以帮助我们理解创业者在创业活动中一些即兴而为的行动及意外的决策推理。与传统的因果决策逻辑相比，奏效逻辑可能更接近创业活动的本质。

> **小贴士** 奏效理论起源
>
> 萨阿斯瓦斯教授于1998年获得博士学位，其导师是著名的诺贝尔奖得主赫伯特·西蒙。奏效理论根源于西蒙的人工科学和有限理性理论，该理论采用的专家型研究方法也受到西蒙等人所采用的专家研究法的启发。萨阿斯瓦斯教授从美国1960～1985年最成功的"年度国家创业奖"的获得者中邀请了27个研究对象，分别对他们进行试验和访谈。她定义专家型创业者有三个标准：至少有15年的创业经验、有多次成功和失败的创业经历且其中至少有一次成功的IPO。

（一）奏效逻辑和因果逻辑

创业成功者在高度不确定的环境下如何决策呢？传统因果逻辑（Causation）决策基于明确的目标、翔实的分析和清晰的预测，然而现实中尤其是创业过程中有目标模糊、情境结构不良、未来不可预测的特点，此时传统的因果逻辑不再适用。萨阿斯瓦斯教授提出了一种基于奏效逻辑的决策理论。决策者从分析现有手段出发，在此基础上确定自己能够做到什么，积极与认识的人互动并获得其认同和承诺，产生新的手段或者目的，实现资源的不断扩张。

一个形象的比喻是厨师做饭，因果逻辑的决策过程是给出菜单，由厨师按菜单来购买材料并烹饪调制出预想的菜肴，而奏效逻辑的决策过程则是能使用的食材有限，没有菜单，厨师利用手头现有食材，自己设计并调制菜肴（见图3-1）。因果逻辑和奏效逻辑都是人类思考的方法，两者差异明显但并不是截然对立的（二者之间的比较见表3-1），在不同的决策及行为背景下二者可能重叠交织或同时发生。

概括起来，因果逻辑决策的前提是未来的概率分布已经存在，决策过程通常是从明确的既定目标出发，寻求实现目标的最佳手段，并在实施过程中对目标进行调整控制。因果逻辑强调竞争分析，选择收益最大化战略，认为未来可预测，应该花费充沛的精力，应用科学方法预测未来可能出现的风险、损失，进而控制其中可预测的方面。奏效逻辑决策者认为未来的概率分布尚不存在，因此没有必要预测，只需要从既有手段出发，充分发挥主观能动性，甚至创造新的手段来争取尽可能好的结果。奏效逻辑以手段确定为前提，强调通过与伙伴缔结联盟的方式获得承诺以降低不确定性，按照可承受的损失原则采取行动，坦然接受并很好地利用意外事件。

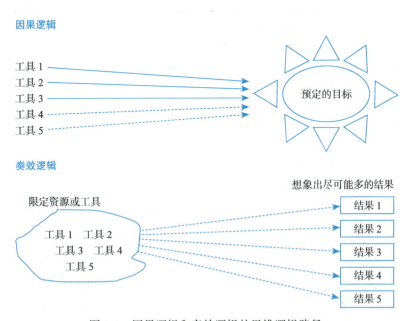

图 3-1　因果逻辑和奏效逻辑的思维逻辑路径

表 3-1　因果逻辑和奏效逻辑的思维逻辑路径

比较点	因果逻辑	奏效逻辑
对未来的认识	预测：把未来看作过去的延续，可以进行有效的预测	创造：未来是人们主动行动的某种偶然结果，预测并不重要，人们要做的是去创造未来
行为的原因	应该：以利益最大化为标准，通过分析决定应该做什么	能够：做你能够做的，而不是根据预测的结果做你应该做的
采取行动的出发点	目标：从总目标开始，总目标决定了子目标，子目标决定了要采取哪些行动	手段：从现有的手段开始，设想能够利用这些手段采取什么行动，实现什么目标；这些子目标最终结合起来构成总目标
行动路径的选择	既定承诺：根据对既定目标的承诺来选择行动的路径	偶然性：选择现在的路径是为了使以后能出现更多、更好的途径，因此路径可能随时变换
对风险的态度	预期的回报：更关心预期回报的大小，寻求能使利益最大的机会，而不是降低风险	可承受的损失：在可承受的范围内采取行动，不去冒超出自己承受能力的风险
对待利益相关者的态度	竞争：强调竞争关系，根据需要对顾客和供应商承担有限的责任	伙伴：强调合作，与顾客、供应商甚至潜在的竞争者共同创造未来的市场

(续)

比较点	因果逻辑	奏效逻辑
决策标准	收益分析，以最大收益为目标的最优选择	成本分析，在可承受的损失下做出满意的选择
决策情境	更适合静态、线性、独立的环境	更适合动态、非线性、生态的环境

资料来源：Read S, Sarasvathy S D. Knowing What to Do and Doing What You Know：Effectuation as a Form of Entrepreneurial Expertise[J]. The Journal of Private Equity, 2005.（1）：45-62.

（二）奏效逻辑的基本原则

萨阿斯瓦斯教授总结出了专家型创业者成功创建企业、开发新产品及新市场的四条核心原则和一个统领性观点，并在此基础上总结出五条实用原则。

1. 手中鸟原则

创业从工具开始，而不是从目标开始，能够帮助你更加迅速地起步，同时利用你手中的"鸟"：你是谁，你知道什么，你认识谁。"我是谁"包括创业者自身拥有的特质、能力和个性；"我知道什么"包括创业者的教育背景、经验和专业知识；"我认识谁"则意味着社会人际网络。一个人的资源总和等于上述三种方式的总和。工具不是静止不动的，它们瞬息万变，新的合作伙伴也会带来他们所拥有的工具。按照这种原则，创业并非起始于对机会的识别和发现，或者预先设定目标，而是首先分析你是谁、你知道什么以及你认识谁，即了解你目前手中拥有哪些手段。创业行动应该是手段驱动，而不是目标驱动。创业者应该运用各种已有手段或手头资源来创造新企业，而不是在既定目标下寻找新手段。

2. 可承受损失原则

创业者应该依据可承受的损失进行决策，而不是去猜测会有多大的机会。一旦你开始创造性地寻求每个可能降低成立新公司成本的方法，你就不得不考虑一个问题：为了创业，你能承受多少潜在损失。创业者应该根据自己可以承担的损失以及愿意承担的损失确定投入资源的数量，而不是根据创业项目的预期回报来投入资源。在采取每一步行动之前，创业者都应该只付出自己能够承担并且愿意负担的投入，否则就和赌徒差不多了。在考虑投入时，应该综合权衡各种成本，包括金钱、时间、职业和个人声誉、心理成本和机会成本等。从可承受损失的角度思考问题能够减轻失败带来的影响，这是因为创业者已经将损失降低到自己可接受的程度，并且愿意为了创业承担这些损失。

3. 柠檬水原则

西方有一句谚语，"如果生活给了你柠檬，你就把它榨成柠檬汁"。这实际上是要求创业者以积极的心态主动接纳和巧妙利用各种意外事件和偶发事件，顺势而为，从中发现并利用机会。意外事件和偶发事件在创业中无法避免，不应消极规避或应付。很多时候，意外同时也意味着新机会。当然，意外也可能意味着问题。如果可能，解决了这个问题，你的解决方案会变成你的资产。大胆拥抱偶然性，问题不在于创业过程中是否会遇到意外事件，而在于我们是否利用它，何时利用。乐观主义者与悲观主义者对我们的社会都有贡献，乐观主义者发明了飞机，悲观主义者发明了降落伞。悲观主义者在每个机会中看见困难，而乐观主义者在每个困难中窥到机会。

4. 疯狂的被子原则

成功创建企业需要建立合作伙伴关系。疯狂的被子原则注重寻找愿意为创业项目投入实际资源的利益相关者，通过谈判、磋商来缔结创业联盟。合作伙伴会带来新工具、新思路，可以帮你分担风险，也帮助你创造新机遇。奏效逻辑强调利益相关者的事先承诺，因为它不仅能减少甚至消除环境中的不确定因素，还能帮助创业者扩大思路，创造出意想不到的事物。运用推理的创业者不是基于预定的商业模式或目标来选择利益相关者；相反，他们让利益相关者做出实际承诺，主动参与到创业中。没有承诺，就不算是合作伙伴，只能算作潜在的合作伙伴。合作伙伴自我选择共同创业，为建立新企业做出承诺，做出承诺的利益相关者和创业者共同创造出来的企业，往往和最初构想的不同。联盟的构成决定创业目标，随着联盟网络的扩大，创业目标也会不断发生变化。

5. 飞行员原则

飞行员原则强调创业者的主观能动性是机会发现、创造、开发、利用的主要驱动力，创业者不应该把主要精力用在预测和利用外界因素上，如社会经济发展趋势和技术发展轨迹。创业者不应该把主要精力用在预测未来上，而是要采取行动。未来取决于你现在做了什么，很多看似不可避免的发展趋势或许是可以改变的，但前提是你得采取行动。采取行动时，是基于已经拥有的工具，而不是你所欠缺的。因为已经拥有所需资源，这样行动的可控性更强。评估行动时，要依据失败是否在可承受范围内而不是它能否带来最大利润，这样做有利于控制预设的风险。哪些是你应该努力控制的事物，这取决于你对其可控性程度的了解。你既要知道哪些事物是可以控制或影响的，也要了解哪些是你无能为力的。奉行奏效逻辑的人不把自己看作无视概率的冒险者，而是直接参与世界运转的活跃的代理人。

🔍 创业聚焦

成功创业者的共同点是问"为什么"

成功创业者的共同特征是好奇心强烈，对什么都感兴趣并不断询问；有求知欲，习惯于思考，自己不知道停止这种思考，也不想停止。被誉为"经营之神"的松下幸之助就是一个喜欢连续发问"为什么"的人。松下幸之助的特点是当他看到新事物产生时，就会思考旧事物也许是错误的。他会反思自己以前为什么那样做，等明白前提条件已经改变时，就会以迅雷不及掩耳之势进行改变。当考虑开创新事业时，他一定会找来三个人问："你怎么认为，你又是如何考虑的？"他会从不同的角度询问别人的意见。

资料来源：大前研一．创新者的思考[M]．王伟，郑玉贵，译．北京：机械工业出版社，2012．

二、基于精益创业理念的行为逻辑

创业究竟是天才人物对灵感的长期努力和不断坚持，再加上风起云涌的时代际遇和命运的垂青，还是普通人可以通过不断学习而掌握的一种能力？精益创业理念的提出者埃里克·莱斯用一个简单的比喻表达了自己的观点：尽管在很多人的心目中，自己创业的最终目标要像发射一枚远程火箭那样伟大、璀璨而复杂，但成功的创业过程其实更像是驾驶一辆汽车，精益创业的理念是教你如何驾驭一家新创企业。你需要的不是基于众多假设制订复杂的计划，而是可以通过转动方向盘进行不断调整，这其实就是埃里克·莱斯总结的创业过程中的"开发–测量–认知"的反馈循环——在驾驶过程中，你总是清楚地知道自己的目的地。

在互联网时代创业，传统的管理思维并不一定适用，需要找到建立成功企业的新思路、新思维和新方法。尽管经历了很多次的创业，埃里克·莱斯显然并不是硅谷最成功的创业者，但他在《精益创业》一书中对互联网时代创业的经验总结，其在系统性、务实性、可操作性等方面具有无可替代的地位。他使人们认识到创业是一门务实的、可学习和掌握的科学，而不是天才、赌徒与冒险、运气、不确定性之间的博弈游戏。掌握精益创业的创业思维和理念，可以帮助你的创业活动更快速、低成本地进行试验，更好地挖掘用户需求，迭代优化产品，让你在迭代中不断提升自身创业能力，使你的创业之路走得更稳健。

（一）精益创业的基本思想

精益创业代表了一种不断形成创新的新方法，它源于"精益生产"的理念。埃里克·莱斯让全世界了解价值创造活动和浪费之间的差异，揭示了如何由内而外地将质量融入产品之中。精益创业理念提倡企业进行"验证性学习"，先向市场推出极简的原型产品，然后在不断的试验和学习中，以最小的成本和有效的方式验证产品是否符合用户需求，灵活调整方向。创业是在充满不确定性的情况下进行产品或服务创新。新创企业还不知道它们的产品应该是什么样的，它们的顾客在哪里。计划和预测只能基于长期、稳定的运营历史和相对静止的环境，而新创企业往往都不具备这些条件。有时候它们自己觉得产品会非常受欢迎，所以投入很多精力，在各种细小的问题上进行打磨，结果产品推到市场后，消费者很残酷地表示他们不需要这个东西。如果产品本身不被市场需要，那么失败来得越快越好，这意味着在错误的事情上耗费更少的资金和精力。也就是说，如果产品不符合市场需求，最好能"快速地失败，廉价地失败"，而不要"昂贵地失败"；如果产品被用户认可，也应该不断学习，挖掘用户需求，迭代优化产品。这一模式不仅针对车库创业派，对于全球最大企业内部的创新业务也同样适用。

精益创业的优点有如下几个方面。

（1）快速。精益创业模式下，所有的创新行为和想法都必须在最短的时间里呈现出来，抛弃一切暂不重要的其他功能，把极简的功能展现给客户，无论成功还是失败，都能够以最快的速度知道其结果。

（2）低成本。过往"十年磨一剑"式的长期研发，其最终成果推出后，有可能发现花费了大量人力、物力和时间所开发出的产品，并不是客户所需要的。这种巨大的浪费除了会给创业者、企业带来巨大的经济损失之外，还会对团队的士气形成重大打击，不少团队成员会纷纷出走。而精益创业所采用的"频繁验证并修改"的策略，确保不会在客户认可之前投入过高的成本。

（3）高成功率。虽然创新充满风险，成功系数低，但也不是没有规律可遵循。按照精益创业的模式，从"最小可行性产品"出发，过程中每次迭代都可以寻找客户进行试用，了解客户对产品的看法，寻找产品的不足和客户希望增加乃至修改的功能点。持续遵循客户的意见进行开发后，项目组的不断纠偏的成果就是产品越来越符合客户想要的效果，而不是开发团队闭门想象的样子。通过持续的"测试－调整"以及快速迭代，创业的成功率能够得到大大提升。

（二）精益创业的基本原则

埃里克将精益创业提炼为一个反馈循环：想法－开发－测量－认知－新的想法。根据这种模式，创业的第一步是把想法变为产品，而且这时开发的产品是精简的原型，投入最少的金钱和精力开发出体现核心价值的产品，不要在许多细枝末节上耗费过多精力。当功能极简的产品得到用户认可后，创业者需要把控局势，在不断的反馈和循环中测试产品，快速做出调整和改变，迭代优化产品，挖掘用户需求，实现爆发式增长。新创企业必须在消耗完启动资金之前，以最小的成本、在最短的时间里找到有价值的认知。具体来说，精益创业包含以下五项原则。

1. 创业者无处不在

并非只有新成立的创业公司的创始人才是创业者，在创业企业中工作的任何人都是创业者。不一定非要在车库里折腾才算是创业，埃里克·莱斯定义的新创企业就是在充满不确定性的情况下，以开发新产品和新服务为目的而设立的组织。它既可以是新公司，也可以是大公司中的新业务、新项目。这意味着创业者无处不在，而且精益创业的方法可以运用到各行各业，在任何规模的公司，甚至是庞大的企业中。

2. 创业即管理

新创企业不仅代表了一种产品的问世，更是一种机构制度，所以它需要某种新的管理方式，特别是要能应对极端不稳定的情况。事实上，我相信"创业企业家"应该是一个在所有现代企业中使用的头衔，因为企业未来的增长需要依靠创新。

3. 经证实的认知

新创企业的存在不仅仅是为了制造产品、赚取金钱、服务顾客，它们的存在更是为了学习如何建立一种可持续的业务。创业者可以通过频繁的试验检测其愿景的各个方面，这种认知应该是得到验证后的认知。新创企业应该完全实现跨部门的团队整合，保证团队的每个人都能直接面对用户，直接接受市场反馈，而所有人提出的产品设想，都应该投放到市场中得到验证。只有经过市场验证的产品信息才是可靠的知识，才能构成创业者和新创企业的认知。

4. 开发－测量－认知

新创企业的基本活动是把点子转化为产品，衡量顾客的反馈，然后根据反馈决定是改弦更张还是坚守不移。所有成功的新创企业的流程步骤都应该以加速这个反馈循环为宗旨。如果创业能遵循"开发－测量－认知"这样的反馈循环，那么这就可以使创业近似"自动驾驶"，驾驶者每次转动方向盘、踩下油门或者开上哪条街、在哪里转弯等都不需要预先思考。创业者也可以根据前一个环节收集到的信息做出坚持、调整抑或是转向的决定。

5. 创新核算

创新核算始于把信念飞跃式的假设转化为定量的财务模式。为了提高创业成果，并让创新者负起相应责任，我们需要关注那些乏味的细枝末节：如何衡量进度，如何确定阶段性目标以及如何优先分配工作。这需要为新创企业设计一套新的核算制度，让每个人都肩负职责。精益创业的一个核心原则是尽可能缩短证实认知的时间。这不仅能避免资源浪费（开发一个庞大的产品，结果没人用），更重要的是能从真实顾客那里收集到足够的实证数据，来证实最初的判断正确与否；能尽快学习和认知新开发的产品或者服务的价值所在，并尽量排除其中的伪价值。

创业聚焦

微信迭代创新八字诀

独立。首先，从事创新的团队要尽可能保持独立。在腾讯公司，"去中心化"的组织架构做得很好，公司在现金流和业务上都无法影响新兴部门的发展。像微信这样的产品从一开始就尽量远离利润中心的影响，甚至和核心业务部门毫无关联，创新活动相对独立完整且不受短期经营状况的影响。

简单。张小龙在总结他的设计原则时说："这里有一些方法可以遵循，也就是简单是美的方法。"除了设计要尽可能简单外，对于功能和功能的呈现，微信也求极简。从初始的版本到现在，用户提出了很多功能需求，微信团队不但没有采用很多用户反馈的应用功能，甚至有些原有的功能也被去掉了，这就是迭代开发的一个反向逻辑：做产品，少就是多，去掉某些累赘的功能之后，便捷性、易用性和产品想象空间反而被拓宽了。微信团队迭代创新的一个重要技巧是反向迭代：如何用迭代的模式，把非常复杂的功能整合成简单的产品来呈现给用户。

敏捷。微信的创新过程不是按部就班的生产。微信创新的迭代过程非常快，有时微信团队的成员都无法预料到两个月以后的新版本会是什么样的。常常微信在两个月内的成长和提升比过往的经验更有价值，借助过往经验制定下来的流程反而会让开发者忽略变化，忽视基于变化的认知提升。因此，在微信项目的开发过程中，张小龙全力保持小团队开发的模式。如果原来是大团队，张小龙就把它拆分为几个小团队，在管理模式上对每个小团队进行充分的授权，简化成员之间配合的流程，充分调动成员的主动性、积极性，并避免因为体积庞大而让创新活动陷于流程化和僵化。

开放。在腾讯的创业史上，腾讯善于模仿竞争对手的产品，并将其很快地消化吸收，从而封杀了很多中小企业的创新产品。"3Q大战"之后，马化腾开始吸取教训，逐渐将产品开放。微信迭代创新的日益茁壮与开放的理念密切相关。随着5.0的发布，微信的开放的平台战略也逐渐明确。例如，微信支付上已经有扫码支付、App内支付和公众号支付三种形式，有易迅、当当网、优酷、蘑菇街、友宝、大众点评等众多第三方企业接入，给手机充值、买电影票、买彩票、买咖啡等功能皆可通过微信支付实现。

资料来源：许扬帆，孙黎，杨晓明. 微信迭代创新八字诀 [J]. 清华管理评论，2014（6）：46-47.

三、基于创新的设计思维

美国弗吉尼亚大学达顿商学院萨阿斯·萨阿斯瓦斯教授认为创业学就像服

装设计、建筑设计和工业设计一样,属于设计科学,是创业者对"组织"这种人造物的设计。创业者不仅仅设计组织去适应环境,开发环境中有利可图的机会,而且创造性地塑造部分环境,使得环境与自己的个人期望和组织的资源等更加匹配。

世界级的设计公司IDEO把设计思维这个理念应用到商业领域,成就了许多伟大企业的成功。苹果公司自乔布斯掌舵后就一直秉承设计思维,以设计为第一要义,产品的整体设计在确定了产品外形之后,才由工程师根据外壳进行主板及元件的制造,也正因为设计思维贯穿始终,才使苹果的产品至今仍是时尚与科技的代名词。

设计思维是从设计中脱离出来的创新性解决问题的方法论,其内容涉及创新过程、创新方法和心智模式等部分。将设计思维这一全球最为热门的创造性解决问题的理论、方法应用于创新创业教育中,能开启全脑思维的模式,培养学生积极开放的心态,教授给学生创新思考的工具和方法,提升学生的创新创业能力。

(一)创新的来源和方法

设计思维意味着远离只有技术和商业的狭隘视野,进入跨学科合作、协作的思考和创造性文化。设计思维将多个领域聚集在一起,在一个高度复杂、多层级的商业、技术和人文背景下,找到解决方案,最终帮助团队设计出满足用户需求并使用户乐于参与其中的产品。设计思维鼓励每个人抱着同理心,用创新的思维发掘、定义和创造顾客价值,其核心任务是顺畅有效地将技术转化为用户价值。

1. 创新的来源

设计思维的核心是创新性,创新从何而来呢?管理大师彼得·德鲁克在《创新与企业家精神》[⊖]中提出创新的七种来源。他认为企业要进行系统化的创新,需要每隔6~12月就看一下自己内部和外部的情况,打开企业的天窗看外面的世界。德鲁克将"机会的窗口"归纳为七扇窗,并指出每一扇窗都是任何一家公司可以进行的、可靠的创新来源。这七个创新机会的来源彼此之间有一些重叠,好比是七扇位于同一个建筑物的不同方向的窗口,每一扇窗口所展现的某些景致,也可以从邻近窗口看到,但是每一扇窗口的中心所呈现的景色却是截然不同的。

(1)意料之外的事件。德鲁克说这是最容易利用、成本最低的创新机会。意料之外的事件包括意外的成功、意外的失败以及意外的外部事件等。意外的成功意味着该组织趋向或正在转向一个新的或更大的市场,这个市场可以为组

⊖ 该书中文版已由机械工业出版社出版。

织提供创新机遇。如当年万豪酒店在华盛顿州开的一家餐馆，生意意外的火爆。后来经过了解，原来餐馆对面是机场，那时飞机上不提供快餐，很多乘客就来餐馆买快餐带到飞机上。因此，万豪酒店就意外地发现了新机会，开始和航空公司合作，做航空餐厅，取得了成功。所以，认真分析意外事件背后的原因，可能就会发现创新机会。

意外的失败同样是非常重要的创新来源。福特的埃德赛尔（Edsel）经常被商学院的教授当作新车型的典型失败案例援引，但大多数人并不了解，正是埃德赛尔的失败为福特公司日后的成功奠定了基础。在我们平时的学习、工作与生活中，常常会发生一些意料之外的事件。这些事件能让我们以之前没有想到的视角进行观察和思考，也因此启发我们创新、创造。

▌小贴士

微波炉是典型的"意料之外的事件"引发的创新产品。1945年，美国雷达工程师斯宾塞在做雷达实验时偶然发现口袋里的巧克力块融化发黏，他由此发现了微波的热效应。同年，微波热效应的第一个专利在美国诞生，1947年雷声公司研制出了世界上第一台微波炉。经过不断改进，1955年家用微波炉在西欧诞生，20世纪60年代开始进入家庭，随着技术的不断进步，微波炉得以广泛普及。

（2）不协调的事件。当事情与人们设想的不同或当某些事情无法理喻时，这通常表明存在着一种有待认知变化的可能性。现实状况与设想或推测的状况不一致的事件，会引发认知不协调，进而促使人们进行创造与改变。比如我们在使用某种东西的时候，常常会遇到不顺手的情况，这种不协调、不合理其实正是促进创新、改善用户体验的重要推动力量。比如，过去的电冰箱都是"冷冻柜在上，保鲜柜在下"的格局，这样的设计对于使用者来说很不方便，因为绝大多数电冰箱，保鲜柜的使用频率远高于冷冻柜。现在几乎所有电冰箱的设计都做了相应修改，变成"冷冻柜在下，保鲜柜在上"的格局。

▌小贴士

很多事情从逻辑上判断应该可以，但实际结果却截然相反，这时就可能产生创新，比如集装箱的发明。在20世纪50年代之前，航海公司都在着力购买好货船、招聘好船员，他们的想法是，只有船跑得更快、船员业务更熟练，航运效率才会更高，公司才能赚钱。这听起来很有道理，但结果不尽如人意，成本还是居高不下，整个行业都快做不下去了。后来大家才发现，原来当时影响效率的最大因素不是船和船员，而是轮船在港口闲置、等待卸货再装货时太耽误时间。所以大家开始思考如何提高货物装卸的速度，于是就发明了集装箱，使得航运总成本下降了60%，整个航运业开始起死回生。

（3）基于程序需要的创新。很多事情都有固定的程序，如果这些程序有不够合理的地方需要改进，那这就是创新的出发点。基于程序需要的创新也就是寻找现有流程中的薄弱环节，发现创新。比如巴西的阿苏尔航空公司，它的机票价格很低，乘客却不多。后来该公司发现，这是因为乘客到机场很不方便，坐出租车很贵，而坐公交车或者地铁又没有合适的线路。也就是说，"从家到机场"是顾客出行流程的一部分，但这一需求没有得到有效的满足。于是，阿苏尔航空开通了直达机场的免费大巴，生意很快就变好了，成为巴西成长速度最快的航空公司。

（4）产业结构或市场结构的变化。行业和市场变化，往往会带来创新的机会。比如数码技术的出现，让影像行业发生了很大的变化。柯达公司就因为没有重视这个变化，很快就失去了市场竞争力。其实早在1975年，柯达就发明了第一台数码相机，但它只想着维持自己的传统优势，没有看到这个行业的变化带来的创新机会，结果最后很惨。当今社会我们的生活不仅变化大，产业和市场结构的变化也非常多，全球化浪潮、技术的发展以及互联网的普及使很多事情都发生了变化。比如共享单车觉察了移动互联网的普及和客户的需求，成功开辟了全新的市场和商业模式。

（5）人口规模和结构上的变化。人口规模和结构上的变化，例如人口数量、年龄结构、性别组合、就业情况、受教育状况、收入情况等方面的变化，都会带来新的机会。这些变化能迅速发生，并对市场产生戏剧性的影响，但各公司却很少密切监控或在日常决策中考虑到人口规模和结构的变化这一因素。由于人口规模和结构的变化易于出现却又常常被决策者忽视，因此它们为创新者提供了许多机遇。

（6）认知上的变化。"半满的杯子"和"半空的杯子"是对同一现象的不同描述。改变创业者对水从半满到半空的认识也会打开巨大的创新机会。如果人们对自己的看法发生转变，也能创造机遇。市场地位已稳的公司往往难以认识到人们看法上的转变，因此，基于观念转变的创新往往很少有竞争对手。观念上的变化难以查找——因事实并未改变，只是事实的内涵改变了。意外的成功或失败可能意味着观念上的变化，进行观念上的调查可找出已变化的观念并确定拥有者的数量。由于存在风险，德鲁克建议，由观念转变的创新应从具体化开始，并从小规模开始。如计算机，最早人们认为只有大企业才会用计算机，后来才意识到家庭也能用，这才有了家用计算机的创新。反过来，如果认知上没有变化，就可能失去创新。比如福特公司当年取得成功以后，对消费者的认知一直没有变化，一直以为买车的都是男人，汽车声音越大，开起来越带劲。结果在丰田生产出乘坐舒适度更高、噪声更小的家用轿车以后，福特公司的经济效益开始下滑。

（7）新知识。德鲁克之所以将这一创新来源列于最后，是因为它难以管理、无法预见、花费较高，而且有生产准备时间长的特点。比如，德鲁克提到，喷气式发动机早在 1930 年就发明出来了，但应用到商业航空上的是 1958 年波音公司研制出的波音 707 客机，中间隔了 28 年。新知识创新往往需要几个因素。因为新飞机的研发不仅需要发动机方面的知识，还需要空气动力学、新材料以及航空燃料等多方面的知识技术。

不过，目前多数组织在各种创新来源中首先强调新知识，因为它引人注目、令人兴奋。以新知识为基础的创新经常会失败，因为一个领域的突破经常需要其他各领域同时突破，只有这样新知识才能发挥其作用。由于新知识要求技术和其他各领域都与其协调一致，所以一个组织难以成功地引进以新知识为基础的创新。

2. 创新思维的方法

创新思维虽然意味着巨大的付出，同样也意味着巨大的收益。创新思维的重要诀窍在于能够多角度地看待和处理事物、问题和过程。具体表现在以下几个方面。

（1）发散思维。发散思维也叫多向思维、辐射思维或扩散思维。发散思维在创新思维的前期起着主导作用，它能开阔思路，突破思维定式的束缚，产生许多新奇、独特的想法。在我们思考问题的时候，不能拘泥于某一点，而要从已有的信息中尽可能地向多方向扩展，不受已经确定的方式、方法、规则和范围等因素的约束，并且了解很多富有创造力的发明。

发散思维不拘于传统，鼓励从已知的领域探索未知的境界。发散思维具有以下四个特点：多向性、灵活性、开放性与独特性。多向性是指从问题的各个方向去思考，避免单一、片面的思维方式；灵活性是指在各个方向之间灵活转移；开放性是指每个方向都可以任意思考，没有任何限制；独特性是强调思路的特殊性、奇异性，富有创新性。在一定程度上，创新能力的差别体现在发散思维上。

> **小贴士**
>
> 怎样才能达到照明的目的？你能想到多少种办法？请你把办法列出来，办法越多越好。
>
> 点油灯，开电灯，点蜡烛，用镜子反射太阳光，划火柴，烧纸片，用手电筒，点火把，燃篝火……
>
> 爱迪生在试制灯泡丝时，实施了 1 600 多个不同类型的方案，一直到最后找到碳化丝才得以成功。

（2）逆向思维。逆向思维也称反向思维或求异思维，是以与常规思路相反的方向认识问题或寻求解决问题的思维。反其道而行之是一种逆向思维。任何事物都包括对立而又统一的两个方面，让思维向对立面的方向发展，从问题的相反面进行深入的探索。

如何进行逆向思维？

A. 就事物依存的条件进行逆向思考，如司马光救人是打破缸，使水脱离人。

B. 就事物发展的过程进行逆向思考，如人上楼梯是人走路，而电梯是路走，人不动；屠宰场的分割性流水线生产方式运用到汽车生产中，汽车的零部件通过流水线后组装成一辆汽车。

C. 就事物的位置进行逆向思考，如开展假如"我是某某"的活动。

D. 就事物的结果进行逆向思考。

> **小贴士**
>
> 20世纪40年代，德国的一家造纸厂在生产纸的过程中，忘记了放糨糊，结果生产出来的纸，不能用墨水写字，因为只要写字马上就变模糊了。这批纸成了不能写字的废纸。
>
> 老板非常恼火，大家都纷纷表示惋惜。这时有一位员工说："我们想一想办法，看看能不能'将功补过'呀？"
>
> 于是，他们就动手试验起来，既然写在纸上的墨水很快能被这种纸吸收，那就发明一种新的产品——吸水纸，使废物得以巧利用。
>
> 吸水纸的发明就是运用逆向思维法的胜利，从失败的反面进行创新思考，结果使"废纸"找到新用途，创造了一个崭新的市场。

（3）联想思维。联想思维是人们经常用到的思维方法，是一种由某一事物的表象、语词、动作或特征联想到其他事物的表象、语词、动作或特征的思维活动。通过联想，两个以上的思维对象之间可以建立联系，可以在较短时间内在问题对象和某些思维对象之间建立联系，这种联系会帮助人们找到解决问题的答案。联想思维为其他的思维方法提供了一定的基础，联想思维一般不能直接产生有创新价值的新形象，但是它往往能为产生新形象的想象思维提供一定的基础。联想就像风一样，扰动了人脑的活动空间。由于联想思维有由此及彼、触类旁通的特性，常常把思维引向深处或更加广阔的天地，导致想象思维的形成，甚至灵感、直觉、顿悟的产生。

1）相似联想是联想思维最基本的法则。相似联想是指由一个事物的外部构造、形状或某种状态与另一种事物的类同、近似而引发的想象、延伸和连接。比如，由事物之间的外形、性质、意义上的相似引起的联想。

> **小贴士**
>
> 相似联想就是二者之间有一定的相似性，或是在结构方面，或是在功能方面，例如灯和蜡烛，二者都能发光；鸟和飞机二者都能在天上飞；蜜蜂和蚂蚁二者都很勤劳，并且成群结队。加拿大某大学图书馆一批珍贵的图书被水泡湿了，如果采用传统的干燥方法，这批图书就毁了。有一位图书管理员想到在制作罐头时，为了排除水果中多余的水分，曾采用低温存放和真空干燥的方法，建议图书馆的管理员拿一本书试一试。大家按照这个主意，先将书放进冰箱中冷冻，然后放入真空干燥箱中干燥，最后这本湿漉漉的书中的水分都散尽了。运用这种方法，这批被水泡湿了的珍贵图书都恢复了原貌。将湿漉漉的图书进行干燥与将水果进行干燥正是存在一定的相似性，所以可以用相似的办法来处理，这就是相似联想。

2）相关联想。相关联想是指联想物和触发物之间存在一种或多种相同而又具有极为明显属性的联想。个体在思考问题时，尽量根据事物之间在时间或空间等方面的彼此接近进行联想。由电视想到电脑，由手机想到电话，由地板想到墙壁再想到窗户，这是最容易发生的一种联想。

3）对比联想。对比联想是指联想物和触发物之间具有相反性质的联想。例如，看到白色想到黑色。对比联想的突出特征就是悖逆性、挑战性、批判性。对比联想是指在思考问题时，尽量将在形状、结构等方面存在差异，甚至完全不同的事物进行联想。

> **小贴士**
>
> 鲍罗奇是一位专营中国食品的美国企业家，他的公司注册商标图案原先是一位"中国胖墩"，在第二次世界大战（简称"二战"）期间销路很好。但随着时间的推移，与胖墩商标联想在一起的食品销路越来越差。既然"胖"不行，那么"瘦"怎么样？鲍罗奇想道。于是他将商标图案改成了"中国瘦条"，结果这一微不足道的改动，起到了立竿见影的效果。
>
> 原来在"二战"期间，肥胖象征着财富和安乐，因此"胖墩"的销路当然不错。可随着人们生活水平的提高，减肥运动悄然兴起，这时"中国瘦条"反而能适应减肥新潮流。因此，鲍罗奇运用对比联想做出的这一改动使自己公司的食品销量大增。

4）因果联想。因果联想是指由于两个事物存在因果关系而引起的联想。这种联想往往是双向的，既可以由起因想到结果，也可以由结果想到起因。因果联想源于人们对事物发展变化结果的经验性判断和想象，触发物和联想物之间存在一定的因果关系。

> **小贴士**
>
> 澳大利亚甘蔗种植人在收获时发现有一片甘蔗田的产量提高了50%，原因是什么呢？

他们回忆起：在种植甘蔗的前一个月，有一些水泥洒落在这片地里，难道这就是甘蔗高产的原因吗？经过反复研究，他们发现正是水泥中的硅酸钙使这片酸性土壤得到了改良，提高了甘蔗产量，于是研制出了水泥肥料。

（二）设计思维的过程

IDEO公司的CEO蒂姆·布朗认为设计思维是一套以人为本的创新模式，它关注的核心不是产品而是人，它通过各个领域的人跨界地参与到设计过程中来挖掘用户的需求，从而启发创新。

传统思维模式常常是一种打补丁模式，这种打补丁模式着眼于现存的问题从而寻找解决方案，从观察现状、发现问题，而后找到一个比较完善的解决方案。而设计思维需要大家聚焦在创新的可能性上，树立开放、积极向上的心态，乐观地面向未来，培养建造未来的创造力。这种设计思维的解决问题方法论将设计视为一种解决问题的创新过程。问题的解决者在这里担任的是设计师的角色，他们通过一系列的设计实践来实现创新的目标。

设计思维强调以人为中心的创新，在整个设计过程中除了充分考虑消费者的需求以外，它还提倡设计师、商业人士和其他相关人员的共同参与。它强调通过应用同理心观察、彼此协作、快速学习、将想法视觉化以及快速概念原型化等方法，最终形成创新的产品、服务或商业模式等。无论是要决定做哪个行业、准备运用哪种商业模式、如何做市场调研找出客户的潜在需求、分析客户与非客户是谁，还是要决定如何设计产品或服务、如何做市场定位和品牌、确立企业的发展战略或变革，都可以用设计思维快速找到高质量的解决方案，而且几乎可以肯定它会带来惊人的良好效果。设计思维用不同的方法和工具刺激每个参与者的左脑和右脑，让每个人同时动用创造力和逻辑分析这两个截然不同的思考区域，另外亲身观察和制作图文并茂的原型可以生动地表达出原本是抽象模糊的概念，让每个人在别人的智慧和亮点上不断延伸，在既混乱又有序、既发散又集中的有限时段中，产生超越一般常人的思考成果，且这一成果是可以马上被衡量和得到反馈的。

设计思维涉及不同的空间或阶段，它们以循环往复、混沌的方式相互交互。然而，人们用大量不同的方式来谈论这些阶段。世界知名设计公司IDEO识别到了设计思维的三个阶段：启发、构思和实施，而斯坦福大学设计学院则采用了五阶段方法：移情、界定、构思、原型制作和测试。跃进策略顾问公司（Jump Associates）的联合创始人戴夫·帕特奈克将设计思维分为移情、创造和测试三个阶段。这些阶段划分方法是关于设计思维这一主题的变种，但对创业而言都具有重要含义——设计思维是一种创造和开发新机会的工具。

北京彼得·德鲁克管理学院荣誉院长、基汇管理咨询有限公司总裁、美国加速者顾问有限公司总裁杜绍基博士在《设计思维玩转创业》[一]一书中将设计思维的流程分为六步心法。这六步心法是设计思维的六个步骤，虽然有先后顺序，但又可以在不同的阶段循环地使用。

（1）基本认识是指一定要对创业的行业背景有完整而充分的了解，在认识不足的情况下创业，就会有很大的风险。运用设计思维的第一步是先要了解和掌握基本的事实，这样才有可能知道用户需要什么。设计思维就是从以用户为中心的视角出发，通过用户改进产品，与传统创业思维正好相反。只有站在用户的角度思考问题，才有可能做出真正满足用户需求的产品。

（2）亲身观察是指不是站在旁边看，而是用同理心去换位思考，真正地体会别人的想法和情绪，理解他们的立场和感受，才能够发现用户真正需要解决的问题。可以通过"洞见"来进行。洞见是设计思维的核心转折点，在此之前通过收集大量的数据进行多次观察，依靠同理心，直到发现洞见才能让整个设计思维推进到下一步，得到真正的落实。

（3）观点陈述是指将之前发现的各种各样的机会和信息，用最简洁的形式表达出来，要让团队成员都清楚究竟在设计什么。可以采用"黄金 30 秒陈述法"的方法，即用 30 秒的时间陈述你的观点。只有在极短的时间中表达清楚自己的意图，才是真正理解自己想要表达的事情。另外，需要凝聚重点，关注整个过程中真正重要的目标是什么。知道用户需求和能够做到满足用户需求，是有区别的。更早地发现用户需求，意味着更早地在创业市场中占得先机。

（4）凝聚重点是指关注整个过程中真正重要的目标是什么。要想找到重点需要践行的两个理念："异花授粉"和"不要目不斜视"。"异花授粉"的经典案例是瑞士登山运动员受苍耳植物的启发制造出尼龙搭扣。据说，瑞士发明家乔治喜欢带着狗外出散步。有一次，散步回家，发现自己的裤腿上和狗身上都沾满了一种草籽——苍耳。苍耳粘在狗毛上很牢，要费一定的功夫才能把苍耳取下来。乔治感到很奇怪，他运用了敏锐的观察力，用放大镜仔细地观察苍耳。原来，苍耳的纤维与狗毛是交叉在一起的，他想，如果采用这两种形状结构的物体不就可以发明一个搭扣吗？从此，人们的生活中多了一个好帮手——乔治发明的尼龙搭扣。"不要目不斜视"的经典案例是虎标万金油斜视后发现重大市场商机。

（5）原型制作是指把在上一步认为重要的想法用最小的成本将它实现。比如用旧海报、纸板、胶带、塑料泡沫、木头或者是纸笔，只有能把自己的核心想法和概念清楚地展示出来，才能进行进一步的创新。

（6）测试反馈是指让用户对产品进行快速试错和快速迭代。因为有时候

[一] 该书已由机械工业出版社出版。

即使设计得很好，失败的可能性也很大，因为遭遇挫折是在创业过程中的家常便饭。

(三) 心智模式的改变

你的心智模式决定你只能看到真实世界中你想看到的一部分。我们为自己构建了一个世界，然后又给自己反复强化，最终让我们相信这个世界，就是我们构建的样子。从这个角度来说，我们是自己生命的主宰，我们给自己搭建了一个幻想中的世界，然后在现实中让这个幻想慢慢实现。我们的物质大脑是这台电脑，而我们的心智模式则是里面运行的系统软件。人与人的大脑的物理差距并没有太大，但是由于软件不同，它们运作的效果就会有巨大的差距。心理学家已经证明，人与人之间的智商差异并没我们想象得大。但是现实中人与人能力的差异却千差万别。这里与其说是硬件（智商）的差距，不如说是心智模式（思维模式）的差距。每个心智模式都有自己的局限，心智模式无所谓对错，只有是否有效之分。

人们总说优秀是一种习惯，其实优秀是一套心智模式。优秀的人有一整套优化得非常好的后台程序，这些程序清晰、干净、不占内存、直指目标。正是因为这样的思想程序，他们总会有不同的思维模式，在面对压力时有完全不同的心态，对事物有全新的看法，对同样的事情有完全不同的结论。

> **创业聚焦**
>
> 管理大师彼得·圣吉在他的《第五项修炼》一书中说到一个故事：一个人不小心被卷入瀑布下的涡流中间，11月的水温很低，人在冰水中能够生存的时间不超过100秒。这个人被瀑布下的漩涡吸住，于是用尽全身力量向岸边游。2分钟以后，他的力量耗尽被吸入漩涡底部，然后尸体被抛到岸边。因为对待漩涡的最好方式不是往外游，而是游向漩涡中心，潜入底部再游出来，这与我们学会的向岸边游的方式恰恰相反。彼得·圣吉感叹：这个人一辈子努力想达到的事情，在他放弃努力后2分钟就达到了。
>
> 落水后游向岸边是对的吗？平时是，但在漩涡里时却不是。前面提到的双赢总是对的吗？总想着双赢会让你在一些地方死得很惨，我们奉为真理的思维模式都会有其局限性。职业发展是一个自身不断成长、外界日新月异的领域，我们每天进入新的"漩涡"，却还以过去的方式"游泳"，最后劳而无获。就好像那个溺水者一样，我们很多时候往往不是不够努力，而是努力的方向错了。
>
> 即使生活在一模一样的世界中，我们对世界也会有完全不同的理解。从这个角度来说，你正在阅读世界上唯一的一本书，因为是我和你共同创造了这本书。这本书对于你的意义是无足轻重还是将改变

你的命运，在很大程度上由你决定。我们戴着不同的镜片看世界上的大部分信息，我们还用自己不同的经验和记忆来解释这些信息，搭建我们内心的世界。一切真实的事物都是心智模式，而一切的心智模式对于你来说，都是实在的世界。我们往往把这个称为每个人不同的"思维方式"或者"思维定式"。这个看不见的"镜片"加上一套固定的"思维程序"所搭建的内在世界模式，就是我们的心智模式。

你有没有想过，真正限制我们的，是我们思维里看不见的墙？

找到那些我们内心世界中可以突破的地方去突破，找到那些不能突破的地方去接纳。

那些比你更加幸福快乐的人，他们的脑子里又安装着什么样的模式？

如果有一个机会，你可以跳出这个模式，安装上更好的心智模式，你会看到什么样的世界？

他山之石

你希望自己更加幸运吗

英国心理学家理查德·怀斯曼在他的《怪诞心理学》中，描述了他做的幸运和性格之间的关系的实验。

我给那些志愿者每人发了一张报纸，请他们仔细看过后回答这里面一共有几张照片。其实，我还在这张报纸上为他们准备了一个赚钱的机会，不过我并没有告诉他们。在报纸的中间，我用半版的篇幅和超大的字体写了这样一句话："如果你告诉研究人员看到了这句话，就能为自己赢得100英镑！"那些运气不佳的人完全把心思用在清点照片的数量上，因此并没有发现这个赚钱的机会。与此相反，那些幸运儿显得非常放松，看到了报纸中间的大字，从而为自己赢得了100英镑。这个简单的实验表明，幸运的人总能够把握意想不到的机会，从而为自己带来好运。

事实上，那些安装了"幸运儿模式"的人，他们构建了一个充满机会的世界，会更容易发现外界潜在的机会；而安装"倒霉蛋模式"的人则倾向于对机会视而不见，因为在他们心中的模式中没有"机会"这个东西。这样一来，幸运儿反复印证自己的"幸运儿模式"，从而更加相信自己的"幸运世界"，而倒霉蛋则对自己的"倒霉世界"深信不疑。你有没有在你的身边看到一些人好像总是戴着天使的光环，一切都那么顺利，一帆风顺，另一些人仿佛天生晦气，八字不顺，喝凉水都磕牙？这在很大程度上取决于，他们内心安装的是幸运儿模式，还是倒霉蛋模式。

资料来源：古典.拆掉思维里的墙[M].北京：北方妇女儿童出版社，2011.

第三节 创业者的能力

哈佛商学院和百森商学院通过20多年的创业研究发现：创业是一种思考、

推理和行动的方法，它不仅受到机会的制约，还要求创业者有完整缜密的实施方法和讲求高度平衡的领导技能。创业能力是一种特殊的能力，这种特殊能力往往会影响到创业活动的效率和创业的成功与否。

一、创业能力

《全球创业观察》将创业能力区分为创业动机和创业技能，前者用来说明为何选择创业，后者刻画创业者成功执行创业任务所需要的知识和技能。

选择创业最常见的原因有：做自己的老板、追求自己的创意、追求财务回报。

1. 做自己的老板

许多创业者想成为自己的老板，这似乎是一种很诱人的想法。有些人有这个想法是因为他们在传统工作中变得沮丧；还有一些渴望独立、追求自由的人，希望能够独立工作，自己做关键性决策，自己承担风险，自己获利，并可以掌控自己的生活，因而选择了创业。创业者都很喜欢他们所选择的这种事业中所固有的自主性。他们可以按自己的方式工作、获利并制订自己的时间计划。

2. 追求自己的创意

人们选择创办自己的企业的第二个原因，是追求他们自己的创意，希望实现自己的梦想。有些人天生机敏，当他们认识到新产品或服务创意时，他们就渴望看到这些创意得到实现。有些人因想解决某个特殊的商业或社会问题而创业，还有一些人想将创新技术转化为商业产品而创业。当创新创业活动的动力来自自己内心的梦想，来自一种称心如意的活动，来自令人愉悦的社交，来自社区中人们的尊重或者来自企业的一些其他方面，对于很多创业者来说，他们所得到的生活满足感比金钱或者自主性更为重要。此外，他们通过拥有自己的企业来追求自己的创意也能证明自身能力和实现自我价值。

> **小贴士**
>
> 你的时间有限，所以没必要把它浪费在复制别人的生活上，别被教条所羁绊，否则就是活在别人的想法下。不要让他人观点的噪声淹没了自己内心的声音。最最重要的一点是，要有勇气追寻你的内心和直觉。
>
> ——史蒂夫·乔布斯

3. 追求财务回报

还有些人创建自己的企业是为了追求财务回报。创办一个属于自己的企业是一种赚钱的方式，利润的动力尽管不是经营一个属于自己的企业的唯一原因，却是其中的一个重要原因。实际上,有一些企业家通过创业赚了很多钱。创业者所预期的收益不仅要能够补偿他们投入的时间和金钱,而且对他们创办自己的企业所冒的风险和他们的首创精神也要有很好的回报。

在创业过程中,每个创业者需要完成两件重要的事情:第一,感知环境的变化,并通过多种途径识别具备潜在价值的创新性机会;第二,创业者必须有效地管理和配置企业的内外部资源以成功利用机会。基于此可以将创业能力区分为机会识别能力和机会利用能力。机会识别能力是指观察环境和发现机会,并将这些机会定位为可行商业概念的能力。机会识别能力考验的是创业者对外界信息收集、解读、处理和加工的能力。机会识别能力与创业者的警觉、先前知识和认知能力有关。机会利用能力则与创业者通过开发新产品、新服务或进入新市场以使识别到的机会商业化的能力有关,体现为创业者控制、组织和构建内外部资源的能力。

创业聚焦

创业者需要具备的十项能力

1. 强烈的欲望

欲望是创业者的最大推动力。创业者的欲望与普通人的欲望的不同之处在于,他们的欲望往往超出他们的现实,往往需要打破他们现在的立足点,打破眼前的樊笼,才能够实现。要靠创业改变身份,提高社会地位,积累财富,这构成了许多创业者的人生"三部曲"。

2. 超乎想象的忍耐力

在创业的路上,付出怎样的代价,付出怎样的努力,忍受了多少别人不能够忍受的憋闷、痛苦甚至是屈辱,这种心情只有创过业的人最清楚!对创业者来说,忍耐是必须具备的品格。

3. 开阔的眼界

对于创业者来说,只有真正具备广博的见识、开阔的眼界,才能有效地拉近自己与成功的距离,使创业活动少走弯路。一个创业者的眼界有多宽,他的事业就会有多大。"机遇只垂青有准备的头脑",让自己"眼界大开"就是最好的准备。

4. 善于把握趋势又通人情事理

创业者一定要明事,不但要明政事、商事,还要明世事、人事,这应该是一个创业者的基本素质。

5. 敏锐的商业嗅觉,即商业敏感性

创业者的敏感,是对外界变化的敏感,尤其是对商业机会的快速反应。有些人的商业感觉是天生的,如胡雪岩,更多人的商业感觉则需依靠后天培养。如果你有心做一个商人,你就应该像训练猎犬一样训练自己的商业感觉。良好的商业感觉,是创业者取得成功的最好保证。

6. 拓展人脉

创业不是引"无源之水",栽"无本之木"。每个人创业,都必然有其凭依的条件,也就是其拥有的资源。一个创业者的素质如何,看一看其建立和拓展资源的

能力就知道了。

7. 谋略

创业者的智谋，将在很大程度上决定其创业的成败。对于创业者来说，智慧是不分等级的，它没有好不好、高明不高明的区别，只有好用不好用、适用不适用的问题。创业者的智慧要不拘一格，出奇制胜。

8. 胆量

创业本身就是一项冒险活动。要有胆量，敢下注，想赢也敢输，创业是最需要强大心理承受能力的一项活动。很多创业者在创业的道路上，都有过"惊险一跳"的经历。这一跳成功了，功成名就；要是跳不成，就只好凤凰涅槃了。

9. 与他人分享的愿望

创业者一定要懂得与他人分享。一个不懂得与他人分享的创业者，不可能将事业做大。商业法则：算大账的人做大生意做大生意人；算小账的人永远只能做小生意，做小生意人。分享不是慷慨，对创业者来说，分享是明智。

10. 自我反省的能力

反省其实是一种学习能力。创业既然是一个不断摸索的过程，创业者就难免在此过程中不断地犯错误。反省，正是认识错误、改正错误的前提。对创业者来说，反省的过程，就是学习的过程。有没有自我反省的能力，具不具备自我反省的精神，决定了创业者能不能认识到自己所犯的错误，能不能改正所犯的错误，能否不断地学到新东西。成功创业者有一个共通之处，就是都非常善于学习，非常勇于进行自我反省。

创业者需要的是综合素质，每一项素质都很重要，不可偏废。缺少哪一项素质，将来都必然影响到事业的发展。这其中有些素质是天生的，但大多数可以通过后天的努力改善。如果你能够从现在做起，培养自己的素质，你的创业成功一定指日可待。

资料来源：李开复：什么样的人才适合创业？具备这十项能力[J]. 创业邦，2016（7）：29.

二、创业学习与创业教育

（一）创业学习

如何学习通过什么途径或方式获取和创造知识，提升创业能力，是创业者必须面对的现实问题。在创业过程中，创业者的学习途径主要有两条。一是直接经验学习，通过自身积累的直接经验和经历来学习，即我们通常说的"干中学"。有人曾说："我们对要学习的事物，可以先做，边干边学。""干中学"可以调动大脑各个部分的活动，将学习成果"烙印"在头脑中，指导下一步的实践。二是观察学习或者模仿学习，即观察其他创业者或企业的行为和结果以获取新知识，包括模仿他人较成功的行为，规避他人失败的行为等。有效的创业者就是优秀的学习者,他们从一切可能中学习:从顾客、供应商、竞争者那里学习;从员工和合作伙伴那里学习;从其他创业者那里学习;从经验中学习;从干中学习;从一切有用、有效的东西中学习;更重要的是,他们还懂得如何从失误中学习。

小贴士　对关键事件的学习

在事件发生前或者发生过程中,或许很难确定哪一件事会是关键事件,但在回首往事的时候,往往能够真切地体会到它们对未来的影响。有些关键事件在当时可能只是一些不经意的小插曲、小故事,但记忆深刻,有些甚至成为人生体验的一部分。当然,在创业过程中,同样会出现这种关键事件。

乔布斯曾讲了三个亲身经历的故事,其中一个故事是关于如何把生命中的点滴串联起来。他在大学期间出于爱好而选修的书法课,对他后来设计电脑版式功能起到了重要作用,乔布斯说:"跟随好奇心和直觉所做的事,后来被证明基本都是极其珍贵的经验……你不可能充满预见地将生命的点滴串联起来,只有在你回头看的时候,你才会发现这些点点滴滴之间的联系。所以,你要坚信,你现在所经历的,将在你未来的生命中串联起来。"

互联网文化的本质不是被动接受,而是各种主动的交流和参与。被新生代所迅速接受的互联网文化,包括了以下特征:信息的高速流通、免费信息的过载、速度、自我控制、雪球效应(通过从超链接到超链接的快速扩散与传播)和客观的交互性。微博、微信等社交媒体通过智能手机、平板电脑的广泛渗透,使虚拟世界实现了各种实时的交互,这也对体验式学习提供了更好的装备,因为互联网文化的本质不是被动接受,而是主动的交流和参与,强调即时性、好奇心和知识开放,实现知识传播的大爆炸,表3-2展示了这种新生代(互联网时代)体验式学习的新模式与旧有模式的比较。

表3-2　新生代学习风格与旧有模式的比较

主导的学习风格	新生代的学习风格
信息的线性采集	学习的非线性(超链接)逻辑
主要关注事实和知识获取	更多地关注再学习(学习如何学习)
引导式学习	自主式学习
在指定的时间内学习	24/7 小时学习
面对面的学习	交互式虚拟学习
将学习看作任务	将学习看作乐趣
机械学习	类比学习
独立学习	社交学习

资料来源:陈丁琦,孙黎,李萍,郝生宾.何不体验式学习[J].中欧商业评论,2013(4):94-97.

在中国,许多传统企业在向"互联网+"转型升级的过程中,主动试错将是震荡最少、风险最低的路径。主动试错的学习对于产品创新、商业模式创新等都具备重大的价值。在创业中,实验是一种主动试错的方法。创业者在正式推出其产品、商业模式之前,通过设计逼近于现实场景的测试情境或在局部真实的环境下,对其新创产品、商业模式进行前期测试,以发现可能存在的潜在错误或失败,并在此基础上进行持续改进,从而降低创业风险和失败率。主动试错的价值性体现在,通过主动的试错实验,而不是被动的失败反思,可以发现企业产品创新和经营活动中的潜在问题,发现客户的真实需求,具有主动性和前瞻性。表 3-3 说明了被动错误学习与主动试错学习的区别。

表 3-3 被动错误学习与主动试错学习对比

	被动错误学习	主动试错学习
对错误的预期	尽量避免错误	错误不可避免
错误与绩效的关系	为了提高绩效,需要回避错误	为了提高绩效,需要识别错误
企业对错误的态度	排斥错误	容忍并鼓励发现错误
个体对错误的反映	自我保护,不公开错误	勇于试错,公开错误,让组织加速学习
学习方法	事后总结	事前试验
学习模式	单环学习	双环学习

资料来源:孙黎,邹波,李平. 主动试错——发现互联网+新大陆的战略[J]. 清华管理评论,2015(1):60-66.

(二)创业教育

创业教育的首要目标是,增强培育学生的企业家精神已逐步由单纯的创业导向教育模式拓展为以培养具有创新性、创造性与理性承担风险能力的适应新经济时代的管理人才为核心的教育体系。从课程设置模式看,企业家精神更加突出管理教育的创新与整合特征,强调以企业家精神为核心的整合课程设置模式,强调环境互动和应对不确定性环境的能力。教育部已经明确认识到可以把创业教育作为推动高校教育改革的抓手,而改革重点在于将教学内容和目标从传授知识向培训思维与提升技能转变,这种转变需要以扎实的微观研究为基础,现行的创业教育体系基本以创业过程为主导,如果我们停留于讲授以机会识别、开发概念、资源获取、制订计划、实施计划、管理新企业和退出为节点的创业过程,忽视了创业者针对机会识别、评价和开发等过程中关键行为的思维模式的讲授,我们很难识别出培养具有创业思维人才的有效途径,难以从根本上推动高校管理教育改革。

创业聚焦
创业教育还要跨过哪些门槛

2014 年 12 月,教育部发布通知,提出高校要建立弹性学制,允许在校学生休学创业。另外,教育部还要求各地各高校要把创业教育作为推进高等教育综合改革的重要抓手,将创业教育贯穿人才培养全过程,面向全体大学生开发开设创业教育专门课程。下面根据高校毕业生就业状况数据和高校学生发展调查数据对高校创业教育现状进行分析。

一、能力门槛：高校毕业生创业水平较低

根据教育部《全国高校毕业生就业状况》的统计数据，我国高校毕业生自主创业比例尚处于较低水平。2004~2010年自主创业比例分别为0.3%、0.4%、0.5%、0.3%、0.2%、0.2%和0.2%，最高值仅为0.5%。从自主创业人数看，最高值为2006年的18 596人。

自主创业群体表现出以下特点：第一，从学历结构看，在自主创业群体中本科生的比例最大；第二，从学校类型结构看，自主创业群体中比例最大的是普通本科院校，其次是高职大专，"211"高校和"985"高校分别排在第三位和第四位；第三，从学科门类结构看，社科类和工科类是创业的主要群体；第四，从学校所在地结构看，东部地区（不包括京津沪）所占比例最大，西部地区排在第二位，中部地区排在第三位。

二、认知门槛：创业教育普及度不高

创业教育普及度：从调查结果看，高校创业教育的普及度并不高。26.7%的大学生认为学校提供创业教育，19.5%的大学生认为学校没有提供创业教育，53.8%的大学生对学校是否提供创业教育并不清楚。

创业教育参与度：参与基础性创业教育的比例最高，其次是模拟性创业教育，观察学习性创业教育的参与度较低，实践性创业教育的参与度最低。

创业意向：大学生有创业意向的比例较高，特别是远期创业意向。根据调查数据计算，大学生有近期创业意向的比例达到29.8%，而有远期创业意向的比例达到57.6%，几乎翻倍。多数大学生能够理性看待创业，发挥个人比较优势，将创业与专业相结合。创业意向与专业匹配的大学生所占的比例为51.3%。不同类型学校学生的创业意向差异显著。高职大专院校学生的创业意向最强，教学型本科院校学生的创业意向居中，研究型院校学生的创业意向最低。

资料来源：岳昌君. 创业教育还要跨过哪些门槛 [N]. 光明日报，2015-02-12（15）.

互联网时代使个体的学习模式和思维模式发生了巨大改变。为应对挑战，美国开始在基础教育中倡导由STEAM教育转为注重创客教育，本质上深化了从培养简单学科素养（即STEAM素养）到综合素养的转变，实现了从培养项目学习能力到培养创新能力的转变。张瑞敏在《致创客的一封信》中写道，时代列车转入了一个新的轨道："零距离""去中心化""分布式"的互联网思维把我们带进一个充满生机与挑战的"人人时代"，一个人人创客的时代。"创客"概念的提出者克里斯·安德森认为，未来10年，创客将扮演助推器的角色，让个体和数字世界真正颠覆现实世界，掀起新一轮的工业革命。这些新的形势对教育模式和创业学习提出了怎样的挑战呢？

创业聚焦

"互联网+"背景下的 STEAM 教育到创客教育之变迁

"互联网+"时代为教育的建构与重组提供了新的思考方式，也为 STEAM 教育到创客教育的变迁提供了有利环境。STEAM 是美国政府提出的教育倡议，即加强美国 K12 关于 Science（科学）、Technology（技术）、Engineering（工程）、Arts（艺术）、Maths（数学）的教育。STEAM 教育以项目学习为主要学习方式，学习者通过项目学习来完成学业，获得知识与技能，其间同时获得创新能力的培养。与 STEAM 教育相比，创客教育不仅深化了项目学习能力，而且其更加关注学习者创新能力的培养。创客教育以培养创新能力为目标，将学习场所拓展到传统学习场所以外的空间——创客空间。

根据教育部《关于做好 2016 届全国普通高等学校毕业生就业创业工作的通知》，2016 年高校开设了创业课程，站在"十三五"规划的新起点上，创客教育研究无疑将成为一个重要内容。创业运动是在全球范围内推广创客理念培育创客文化，推动大众参与创客实践的一场创新运动。它包括创新探索精神、动手实践文化、开放共享理念以及对技术的极致钻研和对美好生活的不懈追求。创客教育培养人才的目标：勇于探索的创新精神、敢于接受失败的挫折和不屈不挠的黑客精神，不急功近利、协作交流的团队大智慧。

创客教育的学习方式包括：体验式学习——在真实情景中的创新学习，重点培养学习者动手的能力；从教材到项目——拉近学习与生活的距离，以往的学习材料不论是纸质教材还是电子版教材，都不能满足学习者动手操作的需求，创客教育将学习者对教材内容的学习转变为对项目问题的解决，将知识学习转变为能力运用，将苦涩的、机械化的材料转变为有活动、有意义的项目问题；思考与尝试——在过程中发展批判性思维和创新能力，在不断思考与尝试的过程中，通过试错、修订，重点培养学习者的批判性思维和创新思维能力，从而达到创客教育的目的。

资料来源：李小涛，高海燕，邹佳人，万昆."互联网+"背景下的 STEAM 教育到创客教育之变迁——从基于项目的学习到创新能力的培养[J]. 远程教育杂志，2016（1）：28-36.

要点回顾

- 不存在所谓的"创业神话"，现实中每个创业者都是独一无二的，但成功的创业者在创业思维和创业能力方面存在共性。
- 完善的创业知识结构或专家型的创业知识、创业思维可以识别与培养。
- 从奏效理论、精益创业的内涵和基本原则出发，阐述成功的创业者应该具有哪些相关的创业思维和行为准则。

- 创业能力主要包括机会识别和机会利用能力，通过创业学习和创业教育不断训练专业性的创业思维，为增强专家型创业能力奠定基础。

关键名词

创业特质　奏效理论　精益创业　创业思维　创业能力　创业教育

复习思考题

1. 奏效理论的基本思想及原则有哪些？
2. 你认同奏效理论的基本思想及原则吗？请说明认同或者不认同的理由。
3. 精益创业的基本思想和原则有哪些？你认为在互联网时代创业，精益创业的理念是否合适？为什么？
4. 比较奏效理论和精益创业的异同？
5. 你认为创业教育的本质和核心应该是什么？
6. 创业思维可以培养吗？如何提升自己的创业思维？
7. 要想在互联网环境下创业成功，需要具有哪些思维模式？
8. 互联网时代的创业学习与工业时代的创业学习的相同点和不同点分别是什么？

牛刀小试

创业思维训练：拼图与做被子的游戏

百森商学院海迪·内克（Heidi M. Neck）教授领衔开发了拼图与做被子的两个小练习，能够让我们更好地理解创业者如何思考以及管理思维与创业思维之间的差异。

学习目标

（1）体验管理思维与创业思维的差异。

（2）学习应对不确定性和模糊性。

（3）举例说明创业者如何思考。

材料清单

（1）拼图玩具（每组，大约有50个碎片）。

（2）布条（每人有6条）。

（3）两个房间（一个房间内有与小组数量相同的桌子，另外一房间是空的）。

游戏步骤

第一步，比赛参与者被分成若干小组，每组5～7人，并被告知有时间限制，要求每个小组阅读相应任务说明，并以最快的速度完成一幅图案的拼图练习，速度越快越好。

第二步，5分钟后，每个小组自愿抽调一个志愿者进入一个空旷的房间，房间角落的一张桌子上堆放着很多不同颜色、纹理和尺寸的布条。这些人被告知他们被任命为被子领导者，需要在房间中选择一块空地独立设计一床被子造型，原材料就是从桌子上任意选择6个布条。一旦选择了布条，不能更换布条，不需要缝纫，只要放在地上拼凑起来。

注意：每个被子领导者应该选择6个布条，然后选择在房间的不同区域开始制作自己的被子任务。

第三步，3分钟后，又有一些志愿者从拼图小组中抽调出来进入被子制作房间，被告知可各自选择6个布条并加入他们愿意加入的任何一个已经在房间里忙碌的被子领导者的小组中。

第四步，此后，每隔两三分钟，一些新的志愿者离开拼图练习加入被子制作房间。随着更多人的加入，一些被子变得越来越大并且更具创造力。

第五步，当所有人都走出拼图房间进入被子房间时，要求他们在2分钟内完成被子设计。

任务汇报

汇报可以在被子房间进行，或者回到教室。如果在被子房间汇报，让每位被子领导者描述被子的设计是如何浮现；如果是别的教室，让每个学生在做被子的房间走一圈，研究一下所有的被子设计。

问题讨论：
- 有多少人更喜欢拼图，为什么？
- 有多少人更喜欢设计被子，为什么？

聚焦于被子设计：
- 询问领导者被子是如何形成的。
- 询问团队成员为什么选择某个小组而非其他小组。
- 从拼图游戏转移到被子设计的感觉如何？
- 两种练习分别需要何种类型的思维？

总结

拼图是管理思维，被子设计是创业思维。

拼图是管理思维：
- 目标是明确界定（拼图图像事先就知道）。
- 确定实现目标的资源（拼图碎片）。
- 创建计划（或者按照颜色分类，或者先从边缘开始……）。
- 执行计划（分工，开始拼边）。
- 全程考察进度（调整人员、安排时间等）。
- 目标实现（所有碎片是否用完，图案是否和目标一致）。

设计被子是创业思维：
- 创业者始于他们有什么而不是需要什么（6个随机布条）。
- 当创业者不确定要做什么时，唯一的选择是行动（选一个地方、选一个小组开始做）。
- 被子的设计随着时间推移而浮现，先前很难做计划（当新成员加入时，被子设计就会发生变化，环境和资源也发生变化）。
- 你从来不知道什么时候算是真正结束了。
- 创造新的事物需要迭代而不是按照线性步骤解决问题。

关键点
- 在极端不确定的环境下，唯一

- 的选择是行动。
- 某种思维方式(创业思维或管理思维)不一定会比另一种更好,但重要的是理解环境背景。
- 在不确定性的环境中,行动胜于计划。

资料来源:海迪·内克,帕特里夏·格林,坎迪达·布拉什.如何教创业:基于实践的百森教学法[M].薛红志,等译.北京:机械工业出版社,2015.

第四章 创业机会的识别与评估

 创业名言

我极少能看到机会,往往在我看到机会的时候,它已经不再是机会了。

——马克·吐温

 本章框架

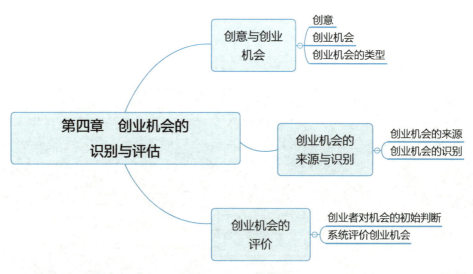

 学习目标

通过本章学习,你应该能够:

1. 理解创业机会的内涵
2. 了解创业机会的来源
3. 把握对创业机会的评价

4. 理解影响创业机会的识别因素

⊙ 开篇案例　年年家玻璃淘宝店

王潇然，2012级安徽财经大学国际贸易学院学生，2013年8月17日王潇然创立了年年家玻璃淘宝店铺，主要销售高硼硅耐热环保手工（灯工）玻璃制品，如手工玻璃杯、餐具、酒器等，特色产品是网络销售定制各种不同形状和贴有图样的玻璃杯具（如人工吹制的情侣杯等）。从2013年8月创业至2014年大学生创业案例大赛撰写案例不到10个月的时间每月销售收入在1 000元左右，每月销售利润在500元左右。

从王潇然萌生创业想法到最终成立店铺经过了一段漫长的时间。2013年大三下学期暑假实习，她去几家玻璃制品企业进行了实地走访，亲身感受到了制作高硼硅耐热手工玻璃制品的独特魅力，创业者对一家做玻璃制品的公司印象特别深刻，这家外贸出口公司是河北沧州盛大玻璃工艺品有限公司。于是她就去该公司实习，主要从事整理邮件、联络客户等工作。因为厂里在接受订单后，订货方会派联络员来厂里视察，一方面是对产品的质量把关，另一方面是方便下次合作，联络感情。其间，王潇然了解到由于玻璃易碎的特性和出于对企业信誉的考虑，企业会按照订单量的105%生产，这样最后会滞留很多产品，销售无门，并且一直占据企业的库存，是企业的一大难题。

在实习期间，王潇然的公关能力得到了很大程度的提升，并且接触到社会人员后，她的思想观念不再停留在学生时代那样的安逸和无所事事的状态中，她更想努力证明自己的能力。经过创业者与河北沧州盛大玻璃工艺品有限公司产品经理洽谈，她将现有的想法与产品部门经理进行了交流，希望能与他们的公司合作，并提出自己的看法：首先，消费者更注重追求生活品质和健康理念，而且学生群体是追求个性自由、健康绿色并具有知识涵养的巨大消费群体，有自己的消费主导意识；其次，网上购物已经是势不可挡的潮流趋势，互联网技术的飞速发展，实现了消费者与生产者的双向沟通，一方面伸张了消费者的主权，另一方面也为组建新企业提供了机会，最终创业者的决心和想法获得了产品部门经理的许可，产品经理同意作为王潇然创业的供货方。

王潇然解决了供货方的问题，在假期实习结束回校后，她一度想先通过摆摊的方式实践自己的想法。在联系厂家，预付定金后，王潇然进了第一批货物，并且通过在校园微博等公开平台上普玻璃制品的环保知识，提高玻璃制品的欢迎度，但是终究由于商品选择性太少，无法科普到全校学生，没有获得效益。其间，她也挣扎苦恼过，但是没有放弃。安徽财经大学创业孵化基地为鼓励大学生创业，每年评比优秀的创意，为思路独特、具有市场潜力的项目提供免费场地入孵，她也申请过，虽然创意独特，但是最终没有评选上。后来她回想起这件事，觉得可能是由于这种手工（灯工）玻璃制品的成本较高，因此前期投入较大，而作为一个在校大学生可能无法承担这样的经济负担。实体店铺没能成功进入创业孵化基地，因此她开始将注意力转移至互联网，淘宝店铺是她可以节省前期投入不错的选择。通过自主学习，注册用户，将商品图片张贴在网站上，最终她创办了这家年年家玻璃小铺。由于市场存在直面和潜在的竞争者，因此她通过自己的创意表达，将消费者的需求与实际可操作性的灯工制作相结合，私人定制成为店面的一大特色。年年家玻璃淘宝店铺同时承担了销售方和代理人双重角色，淘宝店铺首先预付定金给河北沧州盛大玻璃工艺品有限公司，发货给王潇然，然后当玻璃小铺在线接受客户订货时，通过快递的形式邮寄给消费者；接着店铺将消费者个性化订单转发给河北沧州盛大玻璃工艺品有限公司进行制作，然后河北沧州盛大玻璃工艺品有限公司将货物直接发给客户。作为销售方，一方面淘宝店铺有自决权，自行对商品进行定价，因此这部分利润归属于淘宝店铺；另一方面个性化定制需要支付额外的加工费用，这方面由淘宝店铺与河北沧州盛大玻璃工艺品有限公司进行协商，根据加工工时进行结算。

资料来源：编者根据相关资料整理，仅供教学使用。

第一节 创意与创业机会

一、创意

机会的识别源自创意的产生，创业者在创业之前往往有一个很好的创业想法，就是创意。有的创业者认为自己有很好的创意和点子，对创业充满信心。当然创意和点子固然重要，但并不是每个大胆的创意和点子都可以转化成创业机会。所以我们有必要澄清创意和创业机会之间的区别与联系。

（一）创意的内涵

在现实生活中我们会遇到种种问题，比如在开篇案例中王潇然了解到：由于玻璃易碎的特性和出于对企业信誉的考虑，玻璃制造企业往往按订单量的105%生产，最后会滞留很多产品，销售无门，占据企业的库存，是企业的一大难题。同时通过调研发现，现在的消费者注重追求生活品质和健康理念，尤其是学生群体，还追求个性自由。于是她产生了销售滞留的玻璃制品的创意。

创意就是既具有创业指向也具有创新性甚至原创性的想法。创意的核心是创造性思维，其突出的标志是具有新颖性、独特性，创造性思维往往带有随机性和突发性，因此又被称为"灵感"。创意要将问题或需求转化成一定的逻辑性架构，而不是单纯的奇思妙想。创意的形成是一个过程，尽管时间可能很短。创意是创业者的初步设想或灵感，在创意没有产生之前，机会的存在与否意义不大。

（二）创意的特征

你在准备将创意付诸创业实践之前一定要认清它是否具备转化为机会的条

件。创意很难说存在绝对意义上的好与坏，能够转化成创业机会的创意一般会具有以下基本特征。

1. 新颖性

创业的本质是创新，创业指向的想法首先应具有新颖性。新颖性可以是新的技术和新的解决方案，可以是差异化的解决办法，也可以是更好的措施。新颖性还意味着一定程度的领先性，不少创业者在选择创业机会时关注国家政策优先支持的领域，就是在寻找领先性的项目。不具有新颖性的想法不仅将来不会吸引投资者和消费者，对创业者本人也不会有激励作用。大多数的想法只是想想而已，并不会付诸行动。新颖性还可以加大模仿的难度。

2. 真实性

创业指向的创意绝对不会是臆想，而要有现实意义，要有实用价值。首先，创意要可实现，简单的判断标准是能够开发出可以把握机会的产品或服务，而且市场上存在对此产品或服务的真实需求，还要能够找到让潜在消费者接受产品或服务的途径。

3. 价值性

创意的价值性是根本，好的创意要能给消费者带来真正的价值。创意的价值要通过商业概念进行市场检验。有价值的创意是可以进行市场测试的。

二、创业机会

（一）创业机会的内涵

机会是创业的核心要素，创业离不开机会。机会是一种隐性的状态或情形，同样的机会，不同的人看到的会不同，让不同的创业者来开发，效果也会差异巨大。纽约大学科兹纳教授认为，机会就是未明确的市场需求或未充分使用的资源或能力。他从两个角度来界定创业机会，其实开发未充分使用的资源或能力本质上还是用来满足一定的市场需求。创业者的创业行为是需要得到一定的回报的，要不然不能称之为创业。所以，创业机会就是能够满足消费者需求并能使创业者收获回报的有吸引力的商业想法或主张。

他山之石

Facebook 的成功秘诀

众所周知，Google 并不是第一个搜索引擎，YouTube 也不是第一个视频分享网站，Facebook 当然也不是第一家社交网站，但它们分别以世界上最著名的搜索引擎、全球最大的互联网视频分享网站和全球最大的社交网站而闻名。特别是 Facebook，其创始人兼 CEO 马克·扎克伯格由此跻身为世界上最年轻的亿万富翁。

2004 年 2 月，尚为哈佛大学学生的扎克伯格创办了"The Facebook"，其初衷是为本校同学提供一个具备真名实姓的社交网络服务网站，同学们可以通过电子邮箱注册后免费自由使用，在上面分享信息、上传照片、学习知识、发博客、链接及各种视频。网站一经推出立刻引起轰动，不仅横扫哈佛校园，2 个月后，其影响力已经遍及全美常春藤院校和其他院校，截至 2004 年年底，注册人数已突破 100 万人次。而到了 2011 年，活跃用户数达到 10 亿户，成为全球第一大社区网站，全美第二大网站，仅次于 Google。

分析 Facebook 和扎克伯格的成功，其原因有很多，好的时机、正确的远见、可靠的执行力……这一切其实都源于一个秘诀——对三大用户需求的准确把握。第一个是用户对于真实信息的需求。扎克伯格等人意识到人们真正需要的是一个真名实姓人的目录，而不仅仅是用户目录。在 Facebook 之前，要想在网上真正找到某个人几乎不可能，而网络世界的虚幻性让人厌倦。第二个是用户对于隐私的需求。Facebook 有一套复杂的个人隐私保护法则。如果第三方想了解某个用户的信息，该用户很快就能观察到对方的举动，所以用户可以允许属于特定群组的朋友了解他本人，同时能阻止无关紧要的其他用户窥视自己。"这种对用户身份的甄别要求整个网站的系统结构和其他传统网站完全不一样。"扎克伯格表示，这一措施也有效地避免了信息泛滥威胁个人隐私的网络难题。第三个是为用户提供应用的免费大平台的需求，而非乱哄哄的一般社区网站。Facebook 靠的是你的朋友在上面活动，你可以参与他们的活动。至于组织什么活动不重要，写不写文字也不重要，唯一重要的是你需要 Facebook 这样一个工具来保持和你朋友之间的联系。因此，扎克伯格认为，Facebook 就是一个微缩的现实社会，超过 60% 的用户会每天上来逛逛，看看朋友在做什么，检查有没有收到新消息并做出回复，或者更新、调整个人的资料。

资料来源：辛德胡特，等.创业营销：创造未来顾客 [M].北京：机械工业出版社，2009.

（二）创意、商业概念和创业机会

一个好的创意可能会成为一个好的创业机会，但也可能不会成为创业机会。创意需要开发成商业概念才能成为创业机会。

创意是创业者的初步设想或灵感，是对某个问题提出的初步解决方案，不一定追求市场回报。机会比创意更为严肃和正式，有时候一个非常好的创意不一定就是一个好的创业机会。虽然每个创意都是和一种需求或解决问题的办法紧紧联系在一起的，但创意要想转化为机会，必须具备以下几个特征：一是时机，由机会窗口决定。机会窗口就是在一个既定的商业概念下追求机会的最佳时机，当机会窗口打开时（时机敏感性），机会所带来的利润就会产生。当达到某个时点，市场成熟了，机会窗口也就关闭了。二是吸引力，必须可以获利。三是持续期，可以持续一段时间，能够在市场上发展、成长和成熟。四是必须可为消费者提供价值。

机会的吸引力和价值性必须通过商业概念来实现。商业概念是在创意的基础上用文字、图像、模型等对已成型的潜在产品构思进行形象的描述，以便在消费者心中形成一种潜在产品的独特印象。商业概念就是产品介绍，用消费者的语言来描述产品；而创意是站在创业者的角度对问题解决手段的构思，消费者一般很难理解。商业概念必须以简单、概括、形象的方式来传递优势信息，突出潜在产品的优势，形成潜在产品的卖点。所以商业概念必须通过市场检验。商业概念甚至需要在小规模市场上进行试销，以确定利润的回报是否可以实现，如果没有利润回报，创意就不能开发成创业机会。

总之，看到机会、产生创意并发展成清晰的商业概念才意味着创业者识别到机会。一个创意只有在能带来利润回报时才能开发成创业机会。

小贴士　机会窗口

机会窗口指特定商机存在于市场之中的一定的时间跨度。一旦新产品市场建立起来，机会窗口就打开了。达到某个时点，市场成熟，机会窗口也就被关闭。一个产品处于生命周期的成长期往往是机会窗口的打开时期。

当创业者利用机会时，机会窗口必须是敞开的。随着市场成长，企业进入市场并设法占据有利可图的定位。机会窗口关闭后，新建企业想成功，已经非常困难，除非专注细分市场。

通常，市场规模越大，机会窗口越大，创业者才可能抓住这个机会。否则，创业者可能无法抓住这个机会。创业者在机会窗口中创业才有望获得相应的投资回报，否则就可能"血本无归"。

（三）适合创业的机会

创业者在选择和开发机会时，一定要认清大部分机会都是有利于现存企业的。因为现存企业具有雄厚资金、丰富的管理经验、一套完善的市场信息监测机制和信息获取机制等，以及已经建立起的声誉和好的市场基础。而创业者没有特定行业的经验，资金也往往不充足。现存企业在生产经营过程中还具有学习曲线效应。学习曲线效应指的是随着从事某项工作时间的延长，成本会降低，质量会提高，熟能生巧就是这个道理。现存企业还能够拿出一部分利润投入研究与开发工作，有更多的资源支持机会的开发，另外会因为已经建立起的声誉容易获得顾客的信任（见表 4-1）。

表 4-1 适合现存企业和新企业的机会

机会的特点	有利于谁	理由	例子
非常依赖于信誉	现存企业	人们更愿意从他们了解和信任的企业那里购买产品	珠宝商店
具有很强的学习曲线效应	现存企业	现存企业能够沿着学习曲线移动，更善于生产和销售产品	汽车制造商
需要大量资本	现存企业	现存企业可以使用已有现金流来生产新产品或服务	喷气式飞机制造商
要求规模经济	现存企业	当规模经济存在时，随着生产数量的增加，生产产品或服务的平均成本下降	钢厂
在市场营销和分销方面需要互补性资产	现存企业	满足顾客需求的能力经常要求获得零售分销渠道	跑鞋生产商
依赖于对产品的逐步改进	现存企业	同复制其产品或服务的新企业相比，现存企业能够更容易和更便宜地对产品进行逐步改进	DVD 播放器制造商
利用能力破坏型创新	新企业	现存企业的经验、资产和流程受到威胁	计算机生产商
不满足现存企业的主流顾客的需求	新企业	现存企业关注于服务它们的主流顾客，而不愿意引入不能满足那些顾客需求的产品或服务	计算机软驱制造商
建立在独立创新的基础上	新企业	新企业能够独立开发创新而不必复制现存企业的整个系统	药品生产商
存在于人力资本中	新企业	拥有知识的人能够生产出满足顾客需求的产品或服务	厨师

资料来源：罗伯特 A 巴隆，斯科特 A 谢恩. 创业管理：基于过程的观点 [M]. 张玉利，等译. 北京：机械工业出版社，2005.

因此，创业者应该关注现存企业特别是大企业不愿意做的市场，比如市场规模不大、难以有效满足大规模生产的市场。关注缝隙市场就是创业者经常采取的策略。缝隙市场容量有限，利润相对较小。大企业人多成本高，效率会因规模大而降低，开发缝隙市场不仅没有优势反而会造成局部亏损。创业者还可以选择服务业进行创业，服务业主要运用人力资本而非靠实物资本来开发市场，所以也比较适合创业者。有个朋友从东北到天津闯荡，开始在一家销售烟酒的商店里帮忙，在工作中他发现利润丰厚，于是产生了自己单干的想法。他知道要做这一行的关键是货源，所以在工作中他特别注意与供应商增进友谊。半年后，他自己开始卖烟酒，一年后用积累的资金开了一家东北菜馆，烟酒自己供应，使得烟酒的利润更高。在学术创业、社会创业中有很多通过发挥人力资本挖掘机会而创业成功的事例。

三、创业机会的类型

创业机会依据不同的分类方式，可以分为不同的类型，根据创业机会的来源可以将创业机会分为以下几种。

(一) 趋势型机会

趋势型机会是指在变化趋势中蕴含的一种创业机会。趋势型机会一般出现在经济变革、政治变革、人口变化、社会制度变革、文化习俗变革等多个方面，一旦被人们认可，它产生的影响将是持久的，带来的利益也是巨大的。我国正处于经济改革深化阶段，创业者如果能够识别出适合自己的机会，能够很早地发现并把握，就有可能成为未来趋势的先行者和领导者。

> **小贴士** 中国发展大趋势
>
> 趋势一：互联和融合
>
> 传感器和物联网将使世界完全互联。到2020年，平均每个用户将会有5台联网设备，平均每个家庭将会有10台联网设备，在市场上我们会看到800亿台互联设备。更重要的是，我们会看到超过50亿人的世界网民。高速互联网设施也在加速渗透，比如哥伦比亚已经把接入互联网作为一项基本人权，由政府加以确定。一个原因是政府已经意识到，通过上网获取信息能够真正地给人民赋权。
>
> 次趋势一：互联网设备
>
> 生产出一些让人们能够更快、更便捷、更低成本上网的产品和服务，不管是接入平台，还是接入服务，这方面的机会都非常多。
>
> 次趋势二：5G网络和实时服务
>
> 5G网络对我们意味着什么？数据的上行和下行速度会达到1GB每秒，数据的延迟将下降到1毫秒以下。这意味着我们能够非常稳定地接入高速互联网。由于5G网络这种高速稳定的特征，我们可以期待一些实时服务的出现。比如未来的医疗，我们不用亲自到医院看医生，在网上就可以7×24小时地直接接入医疗服务，和不同国家、不同地区的医生进行直接会诊。
>
> 次趋势三：通信卫星和太空拥堵
>
> 目前，环绕地球的航空卫星有800台，它们的主要功能是为各自的国家提供气象信息和部分的通信服务。但是，随着人们对丰富数据获取需要的增多，未来10年，我们预测会有上千台通信卫星被发射，在太空甚至有可能出现卫星拥堵的情况。
>
> 次趋势四：虚拟办公环境
>
> 未来的工作环境会越来越灵活，按需服务的会议场所和虚拟会议系统也会越来越流行。优质的语音电话、视频电话、视频会议等交互平台，将会有非常不错的前景。
>
> 次趋势五：机器人
>
> 我们认为未来的5～10年，在座的所有人都有机会拥有一台机器人。这些机器人将会

成为我们生活的助手,每天把我们叫醒,帮我们准备好衣服和咖啡。

次趋势六:大数据

有了无处不在的物联网和传感器,数据泛滥也随之而来。面对这些泛滥的数据,如何清洗和分析变得更加重要。大数据有非常多的产出和应用,比如预测分析、辅助商业决策或者用作动态的定价工具。

次趋势七:人工智能

由于数据泛滥,所以在查找和调取所需数据的时候,我们会遇到难以获得有效数据的困扰。那么未来的AI搜索引擎可以帮助我们解决这个问题,通过设定一些我们需要的条件、格式和结构,它可以利用AI算法在网上采集数据,并且最后按照你所需要的格式和结构将数据呈现给你。

趋势二:实体和电子商务

越来越多的企业实现了线上线下的打通。比如汽车行业,谈到汽车销售我们一般都会想到4S店,但是现在它们正在转向线上销售。

趋势三:城市即客户

未来,城市将会成为商业非常重要的客户。

次趋势一:城市基础设施改造

比如西门子,将自己集团内的自动化控制、电力、建设等部门的资源统筹在一起,放在一个叫作基础设施和城市的框架内进行整合,围绕刚才我们所讲的巨型城市问题,设计整体解决方案。

次趋势二:城市安全

城市越大,安全隐患越高。怎样才能让安全部门在犯罪还没有发生之前就预测犯罪,抓住坏人?

趋势四:社会发展趋势

我们需要对不同的社会群体进行更加深入的了解。另外,女性影响力和决策力将会越来越强大。我们已经看到非常多的女性进入了权势的职位。比如在政界,我们看到一些发达国家的一把手都是女性。韩国有女总统,日本东京有女市长,英国有女首相,以后,我们可能会看到世界超级大国美国也由女性掌舵。所以,这样的趋势要求我们在设计产品时,不应该把男性作为默认的性别,而应该更多地从女性角度去设计产品和服务。

趋势五:超越金砖四国

过去讲到经济增长,我们首先会想到金砖四国(巴西、俄罗斯、印度和中国)。现在情况正在发生改变:四个国家的经济都不同程度地出现放缓。增长正出现在其他的新兴经济体中。在非洲,我们看到尼日利亚、土耳其和埃及,在亚太,我们看到越南和印度尼西亚,这些国家正在成为经济的新推手。

趋势六:创新至零

创新至零就是零排放、零故障、零浪费、零污染。如果你可以拿出一个产品解决方案给到政府，说该方案可以实现零废弃物，或者零污染，我保证你可以马上拿到订单。

趋势七：新商业模式——为更多人提供价值

在商业模式创新方面，我们看到了几个主题：个性化、共同创造、共同开发等。

个性化。过去的个性化服务我们采用的是一对一或者一对多模式，现在多对多模式也可以实现定制化和个性化，并且还能够借助商业化运营实现规模化效益。将多对多模式运用得最好的是阿里巴巴。在它的平台上，任何一个用户都可以采购到任何一家供应商的原材料和产品。

共同创造。中国的小米在这一点上做得很好。如果你到小米的网站上提交你对未来小米产品的建议，一旦被采用，你就会得到公司的奖励。

趋势八：安康和福利

无论是发达国家还是发展中国家，医疗成本都正在日益攀升。政府投入了很多钱来为人民提供医疗服务和保障。

趋势九：能源的未来

在未来5～10年里，我们将会看到大规模的能源革命，传统电力企业将会遭遇完全的颠覆。未来，我们每个人都将同时具备用电者和发电者的双重身份。特斯拉在美国成立了一个电力工厂，这个工厂的研究方向就是用一些高级的储能设备，让每个家庭成为潜在的能源提供者，家庭生产出来的电力，不仅可以满足每户所需，还可以把多余的电力卖给国家，实现收入。楼宇不仅会越来越节能，还能成为能源采集者。现在的集中式发电，将会越来越分散化。

趋势十：汽车的未来

由于大城市的人口密度非常稠密，出行交通将会成为城市质量的指标。像在北京这样的大城市中，大家应该体会非常深刻，买车、开车、泊车、车的保养维护，都是非常大的负担。未来，城市智能交通出行也会出现多种解决方案。其中一项非常重要的就是自动驾驶汽车的普及。尤其是在美国，我们预测在非常近期的未来，基于远程信息技术的自动驾驶汽车将会出现在日常生活中。

资料来源：根据https://baijiahao.baidu.com/s?id=1570626513847543&wfr=spider&for=pc整理而得，仅供教学使用。

（二）问题型机会

问题型机会是指由现实中存在的未被解决或未被有效解决的问题所产生的一类机会。问题型机会可以说无处不在。比如，生活中存在的各种不方便，生产中的高消耗、高成本，以及买卖中大量的退货、顾客的抱怨、消费者的不便、无法买到称心如意的商品、服务质量差等，都是问题。在这些问题的解决中，会存在价值或大或小的创业机会，需要用心发掘。

他山之石

美国的"硬币之星"

据美联储和美国财政部的统计,在美国每年有价值约310亿美元的硬币在市场上流通,而其中有价值约105亿美元的硬币都躺在墙角、沙发缝一类的地方睡大觉。

1989年,美国斯坦福大学有一名家境贫寒但学习成绩优异的普通学生默巴克,他的父母都是小职员,孩子又多,生活特别拮据。为了减轻父母的工作压力,默巴克一边读书一边"勤工俭学",他靠帮助学校收发信件报纸、修剪草坪、打扫卫生等简单的校内劳动,获得一些微薄的经济收入。后来,默巴克发现学生公寓的卫生状况总是十分糟糕,就马上去找负责学生公寓的校方负责人,商谈自己利用闲暇时间承包打扫学生公寓的工作,校方很快就同意了,默巴克因此又多了一份收入。

默巴克在打扫学生公寓时,在墙角、沙发缝里、学生床铺底下扫出了许多沾满灰尘的硬币,这些硬币有1美分的、2美分的、5美分的,每间学生公寓里都有。当默巴克将这些硬币还给那些同学时,谁也没有表现出丝毫的热情,在他们眼中,几分钱能做什么呢?甚至连半个冰棍都买不到。他们不屑一顾地说:"这些硬币没什么用场,有些是我们故意扔掉的。"钱还有故意扔掉的?默巴克惊呆了。对于这种现象,默巴克感到非常惊异,也十分不理解,于是他给财政部和美国中央银行写信,反映小额硬币被人白白扔掉的事情。财政部很快就给默巴克回信说:"每年有310亿美元的硬币在全国市场上流通,但其中的105亿美元正如你所反映的那样,被人随手扔在墙角和沙发缝中睡大觉了。"默巴克就更为震惊了。

105亿美元,这对于小默巴克而言就是天文数字呀!这些硬币常常散落在沙发缝、地毯下、抽屉角落等地方,如果能使这些硬币流通起来,利润将会多么可观啊!由此,默巴克就开始想,如果能有效促使这些硬币不再躲在角落里睡大觉,而让它们滚动起来,这样既能解决人们手中硬币的出路问题,又能为自己带来可观的利润,这该是一举两得的好事啊!默巴克想着并开始着手准备起来。1991年,默巴克从斯坦福大学毕业了,他始终没有忘记财政部写给他的回信,于是刚毕业便成立了自己的"硬币之星"公司,同时,他还订购了自动兑币机,在超市中进行试点经营。自动兑币机每分钟可以收兑600枚硬币,而且不需要顾客预先做任何准备工作。所以"硬币之星"一开业就大获成功。顾客只需将手中的硬币投进机器内,机器就会转动点数,最后打出一张收条,写出硬币的价格。顾客可以凭收条到超市服务台领取现金。自动换币机要收取约9%的手续费,所得利润与超市按比例分成。

"硬币之星"很快得到了大众的好评和喜爱,美国各地的超市纷纷同默巴克"硬币之星"公司联系,要求合作。在短短数年间,"硬币之星"公司在美国8 900多家主要超市连锁店中设立了10 800多台自动兑币机,并成为纳斯达克的上市公司。一文不名的穷小子默巴克一夜暴富,成了令人瞩目的亿万富翁。人们都称他为"一美分垒起的大富翁"。

资料来源:根据http://www.360doc.com/content/10/1227/13/3188771_81720891.shtml整理而得,仅供教学使用。

(三) 缝隙市场机会

缝隙市场机会是指避开在整个市场中的竞争而选择一个细分市场进行需求满足的机会。只有实力强大的公司才有能力在整个市场中进行竞争，小企业、初始创业者资源有限，应该对市场进行细分，选择一个对自己有利的市场集中优势资源进入，有效满足这一细分市场的需求。在缝隙市场中寻找机会，有利于创业者增强主动性，减少盲目性，增加成功的可能。对后进企业来说，善于寻找市场缝隙，是超越先进、实现后来者居上的捷径。尽管竞争对手很多，也很强大，但是精明的经营者都明白，市场的缝隙总是存在的，是可以突破的。

他山之石

"即拍得"照相机

美国有一家生产"即拍得"照相机的公司，在准备打开日本市场时，别人都认为这简直是不可想象的。因为日本已有佳能、美能达等各种非常优秀的照相机品牌，而且性能和质量也很好，不仅在日本国内拥有雄厚的市场实力，在国际市场上也占有很大的份额。美国的这家公司却不这么看，他们认为，"即拍得"是一种与上述产品有区别的新型产品，并不是将一种普通照相机推广到日本市场，而是把一种"只要10秒钟就可洗出照片来的喜悦"提供给日本人，使日本人觉得这是一种人生的享受和乐趣。正是靠着这项日本相机没有的功能，"即拍得"打入了日本市场。

资料来源：根据 https://wenku.baidu.com/view/60433568a45177232f60a26c.htm 整理而得，仅供教学使用。

第二节 创业机会的来源与识别

一、创业机会的来源

(一) 变化趋势

变化是创业机会的重要来源，创业者要善于创造性地利用变化。变化可以是文化方面的，也可以是技术方面的，在所有变化中技术的变化速度最快。美国凯斯西储大学谢恩教授提出的产生创业机会的四种变革比较有代表性，分别是技术变革、政治和制度变革、社会和人口结构变革以及产业结构变革。

1. 技术变革

技术通常被称作"创造性的毁灭力量"，充分说明技术的革新和变化带给企业无限的创新空间，也是创业者捕捉机会的好办法。数码技术的诞生加速了柯达的死亡却成就了惠普、戴尔和爱普生等一批新创企业的辉煌；集成电路（芯片）的发明不仅开创了计算机领域的变革，也带来了遥控玩具、汽车电子、手机通信等各种信息技术相关领域的无数机会；而移动互联网技术的大爆发则更是给传统社交和信息共享行业带来了全新的颠覆，Facebook 的成功，腾讯、微信的流行，都是移动互联网带来的新机会。

他山之石

思科的传奇

这是关于 20 世纪 70 年代斯坦福大学一对内向夫妇的故事。斯坦福大学商学院的桑德拉·莱纳和计算机科学系的伦纳德·博萨克想通过电子邮件互相发送情书，但他们各自的院系使用不同的计算机网络，所以他们充满热情而执着地发明了路由器——一种由电缆线圈与一些灵敏软件组成的神秘黑盒子。后来，他们建立了思科公司。路由器使思科一度成为增长最快的企业。

小贴士　第四次工业革命

人类社会的发展进程与新技术的发明和应用有着密切关系。近代史上已经发生过三次工业革命，现在正迎来第四次工业革命。第一次工业革命跨越 19 世纪末期到 20 世纪初期，蒸汽机的发明带来了机械化，开启了工业生产时代。第二次工业革命从 20 世纪初期到 20 世纪 60 年代，电力应用催生了大规模生产方式，推动了钢铁、机械等工业的崛起。第三次工业革命始于 20 世纪 70 年代，计算机技术促进生产自动化，使生产力得到了进一步提高。而第四次工业革命，则是在 21 世纪以后发展起来的，由以物联网、大数据、机器人及人工智能为代表的数字技术所驱动的社会生产方式变革。它推动工厂之间、工厂与消费者之间的"智能连接"，使生产方式从大规模制造转向大规模定制。

第四次工业革命的核心是网络化、信息化与智能化的深度融合。在这场技术革命中，工厂内外的生产设备、产品及人员之间将连接在一起，收集、分析相关信息，预判错误，不断进行自我调整，以适应不断变化的环境。越来越多的技术系统或产品能够在无人介入的情况下自主执行某些功能。比如，装载了 GPS 的汽车能够"知道"自己在哪里；通过内置微型相机和传感器，一个系统可以"辨认出"另一个系统；通过优秀的程序化控制，一个系统能够独立地对外界条件做出反应，在一定程度上优化自己的行为。

在第四次工业革命中，社会生产方式将发生深刻变化。一是产品生产方式从大规模制造向大规模定制转变。以人工智能为基础的自动化设备、连接企业内外的自动化设备和管理系统的物联网，能够使研发、生产以及销售过程更加迅捷、灵活和高效。简单地说，消费者的需求会更及时地传递到工厂，而工厂也会更灵活地切换生产线以满足不同需求。原来的单一产品大规模制造方式将逐渐被大规模定制方式所取代。

二是工业增值领域从制造环节向服务环节拓展。在大数据、云计算等技术的推动下，数据解析、软件、系统整合能力将成为工业企业竞争力的关键与利润的主要来源。利用大数据研究客户或用户信息，能够为企业开拓新市场，创造更多价值。比如，设备制造企业借助大数据技术，向设备使用企业提供预测性维护方案与服务，可以延伸服务链条，实现竞争力的提升和价值增值。如通用电气公司原来是以制造为主的企业，但现在将业务领域拓展到技术、管理、维护等服务领域，这部分服务创造的产值已经超过公司总产值的2/3。

三是程序化劳动被智能化设备所取代。由于数字技术的飞速发展，机器人在速度、力量、精度优势的基础上，识别、分析、判断能力也大大提高。2017年5月，人工智能围棋程序"阿尔法狗"（AlphaGo）与世界排名第一的中国围棋选手柯洁进行三场比赛并全部获胜，这说明人工智能在某些分析博弈领域已经超越了人类。从生产服务过程来看，原来认为只是重复性、手工操作的业务可以被自动化设备替代，但现在的设备已经可以识别多种业务模式，能够在相当广的范围内担任非重复性、需要认知能力的工作。比如，在律师业务中，计算机系统已经代替了法律助理、专利律师的一部分工作。环境复杂或需要与人互动的体力作业，以前一直被认为难以程序化，只有人才能胜任，但由于传感器、大数据和人工智能的进步，这个领域中的自动化也有了显著的进展。比如，"机器人床"可以变身为轮椅并自动行走，能够自动升降，平稳地将病人扶起坐上轮椅。未来，大多数程序化工作以及部分非程序化工作将被智能设备所替代，或因得到智能设备的辅助而大幅度提高效率。

总体来看，第四次工业革命将极大地提高生产力，推动产业结构与劳动力结构的转变，进而改写人类发展的进程。随着每一次工业革命的发生，世界各国的竞争地位都会发生变化，一些国家崛起并成为某些领域甚至世界经济的主导者。在第一次工业革命中，英国凭借蒸汽机等技术成为"世界工厂"。在第二次工业革命中，美国依靠大规模生产方式成为世界工业及科技霸主。在第三次工业革命中，日本依托精益生产方式在汽车、家电等行业中崛起。而这次的工业革命也和以往一样，必将引起经济格局的变化。谁抓住了机遇，以最快的速度实现超越行业、企业边界的"智能连接"，谁就能率先进入大规模定制生产时代；谁有效地应用了大数据和智能设备，谁就能在价值链中占据优势；谁顺利地完成了劳动力转型，谁就能使国民收入快速增长。从这个意义上说，第四次工业革命不仅会重塑未来经济格局，而且会改变国家竞争格局。

资料来源：刘湘丽.第四次工业革命的机遇与挑战[J].新疆师范大学学报（哲学社会科学版），2019（1）.

2.政治和制度变革

随着经济的发展、科技的变革等，政府必然要进行一些改革，不断调整自己的政策，以适应经济发展的需要。我国的改革开放政策就促使一批又一批的优秀企业家的诞生，随着每次改革开放政策的深入都涌现出了大量的创业者。政治上对经济管制的放松往往也会带给其他企业更大的市场空间，比如，美国对航空业管制的取消带给西南航空公司极大的成长机会；中国国有企业从一些领域的退出给民营企业的发展带来了机会。

> **他山之石**
>
> **两厘米的商机**
>
> 1992年，欧盟首脑会议在荷兰马斯特里赫特签署了《欧洲联盟条约》，决定在1999年1月1日开始实行单一货币欧元并在使用欧元的国家中实施统一货币政策。自2002年1月1日起，欧元纸币和硬币正式流通。2001年7月，国内外媒体开始报道欧元即将于2002年元旦流通的消息。这个消息对大多数中国人来说仅仅是新闻，但对于海宁的一位企业家来说却意味着商机。通过研究，他发现新版的欧元比原先欧洲的纸币长了两厘米。正是这小小的两厘米，将导致原来的钱包装不下新欧元。他马上和欧洲商人联系，并按照新尺寸做了1万个钱包，大受欢迎。后来他每天的产量超过1万个，仍无法满足市场需求。

3. 社会和人口结构变革

社会和人口结构变革经常表现为市场需求的变化，新兴国家的快速发展引起消费结构和消费者结构变化，造就了大量的市场机会和创业机会。比如，国际一体化的趋势日益加强，西方国家的情人节、母亲节、圣诞节等节日，越来越深入地渗透到中国人的生活中，并逐步成为年轻一代追求的时尚，因而已经创造出和将要创造出许多新的创业机会。

我国的人口结构趋于老龄化的态势，造成老年人消费市场需求旺盛，各种老年健身、休闲旅游、餐饮、养老、医疗保健等行业逐渐发展起来。史玉柱的巨人集团旗下的"脑白金"产品，就是针对老年人推出的保健品创意。史玉柱通过现场调研，明确提出"脑白金送爸妈"的口号，产品获得了热销。

> **小贴士** 我国人口结构失调
>
> 当前，我国人口发展的主要矛盾已由人口数量转向人口结构，呈现少子化叠加快速老龄化的人口结构扭曲与人口众多并存的新常态，成为我国社会经济可持续发展的主要制约因素。
>
> 我国人口严重少子化。我国0～14岁人口占总人口比重，1982年为33.6%，2015年只有16.5%，下降了17.1个百分点。这一数据大大低于世界27%的平均水平，远低于印度的34%，比美国的20%还低；同时0～14岁人口总量也大幅下降，2015年只有2.2亿人，比1982年减少了1.2亿人。我国人口处于严重少子化水平。
>
> 我国人口老龄化提速。我国65岁及以上的老年人口，2015年已达1.44亿人，占全国人口的10.5%。据预测，到2050年，我国65岁及以上的老年人口数量将达到4亿人，占总人口比重将超过30%。
>
> 目前，我国虽然是世界第一人口大国，但由于严重少子化和快速老龄化相叠加，人口

结构已严重扭曲，曾引以为傲的人口优势正逐渐丧失，并将成为今后发展的最大战略软肋。作为刚步入中等收入国家行列的发展中大国，合理的人口结构水平应该是0～14岁人口占总人口的20%～23%。要实现这一目标，就需要新增6 000万以上的少儿人口。因此我国的人口发展战略及工作思路，由数量控制转向了改善、优化结构，倡导"二孩"，鼓励"二孩"，从而构建起与我国社会经济发展水平相适应的人口结构。

资料来源：http://finance.sina.com.cn/roll/2016-07-14/doc-ifxuaqhu0374438.shtml。

4. 产业结构变革

先进国家（或地区）产业转移带来市场机会。从历史上看，世界各国各地的发展进程是有快有慢的。即便在同一国家中，不同区域的发展进程也不尽相同。这样，在先进国家或地区与落后国家或地区之间，就有一个发展的"势差"。当"势差"大到一定程度时，由于国家或地区之间存在"成本差异"，再加上当经济发展到一定程度时，环保问题往往会被先进国家或地区率先提到议事日程上，所以，先进国家或地区就会将某些产业向外转移，这就可能为落后国家或地区的创业者提供创业的商业机会。

> **创业聚焦**
>
> **中国电池大王王传福**
>
> 1993年的一天，王传福在一份国际电池行业动态上读到，日本宣布本土将不再生产镍镉电池，这将引发镍镉电池生产基地的国际大转移，日本产业结构发生了调整，王传福意识到自己创业的机会来了。经过长时间的准备，1995年2月，他在深圳注册了比亚迪科技有限公司。王传福开始专攻镍镉电池生产，由于日本不再生产这类产品，而这类产品在欧美的需求量极大，比亚迪工具电池因性能稳定而在这一区域内极为畅销。

（二）尚未解决的问题

尚未解决的问题本质上就是人们未被满足或未被有效满足的需求或潜在的需求。其实人们日常的工作、学习、生活等各个环节总会出现一些不尽如人意的问题，很多未曾解决，从市场的角度解决这些问题就会发现创业机会。很多创业专家都提到，与其挖空心思、想破脑袋地开创一个全新的领域或产品，创业者还不如致力于解决真实的、改变世界的、值得注意的问题。创业者完全可以先想一下有什么样的问题需要解决，然后再创建一个初创公司来解决这个问题。比如，自动提款机的发明就是为了满足人们随时随地需要现金的需求，网上购物方式的流行则是为了满足那些不方便或不愿外出购物的人群的购买习惯等。

创业聚焦

令总理忧心的指甲钳

梁伯强,广东中山圣雅伦公司总经理,中国"隐形冠军"形象代言人。这位被誉为"指甲钳大王"的梁伯强,决定生产指甲钳却是因为朱镕基总理的一句话。1998年年底,梁伯强在看报纸时发现了一条新闻,这篇名为"话说指甲钳"的文章让梁伯强的命运从此改变。文章写道,当时的朱镕基总理在参加一次会议时讲道:"要盯住市场缺口找出路,比如指甲钳子,我没用过一个好的指甲钳子,我们生产的指甲钳子,剪了两天就剪不动指甲了,使大劲也剪不断。"朱镕基总理以小小的指甲钳为例,要求轻工企业努力提高产品质量,开发新产品。梁伯强从这一句话中发现了指甲钳的商机。

梁伯强调查发现,指甲钳每年的产值达到了60多亿元,在中国的在册登记摸底就有500多家企业,然而却没有生产出令总理满意的指甲钳。梁伯强心动了,对全国市场进行考察后决定做小小指甲钳的生产。

(三)市场缝隙

在市场缝隙地带寻找创业机会很可能是一种更有效的机会来源。在日益激烈的市场竞争中,中小企业的生存和发展愈显艰难,在盛满石子的脸盆里还可以灌进沙子,在堆满石子和沙子的脸盆里还照样能灌水。这就是"市场缝隙"——中小企业赖以生存的空间。创业者可以把重点放在一个较小的、服务不足的市场上,用一种独特的、较好的产品或服务满足这个市场的需求。

市场缝隙可能是不易察觉的,这需要创业者去发现、开拓、扩大和独占。创业者首先面临的最大挑战与风险就是正确识别与确定市场缝隙,这需要仔细评价和确定市场的规模。如果找到的市场缝隙并不是持续、明确的市场细分,它并没有大到可以为企业带来足够的利润,那么创业企业很可能就会被市场淘汰。所以,识别市场缝隙对于创业者来说至关重要。如今,许多企业已经找到了属于自己的市场空白点,并且变为了非常好的商业创意。

创业聚焦

瞄准10%的市场,占据100%的份额

如果不是亲眼所见,很多人无论如何都无法想象,一块小小的菜板,一年可以做出12亿元的产值;也无法理解,张亚光做的菜板居然还有专门的科研机构,菜板品种多达140余种,申请专利100余项,甚至还导入了目前世界上最先进的营销模式——特许经营。

是不是太小题大做了?张亚光为何要花如此多的心血来做菜板这种并不起眼的产品呢?

1987年，张亚光转业到黑龙江伊春粮食专科党校任党支部书记。他只待了3个月，就决定下海了。

张亚光坦言当时两手空空，开始时他在大连有名的破烂市场——北京街摆地摊，卖小百货，一分一厘地攒钱。1988年冬天，张亚光做了生平第一宗大买卖：从黑龙江往大连"倒腾"了半火车的大菜板。他把菜板全堆在一起任人挑选着买，3 000块菜板很快被抢购一空。

从此以后，张亚光与菜板结下了不解之缘。他深信，菜板有广阔的市场前景。不只是卖菜板，还要做菜板，做高质量的菜板，这成为张亚光坚定的创业想法。

立下雄心壮志的张亚光一边卖菜板，一边对菜板进行深入调查。他到饭店吃饭，必定到后厨房看看菜板，要是不让看他就不在这家饭店吃饭。在调查中，张亚光发现了一个触目惊心的事实：那些色香味俱全的美味佳肴，居然来自脏得不能再脏的菜板，相信每个到厨房看了饭菜制作的人，都会没有胃口。后来在有关书籍上，张亚光得到这样的依据：菜板每平方厘米上的大肠杆菌能繁殖400万个，20分钟能繁殖一代！太不可思议了。

如何做菜板，并使菜板本身具有强杀菌功能，成了张亚光首先要解决的问题。有了一定的资金积累之后，张亚光开始正式地从事自己的菜板事业。他请来了东北林业大学的专家教授以及木材协会的陆文达博士和自己一起合作攻关，开发长效无菌系列菜板。他广泛收集国内外菜板样品，仅一位日本朋友一次就给他空运来了价值1 000美元的数十种菜板。张亚光的办公室可能是世界上第一个菜板博物馆，世界各地的菜板挂满了四周的墙壁。他开始筹建他的深亚木业有限公司，设计商标、申报专利、投资建厂。

1995年11月，投资2 200万元，全球唯一的专业化菜板生产企业深亚木业有限公司一期工程在辽宁营口经济技术开发区破土动工，1996年9月建成投产，当年产值7 000万元；1997年，二期工程建成投产，年产值达到2亿元……

目前，深亚木业有限公司用紫檀木为原料生产的"绿砧王"长效杀菌菜板有500余种规格，有酒店型、家庭民用型、集贸市场肉案型，厚度从2厘米到12厘米不等，配备从3件套到8件套不等，售价从20元到2 000多元不等。如今深亚木业有限公司俨然成了一个菜板的海洋，千姿百态，形象各异，张亚光这个军人出身的东北汉子，硬是把一个不入流的小产品做成了可观的大产业，令人叹为观止。

资料来源：根据相关资料整理而得，仅供教学使用。

二、创业机会的识别

（一）创业机会识别的影响因素

作为创业者，难能可贵的地方就在于他们能发现其他人看不到的机会，并迅速采取行动来把握创业机会，以实现创业机会的价值。在很长一段时间里，人们认为一般人不可能看到创业机会、发现创业机会并成为创业者，因为他们没有创业者所有的特殊禀赋。识别创业机会难以模仿，更不可学习。但是，随着研究的深入，人们逐渐总结出了一些识别创业机会的规律和技巧。掌握有关识别创业机会的知识，虽然不能保证能够发现创业机会，但确实能给人们的行动提供思路和指导。下面是取得共识的一些主要影响因素。

1. 创业警觉性

创业者与普通人的不同之处在于，他们总是自发地关注他人忽略的市场环境特征。警觉性高的创业者时刻注意着市场，对机会存在的潜在性保持着敏感、警惕以及洞察力，一旦发现创业机会就会采取相应行动并努力获取利润。

创业警觉本质上是一种个体的禀赋，是对信息的敏锐把握和解读能力，受到个体创造力、先前知识与经验、社会关系网络等因素的影响。

尽管创业警觉性在很大程度上取决于先天因素，但是通过后天努力仍能够提升个体的创业警觉水平。一项研究表明：个体市场知识、市场服务方式知识、顾客问题知识能够明显改善个体的创业警觉性，能够提高个体识别并发现与其知识结构相吻合的创业机会的可能性。

他山之石

从吸尘器想到的

当盖伊·鲍尔弗和他的妻子朱迪正在为经营小游船坞而苦苦挣扎时，他看到清洁工用卡车携带的吸尘器吸取下水道里的污秽，突然受到了启发。能否用类似的装置将草原上的土拨鼠从洞里吸出来呢？牛和马常常将蹄子陷在土拨鼠的洞里而折断腿，由于土拨鼠极难在它的洞中被捕捉，下毒或用夹子则会伤害别的动物，因而牧场主对它们感到非常头痛。鲍尔弗将他的新行业命名为"让土拨鼠走开"，他对卡车做了几处改装，其中包括在吸尘器里装了3个6英寸①厚的芯。

他常驾驶卡车到草原上土拨鼠大批出没的地方旅行，并将这种有害动物从它们的洞中吸出来，然后再放到别的地方，每天收费800～1 000美元。机场在了解到他的服务项目后，也请他帮忙。目前，鲍尔弗的业务已发展到18个州，甚至还从澳大利亚传来了能否吸出兔子的咨询。

2. 先前经验

在特定产业中的先前经验有助于创业者识别机会。创业经验非常重要，一旦有过创业经验，创业者会更容易发现新的创业机会。先前经验和创业经验称

---

① 1英寸 = 0.025 千米。

为"走廊原理"。个体在先前工作经验中所积累的顾客问题知识、市场服务方式知识、市场知识造就了创业者的"知识走廊",导致创业者在面对同样的机会信息时,能解读出的往往是与其先前知识密切关联的机会。

具有行业经验的人,能更加敏锐地识别出机会,会更容易识别出未被满足的利基市场。具有行业经验可以大大缩短创业时间。具有行业经验的人创立公司,可以将他意识到的机会变得清晰。

创业聚焦

经验更有助于成功

1987年7月,21岁的王传福从中南工业大学冶金物理化学系毕业进入北京有色金属研究院。在研究生期间,他更加刻苦,把全部的精力投入电池研究中。仅仅过了5年时间,26岁的王传福被破格委以研究院301室副主任的重任,成为当时全国最年轻的处长。1993年,研究院在深圳成立比格电池有限公司,由于和王传福的研究领域密切相关,王传福顺理成章地成为公司总经理。

在有了一定的企业经营和电池生产的实际经验后,王传福发现,在自己研究领域之一的电池行业里,要花2万~3万元才能买到一部大哥大,国内电池产业随着移动电话的"井喷"方兴未艾。作为研究这方面的专家,眼光敏锐独到的王传福心动眼热,他坚信,技术不是什么问题,只要能够上规模,就能干出大事业。于是,他做出了一个大胆的决定——脱离比格电池有限公司单干。脱离具有强大背景的比格电池有限公司,辞去已有的总经理职务,这在一般人看来太冒险。但王传福相信一点:最灿烂的风景总在悬崖峭壁上,富贵总在险境中凸显。1995年2月,深圳乍暖还寒,王传福向做投资管理的表哥吕向阳借了250万元,注册成立了比亚迪科技有限公司,领着20多个人在深圳莲塘的旧车间里扬帆起航了。

3. 认知因素

认知过程是产生创意、激发创造力、识别机会的基础。认知因素如创业意识、创新思维等本身就是创业能力的重要组成部分,是个体创业机会识别的重要前提。机会认知就是感知和认识到机会,就是合理解读信息并识别出其中蕴含的价值的过程,也是机会的认知和识别过程。

创业聚焦

塑胶花的市场机遇

1950年夏,李嘉诚向亲友借了5万港元,加上自己全部的积蓄7 000元,正式创办长江塑胶厂。

一天,李嘉诚在翻阅英文版《塑胶》

杂志时，看到了一则不太引人注意的小消息，说意大利某家塑胶公司设计出一种塑胶花，即将投放欧美市场。李嘉诚立刻意识到，在战后经济复苏时期，人们对物质生活将有更高的要求，而塑胶花价格低廉，美观大方，正合时宜，于是决意投产。

李嘉诚率先在中国香港推出塑胶花，随即成为热销产品，很快地打入中国香港和东南亚市场。同年年底，欧美市场对塑胶花的需求越来越大，长江塑料厂的订单成倍增长。直到1964年，前后7年时间，李嘉诚已赚得数千万港元的利润，赢得了创业第一桶金。

4. 社会关系网络

创业者的关系网络对机会识别相当重要，拥有大量社会关系网络的创业者与单独行动的创业者在机会识别上有显著的差异。社会关系网络能带来承载创业机会的有价值信息，个人社会关系网络的深度和广度影响着机会识别。社会关系网络是个体识别创业机会的主要来源。在社会关系网络中，按照关系的亲疏远近，我们可以大致将各种关系划分为强关系与弱关系。强关系以频繁相互作用为特色，形成于亲戚、密友和配偶之间；弱关系以不频繁相互作用为特色，形成于同事、同学和一般朋友之间。创业者通过弱关系比通过强关系更可能获得新的商业创意，因为强关系主要形成于具有相似意识的个人之间，从而倾向于强化个人已有的见识与观念。另外，在弱关系中，个人之间的意识往往存在着较大差异，因此某个人可能会对其他人说一些能激发全新创意的事情。例如，一位电工向餐馆老板解释他如何解决了一个商业问题。当听到这种解决办法后，餐馆老板可能会说："我绝对不可能从本企业或本产业内的人那里，听到这种解决方案的。这种见解对我来说是全新的，有助于我解决自己的问题。"

创业聚焦

"中国女大学生创业第一人"谈人际关系

17岁时，李玲玲发明高杆喷雾器，得到诺贝尔奖得主杨振宁的颁奖。一年后，她考入华中科技大学（原华中理工大学），1999年，她发明的防撬锁在第七届中国专利博览会上获金奖。1999年7月，高杆喷雾器和防撬锁两项专利被武汉世博公司看好。

双方协议：武汉世博公司出资60万元（实际到账10万元）创立天行健科技开发公司。李玲玲以专利入股，占公司四成股份，出任公司董事长兼总经理，武汉世博公司占六成股份。不到一年时间，公司匆匆倒闭收场，这个"中国女大学生创业第一人"就这样迅速陨落。

李玲玲自己总结创业失败的原因有以下几个方面："最大的障碍还是在于人际关系的处理不当""大学生整个创业圈子都有一个与生俱来的缺陷，那就是办事无头绪,人脉资源匮乏,不会处理人际关系"。她说,2001年,她在长沙开公司,半年就挺不下去了,原因还是不会处理人际关系。

5.创造性

创造是产生新奇或有用创意的过程。从某种程度上讲,机会识别是一个创造过程,是不断反复的创造性思维过程。细读很多创业的趣闻轶事,你会很容易地看到创造性包含在许多产品、服务和业务的形成过程之中。

> **他山之石**
>
> **李维斯的创造性思维**
>
> 大家都知道牛仔裤的发明人是美国的李维斯。1847年,李维斯从德国移民到美国,1853年他跟着一大批人去西部淘金,途中被一条大河拦住了去路,许多人感到愤怒,李维斯却说:"棒极了!"他设法租了一条船给想过河的人摆渡,结果赚了不少钱。不久摆渡的生意被人抢走了,李维斯又说:"棒极了!"因为工人采矿出汗很多,饮用水很紧张,于是别人采矿他卖水,又赚了不少钱。后来卖水的生意又被抢走了,李维斯又说:"棒极了!"因为采矿时工人跪在地上,裤子的膝盖部分特别容易磨破,而矿区里却有许多被人抛弃的帆布帐篷,李维斯就把这些旧帐篷收集起来洗干净做成裤子,销量很好,"牛仔裤"就是这样诞生的。

6.乐观的心态

保持乐观的心态能使个体首先看到环境中蕴含的机会,而不是风险。因为创业者不能确定新的产品是否能被开发出来,人们是否愿意购买这种产品,或者竞争对手是否会通过模仿创业者的新产品或新服务来争夺收益,所以蕴含新产品和新服务的机会具有高度的不确定性。识别创业机会要求创业者更愿意看到充满着不确定性的机会中的希望,而不是因仅看到不确定性和风险而止步不前,这需要乐观的心态。而且,乐观的心态还是创造力的源泉。

> **他山之石**
>
> **迪斯尼的卡通创意**
>
> 当年,年轻的美术设计师迪斯尼因为经济拮据,与太太租住在一间破陋的屋子里。无论白天黑夜,都有成群结队的老鼠在房间里上蹿下跳,疲于奔命的迪斯尼夫妇也常借着老鼠的滑稽动作慰藉心情。
>
> 一天,因付不起房租,他们被房东赶了出去。穷困潦倒的年轻夫妇只好来到公园,坐在长椅上暂度时光。太阳开始

西沉,夜幕即将降临,迪斯尼夫妇几乎感到穷途末路。这时,从迪斯尼的行李包里忽然伸出一个小脑袋,原来,那是他平时最喜欢逗弄的一只老鼠,想不到这只小动物也有点儿人情味,跟着他们一起离开了公寓。

迪斯尼望着老鼠那滑稽的面孔,脑海里忽然冒出了一个前所未有的创意,他惊喜地叫了起来:"对啦,世上像我们这样的穷人一定不少,他们也得有自己的快乐,让可爱的老鼠去逗他们开心吧。"

第二天,迪斯尼便开始了别出心裁的创作,不久,一个活泼可爱的"米老鼠"卡通形象来到人间,一家公司老板慧眼识珠,特邀迪斯尼合作制作米老鼠卡通连环画和电影。迪斯尼靠"米老鼠"这一卡通形象开始了自己的创业生涯。

(二)创业机会识别的主要方法

可以使用多种多样的技术和方法帮助创业者识别创业机会。创业机会识别的方法较为常用的有以下五种,其中,有的来自启发或者经验,另一些则很复杂,需要市场研究专家等外部力量的支持。

1. 新眼光调查

创业者应该开展初级调查:通过与顾客、供应商、销售商交谈和采访他们,直接与这个世界互动,了解正在发生什么以及将要发生什么。创业者也可以进行二级调查:阅读某人的发现和出版的作品,利用互联网搜索数据,浏览寻找包含你所需要的信息的报纸文章等都是二级调查的形式。创业者在调查后一定要记录自己的想法,瑞士最大的音像书籍公司的创始人说他就有一本这样的笔记本,当记录到第200个想法时,他坐下来,回顾所有的想法,然后开办了自己的公司。

2. 系统分析

实际上,绝大多数的机会都可以通过系统分析被发现。人们可以对企业的宏观环境(政治、法律、技术、人口等)和微观环境(顾客、竞争对手、供应商等)的变化进行分析、趋势预测,进而发现机会。借助市场调研,从环境变化中发现机会,是发现机会的一般规律。

3. 问题分析

问题分析从一开始就要找出个人或组织的需求和他们面临的问题,这些需求和问题可能很明确,也可能很含蓄。一个有效并有回报的解决方法对创业者来说是识别机会的基础。这个分析需要全面了解顾客的需求以及可能用来满足这些需求的手段。

4. 顾客建议

从顾客那里征求想法。一个新的机会可能会由顾客识别出来，因为他们知道自己究竟需要什么。然后，顾客就会为创业者提供机会。顾客建议多种多样，最简单的是，他们会提出一些诸如"如果那样不是会很棒吗"这样的非正式建议，留意这些建议将有助于你发现创业机会。

5. 创造

这种方法在新技术行业中最为常见。它可能始于明确满足市场需求，从而积极探索相应的新技术和新知识，也可能始于一项新技术发明，进而积极探索新技术的商业价值。通过创造获得机会比其他任何方式的难度都大，风险也更高。但是，如果能够成功，其回报也更大。这种情况下产生的创新在人类所具有重大影响的创新中，居于压倒性的主导地位。

> **他山之石**
>
> **随身听趣闻**
>
> 索尼公司开发随身听就是一个很好的例子。20世纪70年代末的一天，盛田昭夫看到索尼创办人井深大提着一台笨重的录音机，并戴着一副耳机，迎面走来。盛田昭夫问他："您这是怎么一回事呢？"井深大回答："我喜欢音乐，但我不愿吵到别人，所以只好戴耳机；可是我又不愿意整天待在房间里听，所以只好提着录音机到处跑啦！"
>
> 田盛昭夫灵机一动，新产品随身听就此萌芽了。根据盛田昭夫最初的构想，是要设计一种迷你型的录放音机——方便提着到处听，研究人员首先设法把放音部分缩小，因为录音部分的零件较小，只要放音部分缩小的问题解决后，再配上录音装置，全世界最小的录放音机即可问世。
>
> 当研究人员完成放音机的缩小设计方案后，戴上耳机试音，结果意外发现声音出奇的美妙，于是决定把此放音机推向市场。所以随身听其实就是小型录放音机的放音部分而已。在随身听开发出来之后，销售部门与经销商都很担心它不能录音，可是几乎每部车都需要它。最后随身听在盛田昭夫的坚持下，在1979年夏天，针对年轻人这一销售对象，以时髦产品推出。一上市就大为轰动，原来索尼企划部预估一年卖不到10万部，结果一年内卖出了400万部，盛田昭夫因此也博得随身听先生的雅号。

第三节 创业机会的评价

创业者在正确识别创业机会之后，还要能够对机会进行有效的判断，这个机会是否具有吸引力、持久性、适时性？是否能够产生预期的利润？是否能够为其所服务的目标市场创造一定的价值？这就涉及创业机会的评价问题。

一、创业者对机会的初始判断

对创业机会的把握有时间窗口的问题，错过时间窗口，机会将不再是机会。因此一旦识别了创业机会就要迅速采取行动。如果想要通过深刻细致的方法来评估创业机会，1个季度可能不够，1年不一定够，甚至10年都不一定够，这是残酷的现实。创业者应该进行简单的评估，再进行一定的市场调研对创业机会做个初始判断，其方法如下。

（一）假设加上简单计算

简单地说，初始判断就是假设加上简单计算。让我们看看创业者是怎么判断机会的。著名企业家牛根生在谈到牛奶的市场潜力时说，民以食为天，食以奶为先，而我国人均喝奶的水平只是美国的几十分之一。也许这就是他对乳制品机会价值的直观判断。

这样的判断看起来也许不可信，甚至会觉得有些幼稚，但是有效。机会瞬间即逝，如果都要进行系统的评估，耗时耗力，在短时间内几乎是不可能的事情。

（二）市场调研

假设加上简单计算只是创业者对机会的初始判断，在开始进一步的创业行动前还需要进行一定的调查研究，对机会价值做进一步的评价。如史玉柱，在"脑白金"产品投放市场之前，他已经感觉到保健品市场，尤其是中老年群体对保健品的强烈需求，但不知如何切入为最佳。这时候他采取了周密和全面的市场调研，通过亲自与老年群体聊天、访谈，发现市场诉求点，找到了儿女"送爸妈"的最佳定位，验证了这个机会的巨大潜力。

二、系统评价创业机会

系统地对创业机会进行评估要考虑到很多方面，比如市场层面、效益层面、创业团队、创业者个人、竞争优势层面、策略特色层面等。国内外很多学者通过建立创业机会评价体系来客观评估创业机会，美国百森商学院教授蒂蒙斯的创业机会评价框架和刘常勇教授的评估方法比较有代表性。

（一）蒂蒙斯的创业机会评价框架

蒂蒙斯教授提出了比较完善的创业机会评价指标体系，认为创业者应该从行业和市场、经济因素、收获条件、竞争优势、管理团队、致命缺陷问题、个人标准、理想与现实的战略差异8个方面评价创业机会的价值潜力，并围绕这8个方面形成了53项指标，如表4-2所示。

表 4-2 蒂蒙斯的创业机会评价框架

行业和市场	（1）市场容易识别，可以带来持续收入 （2）顾客可以接受产品或服务，愿意为此付费 （3）产品的附加价值高 （4）产品对市场的影响力大 （5）将要开发的产品生命长久 （6）项目所在的行业是新兴行业，竞争不完善 （7）市场规模大，销售潜力达到 1 000 万～10 亿 （8）市场成长率为 30%～50%，甚至更高 （9）现有厂商的生产能力几乎完全饱和 （10）在 5 年内能占据市场的领导地位，达到 20% 以上 （11）拥有低成本的供货商，具有成本优势
经济因素	（1）达到盈亏平衡点所需要的时间在 2 年以下 （2）盈亏平衡点不会逐渐提高 （3）投资回报率在 25% 以上 （4）项目对资金的要求不是很大，能够获得融资 （5）销售额的年增长率高于 15% （6）有良好的现金流量，能占到销售额的 20% 甚至 30% 以上 （7）能获得持久的毛利，毛利率要达到 40% 以上 （8）能获得持久的税后利润，税后利润率要超过 10% （9）资产集中程度低 （10）运营资金不多，需求量是逐渐增加的 （11）研究开发工作对资金的要求不高
收获条件	（1）项目带来的附加价值具有较高的战略意义 （2）存在现有的或可预料的退出方式 （3）资本市场环境有利，可以实现资本的流动
竞争优势	（1）固定成本和可变成本低 （2）对成本、价格和销售的控制较好 （3）已经获得或可以获得对专利所有权的保护 （4）竞争对手尚未觉醒，竞争较弱 （5）拥有专利或具有某种独占性 （6）拥有发展良好的人际网络关系，容易获得合同 （7）拥有杰出的关键人员和管理团队
管理团队	（1）创业者团队是一个优秀管理者的组合 （2）行业和技术经验达到了本行业内的最高水平 （3）管理团队的正直廉洁程度能达到最高水准 （4）管理团队知道自己缺乏哪方面的知识
致命缺陷问题	不存在任何致命缺陷问题
个人标准	（1）个人目标与创业活动相符合 （2）创业者可以做到在有限的风险下实现成功 （3）创业者能够接受薪水减少等损失 （4）创业者渴望创业这种生活方式，而不只是为了赚大钱 （5）创业者可以承受适当的风险 （6）创业者在面对压力时状态依然良好
理想与现实的战略差异	（1）理想与现实情况相吻合 （2）管理团队已经是最好的 （3）在客户服务管理方面有很好的服务理念 （4）所创办的事业顺应时代潮流 （5）所采取的技术具有突破性，不存在许多替代品或竞争对手 （6）具备灵活的适应能力，能快速地进行取舍 （7）始终在寻找新的机会 （8）定价与市场领先者几乎持平 （9）能够获得销售渠道，或已经拥有现成的网络 （10）能够允许失败

（二）刘常勇的创业机会评价框架

台湾"中山大学"企业管理系教授刘常勇提出了更为简单的评估方法，他从市场和回报两个方面给出了评估创业机会的框架（见表4-3）。

表4-3　刘常勇的创业机会评价框架

市场	（1）是否具有市场定位，专注于具体的顾客需求，能为顾客带来新的价值 （2）依据波特的五力模型进行创业机会的市场结构评价 （3）分析创业机会所面临市场的规模大小 （4）评价创业机会的市场渗透力 （5）预测可能取得的市场占有率 （6）分析产品成本结构
回报	（1）税后利润至少高于5% （2）达到盈亏平衡的时间应该少于2年 （3）投资回报率应高于25% （4）资本需求量较低 （5）毛利率应该高于40% （6）能否创造新企业在市场上的战略价值 （7）资本市场的活跃程度 （8）退出和收获回报的难易程度

系统评价类似于大公司开展的可行性论证分析，创业者由于自身条件的限制难以进行如此完整的系统评价。在系统评价创业机会时，一定要明确创业是一项具有高度风险的活动，一定要注意创业活动不确定性强的特点，创业者不太可能按照框架中的指标对创业机会一一做出评价，创业者可以选择其中若干要素来判断创业机会的价值，不能事事都强调依据，不确定环境本身就难以预测，需要在行动中不断地检验创业者的假设。过分强调证据，容易把困难放大，弱化创业者承担风险的勇气。

要点回顾

- 创意就是既具有创业指向也具有创新性甚至原创性的想法。好的创意至少具有新颖性、真实性、价值性。
- 创业机会就是能够满足消费者需求，并能使创业者收获回报的有吸引力的商业想法或主张。看到机会、产生创意并发展成清晰的商业概念才意味着创业者识别到机会。一个创意只有在能带来利润回报时才能开发成创业机会。
- 创业者可以从变化趋势、尚未解决的问题和市场缝隙中寻找创业机会。
- 创业警觉性、先前经验、认知因素、社会关系网络、创造性、乐观的心态等影响着创业者识别机会的可能性。
- 识别创业机会只是创业活动的起点。要理性创业，还必须进行创业机会评价，根据评价的结果决定是否开发这个机会进行创业。

关键名词

创意　创业机会　机会来源　机会识别　机会评价

复习思考题

1. 创意、商业概念、创业机会，这些概念之间存在着哪些区别和联系？
2. 创业过程分为创业机会识别和创业机会开发两个阶段。作为大学生，我们具备了机会识别的哪些素质？还需要加强哪些素质呢？
3. 近几年，习近平主席提出要继续深化改革开放。有人说，我国的经济发展还蕴含了大量的创业机会。你认同这种说法吗？
4. 在相同的环境中，为什么有的人能看到创业机会，而另一些人看不到？
5. 初始创业者应该如何评价创业机会？

牛刀小试

逢3抓手：抓住创业机会

游戏目的：分析识别、抓住创业机会的能力。

游戏规则：请学员一手翘大拇指，一手掌心向下，围成圈，手掌盖住边上同伴的大拇指。然后，主持人讲一个小故事，听到数字3的字眼，抓别人的拇指，同时拿走自己的拇指，关键是小故事的编排要能多次引发他们的敏感反应，比如从前有坐山，用踩脚和抓握这些动作误导。

第五章 创业团队的组建

 创业名言

没有什么忌讳的，你们公司的核心竞争力就是你和你的团队，不要有什么难为情的，别人问我最早阿里巴巴的竞争力是什么，我说别人可以拷贝我的模式，但是不能拷贝我的苦难，不能拷贝我不断往前的激情，这才是竞争力。

——马云

 本章框架

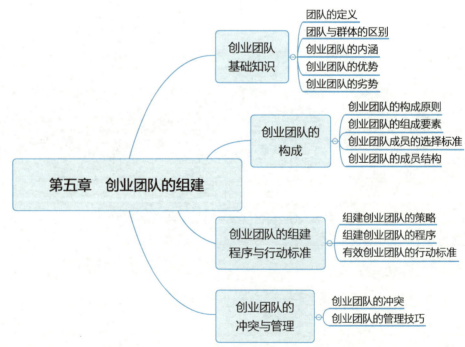

学习目标

通过本章学习，你应该能够：
1. 理解团队和群体的不同点
2. 把握创业团队的内涵
3. 认识创业团队构成的原则
4. 了解组建创业团队的策略
5. 明确创业团队产生冲突的原因
6. 领会创业团队管理的技巧

⊙ 开篇案例　复星科技集团的创业团队

1989年，郭广昌从复旦大学毕业后留校任教。3年后他和4个同学用借来的3.8万元创业，如今已经坐拥200多亿元资产，复星科技集团（简称复星）也成为中国民营企业三甲，并在医药、房地产、钢铁、商业4个领域都有出色表现。复星的成功源于5个人的创业团队。他们5个人就像5根手指，哪一根也少不得。5根手指攥紧，就是一只拳头。当年创办广信科技（源于郭广昌和梁信军的名字，1993年更名为复星）时，郭广昌是复旦大学团委干部，梁信军是校团委调研部长，汪群斌是生命学院团总支书记，范伟是学校影印社的经理，谈剑还在读书。他们几个人除了在学校就建立了良好的关系外，还有许多共同之处，比如有共同的理想、共同的人生哲学。在企业理念上，郭广昌提出将"修身、齐家、立业、助天下"的九字思想作为复星创业的共同追求。刚开始创业时，几个人都是团干部出身，都希望做一些个人能力不能企及的事业，都不太在乎物质方面的享受，家庭成员也支持他们的理念，而且他们有团队合作的精神，他们都同意自己创造的事业终将归社会。如今，在复星多元化的产业链条中，郭广昌成为整个企业集团的灵魂。郭广昌是一个极有魄力的领导者，他情商高，能很好地整合与协调团队。梁信军的口才好、反应快、精力充沛、善于沟通交流，这些优势几乎是复星创业团队公认的，所以梁信军现在是副董事长兼总裁，成为复星投资和信息产业的领军人物，他还担任了集团的党委书记和新闻发言人。汪群斌是复星实业总经理，专攻生物医药；范伟掌管房地产；谈剑作为5个人中唯一的女性，其沟通能力也很强，主要负责体育及文化产业。如今复星董事会的人数由当初的5个人增加到7个人，新增加的是财务、法律、人力资源等方面的专家。

资料来源：编者根据相关公开资料整理，仅供教学使用。

进入21世纪，企业面临的外部环境变幻莫测，依靠创业者一个人的资源和经验，单枪匹马创业的时代已经一去不复返了。有研究发现，由创业者、雇员和战略合作伙伴组成的多元化创业团队所组建的公司，比个人创业公司的业绩要好很多。正如美国一家著名风险投资公司的合伙人说过，当今的世界充斥着丰富的技术、大量的创业者和充足的风险资本，而真正缺乏的是出色的团队，如何创建一个优秀的团队将会是创业过程面临的最大的挑战。那么，创业团队与一般意义上的团队有什么区别？创业团队如何构成？创业团队组建的程序和行动标准是什么？如何有效地管理创业团队呢？

第一节　创业团队的基础知识

一、团队的定义

团队是一种特殊类型的群体，由两个或者两个以上的个体构成，这些人具有互补的技能，对共同的目标、绩效指标及方法做出承诺并对彼此负责。团队定义具体涉及这几个重要方面：一般由 5～30 名成员组成，7～13 名为最佳；成员的知识背景不同，技能互补，如不同的成员分别拥有不同的专业技术特长、概念性技能、人际技能；拥有共同的目标，一个共同的目标使团队凝成一个整体，总体力量大于单个个体力量之和，团队将目标转换为具体并且可衡量的绩效指标，具体的绩效指标有助于团队不断进步。在实现团队目标、绩效指标的过程中，团队成员逐步形成默契的配合，彼此承诺和信任，相互负责。

二、团队与群体的区别

首先，从成员特色上看，群体成员的知识、技能、经验相异性小，不具有相互依存性，成员可以自由决定或采取行动。而团队成员具有不同的专长且互相依赖，任何成员的行动决定都会影响到别的成员。也就是说，团队中成员的角色是互补的，而群体中成员的角色是互换的。在团队中谁离开谁都不行，而群体离开谁都无所谓。

其次，从目标性质上看，群体目标与组织目标相似，能为成员所辨识；团队则被赋予特定的目标，目标为全体成员所认同。也就是说，团队的目标实现需要成员间彼此协调和相互依存，而群体的目标实现不需要成员间的相互依存。

再次，从运作方式上看，群体有一位明确而强势的领导者，由领导者主导形成决策，指派或授权给个人执行任务；团队成员共享领导权，可以轮流担任领导者，决策过程由全体成员参加，决策内容为全体成员所认同，任务的达成需要成员彼此交换信息及资源，协调行动。

最后，从成员评估上看，群体偏重个别成员的影响，工作成败由个别成员承担；团队以集体的工作成果为衡量标准，工作成败由全体成员共同承担。也就是说，团队的绩效评估是以整体表现为依据，而群体的绩效评估是以个体表现为依据。

因此，团队是群体的特殊形式，是一种为了实现某一特定目标而由相互协作依赖并且共同承担责任的个体所组成的正式群体。具体而言，团队是由两个或者两个以上拥有不同技能、知识和经验的人组成的，具有特定的工作目标，成员间相互依赖、技能互补、成果共享、责任共担，通过成员间共同协调、支援、合作和努力完成共同目标。⊖

三、创业团队的内涵

一个喜欢单打独斗的创业者固然可以谋生，但是，创业并非创业者一个人的行为表现。也许没有团队的创业不一定会失败，但是许多创业实践证明，一个优秀的创业团队对创业企业的成功具有举足轻重的作用。尤其随着知识经济的兴起、高科技创业企业的增多，靠个人的力量往往难以创建成功的企业，因此创业团队的重要性就凸显出来。初创时期的创业团队的组建是为了成功地创建新企业，随着企业的成长，创业团队可能会发生人员的变化，有的人走了，也有些人加入进来，新组建的高管团队成为创业团队的延续，继续发展原来的企业或者开拓新的事业领域；创业团队成员往往处于企业高层管理者的位置，会对公司的重要决策产生影响，他们多数拥有公司的股份，因此拥有更高的责任感，多数参与决策，关心公司的成长，对公司有着一种浓厚的感情，有着共同目的、共享创业收益、共担创业风险，他们提供的产品或服务，为社会创造了新增价值，并且从中获取利润回报，他们对组织有着高度的认同感和感情，因而不会轻易地离开组织。

狭义的创业团队是由两个或两个以上具有共同的愿景和目标，共同创办新企业或参与新企业管理，拥有一定股权且直接参与战略决策的人组成的特别团队。他们拥有可共享的资源，按照角色分工，相互依存地在一起工作，共同对团队和企业负责，不同程度地共同承担创业风险并共享创业收益。广义的创业团队不仅包含狭义的创业团队，还包含与创业过程有关的各个利益相关者（比如风险投资商、供应商、专家咨询团体等），他们在新企业成长过程中的某几个阶段起到至关重要的作用，同时也为社会增加了新的价值。

一个好的创业团队对内要完善内部沟通机制，实现创业团队内部的精诚合作；对外要敏锐地发现新的创业机会，并制定科学合理的战略，并合理利用创业资源确保捕捉到的创业机会得以顺利实现。创业团队需要不断地探求更多的商业机会，进行资源的合理运用，使企业发展保持合适的平衡。

四、创业团队的优势

创业团队之所以比个人创业更容易成功，是因为相对于个人而言，创业团

⊖ 伊丽莎白·切尔. 企业家精神：全球化、创新与发展 [M]. 李裕晓，等译. 北京：中信出版社，2004.

队在多个方面更能体现出优势。

1. 资源优势

创业团队的每个成员具有不同的知识结构、成长背景、经验积累、经济和社会资源等，这些资源集合在一起要比单个创业者丰富，从而可以有效地解决企业面临的许多问题，增加企业成功的可能性。创业团队也可以解决个人创业在时间和精力等方面的不足，避免创业企业过分依赖一个人而导致失败。

2. 决策优势

创业团队成员之间合理分工、各负其责，能更有效地把握具体问题，加快决策的效率和速度，发挥好群策群力的作用，增加决策的科学性。通过任务分担可以为管理者省出更多时间来思考企业的大事，为进行企业重大问题决策提供时间保证，也可以避免因为一个人的变动而给企业带来致命的影响，保证创业团队决策的连续性。

3. 创新优势

创新一般包含五种表现形式：开发新产品，或者改良原有的产品；采用新的生产方法；发现新的市场；发现新的原材料和半成品；创建新的创业组织。不管是哪一种创新，团队都可以把多种资源优势、技能和知识整合到一起，从而增加成功的可能性。团队内的每位成员具有不同的思维方式，信息获取渠道和发现机会的方式也不一样，使得创业团队比个人更有可能发现创新点，为企业赢得更多的商机。

4. 绩效优势

创业团队形成的合力，使其工作绩效大于所有个体成员单独工作时的绩效之和。团队成员通过团结合作、优势互补、集体效应，以增加成员士气和凝聚力，其产生的群体智慧和能量将远远大于个体，能产生真正的协同效应。

因此组建一个创业团队，一方面能降低个人的创业风险，另一方面也能够通过优势互补，以便有效形成团队合力，保证在竞争中获取优势。

五、创业团队的劣势

当然，与个人创业相比，团队创业也有劣势，主要表现为：集体决策由于需要反复协调和沟通，最终形成的统一意见可能导致消耗大量的时间成本，拖欠决策速度，造成贻误战机。另外，多人决策造成利益冲突，如果彼此没有很好地协调和沟通，不能达成理解和共识，可能会造成团队分裂，这些会给创业带来意想不到的危机。

小贴士 《西游记》中的团队精髓

《西游记》中的唐僧团队不仅家喻户晓,而且是中国文化的集中代表。这个团队互补性强,领导有权威、有目标,但是能力差点;员工有能力,但是自我约束力差,目标不够明确,有时还会开小差。该团队经历九九八十一个磨难,历经百险求取真经,最后修得了正果。如果把唐僧赴西天取经比作一次创业活动,那么唐僧团队的精髓是什么?

创业聚焦

一群 IT 男的创业故事:仰望蓝天,脚踏实地

游歌航空卫星通信定位系统项目由谭海创立,专注于提供智能卫星通信软硬件解决方案和云平台。该项目于 2017 年 4 月通过创业基金会天使伙伴专项基金的评审。

"未来国内飞行器的价格可能会降到进口价格的一半甚至 1/3,随着政策逐步放开,通航产业快速发展的时代即将到来。"说出如此大胆的言论,是游歌(上海)网络科技有限公司(简称游歌科技)的总经理谭海。

谭海在通航领域工作多年,此次创业源于工作时保障直升机飞行过程中的糟糕体验,因飞机上无移动信号,与工作目的地无法取得联系。他与飞机打交道多年,始终受到失联的困扰。于是突发灵感,如果有一款智能硬件,能在飞机上使用而不掉线,那么一定会有很好的市场反应。

游歌科技对我国低空空域的现状及面临的问题进行了缜密、系统的分析,从通信、监视和导航的实际保障需求出发,对低空空域管理的改革进行探讨,研发出了新型的"航空器便携式低空监控系统"。"航空器便携式低空监控系统"的构想早期就得到了国家空管委、空军航管部门领导的一致认同。

2015 年年中,谭海带着自己的灵感,与同样怀揣梦想、志同道合的伙伴们开启了创业之路,游歌科技应运而生。创业的道路不是平坦大道,途中会遇到许多困难,如何在资源稀缺的情况下快速解决问题?如何在实力强大的对手面前立于不败之地?创业团队不断地在探索中总结经验,处理好每个细节,处处把客户体验放在首位,做软硬件、做内测,当第一台工程机展现在大家面前时,团队像新生儿的母亲第一眼见到自己的孩子一样激动。

功夫不负有心人,在一家知名通航公司的飞行器卫星通信及定位系统采购招标中,经过多轮评测,游歌科技因其产品体积小、成功率高、工作时间长等特点脱颖而出,一举拿下订单,成功击败了参与竞标的强大的国际友商(霍尼韦尔、央企研究所等多家公司),目前已成功交付产品 20 多套。

游歌科技团队在企业运营和研发方面积淀深厚,团队核心技术成员来自高通、微软、华为、联想、丽星邮轮等国际知名公司,实战经验丰富。他们放弃了高薪厚职,为了共同的梦想走到了一起。谭海说:"感谢创业路上遇到的每个人。事业是大家一起努力才能做起来的。

我们团队在创业的路上已走了一段，我们乐此不疲。也非常希望有共同愿景和价值观的小伙伴加入我们，一起做点有趣的事。"

资料来源：编者根据相关资料整理，仅供教学使用。

第二节 创业团队的构成

创业团队是一种特殊的群体，他们相互配合、相互帮助，通过开诚布公地沟通形成团队协作的行为风格，为了共同的目标而努力，创业团队的构成应该是质的构成和量的构成的统一。

一、创业团队的构成原则

（1）知识互补。创业团队成员的知识互补具有以下含义：如果创业团队的成员具备自己专长的知识，都是处理不同问题的专家，那么创业团队成员就能在知识方面相互补充，形成整体优势。

（2）性格协调。性格是一个人比较固定的对人和事的态度与行为方式，是人最核心的个性心理特征。在一个创业团队中，性格应该是协调的。协调并不是完全一致，而是指性格的补偿作用。创业团队将不同性格的人的优势发挥出来，相互弥补其不足，才能发挥整体团队的最大优势。比如，性格活泼开朗的人与性格稳重沉静的人、内向的人与外向的人的结合等。

（3）分工明确。创业团队的每个人都应该有明确的分工，担任不同的角色。

💡 创业聚焦

马化腾和他的团队合伙创业的故事

在马化腾看来，未来的潜力要和应有的股份匹配，不匹配就要出问题。如果拿大股的人不干事，干事的人拥有的股份又少，矛盾就会发生。马化腾的成功之处就在于，其从一开始就很好地设计了创业团队的责、权、利。能力越大，责任越大，权力越大，收益也就越大。

这是一个难得的兄弟创业的故事，其理性堪称标本。

16年前的那个秋天，马化腾与他的同学张志东"合资"注册了深圳腾讯计算机系统有限公司（简称腾讯）。之后又吸纳了3位股东：曾李青、许晨晔、陈一丹。这5个创始人的QQ号，据说是从10001到10005。为了避免彼此争夺权力，马化腾在创立腾讯之初就和4个伙伴约定清楚：各展所长、各管一摊。马化腾是CEO（首席执行官），张志东是CTO（首席技术官），曾李青是COO（首席运营官），许晨晔是CIO（首席信息官），陈一丹是CAO（首席行政官）。

之所以将腾讯的创业五兄弟称为"难

得",是因为直到2005年的时候,这5个人的创始团队还是基本保持这样的合作阵形,不离不弃。直到腾讯做到如今的帝国局面,其中4个还在公司一线,只有曾李青挂名终身顾问而退休。

都说一山不容二虎,尤其是在企业迅速壮大的过程中,要保持创始人团队的稳定合作尤其不容易。在这个背后,工程师出身的马化腾从一开始对于合作框架的理性设计功不可没。

从股份构成上来看,5个人一共凑了50万元,其中马化腾出了23.75万元,占了47.5%的股份;张志东出了10万元,占了20%的股份;曾李青出了6.25万元,占了12.5%的股份;其他两人各出了5万元,各占了10%的股份。

虽然主要资金都由马化腾所出,但他自愿把所占的股份降到一半以下。"让他们的总和比我多一点点,不要形成一种垄断、独裁的局面。"而同时,他自己又一定要出主要的资金,占大股。"如果没有一个主心骨,股份大家平分,到时候也肯定会出问题,同样完蛋。"

保持稳定的另一个关键因素就在于搭档之间的"合理组合"。

据《中国互联网史》作者林军回忆说:"马化腾非常聪明,但非常固执,注重用户体验,愿意从普通用户的角度看产品。张志东是脑袋非常活跃、对技术很沉迷的一个人。马化腾在技术方面做得非常好,但他的长处是能够把很多事情简单化,而张志东更多的是把一件事情做得完美化。"

许晨晔和马化腾、张志东同为深圳大学计算机系的同学,他是一个非常随和且有自己的观点,但不轻易表达的人,是有名的"好好先生"。而陈一丹是马化腾在深圳中学时的同学,后来也就读于深圳大学,他十分严谨,同时又是一个非常张扬的人,他能在不同的状态下激起大家的激情。

如果说,其他几位合作者都只是"搭档级人物",那么只有曾李青是腾讯5个创始人中最好玩、最开放、最具激情和感召力的一个,与温和的马化腾、爱好技术的张志东相比,他是另一个类型。其大开大合的性格,也比马化腾更具有攻击性,更像拿主意的人。不过或许正是这一点,也导致他最早脱离了团队,单独创业。

后来,马化腾在接受多家媒体的联合采访时承认,他最开始也考虑过要和张志东、曾李青3个人均分股份的方法,但最后还是采取了5人创业团队,根据分工占据不同的股份结构的策略。即便后来有人想加钱,占更大的股份,马化腾说不行,"根据我对你能力的判断,你不适合拿更多的股份"。因为在马化腾看来,未来的潜力要和应有的股份匹配,不匹配就要出问题。如果拿大股的人不干事,干事的人拥有的股份又少,矛盾就会发生。

当然,经过几次稀释,最后他们上市所持有的股份比例只有当初的1/3,但即便是这样,他们每个人的身价都还是达到了数十亿元,是一个皆大欢喜的结局。

> 可以说，在中国的民营业中，能够像马化腾这样，既包容又拉拢，选择性格不同、各有特长的人组成一个创业团队，并在成功开拓局面后还依旧能保持着长期默契合作，是很少见的。马化腾的成功之处就在于，其从一开始就很好地设计了创业团队的责、权、利。能力越大，责任越大，权力越大，收益也就越大。
>
> 资料来源：编者根据相关资料整理，仅供教学使用。

二、创业团队的组成要素

创业团队需要具备5个重要的团队组成要素，称为5P。

1. 目标（Purpose）

创业团队应该有一个既定的共同目标，为团队成员导航，知道要向何处去。没有目标，这个团队就没有存在的价值。目标在创业团队中是以愿景或者战略的形式出现的，缺乏共同的目标会使得团队缺乏凝聚力和发展力。

2. 人（People）

人是构成创业团队最核心的力量，在一个创业团队中，人力资源是所有创业资源中最活跃、最重要的资源。应充分调动创业者的各种资源和能力，将人力资源进一步转化为人力资本。

3. 定位（Place）

创业团队的定位包含两层意思。

（1）创业团队的定位。创业团队在企业中处于什么位置？由谁选择和决定团队的成员？创业团队最终应对谁负责？创业团队采取什么方式激励下属？

（2）个体（创业者）的定位。作为成员在创业团队中扮演什么角色，是制订计划还是具体实施或者评估？是大家共同出资，委派某个人参与管理，还是大家共同出资，共同参与管理？或是共同出资，聘请第三方（职业经理人）管理？在创业实体的组织形式上，是合伙企业还是公司制企业？

4. 权力（Power）

创业团队中领导人的权力大小与其团队的发展阶段和创业实体所在行业相关。一般来说，创业团队越成熟，领导者所拥有的权力越小，在创业团队发展的初期阶段，领导权相对比较集中。为了调动团队成员的积极性，要对成员赋予一定的权力，主要因为以下几个方面。

（1）团队成员对于控制力的追求是他们参与创业的一个重要的动因。

（2）创业活动的动态复杂性，必须依赖团队成员都需要拥有较多的权力来实现目标。

5. 计划（Plan）

计划是创业团队未来发展规划，在计划的帮助下，能够有效地制定团队短期和长期目标，能够提出实现目标的有效实施方案，计划具有指导作用，可能贯穿创业的全部过程。有效的计划具有两层含义：一是目标最终的实现，需要一系列具体的行动方案，可以把计划理解成达到目标的具体工作程序；二是按计划进行可以保证创业团队的顺利运行。只有在计划的操作下，创业团队才会一步一步地接近目标。

三、创业团队成员的选择标准

一个高效的、强有力的创业团队，成员之间应该形成各种业务的互补，以使个人的能力和素质得到最大限度的发挥，形成新的集体力量。创业团队成员的选择应从4个方面考虑：基本素质、知识结构、能力结构以及年龄等。

1. 基本素质

创业者的基本素质常常泛指创业者个人的综合素质。它是由文化素质、伦理素质、业务素质和心理素质构成的，它是创业者所具有的内在特质。

（1）文化素质。创业者应该接受过良好的、系统的教育，具有厚实的文化基础，比较高雅的情趣，注重以文化艺术陶冶自己的情操，注重礼仪和形象。

（2）伦理素质。伦理素质包括品德水平、价值观、法律意识。在创业过程中，创业者应爱国守法、明理诚信，具有较强的法律意识，尊重法律和社会公德；坚决维护国家利益和企业利益，为人正直、尊重别人、平等待人；具有谦虚、协作、敢于承担责任的品德；具有高度的责任感和纪律性，有为事业献身的精神。

（3）业务素质。业务素质包括专业背景、经验与创新力、行业知识、战略策划、市场运作、组织管理、判断分析和解决问题的能力。创业者应具备相关的专业知识，熟悉本专业领域的科学、技术及经营管理的知识，能够完成专业性较强的任务，创业者应熟悉新创行业的发展历史、空间、结构、潜力和方向；创业者应能够熟练掌握创业策划、市场规划与运作、组织管理的理论方法；创业者应善于考察市场，及时捕捉市场信息，发掘企业价值，对风云变幻的市场形势冷静思考，果断决策。

（4）心理素质。心理素质包括意志品质、工作责任心、自控和协调能力、承担压力和风险的能力。创业者应具有坚强的毅力和百折不挠的进取精神、较强的工作责任心和事业进取心；创业者的自控能力表现为在激烈的竞争中对企业的组织、控制、协调和管理能力；创业者面对成就风险、财富风险和声誉风险，如果承受度过高,企业就会陷入太过冒险的处境;如果承受度太低,决策保守,就会失去创新机会;创业者应尽可能保持稳定的创业心理状态,大工作量、高工作强度以及瞬息万变的市场变化要求创业者心态沉稳,不急不躁;应善于同自己团队的成员相处,善于协调不同文化、阅历、经验背景的成员的关系。

2. 知识结构

创业者的知识结构是由多方面组成的,主要包括经济管理的基础知识、专业知识、法律法规知识和其他相关知识等。创业企业涉及的知识是多方面的,创业者除了必须具备本行业产品市场、用户等相关业务知识外,还必须具备经济学科及相关学科的基本知识,才能构成创业者的综合知识能力。

3. 能力结构

创业者除具备基本的知识结构外,还要将知识转换成能力,具有较强的运用知识的能力。知识和能力是密切相关的,只有掌握了一定的知识,并能灵活运用,才能使知识转变为能力,如组织能力、管理能力、市场运作能力、产品研发能力、协调能力、应变能力以及创新能力等。

4. 年龄

据我国创业活动统计,2015年创业者的年龄一般集中在25~44岁,男性创业者集中在3个年龄段,依次为25~34岁、35~44岁和18~24岁;女性创业者也集中在3个年龄段,依次为35~44岁、25~34岁和45~54岁。现在随着国家创业政策的不断完善,创业人员有低龄化趋势。处于这些年龄段的创业人员,其思想较成熟,精力充沛,富有进取心。一些专家研究认为:人在创业早期,具有竞争力较强的特点和理想主义的特征。在这个时期的人关心的是个人的社会地位,希望尽快实现自我价值,而在晚期,变得比较宽容,对组织及社会有较高的责任感,但竞争性不足。所以25~44岁这个年龄段的人最适合作为创业者。当然,这只是一般的情况,选择什么样的年龄段从事创业活动,应根据具体情况进行具体分析。

四、创业团队的成员结构

创业团队的构成是指各类业务人员的比例结构。一个科学合理的创业团队,从业务上讲,应该具有合理的比例结构。一般来说,从业务构成上讲,创业团队应包括以下几类人员。

1. 技术人员

如果创业企业以技术为核心,则创业者往往应该是技术的掌握人。如果创业者不懂技术，则在创业团队的成员中应该有专门的核心技术骨干，技术骨干应该精通技术的工艺、技术的实施过程、产品制造工艺流程及新产品的包装和新产品开发计划等主要内容。

2. 管理人员

管理人员主要是指企业行政或业务管理部门的人员。企业管理人员是企业决策机构的核心，是企业创立与发展的主要策划者。其包括企业发展规划和决策、项目管理、专业人员管理、人事管理、生产管理、质量控制、工作评估等。

3. 市场开发和销售人员

创业企业产品和服务的市场推广是经营活动的最终目的，要选择从事和实施创业企业市场研究和评估、市场营销计划、产品定价、销售管理、服务管理等工作的人员。

4. 财务管理人员

财务管理人员主要从事包括筹集资金、管理现金流、信用和托收、短期融资、公开发行和私募资金、簿记、会计和控制等工作。

5. 法律人员

法律人员应熟悉与创业企业相关的法律，如《中华人民共和国公司法》《中华人民共和国证券法》《中华人民共和国合同法》《企业所得税法》《企业破产法》及有关专利和所有者权利的法律，应该具备与企业活动相关的法律实践的经历和经验。

6. 商务、金融人员

商务、金融人员应通晓并熟悉国际贸易有关规则，有形成交易与签订交易合同的谈判能力，熟悉国际金融业务或与国际贸易相关的业务。这类人员可以来自从事经营国际结算业务的银行或企业，也可以来自从事国际贸易财务结算的部门。他们应有形成交易的财务评估能力和交易清算能力。

> **小贴士** 适宜创业人群的性格特征
>
> - 独立。独立之所以是创业者特有的性格特征，是因为开放、竞争、进取的时代背景下要求人必须有独立性。有独立性才使人敢于开拓创新，才能在激烈的竞争中另辟路径，在事业中有所成就；反之，缺乏独立性格的人则容易接受别人的暗示，为别人的言行所左右，人云亦云，或左顾右盼，犹豫不决，这种人自然无法把自己的潜力充分发掘出来，更无法开创事业的新局面，只能成为当今时代的弱者。
> - 自信。自信是创业者成功的基本条件之一。一个人只有相信自己、尊重自己和认可自己，才能体会到自身和团队的价值所在，才能激发自身的力量，才能有坚强的毅

力面临种种困难。

- **坚韧**。坚韧是一个人性格的意志特征。具有坚韧性格的人能长时期坚信自己决定的合理性，坚持自己的目标。在创业中，由于知识经验、思想方法的缺陷及其条件和环境的限制，经常会遇到种种困难和干扰，使人丧失兴趣，滋生畏难情绪，容易造成行为方向失去控制，进而影响团队的意志力。此时，为了驾驭自己的行为，就要有顽强的毅力，制止与预期目标相矛盾的行为，并克服种种困难与干扰，才能实现预定目标。在无人干涉的新领域中探索难免会遇到无法预知的困难，只有不怕困难，敢于披荆斩棘、奋力拼搏的人，才能开辟出一条光明的新路。
- **自制**。自制是人们调控自身行为方向的性格特征，具有自制力的人也是理性的人，能不为他人所诱惑，自主地决定行为方向。自制最为重要的作用在于能坚持自己的行为方式，克制自己的情绪，表现出应有的忍耐性，不断发展自我和完善自我。
- **合群**。它是指善于交往以及与人和睦相处。合群作为对待群体与他人态度的性格特征，在现代社会中具有重要意义。任何个人都是社会系统中的一员，不能孤立地存在于社会之外。尤其是在这个竞争的时代，要提高生活质量，并且在事业中有所成就，就更应具有合群的性格特征。合群才能得到别人的关心，促进相互交流，传递信息，增进彼此间的了解，体验到愉快与幸福。

不适宜创业人群的性格特征

一般认为，下列性格的人不适合创业：缺少职业意识的人，优越感过强的人，唯上是从、得过且过的人，片面和傲慢的人，僵化死板的人，感情用事的人，多嘴多舌与固执己见的人，胆小怕事且患得患失又容易自满自足的人。

第三节 创业团队的组建程序与行动标准

一、组建创业团队的策略

创业团队在创建时，团队成员之间可能都有高度的承诺和强烈的认同，但是随着时间的流逝，成员间的各种矛盾、认知差异、利益冲突等逐渐浮出水面。因此，组建创业团队要遵循以下策略。

1. 树立团队中的权威主管

企业需要权威的主管，同样，创业团队的成功需要强势的领导人。但是大家一起创业，谁是领导者？谁来做最后的决定？当发生严重的冲突或者意见不一致的时候，谁最后裁决？在创业企业中，团队的创始人是至关重要的，他必须有宽广的胸怀和优秀的品质，有良好的素养和能力的担当，为组建团队发挥影响力，并且在企业的发展中，做好团队成员间的协调，使得成员的整体水平不断提高，以适应企业发展的需求。

2. 促进团队成员之间的相互信任

相互信任是形成团队的基础，但是成员之间的相互信任需要长时间的磨合。实际上，每个人都有利己的冲动，很少有人会毅然决然地把团队或者集体的利益放在个人利益之上。因此，盲目信任团队中的成员，可能是非常不明智的决定。但是成员间的合作又需要彼此的信任，因此团队既要建立信任的氛围，又要建立规则，确保信任在团队中盛行，避免因为信任而承担的风险。

3. 妥善处理不同的意见和矛盾

有些团队成员可能会执着地坚持自己的创业构想，极力维护自己的主张，但是忽视自己的不足，给人造成一种自负傲慢、固执己见、争权夺利的印象，难以获取同事的认同和欣赏；还有一些成员为了巩固自己的地位和利益，使用政治手段或者不道德行为，造成彼此间的信任危机。这些都可能影响团队的健康成长，因此需要善于协调的领导者解决上述问题，为了维护团队健康发展，成员也要相互配合以及相互理解。

4. 合理分配股权

创业团队的股权分配是一个敏感而复杂的事件。尤其是几个人一起创业，经常会采取平均分配股权的方式，但是这种平均主义会带来许多负面后果。实际上，成员间因为能力和动机的差异，对团队的贡献必然不同，如果使用平均主义，显然会造成大锅饭的情境，当某些成员的投入与获取不成比例时，他们就会有心理落差，而一些搭便车的成员也混得心安理得，影响团队的士气，也使得团队的整体力量难以发挥。另外，当把股权集中在少数几个人手中时，又无法调动整个团队成员的积极性。

创业者在股权分配时要充分考虑每位成员的投入和贡献，尽可能使股权与投入相对等，以维持团队组织内的公平，对每个合作伙伴都产生激励。这里的投入不仅包括资金投入，而且包括成员知识、经验和技能等人力资本投入，因此考虑影响创业团队股权分配的重要因素时，需要考虑财务资本和人力资本两方面的贡献。目前，公司在成立初期的股权分配方式一般使用单一股权分配。简单地说就是合伙投资人根据自己在公司成立时投入资金的多少来分配相应的股份，这种股份分配方式较为简单，相对于其他股份分配方式来说，较为适用于上述公司。这种股份分配方式可以使各个职员都与公司企业的发展息息相关、荣辱与共。因此职员在工作中往往会更加投入，有助于工作效率的提升。但是在公司未来的发展过程中，不可避免地会产生利益冲突的问题。

随着创业团队的成长要妥善解决股权分配的问题，并且在企业发展的过程中,根据具体情况对股权进行调整,使得企业的技术骨干和高级管理人员得到合理的股权,这样既可以激励和留住优秀的人才,也可以对其他成员进行鞭策。

> **创业聚焦**
>
> **谁应该拿更高的股权**
>
> 王刚与张智是创业伙伴,两个人合资成立了一家公司,经营安保和消防器材,王刚出资15万元,张智出资30万元,为了让公司尽快走上正轨,王刚辞去工作全职投入创业,负责公司的销售,目前已经拿到88万元的合同订单,并且可以从公司领取8万元的年薪。
>
> 张智目前在一家国有企业上班,还不想辞职加入创业企业,也不拿工资,但是会提供技术支持。另外,张智说服他的朋友李振,同意为公司投资200万元。张智说,他还可以为公司拿到后续融资。
>
> 这样的情况股权如何分配:是张智成为大股东,占有50%以上的股份;还是公司作价1 000万元,投资人李振占20%,王刚和张智各占40%?
>
> 如果你是王刚,你对股权分配有什么建议?

二、组建创业团队的程序

创业团队的组建是一个十分复杂的过程,不同类型的创业项目所需的团队不同,创建步骤也不完全相同。概括来讲,大致的组建程序如下。

(1)明确创业目标。总目标确定之后,为了推动团队最终实现创业目标,再将总目标进行分解,确定若干个可行的、阶段性的子目标。

(2)制订创业计划。一份完整的创业计划,必然包含创业核心团队的计划和人力资源计划。通过创业计划可以进一步明确创业团队的具体需求,比如人员的构成、素质和能力要求等。创业团队的组建需要契合创业计划的要求,以匹配创业项目的运行。

(3)招募合适的人员。招聘合适的人员是创业团队组建中最关键的一步。关于创业团队成员的招募,主要考虑两个方面:价值观相同和知识互补。

(4)划分团队职权。创业团队的职权划分就是根据执行创业计划的需要,具体确定每个团队成员所要担负的职责以及所享有的相应权限。

(5)构建制度体系。创业团队制度体现了创业团队对成员的控制和激励能力,主要包含团队的各种约束制度和激励制度。

(6)调整和融合团队。随着团队的运作,在团队组建时,人员匹配、制度设计、职权划分等方面的不合理的地方逐渐暴露出来,这时候需要对团队进行调整融合,这是一个动态持续的过程。⊖

⊖ 张玉利,薛宏志,陈寒松,李华晶. 创业管理[M]. 北京:机械工业出版社,2016.

三、有效创业团队的行动标准

1. 创业机会为线索

如果创业机会所蕴含的不确定性较高，价值创造潜力较大，往往意味着创业过程面临的任务也就越复杂，越具有挑战性，此时，理性地组建创业团队可能会更好地应对创业过程的复杂任务，有助于创业成功。例如，在高技术领域，大部分创业者都是依据理性逻辑来组建创业团队的，强调团队成员之间在技术、营销、财务等职能经验领域的互补性。但是如果创业机会蕴含的不确定性较低，价值创业潜力一般，在这样的条件下，创业团队成员之间的齐心协力和信任感更加关键。

2. 凝聚力为核心

创业团队的每个成员都是紧密相关、不可分割的，企业的成功既是每位成员共同努力的目标，也能使成员从中获取精神和物质上的收益。优秀的创业团队的每位成员都会认为单纯地依靠个人的力量不可能取得成功，任何个人离开企业的整体利益都不可能获益。同样地，任何个人的损失也将损害整个企业的利益，从而影响每个成员的利益。

3. 合作精神为纽带

具有成长潜力的企业最显著的特点就是创业团队的整体协同合作能力，而不仅仅是培养一两个杰出人物的场所。优秀的创业团队注重相互配合以减轻他人的工作负担从而提高整体的效率。他们注重在创业团队的成员中树立榜样模范，并通过奖励制度奖励员工。

4. 完整性为基础

任务的完成必须建立在保证工作质量、员工健康或者其他相关利益不被侵犯的前提下。因此，艰难的选择和利弊的权衡应综合考虑顾客、公司利益以及价值创造，而不能以纯粹的功利主义为依据，或者狭隘地从个人或者部门需求的角度衡量。

5. 长远目标为导向

和大多数组织结构一样，新企业的兴衰存亡取决于其团队的敬业精神，一支敬业的团队，其成员会朝着企业的长远目标而努力，而不是想着一夜暴富。他们将在长远目标的指引下不断奋斗直到取得最后的胜利。没有一家企业能够在短期内获得意外之财。

6. 价值创造为动力

创业团队成员都致力于价值的创造，即努力把蛋糕做大，从而使得所有人都能获利,包括为客户提供更多价值,帮助供应商也能从团队的成功中获取相应的利益,以及使得团队的赞助商和持股人获得更大的盈利。对于创业团队的成员而言,企业最终获取的收益才是衡量成功程度的标准,而非他们个人的薪水、办公条件或者生活待遇等。

7. 公正性为准绳

尽管法律或者道德都没有规定创业者在企业收获期要公平公正地分配所获利益,但是越来越多的成功创业者都关注共同分享收获。对关键员工的奖酬以及职工股权计划的设计应该与个人在一段时间内的贡献、工作业绩和工作成果相关。由于意外和不公平的情况往往在所难免,因此必须随时做相应的增减调整。

> **小贴士** 一个高效的创业团队,应该具备的特征
> - 团队成员对公司拥有共同的梦想,满怀热情地为了公司的成功工作。
> - 如果团队成员此前就在一个团队里愉快地合作过,不管是在大公司还是新建公司中,那么这个团队往往具有更多优势,因为成员之间已经经过了磨合期,不再面临初次合作存在的问题。
> - 团队成员至少有一个人对公司所处的行业有一定的经验。
> - 团队拥有行业关系网,其兄弟公司能够助其一臂之力。
> - 团队掌握的专业知识涵盖该行业的各个方面:技术、财务、营销、运营。
> - 团队全心致力于公司发展,共同对应融资约束问题。

创业聚焦

携程的创业团队

梁建章、沈南鹏、季琦和范敏构成的携程创始人团队是中国互联网企业里构成最复杂、职位变动和交接最多的一个,但也是过渡最平滑、传闻最少的一个。如果他们不曾为彼此安排好发展空间并保证利益,不曾为大局做出妥协,携程难以安存至今。

2000年年初,携程创始人之一季琦的职位由CEO变为了联席CEO,另一个创始人梁建章开始分权,同任CEO。年中,季琦改任总裁,梁建章成为唯一的CEO,2002年,携程和首旅共同投资创建连锁酒店如家,季琦离开携程,执掌如家。为达到上市要求,携程在2003年撇清了和"交易关联方"如家的投资关系。季琦成为如家的独立当家人。

季琦的职位和身份的变化,后来被梁建章称为"确实非常重要的时点",该变化为携程后来的发展"铺平"了道路。

不过直到2006年的春末,季琦才向《中国企业家》披露:看到经济型连锁酒店的机会,并且要创立如家的创意其实出自

梁建章，不是他自己。而携程的另外两位创始人——现任董事长梁建章和CEO范敏都把投资如家称为"集体智慧"。尤其是梁建章，显然没有把发掘出一个让创业伙伴施展才华的机会当作对外宣讲的资本。

在彰显一种低调风格之余，这里还隐含着一个如何处理各位创始人之间力量消长的经典版本：如何为彼此安排好发展空间并保证利益，如何为大局做出妥协。

携程创立之初的1999年，四位创始人依据各自经历大体定下了人事架构。沈南鹏出任CFO，他此前是德意志银行亚太总裁。季琦和梁建章相继出任CEO，前者此前创办上海协成科技，擅长市场和销售，主外；后者是甲骨文中国区咨询总监，擅长IT和架构管理，主内。最后一个加入的范敏，此前是上海旅行社总经理和新亚酒店管理公司副总经理，则出任执行副总裁，打理具体旅游业务，而后逐步升任COO以及CEO。

论及性格，季琦有激情、锐意开拓；沈南鹏风风火火，一股老练的投资家做派；梁建章偏理性，喜欢用数字说话，眼光长远；范敏则善于经营，方方面面的关系处理得体。四人特长各异，各掌一端；在公司内部有相当的共识。

在携程正式运营的半年之中，季琦由CEO转任联席CEO，及至总裁，梁建章成为唯一的CEO。同为创始人，两人原本并行的关系变化为上下级。

在季琦主政的半年里，携程走的是旅游信息平台的"门户"式路线，"烧钱"比较快；但2000年互联网泡沫破灭，公司的第二笔融资所剩不多。及至梁建章掌舵之后，开始借并购大举转向酒店和机票的预订业务，这成为后来携程的主业。梁建章认为自己有比其他创业人更丰满的经验。第一，在国外管理过大公司，第二，在国内也有两年经验，了解国情。第三，懂IT，知道如何用ERP式的模板优化一家公司的管理。这正是要用互联网平台和IT改造传统旅游产业的携程所需要的。

在"江湖文化"兴盛的中国传统企业里，如此变动通常都会引发意气之争，或导致一场血雨腥风的较量，甚至企业就此沉沦。不过在携程，由梁建章出任CEO执掌大权，却"没什么异议"。

携程四人团队在1999年创业之时皆是人到中年，都已在各自的领域功成名就，"驾驭过大的商业"。这与其他创业者有天壤之别。那个时候，丁磊、马化腾、李彦宏都还是技术青年，马云是英语翻译，张朝阳刚从麻省理工学院毕业不久，而陈天桥主要的经历是在政府部门工作过。

简单地说，这是一群成年人。每个人的成长所需要遭遇的挫折和付出的成本，他们在创业之前都已经历，而不需要把那些"成长的烦恼"带给携程。"大家的出发点都是考虑怎么对公司有益，不会感情用事，少有江湖气。"梁建章说："这种分工是不难得到的结果。"

即使如此，"感情上还有一定的说服工作。"梁建章承认。但就在独任CEO的同时，风格强硬的他又对几位创始人"约法两章"：第一，你们可以提意见，我也很愿意听你们的意见，但既然我是CEO，最后要我说了算；第二，如果有新人进来，不一定是在你们之下，只要他们比你们强……

实际上在季琦转任总裁之后，就开始不再全面涉入携程的日常管理。创立如家的建议也就是在这个时候被梁建章提出来的，并很快取得共识。季琦在随后的一两年里，专心致力于如家的规划。在寻求首旅共同投资如家之后，携程在一年多的时间里也持续给予如家资源上的帮助。

资料来源：编者根据相关公开资料整理，仅供教学使用。

第四节　创业团队的冲突与管理

一、创业团队的冲突

在一个组织或群体中，由于人与人之间存在着一定的差异，对同一个问题，不同的人会有不同的理解和态度，这样就可能产生一定的矛盾。冲突在组织或群体中是客观、普遍存在的。创业团队是一种典型的组织。在团队中，成员共同出资、共同承担风险、共同分配利润、共同参与管理。因此，创业团队成员之间的冲突，不是企业员工与企业管理者的冲突，而是管理者（创业者）之间的冲突。

创业团队最鲜明的优势在于"能够加深对创业问题的理解，提高企业的学习能力和创新能力，提高创业决策水平"。但是，与一般的群体组织类似，创业团队各成员之间存在一定的差异。他们对创业的心理预期、目标实现途径、价值观、沟通方式、性格等都可能有所不用，因此创业团队成员之间难免会发生一定的冲突。尤其是在当前的经济环境中，市场竞争异常激烈，科技进步速度快，存在着很多不确定的市场因素。这些问题能够直接导致创业团队成员对市场的判断产生分歧。因此，创业团队成员之间的冲突几乎是一件不可回避的事情，广泛地存在于合伙企业之中。

（一）创业团队冲突产生的原因

创业团队冲突一般由多种因素积累到一定水平之后才爆发，而且很多团队冲突在爆发之前实际上已经存在。可以看出，团队冲突的爆发有多种原因。一般分为个体原因和群体原因。

（1）个体原因。一般而言，创业团队成员的受教育程度、职业经历、性格等方面都存在差异，这些都会形成团队冲突。如有些学者认为团队的异质性是产生冲突的重要原因，异质性内容主要体现在团队成员的年龄、工作经历、受教育程度以及认知水平等方面；还有些学者从人口统计学特征的角度对团队冲突产生的原因进行了剖析，他们认为性别、年龄、民族、文化等变量与人际冲突的产生关系不显著，但是受教育程度、职业经历、性格、认知能力等变量与人际冲突的产生关系显著；也有些学者认为团队冲突源于团队成员间的动机、价值观以及理想存在差异或者与现实情况不符。

（2）群体原因。群体层面的因素，比如创业团队成员之间的协同性、凝聚力、群体压力、群体规范、信任等，是创业团队冲突产生的重要原因。其中创业团队成员之间的协同性可以促使不同职业经历的成员之间产生良性情感；相反，如果成员缺乏协同性，即使是职业经历类似的成员，也会产生冲突。协同性还可以使得创业团队成员之间增强信任，彼此相互依存。如果不能相互协同，个别创业成员一意孤行，创业团队成员之间可能会产生冲突。同样，创业团队成员之间缺乏凝聚力，也必然会导致成员间纪律涣散，彼此离心离德，最终产生破裂而导致创业团队解散。此外，创业团队中成员压力差异、合作制度不规范、信任缺失等现象，也是导致创业团队冲突的重要诱发因素。

（二）创业团队冲突的类型

对创业团队冲突认识的角度不同，划分的标准也存在差异，但是目前普遍接受的创业团队冲突包含认知冲突和情感冲突两种类型。

1. 认知冲突

认知冲突是指创业团队成员在某些行为、做法、认知、观念等方面意见不一致的现象。认知冲突属于功能冲突，其有着积极的一面：通过创业团队成员对相异性观点进行相互沟通、交换意见，彼此坦诚以待，主要目的是共同找出彼此能够接受的解决方案，认知冲突能够促进成员之间的学习和成长。一般而言，它对创业团队的发展具有正面的影响。

2. 情感冲突

情感冲突是指创业团队成员之间人际关系的不合或者价值观不一致，一般表现为相互猜疑、不合作、相互敌视。情感冲突往往会给创业团队成员带来较差的情绪，相互之间积累不满，不利于任务的有效开展，从而影响团队的健康发展。因为创业团队经常面对不确定性，成员之间存在分歧或者冲突其实是正常现象，每个创业团队的成员都应该正确面对和处理冲突，同样地，创业团队中的认知冲突如果处理不好，很容易上升到情感冲突，因此虽然认知冲突具有一定的正面影响，但也要积极控制和有效引导。

（三）创业团队冲突产生的正面影响和负面影响

冲突对创业团队的影响具有双重性。正如上面所言，不同类型的冲突，给创业团队带来的影响是不一样的。

1. 认知冲突对创业团队的正面影响

认知冲突可以激发创业成员之间的思考，使得创业团队变得更灵活，同时也能产生一定的创新要素。

（1）成员在解决认知冲突的过程中会产生新的想法，进而引发对组织的创新。当创业成员之间产生冲突后，各成员都会积极地收集信息、论证自己的观点，各成员之间也会积极地交流、相互学习。一般来说，会对组织原有的境况产生一定的变革，进而有利于组织的生存和发展。通过各成员的深入交流，彼此理解，能够显著地提高各成员之间的了解程度，有利于成员整体学习能力的提高，能够有效提高组织的创新水平。

（2）冲突的解决过程，同时也是创业团队成员冲突主体之间相互学习的过程，更是不断提高组织决策水平的过程。通过解决冲突，创业团队成员间能够更加深入地研究问题，更倾向于得到系统的方案。通过解决成员之间的冲突，权衡利弊，创业团队之后做出的决策更能代表组织的利益。如果没有冲突，完全服从一个人的判断，可能会出现考虑不周全的现象。

（3）制造和解决冲突能够提高成员的积极参与程度以及成员的积极性。如果组织对每个成员的意见都能认真考虑，对任何一个小的冲突都认真对待，那么成员会感受到被尊重，因此会更加积极地参与组织活动。另外，通过在组织中故意制造一定的冲突，形成一种竞争场面，也有利于提高组织成员的创造性。

2. 情感冲突对团队的负面影响

情感冲突可以影响创业团队成员的士气，导致工作效率降低，对团队绩效具有负面影响。当认知冲突严重到一定地步时，主体之间会产生严重的分歧，如果上升到情感冲突，则会对组织造成一定的负面影响。

（1）情感冲突会消耗组织的资源，影响组织资源的最优分配。为了解决冲突，各创业成员可能要投入大量的时间和精力对某些问题进行激烈的讨论。在讨论的过程中，主体需要投入一定的资源。组织有限的资源没有利用在追求既定目标上，而是用来解决成员之间的冲突，所以，冲突也可以在一定的程度上阻碍组织的健康成长。

（2）情感冲突能够给创业成员的心理或身体上带来伤害。组织成员之间的情感冲突如果非常严重，则会让成员产生紧张、焦虑、恐惧等情感，进而严重影响成员的工作。同时，成员之间因为存在较严重的情感冲突，很不容易形成团结、友善的工作氛围。

（3）一些情感冲突还可能造成创业组织内部的恶性竞争。组织内部如果情感冲突较为严重，创业成员会千方百计地维护自己的利益，可能会采取一些不正当的手段进行竞争，从而严重影响组织的整体利益。

（四）创业团队冲突管理的方法

针对不同类型的冲突，最重要的是要积极引导良性冲突的发生，防止或消减不良冲突对组织带来的影响。

（1）针对认知冲突，主要围绕"积极引导""提高战略认同""防止冲突升级"等角度进行认识。认知冲突对提高创业团队的活力、创新精神具有重要的意义，因此需要积极引导，建立良好的组织氛围，引导成员的"思维碰撞"，是创业团队文化建设的重要内容。团队在实现目标的过程中，不应该将创业成员视为"机器人"，而应该将他们视为"有情感、有思想"的目标共同缔造者，要避免和消除某个创业成员一人独大的局面，尤其是在当今社会，技术迅猛发展，知识和信息更替较快，一个人单打独斗难以形成竞争优势，必须借助整体力量才能更好地应对创业过程中的不确定性和复杂性，有效地识别和利用机会。因此，要尊重每个创业成员，建立团结、友善、相互帮助、相互鼓励、积极向上、努力拼搏的良好的组织氛围。要激发创业成员畅所欲言，要鼓励团队成员相互学习，成员间都要尊重不同的思想或意见。

团队最鲜明的特征在于成员对战略目标的一致性认同。认知冲突一般发生在团队建设过程中的一些"具体的做法"或"日常管理"层面。如果团队成员对战略目标产生了分歧，则属于对重大问题的意见不一致。因此，很容易将认知冲突演变为情感冲突。团队在制定战略目标的过程中，一定要争取每个成员的高度认同。同时，对实现战略目标的重要步骤、方法也要明确。如果团队成员在重要问题上没有分歧，那么认知冲突一般可以得到有效控制。

为了防止认知冲突上升到情感冲突，创业团队应该建立冲突预警机制。冲突预警机制是指对冲突的产生、发展、结束等全过程进行监督和评价的系统。冲突预警机制就是专门防止或消减冲突产生严重后果的一套方法。建立冲突预警机制，一般需要从以下几个层面入手：①对冲突进行内部监测，主要监测冲突对组织内部产生的一系列影响，比如对各主体的工作带来了哪些影响、对各主体的生活带来了哪些影响等；②对冲突的外部环境进行监测，因此判断组织内部冲突给外部相关主体带来的影响；③构建冲突的预警标准，即当冲突达到什么程度的时候，开始进行干预；④制定相关的解决冲突的策略，通过判断冲突的类型，测量冲突带来的后果，制定相应的对策。

（2）针对情感冲突，主要围绕"团队目标清晰化""团队激励系统化""团队沟通渠道顺畅化"等角度进行认识和行动。尽可能地把创业团队目标进行细化，分解出清晰的阶段目标，以降低和减少情感冲突。一个高效的组织，必须要有一个明确的奋斗目标。一个合理的目标是成员合作的动力。同样地,清晰的目标也是解决成员冲突的标杆。组织的任何行为、各项工作,都要紧密围绕目标进行。有了明确的目标,至少可以保证成员之间的意见不至于相差甚远。因此,在组织的发展过程中,要不断明确发展目标且不断细化。如果各个成员对目标都深信不疑、坚定执行,那么各个成员之间产生不良冲突的概率将会降低。为了从制度上解决或缓解情感冲突,应该建立系统的团队激励机制。其中,合理的权力机构是重要的内容。组织内部相互制约、相互制衡的关系,可以有效遏制重大冲突的发生。也就是说,合理的权力结构,既能防止权力过于集中,又能防止权力过于分散,防止了独断专行和权力泛化。

一般而言,可以从组织结构、管理模式两个层面,构建合理的权力结构,减少重大冲突的发生。从组织结构方面来说,要选择更适合的组织结构。从管理模式方面来说,要不断创新,适应时代的需求。随着信息经济、知识经济的到来,过度集权式的领导方式已经不能给组织带来有效的决策。相反,不断创新管理模式,比如深度应用移动互联网、大数据等手段,可以有效提高管理的质量。通过客观分析数据,加强技能型成员、数据分析成员的管理权力,可能更符合当前市场的需求。

构建顺畅的团队成员之间的沟通渠道,是解决和缓解情感冲突的重要保障。为了避免创业成员之间的冲突加剧,一定要建立一套顺畅的沟通渠道。该渠道至少要明确以下几点:①遇到冲突,团队成员之间采用什么方式解决(是按照人数,或是按照股份,还是按照成员所处的位置);②谁来召集解决,何时解决;③关于解决冲突之后的落实情况,由谁来监督。总之,冲突是创业团队成员之间的普遍现象,顺畅的沟通渠道是解决情感冲突的有效途径。

小贴士 有效创业团队要学会合作

无论创业者之间是合伙关系还是雇用关系,其本质都是人与人之间的合作关系。它不仅包括人与人之间的通力合作、资源合作,还包括文化的认同、心灵的融合。合作是否成功,除了各自能力和资源是否具有互补性与对等性外,一个最重要的因素便是各自在道德和情感上是否具有相融性。因此,从终极意义上来说,团队成长的过程也是一个文化磨合与道德认同的过程。只有团队内部形成了基于文化和道德认同的互尊、互信、互爱、互惠的关系,创业团队才有可能步入成功的良性循环,形成超强的团队凝聚力。研究表明,凝聚力是预测团队行为的一个重要指标,对创业团队显得尤为重要,因为创业团队所面对的环境具有很高的复杂性和不确定性。

二、创业团队的管理技巧

创业团队对于创业成功具有重要的意义,但是并非所有的团队都能获取成功,因此,创业团队的管理非常重要。由于创业团队本身的动态性特征,团队管理显得十分重要,团队管理是一门艺术,要针对具体情况灵活进行,但是也有一些普遍性的原则可以遵循。

(一)确立清晰的愿景和目标

共同的目标是团队存在的基础,马斯洛曾说,杰出团队的显著特征便是具有共同的愿望和目标。由于人的需求、动机、价值观、地位和看问题角度的不同,对企业的目标和期望值有着很大的区别。因此,要使团队高效运转,就必须有一个共同的愿景和目标,就是让大家知道"我们要完成什么""我能得到什么"。这一目标是成员的共同愿望在客观环境中的具体化,是团队的灵魂和核心,它能够为团队成员指明方向,是团队运行的核心动力。

(二)关注团队成员的选拔与培训

创建团队的第一步就是选择团队成员。这里要解决两个关键问题:该聘用什么样的人?怎么聘用?第一个问题根据企业的具体需求来决定,要考查其智力、经验和人际交往能力,不仅要考查其表现的能力,还要考查其潜在的能力。可以通过正式的招聘程序进行综合评估,也可以通过非正式渠道进行全方位了解。第二个问题可以通过多种渠道解决,如招聘、猎头公司等。招聘程序尽量做到严格、规范,最终的目标是找到与义务需求相匹配的合适人选。

团队成员在选拔以后,要进行适当的培训,其主要目的是培育共同的价值观,提升员工的业务素质水平,为团队整体目标的实现打好基础。要充分考虑到员工的个性特质与工作的匹配程度,把合适的人放在合适的位置上来扮演合适的角色,充分发挥各自的潜能优势。同时,要加强员工的思想政治工作和职业道德建设,培养员工爱岗敬业、团结拼搏的精神,在企业内形成和谐、友善、融洽的人际关系和通力合作的氛围。

(三)培养良好的团队氛围

联络团队感情可以保持团队士气和热情,没有人希望在冷漠、敌视的环境中工作与合作。因此成员间首先要相互尊重、相互了解并且体谅他人的难处。其次要抽时间共处,通过团队的活动联络大家的感情,使得彼此间感到满意和得到认可。最后要相互帮助、互惠互利,在工作和生活中相互支持和关心,增加凝聚力。通过健康和谐的人际关系能使团队成员之间从提防、排斥与怀疑的状态转变为开放、接纳与信任的状态。信任对于团队的健康发展和效率的提高具有至关重要的作用。团队关系越和谐,组织内耗越小,团队绩效越大。要使团队健康发展,团队成员之间就应该团结一心,履行对团队的承诺。

个体的发展离不开良好环境的支持。良好的文化氛围、科学的经营管理、合理的资源配置、职责明确的分工、公平的激励机制等,都是团队快速成长的良好环境条件。只有在这样的环境中,员工才能感受到团队的魅力所在,将自己融入这个大家庭,尽一份职责和义务,才愿意与他人和平共处、快乐地分享与合作。也只有在这样的环境中,人的潜力才能得到最大限度的发挥,团队的合作精神和凝聚力才能真正地体现出来。

(四)有效的激励

激励是团队管理的重要内容,直接关系到团队的存亡,对创业团队成员的激励能够有效地调动大家的积极性和创造力,通过授权、工作设计、薪酬机制等一系列措施,发挥成员的主观能动性,使得成员产生满意度和归属感,成员能够更加全身心地投入团队的建设之中。尤其是创业团队遇到的任务,多数充满不确定性,有效的激励能够使得成员在面对困难时,依然不会逃避,而且增加对团队的归属感和忠诚度,不会一旦遇到不确定情境就轻易产生离职的念头。

> **小贴士** 创业团队的激励形式
>
> 创业团队成员本身具有分离倾向,团队管理稍有松懈就可能导致团队的绩效大幅度下降。有效激励是企业长久保持团队士气的关键。有效激励通常包括两方面的激励:一方面是物质条件;另一方面则是心理收益。具体体现在以下方面。
>
> - **团队文化的激励**。团队文化是固化剂,团队凝聚力的培养离不开团队文化的建设。团队文化激励对团队建设的积极作用主要表现在:团队文化通过营造一种积极向上、相互尊重、相互信任的文化氛围来协调企业内外的人际关系,通过调动成员的积极性、主动性和创造性来增强团队的凝聚力和竞争力,使团队成员与整个团队同呼吸、共命运,把领导者、团队成员与整体紧紧联系在一起。
> - **经济利益的激励**。创业企业的产权一般比较明晰,机制灵活,所以对于创业团队成员而言,可以把期权激励作为经济激励的一项重要内容来实施,把传统的以现金作为代表的短期经济激励和以期权为代表的长期经济激励结合起来,体现人力资源的价值。
> - **权力与职位的激励**。通常,创业者具有强烈的进取精神,创业团队又通常是高知识群体。他们不仅仅为追求经济利益而进行创业活动,也为了得到成就感以及权力和地位上的满足。

(五)做好沟通管理

沟通是有效管理团队的重要内容之一。没有沟通,团队就无法运转,其原因如下。其一,沟通使得信息保持流畅,实现信息共享,避免因为信息缺失而出现错误决策与行为。其二,沟通可以化解矛盾,增加团队成员之间的信任。

其三，沟通可以有效地解决冲突，提高团队决策质量，促进决策方案的执行。在企业经营管理中，团队成员对有关问题形成不一致的意见、观点和看法，也可能演化为人与人之间相互猜忌，都会造成彼此间的分歧，创业团队成员首先不要回避这些分歧，要充分沟通和交流，消除彼此间的误会，使得成员间形成共识，能够有效地理解和执行团队决策方案，提高绩效。

（六）关注个人发展

创建一支优秀、稳定的团队，还要给个人广阔的发展空间，因此有效的团队建设是保证每个人都能找到自己的位置，并且能够在团队的建设中进行发展，这样成员不仅有饱满的热情投入工作，也会不断地在工作中寻找新的方式，提高效率。个人的发展，不仅仅依靠经验的积累，还要借助目标的设定、绩效评估以及信息反馈。通过这三个程序，激发员工的潜力，认清自己的优点和不足，对自我进行提高和改善，获取更多的发展空间。

（七）突出领导的作用

领导力是指领导在动态环境中，确立团队目标，建立良好的团队关系，提高整个团队的活力，树立团队规范以及指导并帮助团队取得更加突出成绩的能力。优秀的领导者能够把企业文化和价值观传递给员工，培养队员之间的凝聚力；善于同员工进行沟通，并采纳合理的建议；随时掌握员工身心的变化动态，从细微之处着手，尊重员工的需要和愿望，激发员工的积极性和创造性；善于平衡内外关系，为团队发展寻求最大的支持；懂得适当的授权；以身作则，用自己的智慧和影响力带动员工为最终的业绩目标奋斗。

> **小贴士** 创业团队领导者的素质
>
> 大多数创业团队都有一个起领袖作用的创业者，他思维敏锐、富有远见卓识，能够预见到可以让公司发挥出最大潜质的战略。因此，创业领导者的能力与潜质对于初创公司的发展很重要。创业团队领导者应该具备如下特质。
>
> - 充沛的精力和专注力。作为领导者不仅要有过人的领导才能，还要懂得分权，不应该过度热心地把所有的事务都揽在自己身上。
> - 智力和精力。创业团队的领导者需要有足够的智慧、道德、能力和精力，才能塑造企业组织的文化，推动事业的发展，迅速地发现问题所在。由于企业组织从上到下都要接受他的领导，因此领导者必须全身心地投入。领导及其所展现的智力和精力的层次越高，企业就越优秀。
> - 正直的品行和良好的工作习惯。不论是在团队的内部还是外部，团队的领导者都必须诚实地对待每个人，树立良好的个人形象，成为企业组织运作的典范。

- **丰富的阅历**。潜在的领导者通常具有不同的社会背景，他们一般没有在大公司工作的经验，也就很少受到大公司管理风格的束缚。
- **授权能力**。与团队成员建立密切的关系，这与创业团队领导者的创造力和亲和力有关。在工作过程中，领导者要适度授权，委托他人来完成任务。

他山之石

Google Analytics 团队：背后的故事与创业启示

很多人用 Google Analytics，却很少有人知道它背后的故事，要讲这个故事得追溯到它被 Google 收购之前。一个小型的 Web 顾问团队开发了一款产品，叫作 Urchin。这是故事的开始。

1995 年，Google Analytics 的创始人创办了一家公司，起名为 Web Depot，该公司当时的主要业务是为圣迭哥的企业开发网站和提供托管服务。Web Depot 由 4 个人联合创立。保罗·米雷为 CEO 并兼任公司后台技术开发工程师，杰克·安康任 CFO，布雷特·克罗斯比和斯科特·克罗斯比两兄弟则负责业务发展和销售。

两年后，保罗写出了他们的分析软件 Urchin 的第一个版本。这个软件按照计划只是其公司服务的一个部分，直到有一天他"灵光一闪"，他回忆道：我们的大客户之一跟我们说，他们处理网站一天的跟踪数据需要 24 小时，而且非常痛苦。我们尝试着用自己的分析工具来处理相同的数据，却只用了 15 分钟。这时我就意识到，Urchin 很有前途。

因此，当时我们团队面临着一个选择：是继续提供网络咨询服务，还是重点开发和销售 Urchin？他们选择了后者，并慢慢地停止了主机托管服务和网站开发工作。这个转变过程并不容易，但从长远来看此举是明智的。正如布雷特·克罗斯比所言：我们开创了一个有着广阔前景的业务，我们可以给主机托管服务提供商提供服务，这样我们一次就能够获得大量的用户。而不是像我们之前那样专注于单一的客户，而且每笔交易都很麻烦。

当他们开始把顶级网络主机提供商变成自己的客户时，Urchin 迅速成为成千上万的网站的标准分析软件。于是，不久之后 Google 就注意到他们。2004 年，Google 的业务代表在展会接洽 Urchin 团队，以及后来发生的事情，应该超出了他们当时的预期。Google 给了 offer，然后开始谈判，整个过程持续了几个月。

收购完成之后，Urchin 网络端的数据分析软件 Urchin On Demand 就变成了今天我们熟悉的 Google Analytics。另一款名为 Urchin 的客户端分析软件，更名为"Urchin from Google"。不过，收购完成后，改变的并不只有名字。保罗·米雷成为 Google Analytics 的工程总监。在该产品上花费的时间超过 10 年后，他在 2012 年 10 月的 Google Analytics 峰会上，做了他的第一个主题演讲。杰克·安康则成了 Google 新业务开发高级总监。布雷特·克罗斯比现在是 Google 的产品营销总监。他还是一家名为 Euclid（为零售商提供店内消费分析）公司的董事会成员。与其他创始人一样，斯科特·克罗斯比在公司被收购后，也留在 Google 工作，他的职位是高级项目经理。加盟 Google 后，他做了一个关键决策：搬到旧金山住，而不是开车上班。因此，他与他的弟弟布雷特·克罗斯比（他创立了 SF2G，一个提倡骑自行车上班的组织），每天骑车上班。2010 年，他离开了 Google，并且现在也在 Euclid 公司工作，任首席运营官。至于他们的产品 Urchin，Web 端的版本继续以 Google Analytics 的形式运行，而客户端版本就没有那么幸运了。虽然在被收购后他们发布了 3 个版本的升级，但最终还是于 2012 年 3 月停止了更新。

我们可以从中学到什么

启示 1：一个成功的想法并不需要是独一无二的，也不能华而不实，但它必须是有用的。

Urchin 团队的"金点子"并不是他们的网站开发服务和网站托管服务，而是他们为了分析网站跟踪数据而开发的分析软件。分析软件也不是他们最初的创业想法，当你想开发一款可以改变世界的产品时，估计也不会想到开发分析软件这样的产品。然而，事实是他们的确改变了世界，至少改变了网络世界。他们为用户提供了比当时任何一款同类软件用户体验都要好的产品，而且最终成了行业标准。

启示 2：把握时机，适时转变。

如果他们团队当时没有改变，而是坚持自己当初的商业计划，那么 Urchin 或许永远都只是他们网站开发和托管服务的一个附属功能而已，他们也永远都不会发现这个产品的巨大潜力。因此，该改变的时候就要改变，把握时机。

资料来源：编者根据相关公开资料整理，仅供教学使用。

要点回顾

- 团队中成员所做的贡献是互补的，而群体的工作在绝大多数的情况下是互换的。
- 创业团队成员往往是由两个或者两个以上具有一定的利益关系的人，对公司的重要决策产生影响，他们多数拥有公司的股份，因此拥有更高的责任感参与决策，关心公司的成长，对公司有着一种浓厚的感情，从而成为有着共同目的、共享创业收益、共担创业风险的有效工作群体。
- 创业团队对创业成功起着举足轻重的作用，是新企业通向成功的桥梁。
- 创业团队的组成要素包含：目标、人、定位、权限和计划。
- 组建创业团队的策略要在团队内树立中权威主管，努力促进团队成员之间的相互信任，妥善处理不同的意见和矛盾，合理分配股权。
- 创业团队的组建过程应该妥善处理互补性和相似性的统一以及认知冲突和感情冲突的关系。

- 创业团队的管理技巧包含：确立清晰的愿景和目标、关注团队成员的选拔与培训、培养良好的团队氛围、有效的激励、做好沟通管理、关注个人发展、突出领导的作用。

 关键名词

群体　团队　创业团队　认知冲突　情感冲突

 复习思考题

1. 创业团队的优势在哪里？
2. 创业团队的关键要素有哪些？
3. 如何选择创业团队成员？
4. 简述组建创业团队的程序。
5. 有效创业团队的行动标准有哪些？
6. 创业团队冲突的类型及产生的后果有哪些？
7. 如何采取有效的策略管理创业团队？

 牛刀小试

实践练习 1　古典名著中的创业团队

《水浒传》《三国演义》《西游记》等古典名著都详细刻画了创业团队，请选择其中的几个团队，从团队组建、角色扮演、冲突解决、团队演化等方面，认真剖析比较，总结团队运营所涉及的关键要素和一般规律。

实践练习 2　蒙眼排队

活动目标：理解创业团队的内涵，学会沟通和团队协作。

活动过程：

1. 小组成员在一个空场地上围成一个圆圈站好。
2. 教练宣布：开始 2 分钟的小组沟通（没有任何小组任务）。
3. 沟通时间结束，给每个成员分发眼罩。
4. 要求每个成员戴上眼罩，原地转 3 圈。
5. 教练给每个成员分发号码牌（事先准备好），并让成员确认自己的号码，然后检查眼罩佩戴情况，防止作弊。
6. 宣布任务：请小组成员在 3 分钟内，按照号码牌的大小，依次排成一排，在排队的过程中，不允许发出任何声音。
7. 其他学员观察排队结果。
8. 换另外一个小组，重复上面的步骤，对比两组的过程和结果。
9. 活动参加者和观察者的代表做总结发言。

第六章 创业资源的获取与利用

 创业名言

　　创业者在企业成长的各个阶段都会努力争取用尽量少的资源来推进企业的发展，他们需要的不是拥有资源，而是要控制这些资源。

——霍华德·史蒂文森

 本章框架

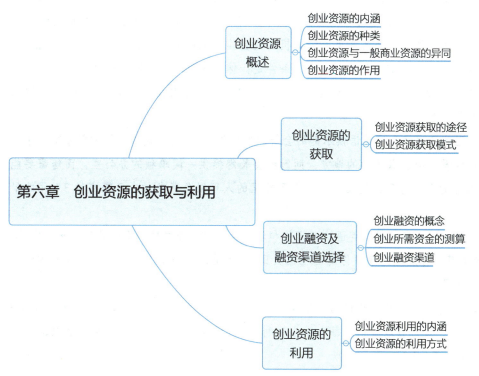

学习目标

通过本章学习，你应该能够：

1. 了解创业资源的内涵、种类、作用以及与一般商业资源的异同
2. 理解创业者为什么难以获取资源
3. 熟悉创业资源获取的途径与技能
4. 了解创业资源获取的模式
5. 掌握创业融资的渠道以及选择策略
6. 了解创业资源利用的内涵和方式

⊙ 开篇案例　王明"英语＋早餐"创业项目的资源获取与利用

王明是一所重点大学的大三学生，还是学校英语俱乐部的部长。王明很渴望创业，但受能力、年龄、经验所限，尝试多次都失败了。这次，王明看上了学校新建食堂四楼的空旷的大厅。这个大厅旁边是一个隶属于学校的高档餐厅。高档餐厅的生意一直很一般。目前，这个大厅闲置着，王明想通过关系低价将这块场地拿下。因为学校有几万个学生，虽说在食堂四楼，但如果宣传得当，还是有学生愿意来的。王明经过一番深思熟虑后，走进了学校后勤集团主任的办公室。

王明对后勤主任说："我有办法帮你把学生吸引到四楼来吃饭，同时我还要给你带来生意，我保证每个月给你带来2万元的营业额，我的条件是免费使用大厅那块闲置的场地。这个场地用来干什么呢？我不是用来做任何商业行为的，而是用来带领学校里的学生晨读英语的。"（一种百人晨读英语的培训项目诞生了，把自己与外面的外语培训机构区别开来。）

接着，王明去了一个著名的英语培训机构谈合作。王明对他们说："我想帮你们招生，一个学校帮你们至少招100名学生。我的条件是：你们提供培训资料的视频与老师，每周过来一次或两次带领同学们晨读英语。同时每天晚上在这个教室里播放培训的相关视频，为你们招生做宣传。"

之后，王明又去找学校英语俱乐部的会长，他告诉会长说："我给我们的俱乐部找了一个定点读英语及开会、做活动的地方，同时给会长您提供一间单独的办公室，而您需要能够动用俱乐部的力量帮我招晨读学生。俱乐部里的人可以免费参加，只需交纳3.5元的早餐费。"

在相继谈妥了后勤集团、英语培训机构和学校英语俱乐部之后，王明开始向学生宣传。"新东方老师带领你晨读！带领你走出哑巴英语。"于是，一个多方借力、多方获利的经典营销案例产生了。

（1）王明通过英语俱乐部招到学生400人左右。定价为每个学生每天早晨6元（含3元营养早餐费），按月收取费用。每个学生毛利在3.5元左右，一个月的毛收入为400人×3.5元/人×30天＝4.2万元。

（2）英语俱乐部免费获得了办公室与活动场所，提升了俱乐部的形象。

（3）后勤集团每月多收入了3万元（王明与食堂约定的早餐价格为2.5元/人×400人×30天=3万元），同时还带动了四楼餐厅的生意。

（4）英语培训机构通过这次晨读与晚上的视频学习，在一个月内招到了46个学生，一个学期招了近200个。也就是说，免费拥有了一个学生试听试读的场所，不需要花力量宣传组织学生来听。

通过一年时间的运营，王明赚了近70万元，他运用自己的力量，利用各种渠道获取的简单资源，赚取了人生的第一桶金。

很多人创业，往往想到的是用自己的钱、自己的资源，有多少人能够跳出这个思维局限，利用好"借力思维"呢？王明就是运用了"借力思维"有效地获取和利用了自己、学校后勤集团、英语俱乐部、英语培训机构的资源，取得了成功。

资料来源：编者根据相关资料整理，仅供教学使用。

第一节　创业资源概述

一、创业资源的内涵

常言道，"巧妇难为无米之炊"，创业需要资源。创业资源，是指能够支持创业者进行创业活动的一切东西，是涵盖让创业者的创业活动顺利进行的一切支持性资源，包括有形与无形的资产。如果不能获得这些创业资源，即使看到了商机，也只能望（商）机兴叹。

目前，我国大学生创业的形势不容乐观，虽然很多学生有创业意识和创业热情，但现实情况是大多数刚毕业的大学生在启动创业活动之初能够掌握的资源很少，创业的成功率不高。麦克思研究院联合中国社科院发布的《2017年中国大学生就业报告》数据显示，近5年来，大学生毕业即创业连续从2011届的1.6%上升到2017届的3.0%，大约翻了一番。其中，毕业半年后自主创业的2013届本科生中，有46.2%的人3年后还在继续自主创业。毕业半年后自主创业的2013届高职高专毕业生中，有46.8%的人3年后还在继续自主创业，甚至有数据指出，即使在浙江等创业环境较好的省份，大学生创业成功率也只有5%左右。[⊖] 这与欧洲和美国的大学生创业成功率20%有很大的差距。是什么原因让中国大学生创业如此之难呢？通过对毕业半年后自主创业人群的风险因素研究，《2017年中国大学生就业报告》发现，2011届到2015届连续5年的大学生创业者都认为"缺少资金""缺乏企业管理经验""市场推广困难"是可能导致创业失败的三大风险，其中"缺少资金"稳居三大风险的第一位。

⊖ 数据来源于《中国经济周刊》，2017年第39期。

由此可见，创业资源不足，尤其是资金缺乏，或者即使获得了资源也无法有效利用是大学生创业很难成功的一个最主要原因。如何发掘这些资源，并加以有效利用，是推动大学生创业、提高创业成功率的必然要求。

二、创业资源的种类

创业资源是新创企业建立过程中必需的资源，一般来说，创业资源包括人力资源、财务资源、物质资源、技术资源、管理资源、品牌资源、市场资源、政策资源、信息资源和组织资源等。表 6-1 列出了这些创业资源的具体类别。按照资源对企业成长的作用，我们将其分为两大类：对于直接参与企业日常生产、经营活动的资源，我们称之为要素资源；对于未直接参与企业生产，但可以极大地提高企业运营有效性的资源，我们称之为环境资源。

表 6-1 创业资源的种类

资源种类		具体内容
要素资源	人力资源	创业者、创业团队的知识、经验、智慧、判断力、人际关系
	财务资源	银行贷款、风险投资、政策性的低息或无偿扶持基金、租金等
	物质资源	创业或经营活动所需的有形资产，如厂房、土地、设备
	技术资源	关键技术、制造流程、作业系统、专用生成设备
	管理资源	企业诊断、市场营销策划、制度化和正规化企业管理的咨询等
环境资源	品牌资源	借助大学或优秀企业的品牌，借助科技园或孵化器的品牌，以及借助社会上有影响力的人士对企业的认可等
	市场资源	经营许可权、销售渠道、顾客关系等
	政策资源	政府扶持政策、与政府的关系
	信息资源	宣传和推介信息、中介合作信息、采购和销售渠道信息等
	组织资源	企业的战略规划、员工开发、评价和报酬系统等

三、创业资源与一般商业资源的异同

创业离不开创业资源，也离不开一般商业资源，两者之间紧密相连、密不可分，既有关系又有区别。

（1）一般商业资源是指经济学意义上的资源，即具有经济价值或能够产生新的价值和使用价值的客观存在物。从这个意义上讲，具有经济价值并能够创造新的价值，这是创业资源与一般商业资源的共同点。但资源的通用性无法使企业获得高水平绩效和持续的竞争优势，也无法实现创业企业的成长。

（2）创业资源与一般商业资源的不同。

1）创业资源是商业资源，但不是所有的商业资源都是创业资源，因为只有创业者可以利用的资源才是创业资源。比如，一座无人开采的价值巨大的矿山是一种商业资源，但是该矿山不一定是创业资源。因为创业活动多数具有轻资产、小团队的特征，一般创业者没有能力通过开发一座价值连城的矿山而开始创业。

2）创业资源大多为外部资源，新创企业的资源普遍短缺，创业者往往只拥有少量的资源，甚至两手空空。因此，创业者获取资源的有效途径就是使外部资源内部化，特别是对于关键性创业资源要能够有效地获取与利用，而商业资源一般可直接使用。

3）创业资源具有异质性。企业内部拥有的异质性资源和能力，比如创业者在创业过程中形成的有特色的创意、创业精神、愿景目标、创业动力、创业初始情境等，是新企业成长的重要原因。

4）创业资源一般比较散乱，而一般商业资源具有一定的秩序性。

5）创业资源更多地表现为无形资源，而一般商业资源更多地表现为有形资源。

四、创业资源的作用

创业者获取创业资源的最终目的是组织这些资源追逐并实现创业机会，提高创业绩效和获得创业的成功。无论是要素资源还是环境资源，无论它们是否直接参与企业的生产，它们都会对创业绩效产生积极的影响。

（一）技术资源和人力资源是关键资源

创业资源中的技术资源是指技术资产及技术开发能力。其中，技术资产包括诀窍、专利等，技术开发能力是企业知识和技能的总和。创业技术决定了创业产品或服务的市场竞争力和获利能力，决定了企业能否获得市场认可，能否生存和健康发展。

在创业初期，企业规模较小，对管理及人才的需求度较低，很多时候，拥有了核心技术，就拥有了获得资金支持的资本。但是，一些看起来很有市场前景的"商机"，如果没有拥有或者控制核心技术就贸然进入，必然会遭受重创。

> **创业聚焦**
>
> **思迈人才网的失败**
>
> 大学生小胡和7位同学筹资12万元，成立了思迈人才顾问有限公司，并建立了思迈人才网。公司的主旨是为企业和个人提供人才评估、咨询、培训、交流、猎头、人事代理等服务，为大学生提供求职培训、素质测评、推荐安置工作等服务。这些服务看起来很有市场前景，但该团队中没有一个人拥有与公司主旨相关的核心技术和运营经验。开业之初，由于人才网络、企业网络没有运作起来，各种服务项目没法开展。于是，小胡决定从最基础的为大学生找家教和其他兼职做起，这也不是他们擅长的领域。公司创立仅3个月，净亏7.8万元。最终他以1元的价格把思迈人才网卖给了别人。
>
> 资料来源：编者根据相关资料整理，仅供教学使用。

技术在创业中是相当重要的，技术的重要性主要体现为人的重要，而不单单是技术本身。技术是由专业人才掌握的。在知识经济时代，人才是经济和社会发展的第一资源。科技的迅猛发展、激烈的全球化竞争，任何技术都可能落伍，任何资源都可能被取代，技术、产品的竞争实质上就是人才的竞争，只有人才资源是任何时代都不能缺少的，人才是企业创业、创新和持续发展的基础，也是企业永葆活力的坚强后盾。因此，专业人才是企业创业的根本，是创业企业最为重要的人力资本。

小贴士

苹果创始人史蒂夫·贾伯说："刚创业时，最先录用的10个人将决定公司的成败，而每个人都是这家公司的1/10。如果10个人中有3个人不是那么好，那么你为什么要让你的公司里有30%的人不够好呢？小公司对于优秀人才的依赖要比大公司大得多。"

(二) 财务资源是根本资源

财务资源对于任何一个企业来说都非常重要，对于新创企业，无论是有形资源、无形资源的购置还是人力资源的构建都需要资金的投入，否则只能是纸上谈兵。绝大多数创业者往往由于资金缺乏而在创业之初就陷入困境。

创业聚焦

争取创业贷款去创业

小刘大学毕业后，回到上海，一直未找到满意的工作，看到自己居住的小区内有一家小型超市的生意非常红火，于是他打算创业，计划在小区内开一家小超市。但是，开一家小超市至少需要投资六七万元，自己又没有那么多资金。如果向银行贷款，一般需要自己提供资产抵押或第三方提供担保，可是自己又不具备条件。正在他一筹莫展时，上海浦发银行与联华便利签约，推出"投资7万元，做个小老板"的特许免担保贷款业务，小周获悉后立即递交申请，2个月后顺利地从浦发银行领到贷款，很快如愿地开了一家小超市。

资料来源：编者根据相关资料整理，仅供教学使用。

创业之前创业者必须结合创业计划，合理地确定资本结构与资金需求数量，并切实筹集到创业所需数量的资金，才可能正式开始创业起步。只要有一个环节的资金不到位，即便再伟大的创业事业也会面临失败的风险。因此，资金在创业中具有不可或缺的重要作用。

(三)信息资源是重要资源

一方面,大学生创业需要大量信息,但不知从哪里寻找(信息不足);另一方面,市场上有海量信息,却没有被人识别和发现(信息过剩)。

> **创业聚焦**
>
> **郑兴伟的第一桶金**
>
> "我要创业,我要当老板!"2008年9月,17岁的郑兴伟刚踏入温州大学的校门时曾立下豪言。初入大学校园,善于观察的他敏锐地发现,温州的家长对子女的课外辅导非常重视。而覆盖了所有专业的大学城学生,是一股强劲的师资力量。因此他把目光放到了家教中介上,并迅速投入实践。在说服其他6名热血青年后,他们组建起了"七彩虹"创业团队。在一年里,该团队印发了3万张业务名片,5名男生利用课余时间通过校园网和各大社区投入广告,联系学生并录入信息;2位女生会温州话,主要负责联系家长,对接需求。在经过团队一年的共同努力后,每个人平均净赚2.8万元,这是他们人生的第一桶金。
>
> 资料来源:编者根据相关资料整理,仅供教学使用。

新创企业,由于是新进入者,在对于市场信息、项目信息、资金信息、政府法规等信息资源的把握上会处于劣势。由于竞争十分激烈,因此就更加需要丰富、及时、准确的信息,比如谁是潜在的顾客?顾客将如何评价产品或服务?这些市场信息可以为创业者制定研发、采购、生产和销售的决策提供指导与参考。

第二节 创业资源的获取

在这个竞争激烈的时代,资源的争夺愈加激烈。作为刚毕业的大学生,创业初期能够掌握的资源不多,这就要求大学生能够快速、高效地找到足够的资源来支撑自创企业的发展。那么,创业资源获取的途径有哪些呢?

一、创业资源获取的途径

(一)获取人力资源的途径

高素质人才的获取和开发,是现代企业可持续发展的关键。特别是高科技创业企业,因为其较大的知识比重,人才资源则更为重要。这里的人力资源不仅仅指创业及团队的特点、知识和激情,还包括创业者及拥有的团队、能力、意识、社会关系和市场信息等。

> **小贴士** 获取人力资源的途径
> - 打工。
> - 模拟公司运作。
> - 参加校园创业大赛或者挑战杯大赛。
> - 拜访最优秀的人。
> - 与优秀的人共事。

大学生的经历少，打交道的人少，认识的朋友也少，而创业之初，多听听朋友的意见，争取他们的支持和帮助很重要。这就要求大学生在校期间，既可以通过参与各种社团活动，也可以通过开展一些小型的创业活动，比如，提供一些产品的校园代理，来认识一些志同道合的人。同时，在这个过程中既能赚些钱，增长关于市场的知识，还能锻炼组织能力——因为往往要组织两三个人的小团队（团队人数切忌太多，两三个人就可以了，最多别超过 5 个人）。而在这些人中有一部分人很有可能会成为你未来创业团队的伙伴。

创业聚焦

得合伙人者得天下

创业者的人脉圈往往决定了其事业的高度。血缘、地缘、业缘、同乡、校友、同僚、战友等，都是形成人际交往圈的重要因素。在这些圈子里，校友圈又显得比较特别（见表 6-2），有人说，世界上能够产生最好朋友的地方就是学校和战场。

表 6-2 校友创业团队

公司名称	学校	校友创业者
腾讯	深圳大学	马化腾、张志东、陈一丹、许晨晔
新东方	北京大学	俞敏洪、徐小平、王强
携程	上海交通大学	季琦、沈南鹏、范敏、梁建章
饿了么	上海交通大学	张旭豪、康嘉、汪渊、邓烨
复星集团	复旦大学	郭广昌、梁信军、汪群斌、范伟、谈剑
蘑菇街	浙江大学	陈琪、魏一搏
美团网	清华大学	王兴、王慧文
途牛网	东南大学	于敦德、严海峰

（二）获取外部资金资源的途径

对于外部资金的获取，一般可通过以下 5 种途径获得：①依靠亲朋好友筹集资金，双方形成债权债务关系；②抵押、银行贷款或企业贷款；③争取政府某个计划的资金支持；④所有权融资，包括吸引新的拥有资金的创业同盟者加入创业团队，吸引现有企业以股东的身份向新企业投资，参与创业活动，以及吸引企业孵化器或创业投资者的股权资金投入等；⑤制订一个详尽可行的创业计划，以吸引一些大学生创业基金甚至风险投资基金的目光。在获取外部资源之前，记住一位企业家曾经说过的一段话："创业首先要用自己的钱干起来，你自己的钱不先投进去，凭什么让别人为你投钱？"

（三）获取技术资源的途径

在2005年大学生创业竞赛中，上海交通大学七彩虹创业团队所持项目——分布式ISP接入方式，通过技术手段实现上网电话费用的降低，可以从当时的每小时2元降到0.07元。有关人士认为这一项目极具市场前景，如能推广，会给风险投资带来丰厚的回报。上海交大学子科技创业有限公司近水楼台先得月，抢先和七彩虹创业团队签订了投资协议。由此可见，技术资源能回答这样的问题：我们能提供什么样的产品或者服务？它能满足或者实现人们什么样的需求？谁会需要我们提供的产品或者服务？很多时候，拥有了核心技术，就拥有了获得资金支持的资本。

> **小贴士** 获取技术资源的方式
> - 吸引技术持有者加入创业团队。
> - 购买他人的成熟技术，并进行技术市场寿命分析等。
> - 购买他人的前景型技术，再通过后续的完善开发，使之达到商业化要求。
> - 同时购买技术和技术持有者。
> - 自己研发。

目前，大学生的技术意识还不够强。从全国各类创新创业大赛上收集到的项目方案来看，其中偏向于商务服务类的居多，而拥有核心实用技术的少。真正的创业者，一是拥有核心技术，二是拥有一流的团队。比如，在美国硅谷，最容易获得风险投资的创业项目团队是既拥有哈佛商学院MBA毕业生这种会管理、懂市场的团队成员，也拥有从麻省理工学院、斯坦福大学毕业的懂技术的团队成员。所以，仅仅依靠一个商业想法来融资是很困难的。

> **创业聚焦**
>
> ### 东北大学生创业第一人
>
> 在2006年第二届中国青年创业周上一举摘得"中国最具潜力创业青年奖"的董一萌，于2001年获得长春市新星创业基金10万元，并于当年9月成立"一萌电子公司"，主营网站建设和软件开发。他认识到一家企业必须拥有自己的核心产品，其发展才有后劲。当时，全国的网民中近90%是通过搜索引擎寻找需要的信息的，董一萌意识到，搜索引擎营销是一个黄金行当。然后，他们"集中所有精

力，做好这一件有创新和实用性的小事"。几个月后，"一萌电子公司"推出了自己研发的"善财童子"，客户只要使用该产品，便可使其网站排在搜索结果的前几名。至

2005年年底，董一萌发展了全国多个省市的代理商，并在北京建立了分公司。

资料来源：编者根据相关资料整理，仅供教学使用。

（四）获取市场与政策资源的途径

市场与政策等信息是创业者正确决策的信息依据，也是适时调整创业思路的基础。在千变万化的市场经济中，如果不能及时地、完备地得到这些信息，创业者必然会"盲人摸象"，处处碰撞。同时，如果各种信息离散度大、层次浅，难以保证技术经济信息的完整性、准确性、及时性和有效性，这无疑会影响创业企业的决策，甚至关系到创业企业的成败。所以，大学生创业者必须借助众多途径来获取及时、准确、有效的市场和政策信息。

小贴士 获取市场与政策资源的途径

- 政府机构。
- 同行创业者/企业。
- 专业信息机构。
- 图书馆。
- 大学研究机构。
- 新闻媒体。
- 会议。
- 互联网。

市场与政策信息对创业企业的业绩有很大的影响，比如国家政策、法律、法规的调整，国内外市场形势的变化，这些因素都不是我们所能控制的。但创业者始终要对这些信息保持高度的敏感度，能够及时地找到有利于大学生创业的一些有用的信息。

小贴士 各地的创业政策

近年来，为支持大学生创业，国家和各级政府出台了许多优惠政策，涉及融资、开业、税收、创业培训、创业指导等方面。对打算创业的大学生来说，了解这些政策，可以有效地降低创业成本，提高创业效率。

1. 北京市的创业政策

- 设立小额担保贷款，贷款金额最高为50万元，且由区财政进行贴息。除拥有北京

《再就业优惠证》的人员外,持有北京户口的未就业大学毕业生想要从事个体经营或自主、合伙开发创办小型企业自筹资金不足的,也可申请小额担保贷款。

- 完善创业园建设。
- 开展大学生创业援助计划和自主创新推进项目活动。2012 年启动"放飞青春梦想,创业成就未来"北京大学生创业援助计划。

2. 上海市的创业政策

- 设立创业贷款,贷款金额为 5 万~30 万元。优惠政策如专门设立了大学生创业"天使基金"。
- 给予社保补贴。
- 建立创业培训与创业见习制度。
- 提供房租补贴。
- 减免行政事业收费。
- 建设完善创业园区。

3. 合肥市的创业政策

- 设立申请对象为高校毕业生的贴息贷款,贷款金额最高为 5 万元,财政方面按中国人民银行公布的同期贷款基准利率上浮 3 个百分点以内的给予全额贴息。
- 放宽创业领域。
- 放宽注册冠名。
- 大学生创业注册资本"零首付"。
- 免收行政事业性收费。
- 多种创业园区优惠政策。

二、创业资源获取模式

创业之初,每家企业拥有的初始条件不同,创业所需的各项资源往往只能依靠创业者在既有资源的基础上通过自身努力获取。典型的资源获取模式分为技术驱动型资源获取模式、人力资本驱动型资源获取模式和资金驱动型资源获取模式。

(一)技术驱动型资源获取模式

技术驱动型资源获取模式是指创业者最先拥有技术资源,或者创业初始,技术资源较为充裕并带动其他资源向企业聚集。[1]在这种模式下,创业者以拥有的核心技术为基础,根据技术开发的需要获取、整合和利用资源。大学生创业或高科技创业多采用这种模式。

---

[1] 王旭,朱秀梅. 创业动机、机会开发与资源整合关系实证研究 [J]. 科研管理,2010(9):57.

(二)人力资本驱动型资源获取模式

人力资本驱动型资源获取模式是指创业者以拥有的团队为基础,通过发挥团队特长或根据机会开发的需要来获取、整合和利用资源的模式。

> **创业聚焦**
>
> ### 携程的资源获取
>
> 1999年,在美国接受教育并且工作多年的沈南鹏、梁建章,与接触过国外文化的民营企业家季琦、国有企业管理者范敏4人共投入200万元创办携程,总部设在中国上海,目前已在北京、广州、深圳、成都、杭州、厦门、青岛、南京、武汉、沈阳10个城市设立分公司,员工有7 000余人。作为综合性在线旅行服务公司,携程向超过2 000万个注册会员提供包括酒店预订、机票预订、度假预订、商旅管理、特约商户及旅游资讯在内的全方位旅行服务。
>
> 这个超级团队是如何组建的呢?如果现在我们看携程的团队,会有两个直观的印象:一是,这个团队是真正的豪华阵容,每个创始人都有着光彩夺目的背景;二是,这4个人都非常善于合作,能将团队的力量放大数倍。从创到到2003年年底在海外上市,这个4人团队如同接力赛一般,在企业发展的不同阶段分别领跑,各自发挥所长,完成属于自己的使命。携程3年内2次叩开纳斯达克大门,利用国际风险投资资本和国际风险投资工具,借助股权私募基金的力量实现了公司的跳跃式发展(见表6-3)。
>
> **表 6-3 携程历次融资信息**
>
> | 公司名称 | 时间 | 轮次 | 金额 | 投资方 |
> |---|---|---|---|---|
> | 携程 | 1999 年 10 月 | A | 50 万美元 | IDG 资本 |
> | | 2000 年 3 月 | B | 450 万美元 | IDG 资本、软银中国、晨兴创投、兰馨亚洲 |
> | | 2000 年 11 月 | C | 1 127 万美元 | 软银中国、兰馨亚洲、凯雷等 |
> | | 2003 年 9 月 | D | 1 500 万美元 | 老虎基金 |
> | | 2014 年 8 月至 2015 年 5 月 | IPO 后 | 10.5 亿美元 | Priceline(占股超 15%) |
>
> 2003 年 12 月 10 日,携程在纳斯达克上市,募资 7 560 万美元,当时市值 13 亿美元(目前 130 亿美元)。
>
> 资料来源:编者根据相关资料整理,仅供教学使用。

(三)资金驱动型资源获取模式

资金驱动型资源获取模式是指创业者最先拥有资金或者创业初始资金较为充裕并带动其他资源向企业聚集的资源获取模式。在这种模式下,创业者以其拥有的资金为基础,通过寻找和资金相匹配的项目,进而对其进行开发来获取、整合和利用资源。

创业聚焦

人人车

人人车成立于 2014 年 4 月,由李健、赵铁军、杜希勇、王清翔联合创建,李健任人人车 CEO。人人车通过打破传统二手车交易的信息壁垒,将一些买家和卖家从"柠檬市场"中解救出来,提供免费上门检测车况等信息服务,采用 C2C 虚拟寄存模式,主打 C2C 交易。

2014 年 7 月,该公司成立之初即获得了来自红点创投的 500 万美元 A 轮融资。此后短短 4 年,人人车先后完成了 6 轮融资(见表 6-4),为公司发展战略的顺利展开奠定了良好的资金基础。

表 6-4 人人车历次融资信息

时间	轮次	投资方	金额
2014 年 7 月	A	红点投资	500 万美元
2014 年 12 月	B	策源资本、雷军系顺为资本	2 000 万美元
2015 年 8 月	C	腾讯战略	8 500 万美元
2016 年 9 月	D	汉富资本、中民投资本、新浚资本和普思资本	1.5 亿美元
2017 年 9 月	E	滴滴出行	2 亿美元
2018 年 4 月	F	高盛集团、腾讯、滴滴出行	3 亿美元

2017 年 9 月,人人车还与中国汽车流通协会达成合作,成为二手车检测国家级标准——"行认证"的二手车电子商务首家战略合作伙伴,全面升级检测标准,保障二手车的放心车况。2017 年 9 月,人人车获得滴滴投资 2 亿美元,双方围绕汽车产业展开了全方位的深度合作,共同构建汽车行业交易新生态,推动汽车产业升级,助力人人车成为最大、最受用户信赖的汽车交易服务平台。正是借助于资本的力量,人人车实现了快速增长,2014 年 12 月底从北京扩张到更多的城市,目前该公司的业务已覆盖 100 余个城市。

资料来源:编者根据相关资料整理,仅供教学使用。

第三节 创业融资及融资渠道选择

在创业过程中,资金问题是任何一个创业者都必须首要面临的大问题。对资金匮乏的大学生而言,这也是一个最现实、最严峻的问题。即使是一个好的项目、一项有市场前景的发明创造,如果没有资金保证,也无法付诸实施。

创业聚焦

潇湘设计:"融资就像第 101 次求婚"

- 企业名称:潇湘设计工作室
- 创业人物:名牌大学毕业生李南
- 融资概况:在半年的融资历程中,见过几十个投资人,但最终未能达成融资协议。
- 事件回放:第一次谈判,李南就被

投资人批驳得丧失信心：模式不创新、运作不稳定、计划不现实……投资人直接判了死刑，完全不容他再赘述发展目标。

以前，李南总爱说自己做项目不是纯粹为赚钱，而盈利是投资人最关心的问题，李南的回答彻底触动了投资人的底线，有了这样的失败经历后，他开始改变自己的说法，并把自己的宏伟蓝图描述得非常动人。但这种缺乏数据支撑的虚化说辞似乎也不受欢迎，尤其面对的是有丰富经验的投资人。经过一次次失败，李南更加清楚地认识了自己的价值和项目的瑕疵。他说："融资，就像101次求婚一样，可能要身经百战、反复磨砺才能促成。"

资料来源：编者根据相关资料整理，仅供教学使用。

一、创业融资的概念

（一）创业融资的内涵

融资主要是指资金的融入，也就是资金来源，具体是指通过一定的渠道、采用一定的方法，以一定的经济利益付出为代价，从资金持有者手中筹集资金，满足资金使用者在经济活动中对资金需要的一种经济行为。广义的融资指资本在持有人之间流动，以余补缺的一种经济行为；狭义的融资主要是指资本的融入，即通常说的资本来源。

创业融资是指创业者为了将创意转化为现实，通过不同的渠道、采用不同的方式筹集资金以建立企业的过程。

（二）创业融资难

创业者面临的最大问题是什么？2004年广州青年企业家协会的一项专题调查显示，45%的被调查者认为创业遇到的最大问题是"缺乏资金"。

大部分大学生并没有足以支撑创业的财富积累，而与此同时，银行不愿意贷款给初创企业，创业风险投资家又总在寻求大笔交易，私人投资者越来越小心谨慎，公开上市只适用于一小部分有良好成长业绩的"明星"企业，所以创业资金的筹集是阻碍那些刚刚起步的大学生创业者创业成功的一大拦路虎。

> **小贴士** 大学生创业者融资难的因素
> - 个人信誉较弱，难以获得资金帮助。
> - 经营企业的思维意识较差，失败风险大。
> - 创业者普遍缺少抵押财产，难以获得银行贷款。
> - 新企业没有经营记录，难以评定信誉等级。

- 项目处于验证期,风险类投资介入缓慢。
- 创业者融资信息来源不足,不了解社会各类扶持资金的情况。

二、创业所需资金的测算

开办企业必须要有必要的投资和支付各种必要的费用,这些费用的总和就是启动资金。启动资金需求量的测算是融资的基础,每个创业者在融资前都要明确所需要的启动资金需求量。那么如何计算启动资金需求量呢?

对于创业者来说,首先要弄清楚创业所需资金的用途。创业启动资金的用途可以分为两类:投资(固定资产)和流动资金。

> **小贴士** 启动资金的用途
> - 投资(固定资产)——你为企业购买的价值较高、使用寿命长的设备等。
> - 流动资金——企业日常运转所需要支出的资金。

具体来说,这个问题主要依据选择项目的种类、规模大小、经营地点等情况而定。以小本投资项目为例,所需的资金主要由以下几个部分组成:房租(房租至少要算入3个月的费用)、办公家具、机器、设备、原材料、营业执照(如需注册公司,最低需要3万元)及许可证办证费、开业前广告及促销费、工资、水电费、电话费以及经营周转所需的流动资金(至少要准备能支付三四个月的经营周转资金)。

> **创业聚焦**
>
> **300平方米咖啡店启动资金需求量预测**
>
> 以上岛咖啡为例,开一家标准的300~400平方米的咖啡店,启动资金为80万~100万元,具体包括:4年20万元的加盟费、5万元的保证金、标准为1 200元/平方米的装修费、设备费8万~10万元(包括厨房设施,如咖啡机、磨粉机、水处理设备、音响、空调、收银系统等固定资产设施)、家具6万~10万元(如吧台、沙发、桌椅等)、户外广告3万~5万元。此外,还需要预留部分流动资金维持店面运转。

创业者一方面要合理准确地估算启动资金的需要量,确保企业能够正常运营,同时作为创业者一定要节约开支。很多创业者的理财能力比较弱,没拿到钱的时候拼命地到处跑,像无头苍蝇一样,可是拿到钱以后,却没有计划好怎么使用每一分钱,甚至无节制地开支,结果当然可想而知。

在创业的初期,创业团队尽可能少拿或者不拿工资,能省就省,能整合的资源要整合利用,在满足经营要求的前提下,可以采用网购、租赁二手设备、在家开业等方法,不要为了撑门面把公司给经营倒闭了,切记要开源节流。

三、创业融资渠道

如果你想组建一个创业团队,想注册一家公司,那就要考虑到一个至关重要的条件——你创业的第一桶金从哪里来?长期以来,这个问题困扰着无数的创业者。或许对于部分起点高的人而言,他们能够通过各种渠道迅速找到创业的突破口,挣得第一桶金,但对于仅凭满腔热血创业的普通创业者来说,赚取第一桶金几乎难如登天。正如古戏所唱"一文钱买鸡蛋、蛋变鸡、鸡变蛋能变个没完",而大多数人就差那一文买蛋钱。然而,钱是有的,关键是到哪里去找。

很多创业故事都已经告诉我们,富裕的启动资金绝对会帮助你在创业路上少走一些弯路。这里总结了10种获取启动资金的渠道。

(一)自我筹资

总的来说,成功的企业家的创业资金有30%来自自己的积蓄。创业初期团队成员依靠自身的筹资,往往具备了初期项目启动的能力。同时自筹资金也是一种自我承诺,极大地坚定与鼓舞了团队士气。

一般来说,大学生创业初期所选择的项目及投入都不会太大,所以创业的第一桶金大部分来源于几个股东一起凑起来的,单人的资金基本上是自筹的,这就形成了创业初期的第一桶金。从萌生创业想法到最终付诸实践,其间总会有机会让你攒下积蓄。"先打工赚钱,再出来创业"也成了许多创业者的路径规划。

(二)向父母、亲朋好友融资

向家人朋友借钱,应该是很多创业者采取的方法。这种方法有优势也有劣势。

优势是,成功概率高、投资和利息条件更优惠,而且能够更快地拿到钱。劣势是,容易出现纠纷,父母可能会插手公司;如果创业失败,可能一辈子会对他们有负罪感。向父母借钱时不要超出他们的损失承受能力。你当然希望可以借到足够创一番事业的钱,但要考虑到如果你创业失败,可能会给家人带来很大的麻烦。

> **创业聚焦**
>
> **借钱要合适不要贪多**
>
> 杜开冰(私企老板)建议:借钱,首先要考虑借多少合适。"合适"就是不要贪多,创业资金5万元和150万元,在我看来,对于一个初次创业者来说,毫无区别。假如两者的公司都倒闭了,存活的时间也差不多。拥有5万元的创业者通过精打细算,反而还撑得更久。创业应该从力所能及的项目开始。

（三）股东融资

共同参与的所有股东，合伙凑集启动资金。不少人选择合伙创业的方式来减轻创业初期的资金压力，人多力量大，一个人出几万元，启动资金很快就能凑拢。这种方法有优势也有劣势。

优势是容易共同前进，达成统一利益共识；劣势是当出现亏损时股东承受不住压力而撤资，会影响士气。

> **创业聚焦**
>
> **合伙人选择要慎重**
>
> 周文明（重庆中交科技股份有限公司董事、总经理）建议：一开始最好是两个人合伙。这样的合伙只需要考虑两个人的创业匹配度。首先你们的能力是不是互补，能力互补才能发挥最大的作用，否则容易造成内耗和浪费，短板没人能补上，整体能力就会打折扣。其次你们的价值观是否统一。最后，有没有容错能力。如果出了问题相互指责推诿，好朋友合伙创业也可能以绝交收场。
>
> 所以，用别人的钱创业，看着筹资轻松，风险和问题却从资金层面转移到合伙人层面，我们仍然不能放松警惕。

（四）创业贷款申请

针对每年扶持创业政策，进行申请，以获得当地政策与资金的扶持。这种方法有优势也有劣势。

优势是创业贷款资金使用压力较小，有贴息、免息等政策；劣势是获得扶持的难度较大，申请数量较多。

大学生创业贷款是国家给大学生提供的创业优惠措施，为支持大学生创业，国家各级政府出台了许多优惠政策，涉及融资、开业、税收、创业培训、创业指导等方面。

> **小贴士** 大学生创业贷款优惠政策
>
> ● 利息减免。到当地银行申请创业贷款，当地政策对于创业贷款会有一定的利息减免政策，主要表现为创业贷款的利率会按照中国人民银行规定的同档次利率下浮20%。
>
> ● 贴息政策。国家为大学毕业生提供的小额创业贷款是政府贴息贷款，其期限为1～2年，2年之后不再享受财政贴息。
>
> ● 当地政府。大学生创业贷款金额在全国各地有各自的政策规定，相关优待政策就要看当地政府的实际情况。各地政府为了扶持当地大学生创业，出台了相关的政策法规，而

且更加细化、更贴近实际。

大学生创业贷款申请要求
- 大学专科及以上学历毕业生。
- 毕业后6个月以上未就业,并在当地劳动保障部门办理了失业登记。
- 贷款申请者必须有固定的住所或营业场所。
- 营业执照及经营许可证、稳定的收入和还本付息的能力。
- 创业者所投资项目已有一定的自有资金。

大学生创业贷款需要提供的资料
- 婚姻状况证明、个人或家庭收入及财产状况等还款能力证明文件。
- 贷款用途中的相关协议、合同。
- 担保材料,涉及抵押品或质押品的权属凭证和清单,银行认可的评估部门出具的抵(质)押物估价报告。

大学生创业贷款金额及期限
- 最高不超过借款人正常生产经营活动所需流动资金、购置(安装或修理)小型设备(机具)以及特许连锁经营所需资金总额的70%。
- 我国的商业银行、股份制银行、城市商业银行和有条件的城市信用社要为自主创业的毕业生提供小额贷款,贷款额度在5万元左右。
- 期限一般为2年,最长不超过3年,其中生产经营性流动资金贷款期限最长为1年。
- 个人创业贷款执行中国人民银行颁布的期限贷款利率,可在规定的幅度范围内上下浮动。

(五)加入孵化计划/赢取创业基金

每年有大量的社会公益机构,针对创业者开展大赛、论坛,经过评委评定,发放部分资金帮助创业者。这种方法有优势也有劣势。

优势是获得的扶持资金可享有免偿或免息政策;劣势是公益机构创业扶持评审周期长。

很多城市的创业园区、政府机构都有为创业者提供创业基金的政策和孵化器,以及办公场所和初始基金;一些知名创业扶植服务机构、基金也会定期举办创业大赛、Demo活动。用赢取创业基金的方式筹集创业的"第一桶金",不失为一个高效、可行的办法。但同时也要求创业者具备足够的实力,从众多申请者中脱颖而出。

如创业邦最近推出的"创新中国孵化计划",由创业邦天使基金会为每家入孵企业提供50万~200万元的启动资金,帮助创业企业度过早期最艰难的时刻。

> **创业聚焦**
>
> **创业活动的价值**
>
> 李程（谛听科技创始人、CEO）建议：创业者应该多参加同行业的创业者活动，这些创业活动不仅能给予创业者激励，也创造了很多创业经验交流的机会。同样，社会、媒体和政府等都给予了创业很多关注和支持，这种思想的碰撞对创业者是很有价值的。

（六）天使投资

天使投资起源于纽约百老汇。传统意义上的天使投资，是指自由投资者或非正式机构对有创意的创业项目或小型初创企业进行的一次性的前期投资，是一种非组织化的创业投资形式。现在，天使投资的概念已经拓展了，也包括一些正式机构对有创意的创业项目或小型初创企业进行的多轮次的前期投资。

天使投资的特征：直接向企业进行权益投资；不仅提供现金，还提供专业知识和社会资源方面的支持；程序简单，短时期内资金就可到位。

天使投资主要面向的是初创期和种子期的企业，投资资金数量都比较少，一般是几万元到几十万元不等，而且投不投、投多少资金主要依据投资者个人的眼光和喜好，遇到合适的项目就可以立刻拍板。

中国天使投资人目前已渐成规模，对中国创业起到了很好的促进作用。由于不同的天使投资人有各自相对鲜明的投资判断准则、投资风格、专注的投资领域，所以作为大学生创业者想成功地获得天使投资人的青睐，顺利拿到风险投资，就必须对此有所了解。国内著名天使投资人的投资风格如表6-5所示。

表6-5 国内著名天使投资人的投资风格

天使投资人	投资判断准则	投资风格	专注的投资领域	主要投资项目
蔡文胜	• 团队是第一要素 • 方向要对 • 要有好的执行速度 • 要有一定的用户规模	• 对草根创业者比较偏爱 • 投资的阶段更早 • 投资速度很快 • 投资规模一般在几十万元到500万元之间，会占10%~30%股份	互联网游戏	暴风影音、网际快车、ZCOM、58同城、美图秀秀、大旗网、优化大师、易名中国
雷军	• 能洞察用户需求，对市场极其敏感 • 最好是两三个优势互补的人一起创业 • 一定要有技术过硬并能带队伍的技术带头人 • 低成本情况下的快速扩张能力 • 有创业成功经验的人加分 • 业务在小规模中被验证	• 一般只投熟人，不熟的人不投，或者只投很少的钱 • 帮忙不添乱，不是"控制型"天使 • 倾向于解决中国本土用户需求的项目	游戏、软件、电子商务、移动互联网	多玩网、iSpeak、乐讯、7K7K、拉卡拉、乐淘、凡客、小米科技

(续)

天使投资人	投资判断准则	投资风格	专注的投资领域	主要投资项目
徐小平	• 创业者对自己的项目要有理性的狂热以及狂热的理性	• 投资判断非常感性，很多时候只会看人不会看报表 • 与其他大多数天使投资人"只投熟人，不熟不投"的投资风格不同，投资了很多陌生人 • 投资完后对企业和项目过问较少，不会太多干涉和介入企业的发展与运营	互联网	世纪佳缘、Light in the Box、聚美优品网
周鸿祎	• 创业者是否能正确认识自己的才能，看清自己的缺陷 • 创业者的团队协作精神 • 抗压能力，精神韧性	• 通常进行小份额战略投资 • 不寻求控股地位	互联网	奇虎360、迅雷、Qvod、酷狗、迅游、博雅、起凡游戏、乐宝游戏、火石

（七）商业银行贷款

个人生产经营贷款、个人创业贷款、个人助业贷款、个人小型设备贷款、个人周转性流动资金贷款、下岗失业人员小额担保贷款和个人临时贷款等类型。目前各类银行都有针对中小企业的贷款政策，可帮助初创企业短期借贷使用。

很多人认为找银行，金额大了批不下来，再加上对政策、手续不熟悉，觉得审查会很麻烦，投入的时间和精力成本有些不划算。但实际上，很多银行都设有小额担保贷款，在必要时可用于满足企业日常生产经营的资金周转，帮助创业公司突破瓶颈。那么，各大银行都有哪些小额贷款产品？

> **小贴士** 银行系小额贷款产品
>
> 1. 中国工商银行：个人信用消费贷款产品
> - 中国工商银行（简称工行）为特定条件借款人发放的，用于消费用途的，无担保、无抵押的信用贷款。现在正在做利率优惠，1年期贷款利率为5.22%，1年以上为5.7%，贷款额度600元至80万元不等，贷款期限最长为5年，4种还款方式，可自由选择，提前还款不收取任何费用。
>
> 2. 中国农业银行：网捷贷
> - 农行网捷贷是中国农业银行针对农业银行个人客户推出的自助申请、自动审批的小额信用贷款。贷款额度最高为30万元，贷款期限为1年，还款方式是贷款到期一次性还款。
>
> 3. 中国建设银行：快贷
> - 中国建设银行（简称建行）推出的线上全流程自助贷款；其中快贷产品分快e贷、融e贷、质押贷、车e贷、沃e贷5种，快e贷门槛最低。快e贷贷款金额为1 000元至30万元不等，贷款期限最长为1年，可循环使用。贷款年利率5.6%左右。

4. 中国招商银行：闪电贷

- 中国招商银行（简称招行）推出的一款全线上自助信用贷款。贷款额度为 1 000 元至 30 万元不等，贷款期限分 24 期、60 期、240 期，贷款日利率为 0.018%，用户可按日计息，提前还款无额外费用。

5. 浦发银行：微小宝

- 浦发银行针对授信金额在 500 万元以下的小微企业融资需求创新推出的专属服务模式，其包含四个子产品：网络循环贷、积分贷、组合贷和小额信用贷。小额、信用、灵活是其系列授信产品的主要特征。根据小微企业的成立年限、交易记录、销售收入、盈利能力、还款来源等情况，结合企业的上下游、在银行的金融资产、结算占比以及使用的金融产品数量进行综合评估，在符合银行准入条件的基础上给予企业小额信用贷款。

（八）众筹募资

众筹源于国外 Crowdfunding 一词，顾名思义，就是利用众人的力量，集中大家的资金、能力和渠道，为小微企业、艺术家或个人进行某项活动等提供必要的资金援助。创业者可以把自己的产品原型或创意提交到众筹平台上，发起募集资金，由感兴趣的人来捐献指定数目的资金（捐助者可以在项目完成后，得到一定的回馈，如这个项目制造出来的产品）。众筹最初是艰难奋斗的艺术家为创作筹措资金的一个手段，现已演变成初创企业和个人为自己的项目争取资金的一个渠道。众筹网站使任何有创意的人都能够向几乎完全陌生的人筹集资金，消除了从传统投资者和机构融资的许多障碍。

互联网金融的兴起让许多人曾经以为的不可能的事情成为可能，现在，有越来越多的国外创业者开始在 Kickstarter、Indiegogo 等众筹网站上募集资金，国内也出现了很多出色的众筹平台如天使汇、大家投、点名时间、追梦网等。这些众筹平台分属于股权式众筹、奖励型众筹、捐赠型众筹等不同形式。截至目前，国内股权众筹平台有 20 家左右，其中发展较快的天使汇为 100 个创业项目募集了 3 亿元，原始会成功融资 1 亿元。

小贴士　股权式众筹

股权式众筹是指公司出让一定比例的股份，面向普通投资者。投资者通过出资入股公司，获得未来收益。这种基于互联网渠道而进行融资的模式被称作股权众筹，还有一种解释就是"股权式众筹是私募股权式互联网化"，股权式众筹运营模式有以下三种。

凭证式众筹

凭证式众筹主要是指在互联网上通过卖凭证和股权捆绑的形式来进行募资，出资人付出资金取得相关凭证，该凭证又直接与创业企业或项目的股权挂钩，但投资者不成为股东。

会籍式众筹

会籍式众筹主要是指在互联网上通过熟人介绍，出资人付出资金，直接成为被投资企业的股东。

天使式众筹

与凭证式众筹、会籍式众筹不同，天使式众筹更接近天使投资或VC的模式，出资人通过互联网寻找投资企业或项目，付出资金直接或间接成为该公司的股东，同时出资人往往伴有明确的财务回报要求。

(九) 担保机构融资 (信用担保)

信用担保融资主要由第三方融资机构提供，是一种民间有息贷款，也是解决中小型企业资金问题的主要途径。

从20世纪20年代起，许多国家为了支持本国中小型企业的发展，先后成立了为中小企业提供融资担保的信用机构。目前，国内中小企业信用担保融资机构已经有很多了。

(十) 其他融资方式

其他融资方式包括典当融资、P2P贷款、设备融资租赁、孵化器融资、集群融资、供应链融资等。

典当贷款：典当期限短则5天，长则半年，到期还可以延期；典当金额少则几百元，多则上百万、千万元，这些双方都可以协商约定。小企业的扩张发展选择典当贷款，不失为一种有效的融资方式。

P2P贷款：如果需要少量营运资金，可以尝试一下P2P的贷款网络，在网上寻找合适的贷款人和借款人。

第四节 创业资源的利用

没有足够的资源，难道就不能做事情、不能创业吗？我们不能被眼前的困难吓倒了，其实能否创业成功和创业者在创业之初能控制多少资源的关系不大。在井深大和盛田昭夫创立东京通信工业公司（索尼公司的前身）时，初创资本仅为500美元；惠普公司的创始人休利特和帕卡德在创业之初身无分文，是用向特曼教授所借的538美元租用汽车房创立惠普公司的；苹果电脑公司是沃兹尼亚克和乔布斯在自家的汽车房创立的。我们要明白一个道理，企业的任何资源都可以利用，创业者有效利用资源的能力对创业成功的重要性要远胜于其所拥有的创业资源。现在这个时代，靠一个企业独立经营、单打独斗，力量是十分有限的，一定要有效利用各方面的资源才能把一个企业做大。

一、创业资源利用的内涵

创业资源利用是指新企业配置创业资源形成的企业特有能力，以提升竞争优势，最终创造价值与财富的过程。在通常情况下，创业资源利用是一个动态的循环过程。创业资源利用的过程具备两个特点：尽量多地发现有利的创业资源，以效率最高的方式来配置、开发和使用这些创业资源。创业资源利用分为内部资源利用和外部资源利用。

内部资源基本上可以概括为人、财、物和技术四个主要方面，除了人以外企业资源的作用都相对明确，只要配置合理就能发挥很好的作用。但是内部资源的作用比外部资源的作用更加明确（见表6-6）。

表6-6 内部资源清单

资源名称	对资源的认识
创业者	素质与能力、社会关系网络、需求特征
创业企业员工	素质与能力、社会关系网络、需求特征
创业企业的固定资产	寿命周期、使用成本、有效配置
创业企业的流动资产	使用成本、有效配置
创业企业的资金	使用成本、有效配置
创业企业的技术资产	后继研发、拓展应用

与内部资源相比，外部资源就要复杂多了（见表6-7）。

表6-7 外部资源清单

资源类别	具体资源	对资源的认知
相关政府机构	园区管理委员会、工商行政管理部门、税务管理部门等	相对规范的外部资源
商业化的服务组织	银行、技术市场、管理咨询公司、会计师事务所、律师事务所、投资机构、广告公司	实际上是把创业企业作为"买方"的各种营利性机构
非营利性的服务组织	慈善基金会、公益组织	
产业链相关组织	原材料供应商、机器设备供应商、潜在顾客、批发商、零售商、代理商	
可能的合作伙伴	高校、科研院所等研究机构	
竞争者	竞争者	
社会网络	与创业者有人际关系的个人	

首先，这些外部资源都是相对独立的利益主体。

其次，这些外部资源与创业者或者创业企业的关系更加复杂，创业者或者创业企业对这些资源的开发、配置和使用的难度更大。

最后，很多外部资源不是直接呈现在创业者和创业企业面前的，而是需要去寻找、发掘或选择的，因此具有相当大的不确定性。表6-7是常见的外部资源清单。

对于创业者来说，利用外部资源是非常重要的方法和能力，在企业的创立和早期阶段尤其如此。其中关键的是，具有资源的使用权并能控制或影响资源部署。

创业聚焦

江西省抚州市永恒西式婚庆公司

东华理工学院2003级电子计算机专业在校大学生——库军强经过充分的市场调查，得出"开拓西式婚礼市场必定会有丰厚的回报"的结论，于是决定进军这一领域。2006年10月28日，他注册了江西省抚州市永恒西式婚庆公司，并于同年11月2日在互联网上开设婚庆网站。但是，库军强没有西式婚庆所需的教堂、婚庆用品，也没有业务推广和报纸电视广告的经费，他是如何解决这一问题的呢？答案就是整合他人的资源。

首先是场地问题——教堂，抚州市的两个教堂在江西省是最雄伟的。库军强用详细的计划书使教堂负责人相信，抚州市第一家西式婚庆公司很有前景，双方成功签订了一份三年的合作协议。对于婚庆用品，库军强经过两个月的奔波，和抚州市一家大酒店以及几家婚庆用品店达成协议，租用它们的婚庆用品，它们也成了婚庆公司的长期合作伙伴。至于广告，他则想办法吸引媒体眼球，让它们主动报道。库军强从学校就业指导课上的模拟招聘会中得到启发，他做了一个模拟婚庆。2006年11月2日，库军强的公司和米兰婚纱摄影店在抚州市最繁华的街道——赣东大道上，举行了一场模拟婚庆，吸引了抚州市的许多媒体，当天的报纸都用相当大的篇幅报道了婚庆的事情。模拟婚庆的视频上传到了婚庆公司的网页上，全国的网友都能看到。模拟婚庆的视频传上网页后的第二天，公司就接到了浙江一对新人的电话，这是公司的第一笔业务，他们报价10万元。自此，公司的婚庆业务便红火起来。

资料来源：编者根据相关资料整理，仅供教学使用。

"白手起家、无中生有"并不是单纯的没有任何资源，而是创业者在面临资源匮乏的情况下对有限资源的转化与创造。在创建企业时，创业者一般无法完全拥有人力资源、社会资源、财务资源、物质资源、技术资源和组织资源，有时只有一种想法或技巧。创业者会运用自身具备的资源利用能力，以一种突破习惯的思维方式利用自身拥有的资源或他人的资源，通过立即行动，来迎接新机会或解决新问题。

二、创业资源的利用方式

创业资源在未被利用之前大多是零散的，要发挥其最大的效用，转化为竞争优势，为企业创造价值，还需要创业者运用技巧将不同来源、不同效用的资源进行配置与优化，使有价值的资源融合起来，发挥"1+1＞2"的放大效应。创业者利用资源的方式包括利用自有资源、创造性地拼凑资源和发挥资源的杠杆效应等。

（一）利用自有资源：步步为营

创业者分多个阶段投入资源并在每个阶段投入最有限的资源，这种做法被称为"步步为营"。步步为营的策略首先表现为节俭，设法降低资源的使用量，降低管理成本。但过分强调降低成本，会影响产品和服务质量，甚至会制约企业发展。比如，为了求生存和发展，有的创业者不注重环境保护，或者盗用别人的知识产权，甚至以次充好。这样的创业活动尽管短期可能赚取利润，但从长期而言，发展潜力有限。所以，需要"有原则地保持节俭"。

小贴士 杰弗里·康沃尔总结步步为营的九条理由
- 企业不可能获得来自银行家或投资者的资金。
- 新创企业所需外部资金来源受到限制。
- 创业者推迟使用外部资金的要求。
- 创业者对自己掌控企业全部所有权的愿望。
- 使可承受风险最小化的一种方式。
- 创造一个更高效的企业。
- 使自己看起来很"强大"以便争夺顾客。
- 为创业者在企业中增加收入和财富。
- 审慎控制和管理的价值理念。

步步为营策略表现为自力更生，减少对外部资源的依赖，目的是降低经营风险，加强对所创事业的控制。很多时候，步步为营不仅是一种最经济的做事方法，也是创业者在资源受限的情况下寻找实现企业理想和目标的途径，更是在有限资源的约束下获取满意收益的方法。习惯于步步为营的创业者会形成一种审慎控制和管理的价值理念，这对初创企业的成长与向稳健成熟发展期过渡，尤其重要。

（二）创业从学会拼凑开始

拼凑，是指在资源条件的束缚下，创业者为了解决新问题，抓住新机会，有效利用身边的现有资源，通过将就、立即行动，创造出独特的服务和价值。

在创办新企业的过程中，拼凑绝不是偶然现象。绝大部分企业在创立之初，都受到了严重的资源束缚：没有钱购买先进的设备，就去买一些别人废弃的二手货；招聘不到满意的员工，创业者则身兼数职，或者"上阵父子兵"。这些都只是新企业缺乏资源的表面现象，真正困扰创业者的是如何四两拨千斤——用有限的资源在竞争日益激烈的市场上抢占一席之地。这是一场比拼智慧的战争，善于拼凑的创业者用发现的眼光，洞悉身边各种资源的属性，将它们创造性地利用起来。这种有效的利用很多时候都不是事前仔细计划好的，往往是具体情况具体分析、"摸着石头过河"的产物。而这也正体现了创业的不确定性特性，并考验创业者的资源有效利用的能力。

他山之石

格雷森的故事

一个废弃的煤矿穿过格雷森的农场。煤矿形成了巨大的污水坑，并且产生大量沼气。沼气是一种温室气体，对人体有毒，也正是这个原因导致煤矿遭弃用。这对农场来说，无疑是灭顶之灾。但是，格雷森和他的合伙人巧思妙想，挖了一个洞直通废矿架，并且从本地工厂购买了一台二手柴油发电机，经过简单改造，使之能够燃烧沼气。发的电通过翻新的变压器大部分卖给了本地电网。考虑到发电机可以产生大量的热，他便利用发电机的冷却系统加热水温，建造了一个温室，用于无土栽培番茄。在非用电高峰期，就用生产出的电力点亮特制的灯泡，用于加速番茄的生长。考虑温室里有种植番茄的营养、水、免费的热能，格雷森决定养罗非鱼。他用冲洗番茄根部的水养鱼，并用鱼的排泄物作为肥料种番茄。最后，倘若手中还有多余的沼气，他就卖给一家天然气公司。

资料来源：编者根据相关资料整理，仅供教学使用。

这是拼凑的一个典型案例。在现实企业界，很多初创企业都是在资源极度贫乏的制约下挣扎产生的，于是白手起家、因地制宜的故事层出不穷。创业者通常利用手边能够找到的一切资源（尽管这些资源的质量也许不是最好的）去构建梦想中的企业帝国的第一步。

很多创业者都是拼凑高手，通过加入一些新元素，与已有的元素重新组合，形成在资源利用方面的创新行为，进而可能带来意想不到的惊喜。创业者通常利用身边能够找到的一切资源进行创业活动，有些资源对他人来说也许是无用的、废弃的，但创业者可以通过自己的独有经验和技巧，加以有效利用并创造。

（三）发挥资源杠杆效应

一个人的事业能做多大，要看他的"资源之手"能伸多长。所谓杠杆资源，是指个体或企业通过资源杠杆作用来追求机会从而获取的外部资源。除了具有外部资源的内涵外，杠杆资源还具有杠杆作用，即这些资源是通过杠杆作用获得的，或要获得这些资源需要利用杠杆作用。资源杠杆效应如图6-1所示。

图 6-1　资源杠杆效应

资源杠杆效应就是以尽可能少的付出获取尽可能多的收获。杠杆资源效应体现在以下几个方面。

- 更加有效地使用资源。
- 更充分地利用别人没有注意到的资源。
- 利用他人的资源来完成自己创业的目的。
- 用一种资源补充另一种资源，产生更高的复合价值。
- 利用一种资源获得其他资源。

创业聚焦

一个人行天桥的故事

国际商场是天津市第一家上市公司，邻近南京路，这是一条十分繁忙的主干道，对面就是繁华的商业街。在国际商场开业时，门口并没有过街天桥，行人穿越南京路很不方便也不安全。应该修天桥！估计经过那里的人都会产生这样的想法，但政府一直没有行动。有一天，一个年轻人没有认为修天桥必须是政府该做的事情。他找到政府商量，提出用自己的钱修天桥，但政府要允许他在天桥上挂广告牌。不花钱还让老百姓高兴，政府觉得主意不错，就同意了。这个年轻人拿到政府批文，立即想到找可口可乐那样的大公司洽谈广告业务。在这样繁华的街道上立广告牌，这是大公司求之不得的事情。很快，这个年轻人从大公司那里拿到广告的定金。

他用这笔钱修建了天桥还略有剩余。天桥修建好了，广告也挂上了，年轻人从大公司那里拿到余款，获得了第一桶金。

资料来源：编者根据相关资料整理，仅供教学使用。

对创业者来说，容易产生杠杆效应的资源，主要包括人力资本和社会资本等非物质资源。创业者的人力资本由一般人力资本与特殊人力资本构成，一般人力资本包括受教育背景、以往的工作经验及个性品质特征等。特殊人力资本包括产业人力资本（与特定产业相关的知识、技能和经验）与创业人力资本（如先前的创业经验或创业背景）。调查显示，特殊人力资本会直接作用于资源获取，有产业相关经验和先前创业经验的创业者能够更快地整合资源，更快地实施市场交易行为。而一般人力资本使创业者具有知识、技能、资格认证、名誉等资源，也拥有同窗、校友、老师以及其他连带的社会资本。相比之下，社会资本有别于物质资本、人力资本，是社会成员从各种不同的社会结构中获得的利益，是一种根植于社会关系网络的优势。外部联系人之间社会交往频繁的创业者所获取的相关商业信息更加丰裕，从而有助于提升创业者对特定商业活动的深入认识和理解，使创业者更容易识别出常规商业活动中难以被其他人发现的顾客需求，进而更容易获得财务和物质资源，这正是其杠杆作用所在。

要点回顾

- 创业需要资源。我国大学生创业成功率不高的一个很重要的原因就是掌握的创业资源不足。所以，如何发掘创业资源，并加以有效利用这些资源，就成为推动大学生创业、提高创业成功率的必然要求。
- 创业资源主要包括人力资源、财务资源、物质资源、技术资源、管理资源、品牌资源、市场资源、政策资源、信息资源和组织资源等。每种创业资源都有相应的获取途径，熟悉这些途径对能否有效获取创业资源至关重要。
- 创业融资难，是创业大学生面临的非常现实和严峻的问题，如何才能快速有效地融到所需资金呢？首先要正确计算所需的融资量，不要贪多，资金不是越多越好。然后选择一个最合适、融资成本最低的途径。
- 能否创业成功和创业者在创业之初能控制多少资源的关系不大。创业者有效利用资源的能力对创业成功的重要性要远胜于其所拥有的创业资源。作为创业者的大学生要熟练掌握各种资源利用的技巧。

关键名词

创业资源　创业资源的种类　创业资源的获取　创业融资　融资渠道　创业资源的利用

复习思考题

1. 创业者为什么经常受到资源匮乏的约束？创业者一般需要拥有哪些资源？
2. 创业企业的融资会有哪些困难？
3. 人们常说创业是"白手起家、无中生有"，对此你怎么看？
4. 创业融资的途径有哪些？应该如何选择？
5. 创业者如何利用好有限的资源？
6. 曹操有句名言："吾无才，天下之才皆我之才。"他有效利用了很多优质资源并完成霸业，你能对此进行分析吗？

牛刀小试

1. 真格基金创始人、新东方联合创始人徐小平曾经说过这样一句话，"创业是你人生资源总和的爆发"。你如何理解这句话？

2. 某创业者准备建立一个服务性企业，开展一些非常超前的、具有相当挑战性的业务。由于业务的特殊性，因此他感觉未来的经营中可能会经常遇到一些法律上的问题，当然也可能不会遇到。解决这一潜在问题的方式有两种：一种选择是去找他的一个律师朋友，邀请他加盟并给予一定的所谓"技术股"，并且这样做会让他感觉更踏实，但如果将来没有太多的法律问题，别的创业伙伴可能就会感觉不平衡；另一种选择是等出现问题之后再找律师帮助解决，一次性付费。假设你是这个创业者，你会如何进行决策？

3. 你和两个好友用你们的全部积蓄创建了一家创业企业，并且企业的发展也比较平稳，具有一定的发展前景。在经过一年多的经营之后，由于销售货款积压以及一些没有预料到的后继投资的出现，企业在资金周转上出现困难。在这种情况下，你将如何利用企业内外部的有效资源来解决这一问题？

第七章 商业模式设计

创业名言

回顾我们公司的发展，我们认为每次失败都归于技术，每次成功都归于商业模式。

——希金斯

本章框架

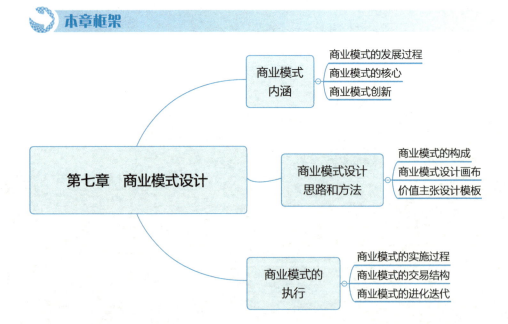

学习目标

通过本章学习，你应该能够：

1. 了解商业模式的发展过程

2. 认识商业模式的核心
3. 理解商业模式的设计思路和执行
4. 把握商业模式创新的案例
5. 认识商业模式在创业中的重要性

⊙ 开篇案例 《创造101》也有商业模式

《创造101》是腾讯视频于2018年4月21日推出的中国首档女团青春成长节目,由腾讯视频、腾讯音乐娱乐集团联合出品,企鹅影视、七维动力联合研发制作,挑选人气明星作为导师来指导101位女选手,最后挑选出11位组成女团正式出道。从节目背景、模式和内容分析,《创造101》有以下特点。

(1)腾讯视频体现了"流量即价值",手中持有的用户量、持续增长的会员数量就是企业的价值,知名平台网站拥有的是流量,任何一个产品在这个平台上出现就代表着巨大的市场潜力。因为用户的黏性和关注度,赋予了平台价值,即可以快速地提高知名度,快速地获得受众群体的认可。网络的力量就是平台的价值,依托腾讯视频的平台和腾讯的巨大用户量,可以使得节目在播出开始就获得很大的关注,快速地把节目推向主流市场。

(2)依托导师自带的流量,因为导师都是明星,明星的身价也是由粉丝的数量和质量决定的,导师都会自带粉丝资源,对于《创造101》来说,播放的开始就自带了一部分观众群体,这对新节目是非常重要的,因为粉丝群的扩大需要推荐类的方式才可以实现几何式的增长。

(3)观众参与度很高,代入感和黏性很强。以前的女生团体,都是由公司进行内部的挑选和组织,挑选合适的人后再呈现给观众,对于观众来说这是一种被动的接受过程,该模式下的粉丝黏性主要靠后期团体的运营情况决定,没有一个先天的粉丝培养过程。《创造101》类似养成模式,节目组挑选出101位女生,然后对这些女生进行培训、指导,由观众根据自己的喜好采用投票选取的方式,决定给谁出线的机会,因为观众的选择决定女生的命运,因此大家就会很谨慎地挑选,会让观众产生一种责任感,这种方式也相应地增加了观众的黏性,他们就像看待一个投资项目一样,总是尽力地了解关于项目的一切信息,希望自己可以做出完美的评价。

(4)节目引起观众的情感共鸣。101个人,各种出身、各种类型的女生都有,每个人都可以在她们身上找到一种代入感,从而激发观众的内心情感。对于节目过程中的各种突发事件,各位女生的处理方法,会将观众带入节目中,对于选手的情况观众会感同身受,于是就形成了稳固的粉丝群体。

《创造101》节目图

从这些特点上看，我们可以发现一档优秀的影视传媒节目的基础应包含：明确的受众群体、优秀的策划团队、清晰的故事主线、便利的运营手段、播出前存量的粉丝群体、播出过程中的粉丝爆发、节目结束后的粉丝持续孵化，其中最重要的就是整个节目是否引起受众群体的心理共鸣，使得受众群体对节目形成一种心理上的依赖和信任，这些方面就是粉丝经济商业模式的核心。

资料来源：编者根据相关资料整理，仅供教学使用。

第一节　商业模式内涵

商业模式的概念作为一个独立范畴，始于 20 世纪 90 年代末，经过近 20 年的发展，商业模式的概念被广泛使用，但是人们对商业模式的概念的定义和构成体系尚未达成共识。克里斯托夫·佐特和拉斐尔·阿米特在合著的《商业模式》中指出，商业模式这个词确实很顺口，不过当前还没有一个明确的定义，即使在那些常常把商业模式挂在嘴边的人中，也有四成的人并不了解它的真正含义。

如果商业就是"如何把采购来或生产出的价值提供给他人，以换取同等价值"，那么这些要素的组合便是商业模式。商业模式是为了拓展传统经营战略框架而产生的概念，它的目的是应对商业的多样化、复杂化、网络化。具体来说，商业模式想要解决的是如何把采购来或生产出的价值提供给他人，以换取同等价值，这样的经营战略框架由市场定位、价值回报、利润、核心竞争力四要素构成，而无论是从市场定位到核心竞争力，还是从竞争力到市场定位，都应该是相互联系、融会贯通的（见图 7-1）。

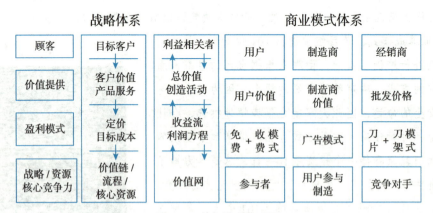

图 7-1　商业模式体系图

市场定位是经营战略的开端。但从商业模式的角度来讲，可以说就是明确了利益相关者的整体范围。通俗地说，凡是参与该商业的各方都属于"客户"范畴。因此，提供给客户的价值就成了总价值。通常，企业的收益来自价值回报。在商业模式范畴中，企业争取的最大收益应包括直接客户在内的所有利益相关者创造出来的价值总和。锁定客户和价值回报对应了传统战略论的"市场定位"和"价值定位"理论。

如何让这些收益流入自己的公司呢？收益流和成本构成复杂的利润方程式，比如，如何把收费客户和免费客户组合在一起？在选择广告模式时，应该针对大客户，还是聚集小客户？利润方程式不仅仅是企业自身的资金链和经营资源，更应该是"企业自身、其他企业和竞争对手等利益相关者在不断协调的过程中形成的整体价值"，这就是企业的核心竞争力。

一、商业模式的发展过程

创新大师熊彼特曾经指出："只有企业家和金融机构推动的改革，才是经济活动（和景气变动）的原动力。"第一次工业革命以后，各国企业都努力寻找新的商业模式，加强功能，充分发挥企业家精神。

1. 商业模式的出现（1900年以前）

商业模式的雏形始于第一次工业革命以后的分工合作与规模效应，如零售业由最初分散的零售店聚集在一起发展成了百货店，之后又进一步发展成了超市，店铺的经营模式也由单一经营发展成了连锁经营，而拓展模式不仅局限于直销模式，特许经营、自由连锁经营等各种新模式也陆续登上了商业舞台。

2. 商业模式的快速发展期（1991～2001年）

根据摩尔定律：每1美元所能买到的电脑性能，将每隔18个月翻1倍以上。这一定律揭示了信息技术进步的速度。在工业革命之前，人类的生产率每年提高0.2%。在工业革命之后，这个数字达到了2%。随着互联网时代的到来，这个数字可能翻10倍，互联网革命给商业带来了复杂的机会，企业从慢车道进入快车道。互联网的商业利用始于1988年，1995年，Internet Explorer通过和微软的Windows 95进行捆绑式销售，使当年的数据流量较上一年增长了12倍，且1996年的流量又达到了上一年的10倍。互联网不仅改变了信息蕴含的价值，还解决了"广度"和"深度"此消彼长的矛盾。由此，在商业中"向谁""提供什么价值""如何获取报酬""如何操作"等，各个层面的自由度都有了成倍提高。而且出现以前不可能成为客户的人成了客户，以前不可能提供的价值现在可以提供了，以前不可能实现的融资方法现在实现了。企业家借助互联网，探寻信息蕴含的价值，不仅追求广度，更追求深度，互联网商业模式为企业转型提供了途径。例如，增加了客户范围，提供了更多的价值，融资方法多样化，协作方式更广泛。当这些要素组合在一起时，"网络经济"聚集了大批投资人进入资本市场，商业模式的形态呈现几何倍数拓展，诞生了众多的互联网巨头，如1994年雅虎、亚马逊的创立，1995年eBay的创立，1998年谷歌的创立，也有数以万计的公司在创业途中惨遭失败。1998年，Priceline网站在美国成立，公司刚一成立即为其核心的商业模式"客户定价系统"申请了专利，开启了靠"新模式赚钱"的先河。这使很多创业者把"商业模式"简单地理解为企业计划书，并以此募集资金，2000年，在"IT产业"的强劲推动下，纳斯达克指数突破了5 000点，较4年前翻了5倍，但这波狂潮，随着2001年网络泡沫的崩溃戛然而止。

3. 商业模式的爬坡期（2002年至今）

为了拯救泡沫崩溃和恐怖袭击后经济低迷的状态，新一轮的创新周期开始，企业开始追求"创新"和"持续竞争优势"，而商业模式论恰好可以帮助分析这两大问题。企业保持持续竞争优势的秘诀，是准确的定位，还是强大的实力，抑或是各种要素的统一体（商业模式）呢？2000～2004年，密歇根大学的学者阿兰·奥佛尔提出了"商业模式直接关系利益"，明确商业模式本身就是定位论和能力论的融合，是发挥经营战略力量的概念体系。埃森哲对全球70家重点公司所做的调查（2001年）以及IBM对765家公司所做的调查表明：在企业构造上，积极同企业外部保持合作关系的企业往往会取得较高的业绩，一个企业，如果既不改变产业结构、利益组成，也不改变企业构造，就绝对不会取得成功。2002年，哈佛商学院的学者亨利·伽斯柏和理查德·罗森布鲁姆提出：单靠技术无法培育创新，为了实现创新，对商业模式进行适当的调查和研究是必不可少的。商业创新只有找到了合适的载体，它才能够实现，这就是"商业模式是创新的载体"这一观点。

Adobe公司的成功绝不是靠一款好产品能够取得的。Adobe公司的核心技术是通过激光打印技术，完美呈现打印效果，但是Adobe公司并没有单纯出售这项技术。PDF部门采用了一种新的商业模式：它们对阅读器的使用者实行免费，但对文本编辑器的使用者实行收费，由于PDF被安全锁定后无法修改，用在商务往来中的PDF文本逐渐取代了纸质文本的地位，名副其实地成为Adobe公司的支柱型产业。尽管R&D的成本不断增加，技术寿命又不断缩短，短期化的收益依然是技术型投资公司不变的目标，但如果一个企业选择了错误的商业模式或者发现错误却未能及时修改，那么它一定会被淘汰。[一]

世界上著名的工具制造商喜利得公司，为了在发达国家市场守护住重要的客户资源，在商业模式上做了大胆变革——由制造业转向服务业。客户选择这项服务时，首先需要根据使用的工具种类和数量支付相应的费用。虽然这项费用比购买还高，但其中既包含了修理、替换的服务费，也包括了失盗补偿等保险费。为了推行这项服务，喜利得公司专门构建起了一套工具管理体系和客户

⊖ 李振勇．商业模式：企业竞争的最高形态[M]．北京：新华出版社，2006．

信息网络。因为营销方法和营销对象的同时转变（以前只需要向使用者解释工具的功能和价格即可，现在需要向使用方的高层解释该服务包含的综合价值），业务人员也曾感到困惑不已。不过正因如此，才保证了公司长期的竞争优势。因为只有那些难以成功、规模庞大的商业模式才不容易被效仿。

> **小贴士** 商业模式里的利益相关者
>
> 利益相关者，包括内部利益相关者和外部利益相关者。利益相关者是具备独立的利益诉求，有相对独立的资源和利益的输入输出。
>
> 商业模式不但关注外部利益相关者，而且关注内部利益相关者。
>
> 关注内部利益相关者和外部利益相关者，有助于拓宽企业边界理论的原有定义，也更利于企业决策。
>
> 对于同一个商业模式，关注同一个利益相关者在内部和外部之间的动态流动，为商业模式的演化和重构提供了动态分析工具，设计交易结构首先是划定利益相关者，其次才是设计与他们的交易关系。

二、商业模式的核心

商业模式的核心是能够为企业及其利益相关者创造最大的价值，换言之，实现企业剩余与利益相关者剩余之和的最大化。商业模式创造了巨大的交易价值，并付出一定的交易成本，两者之间的差为交易结构的价值空间；除了交易成本外，企业和利益相关者都需要付出货币成本，比如内部管理费用、原材料采购成本等，价值空间减去货币成本就是商业模式为所有利益相关者所实现的价值创造，企业剩余与利益相关者剩余共同组成价值创造。一般而言，好的商业模式变动都是从高固定成本结构朝着高变动成本结构转移的。另外，利益相关者角色会越来越多元化。过去顾客就是顾客，设计人员就是设计人员，现在顾客不但是顾客，还可以是口碑传播者、设计师、质量监督者、员工甚至是投资人。

居泰隆为客户提供了物美价廉的装修一体化解决方案，为物流公司和家具厂商提供了大量的订单，这些都是商业模式为利益相关者带来的交易价值。与此同时，居泰隆与家具厂商、物流公司的谈判，家具到当地门店再到客户家中的配送、安装，都是商业模式运行时所必须付出的交易成本。交易价值和交易成本两者之差就构成了价值空间。此外，居泰隆要付出网站、培训中心等内部管理单元的成本，而家具厂商需要安排生产，物流公司需要建立仓储，这是企业和利益相关者必须付出的货币成本。价值空间扣除这些货币成本之后，就是价值创造。

价值创造反映了一个商业模式的价值大小，是利益相关者交易结构所形成的企业组织的总剩余。在这里，商业模式价值、价值创造、企业剩余与利益相关者剩余之和，这三者的内涵是一致的。好的商业模式就是要实现同样交易价值下的价值创造最大化。对不同的市场（包括客户和产品）而言，同样的商业模式由于效率等同，具有相似的放大作用（或者乘数作用），企业应尝试把该商业模式应用在能产生更大企业价值的产品和市场上。对同一市场（包括客户和产品）而言，不同的商业模式则具备差异化的效率，放大作用（或者乘数作用）并不同，此时应选择效率更高的商业模式。

对不同的企业而言，其所具备和所能调动的资源能力是有限的，因此，它们能涉足的市场（包括客户和产品）和商业模式将是一个有限可选集，从中找到市场空间最高、商业模式乘数作用最大的组合，实现价值创造最大化，将是最优的选择。在不同的前提条件下，谋求商业模式效率最大化的努力途径有所不同。

他山之石

苹果公司：利益相关者的利益最大化

平台型商业模式在为各利益相关者提升交易价值、降低交易成本、控制交易风险的同时，也为处于平台中间的焦点企业提供了更大的价值，成就了一大批企业。苹果公司的 App Store 被誉为苹果发展史上最具有开创性意义的发明，正是平台型商业模式成功的典范。在 App Store 推出之前，苹果公司一体化生产硬件、操作系统和应用软件，与微软领衔的 Wintel 联盟相比，可谓是全封闭式系统（目前，苹果电脑占整个电脑市场的份额不到 5%，而 2007 年年初，苹果电脑也正式改名为苹果公司）。

以推出 iPod 为契机，苹果公司拉开了拥抱多边平台的序幕，第一个接入苹果平台的是唱片公司。苹果公司利用 iTunes 连接 iPod 客户和唱片公司，为前者提供高质量的正版音乐视听体验，为后者提供正版音乐的创新销售渠道。2007 年 8 月 1 日，苹果公司宣布通过 iTunes 下载的音乐已经跨过 30 亿首大关。而截至 2009 年上半年，iPod 的销售量已经突破了 2 亿台。

iPod 的成功只是苹果公司的小试牛刀，在尝试到多边平台的甜头后，2007 年，苹果公司推出 iPhone 时的商业模式设计就更加得心应手了。iPod 充其量是内容提供商的开放多边平台，而 iPhone 则直接开放苹果公司的老本行——应用软件。

2008 年 3 月初，苹果公司对外发布了针对 iPhone 的应用开发包（SDK），供免费下载，以便第三方应用开发商开发针对 iPhone 的应用软件。同年 7 月，苹果 App Store 上线，平台上大部分应用价格低于 10 美元，并且有约 20% 的应用是供免费下载的。客户购买应用所支付的费用由苹果与应用开发商 3:7 分成。到 2009 年年底，苹果 App Store 上的应用程序已经超过 10 万个，而累积下载量也超过了 30 亿次。苹果公司的多边平台又一次大获全胜。

不管是 iTunes 还是苹果 App Store，都大大提升了苹果公司产品的吸引力。而苹果公司产品每一次销量的突破，都为第三方应用开发商追随苹果公司的脚步提供了更为坚实的理由。事实上，很多独立软件开发商因此找到了软件销售变现现金流的渠道，出现了大量专门为苹果公司设计应用软件的公司，而随着这些应用软件公司的林立，相应地出现了培养这些软件人员的培训公司，以苹果公司为平台的多边平台参与者数不胜数，蔚为奇观，可谓"App Store 经济"。

资料来源：编者根据相关资料整理，仅供教学使用。

三、商业模式创新

（一）商业模式创新的概念

商业模式是一个进行商业逻辑设计的全新概念。在商业模式创新中，最突出的案例是价值主张的创新。因此，商业模式创新是指为公司、客户和社会创造新的价值。当移动电话出现在市场上时，它提出了一种与固定电话不同的价值主张；互联网发展的早期非常流行门户网站。比如雅虎，帮助人们在网上寻找信息；低成本航空公司 EasyJet 把廉价航空服务带给了普通大众；戴尔将互联网作为分销渠道并获得了巨大的成功；吉列在依靠其一次性剃须刀与客户建立了持续性关系的同时，也创造了大量的财富；苹果依靠其出色的设计和电子产品复活了；思科因对供应链活动的创新而成名；英特尔通过与合作伙伴共同建设加工平台而实现了繁荣；Google 依靠与搜索结果相关的文字广告而盈利；沃尔玛依靠巨大的销量成为供应链的主导，降低了成本等。

（二）商业模式和创新的关系

商业模式的改变就是创新的源泉，一个好的商业模式可以引领产品技术的研发方向。同一个产品和技术，它配上不一样的商业模式，都可以产生不同运营结果的企业。移动互联网让技术门槛降低，企业不需要研究技术的深度，但必须了解技术的发展。当企业经营者或产品技术开发者开发出了新的产品技术时，需要寻求能把产品技术价值变现到最大的商业模式。反之，如果商业模式要发挥最大价值，就必须要有产品技术的支撑。只有高效的商业模式创新才具有竞争优势。按照哈佛商学院的克莱顿·克里斯坦森的观点，苹果公司并不是因为 iPod 才发明了便携式音频播放器，也并非在技术层面做了创新，它只不过是改变了原有的商业模式实现了创新。iPhone 也一样，智能手机并非苹果公司的首创。苹果公司却通过统一平台这一商业模式，让许多应用在此生根发芽，也牢牢地将其中的部分利润掌握在了自己的手里。目前，苹果公司主要的收入依然来源于毛利超过 50% 的硬件部分。然而它宣称的高附加值、高价格战略正在被谷歌的安卓智能软件、三星的 Galaxy 系列产品以及中国企业价廉的标准型手机无情地侵蚀着。苹果公司以 iPhone 为核心的超高盈利模式，是不是也要走到时代的尽头了呢？其实这么说并非无凭无据，2001 年以后"免费+收费"模式和"开放式创新"这两种商业模式的出现恐怕预示了超高盈利模式的结束。在两种商业模式中，"免费+收费"模式改变了盈利方式，"开放式创新"改变了核心能力。任天堂是全球统一平台的开创者，它通过游戏软件实现盈利。为此，任天堂宁愿以低于成本的价格出售产品也要大力推广产品硬件。不过，微软却采取了不卖硬件、只卖系统的销售战略。为了增加操作系统的魅力，微软选择免费附赠浏览器和音乐播放器，但对办公软件实行收费。

（三）商业模式创新的必要性

1. 时代因素

中国企业在经历了要素驱动与投资驱动两个阶段后，开始向更高境界迈进。企业的生存与持续盈利的空间，必须依靠系统的安排、整体的力量，即商业模式的设计。未来企业的竞争，将是商业模式的竞争，商业模式的竞争将是企业最高形态的竞争。

2. 技术因素

《中国制造 2025》中强调重塑产业价值链，深度融合制造业与互联网信息产业，形成网络化产业链结构新业态。这意味着在产品供应链网络化新业态下的新商业理念必然会产生新商业模式。每个商业模式都代表着一种商业理念和企业利益立场。其中，由跨技术领域、跨行业领域的知识和技术要素重组为新的知识和技术结构框架，并应用于企业价值创新，这种来源于公平商业生态系统的价值创造和分享精神有助于发掘产业链生产力潜能。而大企业和小企业在价值链关系上有不同的利益博弈战略，预设利益博弈立场决定了网络化供应链结构，决定了是否以开放、协同、平台为核心的连接型模式为载体来实施兼容新格局，也决定了新业态的预期效果。

3. 商业意识的转变

改变价值链关系的目的是打破现有利益分配格局，建立公平分配利益格局来挖掘产业链生产力潜能和创造新价值，实现企业利益最大化理念和社会利益公平分配理念兼容的新格局，最终实现社会进步可持续发展。

首先，改变商业理念，从"核心企业利益最大化"到"核心企业所在供应链生态利益最大化"转变。前者代表最大化稀释供应链上下游非核心企业的利润，满足核心企业指数式利润增长；后者代表供应链公平和价值创新战略由技术方案执行，计算机程序取代人为操控管理供应链利益分配格局。

其次，商业模式和技术方案的原型本身并没有利益立场，通过差异化企业战略商业模式设计后才赋予其利益立场。基于新商业模式原型框架进行企业商业模式差异化设计，可以大幅度降低获得研究成果和开发相关网络科技产品的成本，比如，传统的软件开发公司基于使用已久的传统原型，软件架构师为企业商业差异化设计解决方案。

最后，一旦商业模式和技术方案转化为网络科技产品，就意味着产品的技术系统赋予使用者以创新能力，对比传统方式（学校、书籍、互联网、商业实践），这种能力的效率更高，但在学习上也存在难度，包括针对技术开展学习时，需要耗费的时间、掌握该技术系统所需要的基础知识的广度以及将商业模式和技术方案转化为网络科技产品的效率。

4. 商业模式创新类型[⊖]

（1）根据供给和需求导向进行的分类。

1）供给导向创新，其出发点是将新的经营方式和技术应用于现有的商业模式。戴尔就是同时应用这两种方式的典范。戴尔将产品直接销售给客户，同时引入新技术（网络）作为一种新的分销渠道。

2）需求导向创新，是从客户的角度出发，迎合客户的新需求、品位或偏好。Napster 和 Kazaa 允许人们免费下载音乐，这种免费音乐共享平台的建立给音乐行业造成了很大的压力，需要一种新的、能够适应客户免费收听音乐习惯的商业模式。

（2）根据商业模式发展形态进行的分类。商业模式创新可以分为三类：存量型创新（用不同的方法做相同的事）、增量型创新（基于企业现在的状况，在某些滞后的点上进行创新）、全新的商业模式（创造完全不同于以往的商业模式）。

1）存量型创新，是用不同的方法做相同的事，也就是用新的方式，提供相似的产品或服务。Skype 就是一家这样的公司，它提供的服务与传统的电话公司一样：通话服务。但是它的商业模式中的服务平台是基于网络建立的，这样就使得它能够最大程度地压缩成本，同时在全球范围内开展业务。Skype 的商业模式中提供了其他公司已经有的服务，但它所使用的资源、核心能力和分销渠道却非常新颖。所以，它获得了巨大的成功。

2）增量型创新，意味着立足于现有的经营模式，增加新的要素。比如，在由四大业务组成的通信行业中，竞争十分激烈。这个行业内的企业都在为建立一个囊括无线通信、有线通信、互联网接入和有线电视等所有服务在内的平台。

⊖ 根据"魏炜，朱武祥. 重构商业模式 [M]. 北京：机械工业出版社，2010."以及"Craig M Vogel, Jonathan Cagan, Peter Boatwright. 创新设计：如何打造赢得用户的产品、服务与商业模式 [M]. 北京：电子工业出版社，2014."的相关内容整理。

Zipcar 公司在付费会员制度下，通过提供计时或计天按需汽车租赁业务，把城市居民从自有汽车产权的模式中解放了出来。

3）全新的商业模式，会随着新市场的形成而出现。通过客户洞察、创意构思、可视思考、原型制作、故事讲述和情景推测，能够帮助企业设计更好、更具创意的商业模式，创造完全不同于以往的商业模式。全新的商业模式会取代陈旧的商业模式，当手机出现的时候，给手机下载铃声就成了一种新的生意，凭借 iPod 和 iTunes 在线商店，苹果公司创造了一个全新的商业模式，从而成为在线音乐市场的主导力量。

创业聚焦

免费的商业模式

这是一个被"For Free"所萦绕的时代：在超市里品尝免费提供的饮料、饼干；从餐厅里免费拿一份关于美食介绍的 DM 杂志；拿着体验券做一次完全不收费的 SPA；在网络上回答问题赢得笔记本电脑、iPod 奖品；如果运气好，还可以拿到航空公司送出的免费机票……

在你为自己获得这些额外的好处而暗自得意时，品牌或广告商也在会心微笑。这是为什么呢？提供免费商品或服务的营销方式可称为"免费"营销，无论如何，不可否认的是这一趋势正呈上升态势，从飞机票到维基百科知识，从有形商品到无形服务，从真实世界到网络社会，品牌和制造商、广告代理商正源源不断地提供给消费者免费却不乏实用的一切。尤其是进入了 Web2.0 时代，这种营销手段无疑比以往更强烈地吸引着消费者，并发展成为一种新型的商业模式，成为最具吸引力的市场营销手段之一。

在这种情况下，品牌如何面对这来势汹汹的"免费"大潮呢？不妨看看一些案例。

以广告赞助的免费营销，免费营销最常见的方式就是向特定的消费者群体提供免费的商品、服务或体验，并吸引对这部分消费者感兴趣的相关品牌商来投放广告，所获收入部分作为成本再投入，部分作为盈利。如果运作得当，可以实现"双赢"甚至"多赢"，下面不妨浏览一下各行各业的实例。

这一模式在传媒出版行业最为常见。先不用看全球约 160 万个提供免费新闻的网站，仅仅是免费派送的报纸和杂志种类就令人眼花缭乱了。毫无疑问，这是通过出售广告版面来盈利的，并用以支持非广告版面的运作。据统计，过去的 10 年里，欧洲、美国、加拿大、澳大利亚以及亚洲的部分地区，发放的数以万计的免费报纸，多数都是运用这一形式来运作的。就杂志而言，市场上现存的多数免费杂志都是作为品牌公关的工具，如航空杂志和超市的会员特刊。值得人们关注的则是一些新兴的、针对某个特定读者群的独立杂志，既有自身的话题性，又能吸引相关的广告商购买版面，比如英国的《男性周刊》

(*ShortList*)的目标读者是18~35岁的都市男性,内容覆盖了他们所感兴趣的体育、娱乐、摩托车等,由于定位明确并且开发了有效的投递途径,所以吸引了固定的广告商投放。传媒业的免费营销存在的时间较长且相对成熟,不过可喜的是,现在这种营销方式已经渗透到了一些较新的行业。

首先是移动通信,免费的通信大战正在从电脑上的网络世界转移到日常通信中,如手机或固定电话。2017年9月在伦敦开始运作的移动通信商 Blyk 就先行一步,拉开了"免费"战役的序幕。过程非常简单——只要客户符合条件,就可以注册 Blyk 的服务,再填写一张关于客户自身爱好的问卷即可获得免费通话。

看上去 Blyk 似乎无利可图,奥妙就在于,它通过出售广告来盈利,注册客户填写问卷来完成市场调查,这样广告商就可以针对非常特定的族群进行市场营销。由于它锁定的人群具有很高的针对性(16~24岁的青少年),因此受到特定广告商的青睐。

根据 Mobile Today 的估算,就 Blyk 目前已经发起的500次广告推广而言,平均的反馈率高达29%。Blyk 则表示,目前的发展态势"略微超出"了自己在一年内累计10万名客户的目标。与此类似的是,美国的 Mosh Mobile 也计划提供相似的服务,客户只需要回答一些与赞助商品牌相关的信息便可以获得免费的游戏下载、电子优惠券等。美国的 U.S. Pudding Media 则提供免费的、由广告商赞助的 VoIP 服务,只要同意自己的通话被测控,就可以免费拨打电话。在对话的同时,客户所谈论内容的关键词将被提取,并提供给广告商以生成相关广告,这样一些客户可能会感兴趣的新闻、娱乐等内容便会展示在设备屏幕上,客户获得了免费通话时间,广告商也达到了自己的目的。

再来看看航空业,从廉价机票到免费机票有多远?答案是零距离!有些航空公司已经送出多张免费机票。从2017年的5月16日至21日,ULCCRyanair 就大张声势地举办了一项"促销"活动,送出了多达100万个免费座位(完全免费,不加税、没有额外的收费)。活动发布的5个小时之内,网站就获得了400多万次的点击,蜂拥而至的网民一度令网络堵塞。之所以能这么做,完全是有强大的广告收入做支撑——Ryanair 将能够出售广告的位置都卖给了广告商,比如可收起的折叠桌、座椅靠背,甚至整个机身的广告位,Ryanair 无疑成了一块巨大的活动公告牌,难怪它获得了赫兹、捷豹以及沃达丰等大厂商的青睐。这些只是看得到的效应,眼光再放远点,想想 Ryanair 所飞抵的城市,想想那些急于吸引更多游客的旅行社、酒店、租车公司等,这样看来,Ryanair 这笔生意做得真是划算。

无独有偶,汽车租赁行业也迫不及待地要送免费服务。LaudaMotion 公司免费出租带有广告的 Smart 汽车给奥地利和德国的客户,只要在特定时段租借并且将时间控制在3天内,客户每天只用付1欧元的车资,当然这是有条件的,就是驾驶者每天至少需要行使30千米,不过这也是很容易实现的。通过这种方式,车身广告可以得到最大程度的曝光,租车者也获得

> 了极大的好处。
> 更有趣的例子来自数码打印业，French Mes Photos Offertes 提供免费的照片处理以及送货上门服务，条件是在照片底部印上广告，客户一次可以上传 20 张照片，打印尺寸是 1 115 厘米，包含一个只是 415 厘米的广告位，相信会让很多人动心。
>
> 资料来源：编者根据相关资料整理，仅供教学使用。

第二节 商业模式设计思路和方法

一、商业模式的构成

一套完整的商业模式理论框架要搭建完成，必须回答三个基本问题。

（1）商业模式的特征或者形态是什么样的？

（2）不同商业模式的绩效或企业业绩差异体现在哪里？

（3）支撑该商业模式的背后逻辑是什么？或者说，要使该商业模式运营，需要什么？

商业模式是一个复杂的系统，其构成包括六个要素：业务系统、定位、盈利模式、关键资源能力、现金流结构和企业价值。其关键概念是业务系统，强调整个交易结构的构型、角色和关系。而定位强调满足利益相关者需求的方式，盈利模式强调与交易方的收支来源及收支方式，关键资源能力强调支撑交易结构的重要资源和能力，现金流结构强调在时间序列上现金流的比例关系，这四个要素都可以看成是业务系统在不同侧面的映射或者反映。最后的企业价值是商业模式构建和创新的目标与最终实现的结果。

（一）业务系统：企业选择哪些行为主体作为其内部或外部的利益相关者

业务系统由构型、角色与关系三部分组成。构型是指利益相关者及其连接方式所形成的网络拓扑结构；角色是指拥有资源能力即拥有具体实力的利益相关者；关系是指利益相关者之间的治理关系，主要描述控制权和剩余收益索取权等权利在利益相关者之间如何配置。这三个方面的不同配置都会影响整个业务系统的价值创造能力。

在 1988 年之前，雀巢公司的业务系统可以描述为：从特密克斯购买蒸馏咖啡机，从雀巢购买咖啡胶囊，借助索伯尔的渠道直接面向客户销售并负责其他营销工作及保养维修机器的工作。而在 1988 年包罗·盖勒德接管雀巢公司之后，其商业模式的业务系统转变为：蒸馏咖啡机由多家被授权企业生产并通过零售商销售，由这些生产企业负责机器的维修和保养。通过俱乐部的方式组织咖啡胶囊的销售，客户通过电话、传真等方式从俱乐部订购咖啡胶囊。

从交易角色上看，红星美凯龙在交易结构中的角色是商业地产商，其中的家具厂商是租户；而居泰隆拥有的是对整个软件及其运营系统支撑的连锁加盟体系，家具厂商成为其中一个环节的供应商。这是双方利益相关者在交易结构上角色的差异。

治理关系回答双方在交易中如何分割权利，包括纯市场交易、纯所有权交易和介于这两者之间的长期契约、参股、控股、企业联盟等。例如，红星美凯龙和家具厂商交易的治理关系是市场交易。

（二）定位：企业满足利益相关者需求的方式

这里的利益相关者，实质是广义的客户，包括内部客户（员工）、外部客户（供应商、消费者、服务提供商，直接客户、间接客户等），类内部客户（特许经营门店、外包服务、外协加工等）。

应该指出的是，在这个定义中，关键词不是利益相关者（利益相关者可以改变），也不是需求（需求可以不同），而是方式。比如，同样是满足消费者喝豆浆的需求，可以开连锁店卖豆浆（永和大王），也可以卖豆浆机让消费者自己操作（九阳），还可以开社区体验店现磨现卖，等等，这些都是定位的差异。

企业会选择什么样的方式与某类利益相关者交易，影响因素是（与该类利益相关者的）交易价值与交易成本。复印机的商业模式设计为不同定位的交易价值提供了很好的佐证。一台复印效果更好、造价更高的复印机该如何商业化？新复印机和老式复印机针对的是同一个需求——复印资料。按照老式复印机的定位，其满足客户需求的方式是直销复印机，其价值空间就是复印机的市场容量；如果采取另一种定位，其满足客户需求的方式变成复印机租赁、复印张数另外计费，等等，其价值空间则是客户持续复印活动的市场容量，这里既包括老式复印机的基础复印需求，也包括新定位所带来的额外频繁复印活动。施乐公司正是这样重新审视和主动转变了满足客户复印需求的方式，才成为历史上最伟大的企业之一。一项具体交易的成本由三部分组成：搜寻成本、讨价还价成本和执行成本。好的定位能够降低其中某一项或某几项交易成本。例如，连锁店模式增加了与客户的触点，降低了客户的搜寻成本；中介模式为交易双方缩小了谈判对象的规模，降低了讨价还价成本；网上支付突破了银行时间、地点的限制，为客户降低了执行成本；整体解决方案模式为客户大大减少了交易商家的数量，同时降低了搜寻成本、讨价还价成本和执行成本。

（三）盈利模式：以利益相关者划分的收支来源以及相应的收支（或计价）方式

盈利模式包括盈利的来源和计价的方式。同样一个产品，比如纺纱机，盈利来源有很多种：直接让渡产品的所有权，把纺纱机卖掉，这是传统的销售；

只让渡产品的使用权，企业仍然保有所有权，把纺纱机租出去，收取租金，这是租赁；销售生产出来的产品，例如，为纺纱机构建生产线，销售生产出来的纱线；作为投资工具，例如，在生产纱线的同时，把纺纱机打包卖给固定收益基金，企业得到流动资金，基金公司获得一个有固定收益的证券化资产包。

计价方式有很多，仍然以纺纱机为例：销售时以台为单位来计价；租赁时以时间为单位来计价；投资时则把其整个收益分为固定和剩余两部分，以价值为计价方式。

盈利来源的不同会导致计价方式的不同。比如，红星美凯龙对家具厂商收取租金，红星美凯龙获得固定收益，家具厂商得到剩余收益；居泰隆则向家具厂商按照交易量收佣金，双方均得到分成收益。

(四) 关键资源能力：支撑交易结构背后的重要资源和能力

关键资源能力是企业商业模式运行背后的逻辑，是其运营能力有别于竞争对手并得以持续发展的背后支撑力量。不同的商业模式要求企业具备不同的关键资源能力，同类商业模式其业绩的差异主要源于关键资源能力水平的不同。

同样是经营餐馆，高档餐厅、连锁快餐店和送餐的关键资源能力肯定是不同的。高档餐厅以环境、菜品单价和质量等取胜；连锁快餐店追求标准化和快速复制化；曾经的资本市场宠儿——福记食品的送餐业务则以对中央厨房的管理和运营作为改进效率的重点。

(五) 现金流结构：以利益相关者划分的企业现金流入和流出的结构以及相应的现金流的形态

轻资产公司之所以受到很多学者和风险投资家的青睐，就在于其现金流结构能够实现早期较少投入可以带来后期持续的稳定较高回报。例如，金风科技不拥有零部件制造环节，而是采取发展和培养庞大的零部件供应商体系，减少了在零部件制造环节的大量资金投入，从而实现了轻资产的现金流结构，在上市前连续7年销售额和利润增长均翻番，上市后很自然地成为资本市场的明星。

现金流结构可以设计。同一个盈利模式可以对应不同的现金流结构。例如，同样是手机卡充值，可预存话费，可月结。前者首先使用的是客户的资金，运营商提前获得充沛的现金流以投入客户服务，后者则是先服务后收费，运营商需要先将自身的现金流投入运营服务。

在客户初期投入较大的情况下，借助金融工具，或分期付款，或融资租赁，降低客户一次性购买门槛，无疑会吸引到更多客户；在客户每次投入不大又重复消费的情况下，预收款，同时配以高质量的服务，能够在保持甚至提高客户满意度的同时释放企业的现金流压力。

（六）企业价值：商业模式的落脚点

评判商业模式优劣的最终标准就是企业价值（商业模式价值或者焦点企业价值）的高低，对于上市公司而言，直接表现为股票市值。

二、商业模式设计画布

商业模式是一种包含了一系列要素及其关系的概念性工具，用以阐明某个特定实体的商业逻辑，它描述了公司所能为客户提供的价值以及实现（创造、推销和交付）这一价值并产生可持续盈利收入的要素（公司的内部结构、合作伙伴网络和关系资本）。商业模式画布图是指一种能够帮助创业者催生创意、降低猜测、确保他们找对目标用户、合理解决问题的工具。商业模式画布图不仅能够提供更多灵活多变的计划，而且更容易满足用户的需求（见图7-2）。更重要的是，它可以将商业模式中的元素标准化，并强调元素间的相互作用。[⊖]

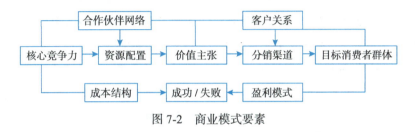

图 7-2　商业模式要素

（1）价值主张（Value Proposition）：通过其产品和服务，企业所能向消费者提供的价值。价值主张体现了企业相对于消费者的实际应用价值。

（2）目标消费者群体（Target Customer Segment）：企业所瞄准的消费者群体。这些群体具有某些共性，从而使企业能够（针对这些共性）创造相应的价值。定义消费者群体的过程也被称为市场细分（Market Segmentation）。

（3）分销渠道（Distribution Channel）：企业用来接触消费者的各种途径。分销渠道涉及企业如何开拓市场和实施营销策略等诸多问题。

（4）客户关系（Customer Relationship）：企业同其消费者群体之间所建立的联系。客户关系管理（Customer Relationship Management）与此相关。

（5）资源配置（Value Configuration）：资源和活动的配置。

（6）核心竞争力（Core Capability）：企业执行其商业模式所需的能力。

（7）合作伙伴网络（Partner Network）：企业同其他企业之间为有效地提供价值并实现其商业目标而形成的合作关系网络。这也描述了企业的商业联盟（Business Alliance）范围。

⊖ 根据奥斯特瓦德的《商业模式新生代》（该书已由机械工业出版社于2011年出版）和魏炜、朱武祥的《商业模式案例与公案教学》（该书已由机械工业出版社于2010年出版）的相关内容整理而成。

（8）成本结构（Cost Structure）：所使用的工具和方法的货币描述。

（9）盈利模式（Revenue Model）：企业通过各种收入流（Revenue Flow）来创造财富的途径。

> **创业聚焦**
>
> ### 唯品会：传统零售业＋信息技术服务业＋物流业
>
> 从业态分析的角度来看唯品会的崛起，我们或许更能找出这繁华商业巨鳄背后的故事。业态是指针对特定消费者的特定需要，按照一定的战略目标，有选择地运用商品经营结构、店铺位置、店铺规模、店铺形态、价格政策、销售方式、销售服务等经营手段，提供销售和服务的类型化经营形态。唯品会是由零售业（奢侈品销售）融合信息技术服务业（电子商务平台）糅合而成。相比奢侈品销售，也许用 Outlet 形容会更加恰当。唯品会就相当于一个线上的奥特莱斯。利用网络技术的方便，唯品会成功落实了"名牌折扣＋限时抢购＋正品保险"三大法宝。因为唯品会本身是一个销售平台，略去了很多中间商，直接与品牌商拿货，企业对库存的需求也相当高。据悉，唯品会获得的风投资金在未来最大的投入还是在仓储技术和服务人员等方面，包括供应链、物流、后台系统等，此外，华北的物流中心也在规划中。就这样，利用信息技术将奥特莱斯搬到互联网上，又混合了现代物流业，唯品会自身的业态融合为它在商海中开拓了一片新的领域。通过整合奢侈品零售以及最新颖的电子商务，唯品会独家打造的"正品折扣＋限时限购"的商业模式为它在华南地区占据了一定的市场，也成了业内广为流传的成功典型案例。电子商务，归根到底还是商务。事实上，唯品会打造的商业模式极容易被复制，但是真正支撑它运营的核心竞争力就是服务。同时，唯品会并没有效仿其他电商平台采用第三方物流，而是使用自建物流系统，自建仓库。自建的仓管和物流能更好地贯彻唯品会高周转的方针。经过几年的努力，唯品会对新业态的诠释和实践让它傲视华南（见图7-3）。

合作伙伴	关键业务	价值主张	客户关系	客户细分
・强大的供应商网络 ・联合太平洋保险，推出了正品担保服务	・奢侈品电子交易 ・自建仓库 ・售后服务 **核心资源** ・折扣商品 ・服务规划 ・仓库网络	"消费者满意"是唯品会最大的追求目标，因此唯品会坚持以安全诚信的交易环境和服务平台，为会员提供优质、高效、愉悦的售卖服务，以提升客户满意度为己任，为消费者提供畅快、安全、放心、便捷的消费流程体验和服务	・购物体验 ・无条件退货 ・CSC 呼叫系统 **分销渠道** ・电子交易平台 ・仓储物流	・奢侈品消费者 ・高档消费者 ・二三线品牌偏好者

成本结构	收益来源
・进货费用 ・物流费用 ・库存管理	通过线上电子交易，直接获取销售与进货之间的毛利润

图7-3　唯品会的商业模式要素

资料来源：编者根据相关资讯整理，仅供教学使用。

三、价值主张设计模板

在实际工作中,价值主张设计模板主要有三个功能(见表7-1)。首先,它激发了对公司价值主张的结构化思考。仅仅依靠咨询服务是无法定位公司价值主张的,还需要依靠公司整体对价值主张的深入理解,所以这种结构化的思考过程非常重要。其次,当你填好这个模板时,你可以用它来设计关键绩效指标(KPI)并用以评估价值主张的绩效。另外,在价值主张的持续性改善过程中,管理层需要经常看这个模板和根据模板所设计的关键绩效指标。最后,价值主张设计模板和根据模板设计的关键绩效指标可以用于向员工灌输公司的价值主张和概念。

表 7-1 价值主张设计模板

	评价过程	协同价值定位	购买过程	安装过程	使用和操作	附加产品/服务	售后服务	产品残值
生产力/盈利能力								
简化								
便利性								
风险管理								
产品外观								

这个模板让企业可以从价值主张循环周期的角度思考自己的价值主张(价值主张是商业模式的核心要素之一)。这个模板帮助企业明确自己在价值主张循环周期的不同环节中可以为客户创造的价值,这个循环周期从潜在客户评价价值主张开始,一直到客户不再需要企业所创造的价值时结束。

1. 横轴需要创造八个方面的价值

(1)评价过程。企业可以通过尽可能简化评价过程来创造客户价值。在这个环节中,客户会尝试判断企业的价值主张是否能满足自己的需要。

(2)协同价值定位。通过多种技术手段,客户可以参与到公司发现和定位价值主张的过程中。

(3)购买过程。客户非常重视这个过程的效率和便利性。如亚马逊的"一键购物"使得消费者在其网站上购物变得非常简单和高效。

(4)安装过程。某些时候产品购买后需要安装,尽量简化这个过程对于客户来说具有非常高的价值。

(5)使用和操作。大多数时候,价值主张主要依靠使用和操作的过程来实现。一个公司需要尝试创造超过产品和服务本身的价值(消费者让渡价值)。如,Salesforce 为客户创造的价值是它的销售解决方案,而 Salesforce 也非常注重提高产品的附加值。它提供了许多后续的服务和丰富的渠道拓展建议。

（6）附加产品/服务。通过不断提供附加服务，或者将产品/服务本身作为可以不断补充的方面也可以为客户创造价值。

（7）售后服务。价值经常存在于售后服务的环节中。公司可以提供尽可能好的售后服务，或者提供几乎不需要售后服务的产品。例如，在Salesforce的价值主张中，最吸引人的是它的软件模型（Application Service Provider，ASP）基本不需要客户做维护工作。

（8）产品残值。很多时候，当客户不再需要一种产品或服务时，就需要结束服务或者处理掉产品。比如，退订一份杂志，处理废电池。

2. 纵轴是五个价值的创造途径

（1）生产力/盈利能力。通过提高客户的生产力、盈利能力和工作效率来创造价值。

（2）简化。尽可能简化价值主张的每个循环周期，使其更容易被理解，并从中创造价值。例如，一家软件公司可以让它的产品参数尽可能简单。

（3）便利性。通过使客户感到更加便利来创造价值。例如，一家在线的杂货店通过即时送货来创造价值。

（4）风险管理。尽可能地减少客户的风险也是创造价值的途径之一。例如，客户选择的产品或服务不能满足其需要是一种风险，或者在产品使用过程中对其自身有危险（如割草机），又或者购买产品的时机不对（在降价前买了一台等离子电视）等。

（5）产品外观。有时候产品外观可以成为很好的价值创造途径。

> **他山之石**
>
> **Uber：提供最便捷的出行方式**
>
> 轻轻一点，即可叫车——Uber（优步）是最便捷的出行方式。Uber并没有很直白地表达自己的价值主张，但是很巧妙地突出了乘坐传统出租车所有的缺陷，并且表明它的服务非常好，完美地传达了"简单""便捷"的理念，而这些理念正是让Uber的服务如此诱人的核心因素：只需轻轻一点，专车为你服务，你的司机知道你想去的地方的准确位置，无须现金支付。以上的每一条都与乘坐传统出租车的典型体验直接对应：不用打电话给不耐烦的调度员，不用费力向承受巨大压力的出租车司机解释你要去哪儿，也没有找零的尴尬或者担心没有带足现金，只需通过这种快捷有效的乘车方式就能到达你想去的地方。
>
> 资料来源：编者根据相关资料整理，仅供教学使用。

第三节 商业模式的执行

一、商业模式的实施过程

一家公司的成功需要良好的商业模式设计和执行，仅靠商业模式是不会成功的。新闻记者、专家和经理人往往将公司失败的原因归结于商业模式，而实际情况往往是执行的环节出现了问题。将设计好的模式（商业模式、组织模型、流程、信息系统模型等）付诸实践是关键阶段，在有了外部（如风险投资）和内部（如预算）保证之后，商业模式就可以具体实施了。但是，这个流程远远没有结束，商业模式创新是一个不断循环的过程，在商业模式的评估阶段结束后，重新分析环境阶段又需要再次开始，即使这个商业模式已经取得了成功。

使用商业模式执行设计框架的时候一般按照以下步骤：

（1）从公司的不同部门找几个人（如高层管理人员、营销人员、工程师等），让他们讨论公司的价值主张和战略差异化。

（2）让每个人进行头脑风暴并在便签上写下 10 个左右导致公司价值主张差异化的关键因素。

（3）把所有的便签都贴在墙上。

（4）对这些便签上所写的因素进行分类。

（5）让人们选出 7～10 个最重要的因素。

（6）让人们对公司在每个因素上的实际表现打分（如价格、市场占有率等）。

（7）让人们列出主要的竞争对手。

（8）让人们对竞争对手的价值主张表现进行打分。

（9）比较所有的价值主张。

（10）讨论关于形象化的问题。

在健全的和有缺陷的商业模式设计/执行的对比图中（见图 7-4），B 区域是完美的情况，健全的、有竞争力的商业模式设计和良好的执行。A 区域的情况是一个公司拥有很好的商业模式却不能很好地执行它并取得成功。这个问题要归结于很多方面的原因，例如，经验不足（创业公司）、资源不足、领导力不足等。在这种情况下，公司应该尽可能地找到执行方面的问题并解决，从 A 区域移动到 B 区域。D 区域的情况是商业模式本身有缺陷，但是公司的执行力非常强。出现这种情况可能看起来很奇怪，但是连先前依靠健全

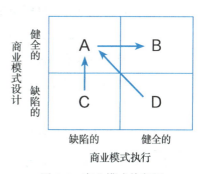

图 7-4　商业模式执行图

的商业模式成功的公司都可能发生这种情况。这种情况一般是由行业内创新型公司的崛起而引起的。当一个公司发现自己处于 D 区域的时候，应该首先重新设计商业模式。C 区域的公司没有健全的商业模式，也没有很好的执行力。这类公司要想成功应该重新设计自己的商业模式并提高自己的执行力。○

二、商业模式的交易结构

商业模式的本质就是一群利益相关者将自己的资源能力投进来，形成一个交易结构（见图 7-5）。商业模式的交易结构就是通过交易，将资源能力配置给能发挥更高效率的利益主体，这个交易结构持续交易会创造出新的价值，每一方会按照一定的盈利方式分配这个价值，如果每一方分到的价值超过了它投入资源能力的机会成本，这个交易结构就会越来越稳固，从而实现整个交易结构的价值增值，一般有以下两个特征：①企业自身很强大，焦点企业具备可持续盈利的能力；②与企业合作的利益相关者的实力都很强。

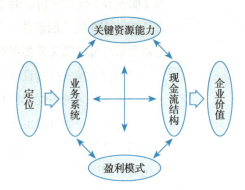

图 7-5　商业模式的交易结构

技术进步导致了交易成本的变化，又使得重新构建不同交易结构的可行性空间变得更大，这带来两个结果：①指数级增长；②黑洞效应，能把利益相关者都吸引到商业模式中。比如，当滴滴兴起时，以前的黑车司机就不存在了，他们被新模式转化了。新模式能够对旧模式实现替代，将两者整合连接在一起，就能实现行业的升级。

同样的资源能力，在不同的利益主体手中，可变现的路径、可实现的价值完全不同，一个好的交易结构，就是将手中价值评价不高的资源能力拿出去交易，换取能创造更高价值的资源能力。如果换来的资源能力在对方手中的价值评价也不高，只要交易成本够低，那么交易后，双方都能得到价值增值。如果有多个资源能力和利益主体的价值评价错位，就存在通过交易使资源能力与利益主体价值评价之间相互匹配的可能性，也就可以通过设计交易结构来提高总体的价值评价。

当焦点企业只有一个利益相关者时，情况就很简单，只需对每个备选的利益相关者进行评估，分别计算抉择收入和成本，选择抉择收益最大、机会成本

○ 根据唐东方和冉斌《商业模式：企业竞争的最高形态》和蒂姆·克拉克、亚历山大·奥斯特瓦德、伊夫·皮尼厄的《商业模式新生代·个人篇》的相关内容整理而成。

最小者。而当需与多个利益相关者交易时，不仅要搭建一个共生体，还要保证其中每个成员的价值空间都为正，同时还要不断分析各种可变因素，对共生体的交易结构进行升级。

通过焦点企业与利益相关者的交易结构，根据价值提升、成本节约与增长加速三个方面，评价商业模式。因此，商业模式的创新过程不是为了创新而创新，应以价值提升、成本节约与增长加速为目标，以促进企业发展升级的商业模式创新为目标。

> **小贴士** 交易结构应注意以下几点
> - 跟谁交易？也就是利益相关者是谁；企业选择哪些行为主体作为其内部或外部的利益相关者，包括客户、伙伴、竞争对手等。
> - 关键资源能力是什么？也就是交易什么，支撑交易结构背后的重要资源、活动环节和资源能力分别是什么。
> - 如何定位？怎么交易？也就是企业满足客户需求的方式及其过程中的责、权、利配置。
> - 如何定价？也就是收入、支出、时点等问题。
> - 现金流结构？以利益相关者划分的企业现金流流入和流出的结构以及相应的现金流的形态。
> - 企业价值？也就是未来净现金流的贴现，对于上市公司而言，直接表现为股票市值。

三、商业模式的进化迭代

商业模式与时代有关，商业模式变化的背后是时代驱动的力量。比如餐饮业的商业模式，一直随着时代而改变。餐饮最早是单店模式，价值很有限；后来餐饮出现了相对有杠杆效应的"连锁"模式。越是传统的行业，越有机会实现迭代，驱使它们迭代的力量主要有消费升级、资本推动与技术变革。同时，由于消费升级、资本推动与技术变革这三个力量的推动，商业模式的进化迭代也很重要。

对于创业企业来说，大企业的每个模式都难以直接套用，但是创业企业可以去理解整个商业模式背后的逻辑。只有综合考虑外部的环境、内部的结构、技术等，才能把大企业的商业模式看透彻。除此之外，还要琢磨大企业的商业模式，以洞悉变化的方向，甚至为它们设计商业模式。如果发现某大企业的短板恰恰是自己企业的长处，不妨合作，从竞争对手转变为合作伙伴。小企业发展到一定程度时，最好的成长方式就是和大企业共舞。这样才能充分借用大企业的杠杆资产来发展自己。很多小企业在发展成大企业之时，都是在关键节点上利用了大企业的杠杆资产，借势发展。改变利益相关者、活动环节和资源能力，都属于商业模式的变化方向，主要涉及交易结构的四个问题：与谁交易（交易主体)？交易什么（交易内容）？怎么交易（交易方式）？如何定价（交易定价）？

当寻求商业模式大变革时，新创企业必须分析利益相关者、活动环节、资源能力变化能否产生新的价值。①针对利益相关者，我们可以通过增加／减少／拆分／聚合／选择／改变利益相关者，实现我们的商业模式变化。在利益相关者中，又有一类叫"关键利益相关者"，即能实现战略目标，能使商业模式实现质的飞跃的人，他们在商业模式里需要被重点关注。②活动环节包括切割重组、碎片聚合、去中间化、再中间化等过程。商业模式加技术制造可以缩短某些行业的渠道和链条，由信息系统驱动去掉某些环节以提高效率。③针对资源能力，可以通过新的商业模式组合来创造更大的价值。

创业聚焦

飞贷商业模式的三个阶段

飞贷是深圳的一家移动信贷公司，它的商业模式经历了三个阶段。

第一阶段：信贷工厂。解决贷款人与企业难以向银行贷款的问题，先搜集贷款人与企业的资料，然后通过筛选，再把用户推荐给银行，用户就能获得银行贷款。缺点是需要大量人工，赚钱效率低，规模受限制。

第二阶段：将信贷移动互联网化。研发飞贷App，通过实名制的信用记录及技术，能判断信用行为，确定能否贷款。

第三阶段：专注金融科技。引入全国性的某担保公司，为该公司提供技术支持，规模和资金不再是飞贷的瓶颈。

在设计商业模式时针对企业瓶颈所做的微设计，尽管只是精微调整，但是价值很大。飞贷通过技术创新和商业模式创新的结合，实现了商业模式的迭代。

创业聚焦

小米科技：客户参与的商业模式

互联网服务需要客户参与（Beta）现在已经成为一种常识，大家都知道要把产品拿出来给客户用，然后和客户一起改进产品。Beta是与客户一起改进产品的过程，也是逐步教育客户如何使用产品的过程。这不同于跨国公司推出的一项Beta服务，很简单，没有太多特性，与自己在其他国家的特性数量和成熟度相去甚远，客户甚至会抱怨它的特性太少（在使用产品的基础上产生的抱怨），然后它按照一定的节奏慢慢添加特性，客户的抱怨逐渐减少，满意度逐步提升，重要的是，这是一个产品与客户共同成长的过程，产品变得越来越复杂，而客户在Beta的过程中逐步掌握了它所有的特性。

从这个角度出发，产品的核心特性（这里说的是最核心的特性，可能只有一个特性或者两个特性）相对完善的时候，就可以引导客户参与了，不要添加太多的东西，那样会增加客户的教育成本，客户遇到需要思考、学习的东西很多时候扭头就走了。当客户用起来之后，逐步添加产品特性，每次添加都要配合力度适当的宣传，进行客户教育，让客户从核心特性开始，逐步学习，保持客户的兴奋度和满意度，具体过程如下。

1. Community：建立社区，形成粉丝团

建立社区的第一步就是根据产品特点，锁定一个小圈子，吸引铁杆粉丝，逐步积累粉丝。比如，小米手机把客户定位于发烧友极客的圈子，乐视电视把铁杆粉丝定位于追求生活品质的达人。在吸引粉丝的过程中，创始人会从自己的亲友、同事等熟人圈子先开始，逐步扩展，最后把雪球滚大。建立社区与滚雪球是一个道理，初始圈子的质量和创始人的影响力，决定着粉丝团未来的质量和数量。雷军能把小米手机做得如此成功，在很大程度上源于雷军在互联网圈内多年积累的人脉和影响力，以及小米手机针对粉丝团的定位。在锁定了粉丝团的人群以后，下一步就是寻找目标人群喜欢聚集的平台。手机发烧友喜欢在论坛上讨论问题，所以魅族、小米手机等都建立了自己的论坛，吸引发烧友级的极客。当然论坛还有一个缺陷就是太封闭，人群扩展起来太难，所以小米手机在发展之初就把微博作为扩展粉丝团的重要阵地。在粉丝团扩展阶段，意见领袖起着信任代理人的作用，所以小米手机利用意见领袖为自己的品牌代言，在新浪微博上获得更多的关注。

2. Beta：针对铁杆粉丝，进行小规模内测

在积累了一定规模的粉丝以后，第二个阶段就是根据铁杆粉丝的需求设计相关产品，并进行小规模产品内测。这一步对于小米手机而言，就是预售工程机，让铁杆粉丝参与内测。第一批客户在使用工程机的过程中，会把意见反馈给小米的客服。小米的客服再把意见反馈给设计部门，客户的意见直接可以影响产品的设计和性能，让产品快速完善。据小米公司的总裁黎万强透露，小米手机三分之一的改进意见来自客户。

除了意见反馈以外，第一批工程机客户还担负着口碑传播的作用。因为工程机投放市场的数量有限，有一定的稀缺性，抢到的客户免不了要在微博或微信朋友圈上晒一下，每一次分享都相当于为产品做了一次广告。如此，第一批铁杆客户就好比小米手机撒下的一粒粒火种，星星之火可以燎原。

3. Mass Production：进行大规模量产和预售

以小米手机为例，说一下粉丝团营销最重要的一个阶段——大规模量产和预售阶段。这个阶段一般有三件重要的事要做：产品发布会、新产品社会化营销与线下渠道发售。先说产品发布会，现在产品发布会已经成为小米手机营销过程中最为关键的一环。在盛大的发布会当天，作为小米公司董事长的雷军要亲自上阵讲解产品，而且还会邀请高通等配件厂商助阵，成百上千名米粉参与，众多媒体记者和意见领袖围观。这样做的目的只有一个，就是把产品发布会的信息传递出去，成为社交网络话题讨论的焦点。

在产品发布会以后，小米手机紧接着就会举行新产品的社会化营销。在进行社

会化营销的时候，小米手机一般都会选择最炙手可热的平台进行传播和推广。在新浪微博最为火爆的时候，小米利用新浪微博进行大规模的抽奖活动。在微信最为炙手可热的时候，小米选择将微信作为发布平台。在推出红米手机的时候，小米手机还选择将QQ空间作为合作平台进行产品发布，正是因为QQ空间在三四线城市有着广大的客户人群，与红米手机的客户重合度很高。在社会化营销的过程中，为了让客户切身地感受到稀缺性，小米公司即使在产品大量供给的情况下，还是依旧采用"闪购""F码"等方式制造一种产品稀缺的错觉，激发网友对产品进行下一步传播和逐级分享，在线下渠道正常铺货。

4. Connection：联结

按照互联网思维的逻辑，小米手机在售出了大规模的产品以后，营销并没有结束，而是刚刚开始，这时候需要用一个体系，把售出的这些产品联结起来，让这些产品以及背后的人变成一个社群或者体系。这就是小米模式与传统制造业不同的地方。对于格力等传统家电企业而言，一台设备卖出以后，营销就结束了，企业只在每一台卖出的设备上获得利润，所以对于格力而言最重要的是控制成本和以量取胜。而对于小米而言，硬件可以不挣钱，甚至硬件可以免费，但通过把硬件联结起来，完全可以利用后续的服务和衍生产品赚钱。相比传统的制造业，小米模式建立的是一个生态体系，商业模式基于生态体系基础设施服务，而不是单纯地卖设备。这就好比小米公司是一个电力公司，它的主要收入来源并不是卖电表，而是收电费。

小米手机是如何将这些设备联结起来的呢？当然是通过软件，对于小米手机而言，就是它的MIUI系统。通过MIUI系统，小米手机不仅把成千上万的米粉联结到了一起，还基于MIUI系统建立了自己的商业模式。小米公司，除了小米手机这个基础硬件以外，在小米商店里还有很多配套硬件和软件供客户选择，这些都是小米公司新的收入来源。更重要的是，小米公司通过将成千上万的米粉通过MIUI系统联结在一起，客户可以知道其他米粉在说什么、在做什么、在用什么，整个米粉群体就变成了一个互相连接、规模很大的社群。而这个社群的吃喝拉撒和衣食住行，都可以变成小米公司新的收入来源和商业模式，投资机构对小米公司之所以估值这么高，也正是看到这个社群背后的商业价值。更重要的是，这个社群的规模还在不断扩大。

5. Extension：扩展

基于MIUI系统的软件思维，最大的优势就在于它的扩展性，因为对于软件的扩展而言，成本接近于零，不过是服务器上的一些字节而已。而正是由于它的可扩展性，才能够让米粉这个生态圈快速生长起来。生态圈的扩展，对于个体客户而言，可表现为软件系统的升级和更新，服务内容的扩展和个性化需求的满足。比如小米手机开发一款老年手机主题，就可以替代一部老年手机；壁纸、背景、主题等原来千篇一律的东西，现在都可以有更多的选择。除此之外，客户还可以去软件商店，选择适合自身需求的更多具有个性化的软件和产品。

当然，基于软件扩展思维和米粉社群，小米手机在产业外围同样可以进行扩展，扩展性表现为小米软件商店、小米支付、小米路由器等整个基础设施的日益完善。比如，小米除了做手机以外，还做了小米电视、小米路由器等产品，甚至会扩展到游戏和娱乐业。对于小米这类互联网公司而言，基于互联网思维的每个扩展，就好比是开启一个新型商业模式的接口，都可能变成新的商业收入来源和商业模式。

资料来源：编者根据相关资料整理，仅供教学使用。

要点回顾

- 关于商业模式和创新的关系问题，商业模式的改变就是创新的源泉。
- 商业模式在设计交易结构时，首先是划定利益相关者，其次才是设计与他们的交易关系。
- 商业模式的核心是能够为企业及其利益相关者创造最大的价值。
- 商业模式创新是为公司、客户和社会创造新的价值，可以分为三类：存量型创新（用不同的方法做相同的事）、增量型创新（基于企业现在的状况，在某些滞后的点上进行创新）、全新的商业模式（创造完全不同于以往的商业模式）。
- 商业模式是一个复杂的系统，其构成包括六个要素：业务系统、定位、盈利模式、关键资源能力、现金流结构和企业价值。
- 商业模式画布图是一种能够帮助创业者催生创意、降低猜测、确保他们找对目标用户、合理解决问题的工具。
- 商业模式的价值主张设计模板能让企业从价值主张循环周期的角度来思考自己的价值主张，帮助企业明确自己在价值主张循环周期的不同环节中可以为客户创造什么样的价值。
- 一家公司的成功需要良好的商业模式设计和良好的执行，仅靠商业模式是不会带来成功的，将设计好的模式（商业模式、组织模型、流程、信息系统模型等）付诸实践是关键阶段。

关键名词

创新　商业模式创新　价值主张　商业模式设计　商业模式执行

复习思考题

1. 商业模式在创业中具有哪些重要作用？
2. 如何理解商业模式？
3. 简述商业模式的发展过程。
4. 商业模式创新有哪些分类？
5. 简述商业模式设计思路和执行方法。

牛刀小试

结合本章内容，设计一份访谈提纲，找一家你身边的创业企业进行商业模式分析，要求如下。

1. 分析该企业的商业模式构成。
2. 认真准备和设计商业模式画布，问题可以来自本章的主要知识点，分析该企业商业模式的9大要素及相互关系。
3. 重点关注该企业的商业模式的核心价值主张。
4. 搜集商业模式方面的执行情况，在搜集资料时，如需调研访谈，则做好记录，如果对方允许，最好录音。
5. 实地调研结束后一定要仔细整理，对照访谈前你预想的答案，看你发现了什么。

回头看一看你分析的商业模式，你觉得该企业的商业模式在哪些地方值得修改。

_____
_____
_____
_____

如果你调研过该企业，请把令你印象最深的事件、发现、关键词等写在下面的空白处。

_____
_____
_____
_____

第八章 创业计划书的撰写

创业名言

太多关于创业的商业计划看上去更像是火箭发射，而不是汽车驾驶。

——埃里克·莱斯

本章框架

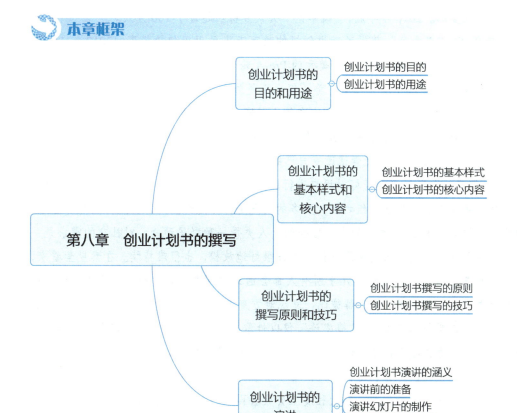

学习目标

通过本章学习，你应该能够：

1. 理解什么是创业计划书
2. 了解创业计划书的目的与用途
3. 了解创业计划书的基本内容
4. 了解创业计划书编制的原则与技巧
5. 如何进行创业计划书演讲

⊙ 开篇案例　"概率论"：校园社交新玩法

2015年，秦昱莹还在读大二。将陌陌、探探等App都玩遍了的她，对各种以"约"为驱动力的社交软件开始感到乏味。同年9月，她和8个小伙伴一起，做了一个叫"概率论"的公众号，利用该公众号为自己的社团做一些小型的线下社交活动。

2016年5月21日，在这个被赋予了"我爱你"寓意的日子里，"概率论"上线了第一次"一周CP"活动，让资料契合度较高的两个陌生人，在1周里完成为对方唱一首歌、叫一份外卖等异地情侣间会做的事，并拍照发到微信群中，让活动的组织者和其他参与者见证，很快这就成为刷屏的情侣匹配社交活动。此后，"一周CP"经过多次迭代，一次活动最多有近4万人参加。2016年年底，"概率论"公众号粉丝超过了100万人。

2016年年底，"概率论"获得了青锐创投的数百万人民币天使轮投资。2017年11月，"概率论"又完成Ventech China数百万美元的Pre-A轮融资。

对秦昱莹来说，自己并没有社交劣势，但也不是外向开朗的人。与其说善于与人打交道，不如说善于分析自己和周围的人。"内向的人其实是更善于社交的，因为他们更容易感受到周围人的情绪变化，只是很多时候，他们因为性格的原因选择了沉默，而不是对他们感知到的情绪给予反馈。"秦昱莹尝试改变自己的性格后感叹道。

最初，"概率论"通过兴趣爱好对用户进行匹配，但秦昱莹和团队发现，兴趣匹配这件事并不可靠，很多人进了兴趣小组之后，更多的问题是，你是哪里人。而且，电影、音乐、旅游这类兴趣群里，有30%左右的人是重合的。人类是一种群居动物，对社交的需求是一种天性。而在社交中，偏严肃的话题不能让双方很好地放松，也很难持续。在秦昱莹看来，与同事间的摩擦、晚上吃什么这类几乎所有人都会遇到的问题，聊起来会更轻松。而以这些日常的话题切入然后再深入地了解彼此，发现对方身上有意思的地方才是更有效的社交。

在放弃以兴趣爱好做匹配后，"概率论"仅以性取向、年龄、所在地等基本信息作为匹配依据，把更多精力花在设计新的任务、提高房间（微信群）的活跃度上。

同时，从"一周CP"刚上线后不久，秦昱莹就意识到，"一周CP"并不是一个可以持续的产品，参加过活动的用户，很大程度上会失去再次参加的兴趣。所以，"概率论"还设计了"世界上的另一个我""一月笔友""角色情报局"等活动。进一步发展后，"概率论"

已有 20 个品类以上的社交活动，上千个社群，用户 50% 以上的是 19～23 岁的在北上广工作、生活的年轻人。在设计社交活动吸引用户的同时，也通过优质的情感、青春类文章来沉淀用户。"概率论"的文章风格与著名公众号"二更"类似，抓住目标用户的心理需求，以引起其共鸣，每篇文章的阅读量基本达到 10 万多次。

融资之后，"概率论"团队的人数扩张到 30 人，依旧分线上线下两部分。秦昱莹在上海五角场附近租了个办公室，大家再也不用到咖啡馆讨论选题直到打烊被店员赶出去了。社交是人类永恒的追求，资本加持之后的"概率论"，会如何启动商业化进程呢？

资料来源：96 年女大学生在校创业，获上千万融资，青年创业网，2017-11-30。

大学生创业本身就是一项充满风险和未知的挑战，尤其是互联网创业，涉及更多资本的注入和利益相关者的协调，而创业计划书则是获得风险投资的敲门砖。本章将介绍创业计划书的一般编制过程与技巧。通过创业计划书的编制，可以让大学生对自己的创业项目进行全面摸底，减少盲目性和冲动；也可以通过撰写创业计划书，明晰自己融资计划的目标和定位。

第一节　创业计划书的目的和用途

创业计划书（Business Plan，BP）[⊖]，创业计划书通常是创业者为了对外融资而编写的，是一份全方位的项目计划，它从企业内部的人员、制度、管理以及企业的产品、营销、市场等各个方面对即将展开的商业项目进行可行性分析。它也是用以描述与拟创办企业相关的内外部环境条件和要素特点，为业务的发展提供指示图和衡量业务进展情况的标准。

一、创业计划书的目的

创业计划书是帮助那些有志之士创建新企业的重要工具。尽管有些创业者完全是"即兴表演"，并且在创建新企业时根本没有从创业计划书中获得帮助，但专家仍然推荐编制创业计划书。对于多数新创企业来说，创业计划书对于企业内部和外部具双重目的，体现在如下两个方面。

一方面，在企业内部，创业计划书可以为企业执行战略和计划提供值得借鉴的"地图"。创业计划的内容有两个部分：一是企业追求的目标，二是为了实现这一目标的行动计划。行动与目标越一致，创业计划的可行性越高，创业成功的概率越大。因此，撰写创业计划书能促使创业者系统思考新创企业的方方面面。

[⊖] 也可称为"商业计划书"，本书对这两个名词不加区分。

另一方面，对于企业外部来说，它能够向潜在投资者和其他风险投资者介绍企业正在追寻的商业机会，以及追寻这种商业机会的方式。创业计划是创业者叩响投资者大门的"敲门砖"，一份优秀的创业计划书往往会使创业者达到事半功倍的效果。投资人通过创业计划书对公司进行初步了解，然后决定是否与创业者进入下一个环节。投资者应当能够在创业计划书中找到他们所关注问题的答案，很容易找到他们特别感兴趣的话题。创业计划书编写得好坏，有时候决定了公司融资的成败。

二、创业计划书的用途

具体而言，撰写创业计划书的主要用途体现在以下三个方面。

(一) 管理功能

撰写创业计划书可以迫使创业者系统地思考新创企业的各个因素。这并不是微不足道的工作。在创业融资之前，创业计划书首先应该是给创业者自己看的。创办企业不是"过家家"，创业者应该以认真的态度对自己所有的资源、已知的市场情况和初步的竞争策略做尽可能详尽的分析，并提出一个初步的行动计划，通过创业计划书做到使自己心中有数。另外，创业计划书还是创业资金准备和风险分析的必要手段。对初创企业来说，创业计划书的作用尤为重要，一个酝酿中的项目，往往很模糊，通过制定创业计划书，把正反理由都写下来，然后再逐条推敲，创业者就能对这一项目有更加清晰的认识。

对于大学生创业者来说，利用创业计划书理清自己的思路，能让大学生学会自己逐渐把模糊的融资计划在创业初期调整到最清晰的状态。另外，创业计划书把融资阶段的风险通过计划书中的每个步骤清晰地显现给大学生创业者，是预测风险的关键工具。

(二) 融资功能

撰写创业计划书的第二个理由是，它是企业的推销性文本。创业计划书可以为那些刚成立的公司向有前景的投资者、商业加速器和孵化器、供应商、潜在的合作伙伴及其他人士提供一种展现自我的途径。对于正在寻求资金的创业企业，创业计划书是一张名片——介绍企业值得融资的名片，一个寻求新的投资机会的名片。一份成熟的创业计划书不但能够能描述公司的成长历史，展现未来的成长方向和愿景，还将量化出潜在的盈利能力。这都需要你对自己的公司有一个通盘的了解，对所有存在的问题都有所思考，对可能存在的隐患做好预案，并能够提出行之有效的工作计划。

（三）承诺功能

最容易被人忽略的是，创业计划书也是一个承诺的工具。这一点在企业利用创业计划书执行融资工作的时候体现得最为明显。和其他的法律文档一样，在企业和投资人签署融资合同的同时，创业计划书往往将作为一份合同附件存在。与这份附件相对应的，是主合同中的对赌条款。对赌条款和创业计划书，将共同构成一个业绩承诺：当管理人完成或没有完成创业计划书中所约定的目标，投资人和企业家之间将在利益上如何重新分配。在辅助执行公司内部管理时，创业计划书也是一个有效的承诺工具。在上级和下级就某一特定目标达成一致以后，他们合作完成的创业计划书就记录下了对目标的约定。这样的约定，将成为各类激励工具得以实施的重要基础。创业计划书也体现了上级对下级的承诺。公司战略的展开，必然意味着必要的资源投入。只有经过慎重思考的战略，才能够让领导人具有投入资金的决心。人们可以原谅因为具体环境的变化、知识的增长而带来行动计划乃至战略的调整，但是却没有任何人愿意和一个朝三暮四、朝令夕改、不具备战略思考能力的领导人共同工作。

创业聚焦

创业计划大赛的前世今生

创业计划大赛是近几年风靡全球高校的重要赛事，起源于美国，又称商业计划竞赛。自1983年得克萨斯大学奥斯汀分校举办首届商业计划竞赛以来，美国已有包括麻省理工学院、斯坦福大学等世界一流大学在内的10多所大学每年举办这一竞赛。最著名的MIT"5万美元商业计划竞赛"已有10多年历史，每年都有五六家新企业从大赛中诞生，影响深远。网景通信公司、Excite、雅虎等公司就是在美国大学的创业氛围中诞生的。每年有相当数量的创业计划书和创业团队被附近的高新技术企业以上百万美元的价格买走。在这些通过创业计划竞赛直接孵化出来的企业中，有的在短短几年内就成长为年营业额数十亿美元的大公司。从某种意义上说，美国高校的创业计划竞赛活动已经成为知识经济时代美国经济的直接驱动力量之一。

在中国，创业计划大赛最早于1998年在清华大学举行。1999年，由共青团中央、中国科协、全国学联主办，清华大学承办的首届"挑战杯"中国大学生创业计划竞赛成功举行。"挑战杯"全国大学生创业计划大赛先进行各赛区的选拔赛，在赛区的选拔赛中表现优异的团队将代表本省参加"挑战杯"全国大学生创业计划大赛。首届大赛汇集了全国120余所高校的近400件作品，在全国高校掀起了一轮创新、创业的热潮，产生了良好的社会影响。在社会各界的关心和支持下，一批创业计划书中所规划的项目进入了实际运行操作阶段，技术、资本与市场的结合向更深的层次推进。经过几年的市场洗礼，创业计划竞赛使大学校园关于创新意识、创业能力的教育与培训工作得到了进一步发展，成为广大学生参与素质教育的新载体和科技活动的新形式，同时也成为高校之间竞显办学水平、教育质量和学生综合素质的一个重要窗口，活动引起了各高校的关注和重视。

第二节　创业计划书的基本样式和核心内容

一、创业计划书的基本样式

尽管多数创业计划书遵循相当标准化的格式，但不同的创业计划书各部分的标题存在差异。当然，创业计划书之间的差别，还体现在写作质量、创业计划的本质以及计划是否能够令读者信服的程度上。这种信服程度可以从商业机会是不是具有激动人心、可行性和合乎情理性等特征，以及启动新企业是不是在人们能力范围之内等方面加以分析。所以，要撰写包括以上所有内容的创业计划书，并不是一件十分容易的事情。

1. 创业计划书的结构和体例

对创业者来说，为了给投资人留下好印象，创业计划书应当遵循基本的结构。尽管一些创业者富有创造性，希望剑走偏锋，独树一帜，但偏离传统创业计划书基本结构的做法往往得不偿失。一般来说，投资者可能非常忙碌，他们更希望看到那种能够容易找到关键信息的创业计划书。如果这些信息在该出现的地方没有出现甚至缺失，他们很容易将关注点转向其他的创业计划书。

从体例上看，创业计划书有相对固定的格式，几乎包括投资商所有感兴趣的内容。一份好的创业计划书，投资人首先要获取三个信息：你要做什么？（What），清楚地描述你做的事情；你要怎么做？（How），也就是你的商业模式；你是谁？为什么由你来做？（Who），也就是团队背景和创始人的基因。因此，一份创业计划书可能涵盖从企业成长经历、产品服务、市场营销、管理团队、股权结构、融资方案到运营过程的全部内容，但不同版本的创业计划书在要素的排列顺序上可能略有不同。市面上也有一些软件与模板帮助创业者撰写和生成创业计划书，它们采用的是相互式、菜单驱动式的方法。虽然其中有些程序很有用，但创业者需要避免的是直接套用样板文件，使它们看起来就像是"预先录制好"的文本。因此，创业者在撰写创业计划书时可以借鉴一些程序与模板，但其中的信息应当根据个体创业的情况来加以调整。

2. 创业计划书的类型

创业计划书的撰写者最常问的问题是：创业计划书的篇幅应该多长？内容

应该精细到什么程度？这取决于你要撰写的创业计划书的类型。一般来说，创业计划书有三种类型，每种类型对篇幅长短和精细程度有不同的习惯要求。

（1）简略创业计划书。它是一种只有10～15页篇幅的创业计划，非常适合处于发展早期还不准备写详尽商业计划书的创业项目。简略创业计划书的撰写者可能正在寻找资金，以便为撰写详尽的创业计划书进行必要的分析工作。

（2）详尽创业计划书。详尽创业计划书也是本章接下来要讨论的重点，该类计划书一般有25～35页的篇幅，这类计划书比简略创业计划书详细得多，用来清楚地说明企业经营与规划的情况。它具有一定的格式，通常为投资者审阅而准备。

（3）企业运营计划书。有些已建立的企业会撰写企业运营计划书，它主要面向企业内部的读者，是企业经营的蓝图。一般而言，这类计划书长达40～100页，其特点是包含大量的企业细节信息。设计良好的企业运营计划书，可以为新创企业的管理者提供运营指导。

二、创业计划书的核心内容

一般而言，一份详尽创业计划书应包含以下11部分的内容（见表8-1），也可以针对创业项目的特点对部分章节做适当的调整。

表8-1 创业计划书的框架结构

封面	6. 管理团队和组织结构 　　管理团队 　　董事会 　　顾问委员会 　　组织结构
目录	
1. 执行概要（项目简介）	
2. 企业描述 　　企业简史 　　使命陈述 　　产品或服务 　　当前状况 　　法律状况与所有权 　　关键合作关系	
	7. 运营计划 　　运营的总方针 　　企业选址 　　设备与装备
3. 市场分析 　　行业发展态势分析 　　市场需求分析 　　竞争对手分析	8. 财务规划 　　资金的来源与使用 　　假设清单 　　预计收益表 　　预计资产负债表 　　预计现金流量表 　　比率分析
4. 产品/服务 　　产品/服务描述 　　产品/服务的消费群体 　　产品/服务的研发规划 　　专利、商标、版权或商业秘密	
	9. 风险控制 　　可能面临的风险与问题 　　合理有效的规避方案
5. 营销计划 　　整体营销战略 　　产品、价格、促销和分销	附录

1. 封面和目录

创业计划书的封面应该包括企业名称、地址、日期、主创业者的联络方式以及企业网址等信息。如果企业已有徽标或者商标，就把它置于封面页。目录页紧接着封面，它列出了创业计划书和附录的组成部分及对应的页码。在设计技巧上，可以结合企业的产品或者服务特点，对封面进行适当的修饰和美化，以便给读者留下较好的第一印象。

2. 执行概要（项目简介）

执行概要是创业计划书的第一项内容，是整个创业计划书的概述，能让投资者迅速对新创企业有一个全面的了解，快速掌握创业计划书的重点，然后做出是否愿意花时间继续读下去的决定。这是对创业者描述自己公司的笔杆子功夫的最高挑战。执行概要部分的主要内容包括：公司简介、产品与技术、行业及市场、市场营销、融资说明、财务预测、风险控制等，这与接下来要详细阐述的创业计划书的其他部分的内容是一致的，只不过内容更为简要。在展示创业计划书之前，应针对不同经历和背景的风险投资商，进行详细的调查研究，找出他们关注的重点，撰写切合不同兴趣点的执行概要。篇幅要尽量简短，控制在两三页。在完成创业计划书的其他部分之后，最后撰写执行概要，使执行概要能够涵盖整个创业计划书的精华。

3. 企业描述

创业计划书的主体部分从企业描述开始。虽然这部分看上去不太关键，但其实并非如此。本部分能体现你是否善于将抽象的创意转换成具体的企业。因此有许多需要深思熟虑、认真计划的问题，如企业使命和企业法律地位等。这部分的目的不是描述整个计划，也不是提供另外一个概要，而是对你的公司做出介绍，因此重点是你的公司的理念和如何制定战略目标等。

企业描述应该从简介开始。先介绍企业概况和创业原因，企业历史不需要详加展开，但需要解释企业创意的来源及企业创建的驱动力量。使命陈述阐明了企业专注于什么，可以清楚地说明企业目的。产品与服务部分要比执行摘要中的内容更详细，以及其在市场竞争中的定位问题。当前状况部分应该显示创业项目进展到了何种程度。另外，企业描述还应该包括，企业是否拥有某些合作伙伴关系。

4. 市场分析

市场状况方面编制的目的就是让投资家相信企业有光明的市场前景。其内容包括：行业发展分析、行业整体与细分领域的发展现状、整体规模和未来发展容量、现有产品的价格及竞争力、市场容量与市场占有量等状况；市场定位分析，说明创业项目可推广应用的行业细分领域、范围、容量、竞争强度、行业壁垒、目标客户群体等；市场需求分析，市场需求产生的动力；竞争产品分析，现有的和潜在的竞争对手分析，竞争的优势分析等。

在本部分的写作过程中，要注意清晰划分行业和市场的边界，避免出现行业概念过大，细分市场过小的问题。保证行业数据的准确性、来源的可靠性。要对自身的优势、劣势、现有竞争者和潜在竞争者进行客观分析，要有保持竞争优势的长期计划。

5. 产品/服务

在进行投资项目评估时，投资人最关心的就是创业企业的产品、技术或服务是否能满足顾客的需要，即是否拥有巨大的市场潜力，这也直接关系到风险投资能否收到满意的回报。产品介绍通常应包括：产品名称、性能及特征，产品所处的生命周期，产品的市场前景预测，产品的品牌和专利、市场竞争力，产品的研究和开发过程，发展新产品的计划和成本分析等。

本部分的撰写过程要突出产品的创新型、独特性和价格优势，要着重展示产品的盈利能力、目标市场、同类产品的比较等内容。做到实事求是，不可做出不切实际的承诺。要以通俗、简单、准确的语言描述产品与服务，避免过多的关于技术细节方面的论证，尽量减少复杂的技术术语的出现频率。如已有成型的样本或样品进行现场展示，对辅助产品的讲解和促进投资商对产品的理解都是大有裨益的。

6. 营销计划

本部分主要是介绍企业如何发现顾客和实现销售额，通过定价、促销、渠道和销售等方面讨论营销计划的具体细节。介绍一个企业营销计划的最好办法，就是清楚地说明它的营销策略、定位策略、差异化点这些总体营销策略，然后通过定价策略、促销组合、销售过程和渠道策略说明如何支持总体营销策略的开展。

营销计划部分必须具体地展示，你计划如何让目标市场意识到你的产品和服务的存在。许多创业计划书清楚地描述了目标市场的规模和产品的优点，但在如何出售产品的可行性方面描述得很少。显然，在一份创业计划书中大概只用四五页的篇幅去展示一个尽善尽美的营销计划也不大可能，但是你必须向投资人传递在合理的预算限制下，你打算如何进行市场营销，卖出产品这一印象。同时，强调产品的独特价值，以区分开市场中的同类竞争商品也十分重要。

7. 管理团队和组织结构

这部分内容是为了让投资方对公司的基本情况和人员构成有一个初步的了

解。从某种意义上讲，创业者的创业能否成功，最终要取决于该企业是否拥有一个强有力的管理团队，因此这部分可以着重突出团队的介绍。新创企业的管理团队通常包括企业创建者和关键管理人员。创业计划书应该提供每个管理团队成员的个人简历，并显示他为何能够胜任，为何能对企业成功做出特殊贡献。关键管理团队中的每个人的完整简历，可以作为附录置于创业计划书的末尾。

当然，组织结构也相当重要。即使是一家初创企业，你也要概述企业当前的组织结构，以及成长过程中组织结构将会如何变化。企业的内部结构具有重要意义，信息沟通和权力链条更要清晰明确，可以绘制一幅组织结构图，对企业内职权与责任如何分配进行图形化描述。

8. 运营计划

本部分概括了初创企业将如何运营和产品或服务将如何生产，包括的主题一般有运营模式和程序、商业区位、设施与设备、运营战略和计划，其他主题取决于企业的性质。创业是从无到有的过程，创业者把运营计划（或关键里程碑事件）的过程写出来，例如财务预测，公司何时可以有现金流，何时可以有利润收入，何时盈亏可以持平，创业者要预测自己的未来，才能给投资人信心。好的商业模式和盈利模式，以及具有爆发性增长的公司，投资人一定不会放过的。

本部分值得注意的是，创业计划书的撰写者要在充分地描述主题和避免过多地陷于细节之间寻求谨慎的平衡。你的读者需要的是你的企业将如何运营和你的产品将如何开发的整体感觉，但他们一般不会期待详细的解释。最好保持每一部分简短而干脆利落。如果你提供的信息太多，读者可能认为你过多地关注于企业经营的细节而没有看到企业经营的大局。

9. 财务规划

对缺乏企业财务管理经验的新创企业而言，往往无法做到资金的有效使用，为了更好地预测和体现企业短期与长期的资金需求，必须制定准确的财务预测。财务规划首先要有历史状况数据。创业者应该提供过去三年的现金流量表、资产负债表和利润表。在此基础上，论述未来3～5年内的生产运营费用和收入状况，将具体的财务状况以财务报表的形式展现出来。预计财务报表同样包括现金流量表、资产负债表和利润表，并需说明财务预测数据编制的依据。

大部分学生和企业家对如何完成预计的融资规划并不熟悉。如果你遇到这种情况，不要略过它，要寻求帮助。财务报表太重要，如果你的创业计划书写得很漂亮，但缺少财务方面的信息，投资者和银行家将无法获得向你提供融资或资金所需要的信息。一个公司预计的财务报表，特别是处于初创期的企业的资产负债表和现金流量表说明了公司怎样度过这一时期。有洞察力的投资者将寻找这种信息。没有几个（如果有的话）投资者或银行家会给一个不能证明自己已经把这个关键问题考虑成熟的公司提供资金。如果财务报表有缺陷，或者说财务报表做得糟糕或者包含的信息不准确，那么整个创业计划书将会受到质疑。

10. 风险控制

创业风险就是指由于创业环境的不确定性，创业机会与创业企业的复杂性，创业者、创业团队与创业投资者的能力与实力的有限性等不确定性因素，导致创业活动偏离预期目标的可能性及其后果。因此，本部分的写作内容包括：说明该项目在实施过程中可能遇到的风险，包含政策风险、行业风险、技术开发风险、经营管理风险、市场开拓风险、生产风险、财务风险、对公司关键人员依赖的风险等。每项都要单独叙述控制和防范的对策和方法。风险分析不仅能减轻投资者的顾虑，还能体现管理团队对市场的洞察力和解决问题的能力。

11. 附录

附录主要是针对创业计划书中提到的一些关键问题，提供一些必要的说明或者证明材料，主要包括：合同资料、产品检测报告、知识产权相关证明、市场调查结果、管理人员简历等。附录不宜过长，仅需要那些不宜放在商业计划书的正文而又十分重要的材料。

> **小贴士** 创业计划书的关注对象
>
> 不同类型的创业计划书撰写的体例并不相同。但不论是哪一种类型的计划书，有一些重点关注对象是通用的，也是投资者最希望从中获取的。下面的"6Cs"原则将便于你检验你的创业计划书是否涵盖了其中的重要对象（见表8-2）。

表 8-2 创业计划书中的重要对象

概念（Concept）	第一时间让别人知道你的产品/服务是什么
顾客（Customer）	顾客在哪里，且有明确的界定范围
竞争者（Competitor）	市场上是否出现类似的产品/服务，竞争力如何
能力（Capability）	创业者/合伙人是否有能力操作产品/服务
资本（Capital）	资产（有形无形）在哪里，有多少
永续经营（Continuation）	事业步入良性循环后，接下来有何计划

第三节 创业计划书的撰写原则和技巧

一、创业计划书撰写的原则

如果有一千个创业者，那么就会有一千份不同风格的创业计划书。上一节虽然列举了关于创业计划书的一般模板，给创业者完成一份创业计划书提供了一个参考。但不同的技术项目，不同的创业计划，以及不同的创业者都会使计划书各具特色。在完成创业计划书的撰写时，在内容或格式等问题的选择上，可以依据以下几项原则。

1. 节制性原则

很多人认为，创业计划书写得越详细越好，其实不尽然。一份好的创业计划书，应该写得让人明白，避免使用过多的专业词汇，聚焦于特定的策略、目标、计划和行动。篇幅要适当，太短，容易让人不相信项目会取得成功；太长，则会被认为太啰唆，表达不清楚。因此所有的创业计划书都应该坚持一个重要标准，即你传递的是一个清晰易懂且计划去实现的故事。许多创业者并不擅长这一点，从而削弱了他们的创业计划书的潜在影响力。

2. 独特性原则

为了更好地吸引投资者的关注，一定要在计划书中突出属于你的项目的独到之处。这种独特性可以表现在管理团队上，也可以表现在产品或服务上，还可以体现在融资上。总之，正是因为独特性的存在才使风险投资者放弃其他投资机会转而投资你的项目。因此，创业计划书要集中讨论企业成功所必要的因素，或者使你与竞争者不同的领域。常规的主题应该被轻便迅速地处理。可以在竞品分析中突出本产品的优势和差异性，也可以专用一节，或以其他的方式，对企业的独特性进行描述。

3. 真实性原则

充分尊重市场，尊重事实。一切数据要客观、实际，切勿凭创业者的主观估计。如对产品的销售预测要有客观依据，也避免预测过高，也避免对成本预测过低，对不可预见成本估计不足。在对竞争对手的分析中，不能为了抬高自己而诋毁或贬低他人。在风险防范部分不要为了增大获得投资的机会而故意弱化或隐瞒风险因素。

4. 一致性原则

一份创业计划书前后基本假设或预测估算要相互呼应，前后逻辑要合理。如财务预测的内容必须与创业计划书中的其他部分相结合，口径保持一致。受创业者精力、创业计划书篇幅、完成时间等因素的影响，一份创业计划书通常由多人合作完成，难免存在体例不一、风格迥异、结构松散等问题。为了让创业计划书尽可能的完美，最后应由创业团队中的某一人统一定稿。

6. 开放性原则

撰写创业计划书的一条重要原则就是，意识到创业计划书始终处于完善和变动之中。当创业者或者创业团队开始撰写创业计划书时，新的见识总是会不断出现，这个过程将持续贯穿于整个企业活动，或体现在你根据相关信息反馈对创业计划进行修改的过程。创业者需要保持对新见识、新创意的警觉和开放态度。因此，很多人认为，创业计划书是鲜活的、富有生命力的文献，而不像是石刻一样一成不变。创业计划书在创业过程中起非常重要的作用，它提供了新创企业可以遵循的详细而准确的蓝图，但是，与此同时，人们应当采取"突然出现"式的思维。这种思维范式是指对变革的开放态度，并且它深受市场现实情形的影响。

小贴士 创业计划书编制时易犯的错误

1. 忽视用一句话描述公司业务的重要性

好的商业模式都是可以用一句话来描述的，如果无法用一句话来描述，投资人要么认为你逻辑不清楚，要么认为你的商业模式太复杂。

2. 没有深刻剖析客户的需求及解决方案

这一点是非常重要的。客户需求分析是所有商业的起点，创业者没有在商业计划书里扎实地分析过的客户需求，都是自己臆想出来的"伪需求"，最后肯定得不到投资机构的认可。

3. 没有说明为什么现在是合适的时机

时机是否成熟对于创业公司能否成功非常重要，因为提前市场太多容易成为"先烈"，落后市场太多，竞争者已占住了位置，后来者将失去先机。

4. 没有仔细打磨商业模式

创业应当是一个价值创造的过程，好的商业模式应该是在为客户创造价值的同时，也为创业公司带来收入与利润。这也理应是商业计划书中说明的重点。

二、创业计划书撰写的技巧

1. 亲自撰写创业计划书

不少创业者希望借助外部力量来撰写创业计划书，市面上也有很多咨询机构提供此类项目服务。尽管从它们那里获得建议并没有错，的确能够使创业计划书变得更加专业，但咨询师或者外部顾问毕竟不是创业计划书的撰写者。基于数据和事实，创业计划书还必须表现出新创企业的可预测性和激动人心的感觉，这种任务只能由创始人及其团队来完成。另外，雇用别人来撰写创业计划书等于在否定创业者在撰写创业计划书中可能获得的积极作用，这一点在创业计划书的目的和用途一节已做了充分讨论。

2. 关注产品

创业计划书中，应体现所有与企业的产品或服务有关的细节，包括企业所实施的所有调查。这些问题包括：产品正处于什么样的发展阶段？它的独特性如何？企业分销产品的方法是什么？谁会使用企业的产品，为什么？产品的生产成本是多少，售价是多少？企业发展新的现代化产品的计划是什么？把出资者融入企业的产品或服务中来，这样出资者就会和创业者一样对产品有兴趣。在创业计划书中，创业者应尽量用简单的词语来描述每件事。商品及其属性的定义对创业者来说是非常明确的，但其他人却不一定清楚它们的含义。撰写创业计划书的目的不仅是要出资者相信企业的产品会在世界上产生革命性的影响，同时也要使他们相信企业有证明它的论据。创业计划书对产品的阐述，要让出资者感到："这种产品是多么美妙、多么令人鼓舞啊！"

3. 敢于竞争

在创业计划书中，创业者应细致分析竞争对手的情况。竞争对手是谁？它们的产品是如何工作的？竞争对手的产品与本企业的产品相比，有哪些相同点和不同点？竞争对手所采用的营销策略是什么？要明确每个竞争对手的销售额、毛利润、收入以及市场份额，然后再讨论本企业相对于每个竞争对手所具有的竞争优势，要向投资者展示，顾客偏爱本企业的原因是：本企业的产品质量好，送货迅速，定位适中，价格合适等，创业计划书要使读者相信，本企业不仅是行业中的有力竞争者，而且将来还会是确定行业标准的领先者。在创业计划书中，创业者还应阐明竞争对手给本企业带来的风险以及本企业所采取的对策。

4. 了解市场

创业计划书要给投资者提供企业对目标市场的深入分析和理解。因此，创业者要细致分析经济、地理、职业以及心理等因素对消费者选择购买本企业产品这一行为的影响，以及各个因素所起的作用。创业计划书中还应包括一个主要的营销计划，计划中应列出本企业打算开展广告、促销以及公共关系活动的地区，明确每项活动的预算和收益。创业计划书中还应简述企业的销售战略：企业是使用外面的销售代表还是使用内部职员？企业是使用转卖商、分销商还是特许商？企业将提供何种类型的销售培训？此外，创业计划书还应特别关注销售中的细节问题。

5. 表明行动方针

企业的行动计划应该是无懈可击的。创业计划书中应该明确下列问题：企业如何把产品推向市场？如何设计生产线？如何组装产品？企业生产产品需要哪些原料？企业拥有哪些生产资源，还需要哪些生产资源？生产和设备的成本是多少？企业是买设备还是租设备？解释与产品组装、储存以及发送有关的固定成本和变动成本的情况。

6. 展示管理队伍

把一个思想转化为一个成功初创企业，其关键因素就是要有一支强有力的管理队伍。这支队伍的成员必须要有较高的专业技术知识、管理才能和多年的工作经验，要给投资者这样一种感觉："看，这支队伍里都有谁！如果这个公司是一支足球队，他们就会一直杀入世界杯决赛！"管理者的职能就是计划、组织、控制和指导公司实现目标的行动。在创业计划书中，创业者应首先描述整个管理队伍及其职责，然后再分别介绍每位管理者的特殊才能、特点和造诣，细致描述每个管理者将对公司所做的贡献。

7. 出色的计划摘要

创业计划书中的计划摘要十分重要。它必须能让读者有兴趣并渴望得到更多的信息，它将给读者留下长久的印象。计划摘要将是创业者所写的最后一部分内容，但却是投资者首先要看的内容，它将创业从计划书中摘录出与筹集资金最相关的细节，包括对公司内部的基本情况、公司的能力以及局限性、公司的竞争对手、营销和财务战略、公司的管理队伍等情况的简明而生动的概括。如果公司是一本书，它就像是这本书的封面，做得好就可以把投资者吸引住。它给风险投资者这样的印象："这个公司将会成为行业中的巨人，我已等不及要去读创业计划书的其余部分了。"

8. 周详的退身之路

周详的退身之路，无论投资的最后结局如何，风险投资者都会十分关心这一问题，很明显，如果投资效果不好，他们也想收回投资；即使投资效果很好，他们也不愿意在公司长时间拥有产权，迟早会撤出投资。每个风险投资者的既定目标都是要把原投资变为可周转的银行现金。因此，在你的创业计划书中，必须明确指出他们的退身之路。比如，公司股票上市、股权转让、回购等退身措施。

9. 注重细节

创业计划书编制过程中的一些细节问题值得关注，如创业计划书的外表、装帧、字体字号的选择等。毫不在乎或过分使用这些细节都会使得创业计划书显得业余而不够专业。在创业计划书中，一些与体例相关的地方能够表现你的细心，而且并不显得浮华或者昂贵。例如，如果公司有设计精美的徽标，它应当放在创业计划书的封面页和每页的页眉上。一种简单的设计要素，如图表的颜色和徽标相互配合，会让人感觉你很注重细节，也容易吸引人们眼球，会给多数读者产生深刻的印象。此外，确认你的联系方式准确无误，善用数字、百分比及可量化的信息来加深读者的印象等，以上都是使得你的创业计划书锦上添花的有效建议。

> **他山之石**
>
> **先做幻灯片再写创业计划书**
>
> 著名投资人和企业家盖伊·卡瓦萨齐在创业计划书和幻灯片演示方面有一套有趣的理论。卡瓦萨齐认为应该先做幻灯片,然后再写创业计划书。他的看法是:许多人先写好创业计划书,再把创业计划书缩减成幻灯片。而卡瓦萨齐却认为顺序应该反过来。他说最好是先做好幻灯片,然后以此为大纲来撰写创业计划书。原因在于,卡瓦萨齐坚信诸事都应先试行。他告诉创业者要先写商业创意的提纲,用PPT或其他形式都可以,并把提纲展示给尽可能多的人看,最后再写创业计划书。为什么?因为修改15页幻灯片比修改25~35页的创业计划书要容易得多。而且幻灯片演示完,可以立即得到反馈,而创业计划书要读完以后才可能得到反馈。
>
> 卡瓦萨齐的方法很好。虽然创业计划书不一定要完全遵循提纲来写,但在写创业计划书之前能得到尽可能多的反馈的确是一件好事。写创业计划书之前先做幻灯片演示,是收集反馈信息、试行推介商业计划的理想做法,也为写好创业计划书后做更完善的幻灯片做好先期准备。
>
> 资料来源:布鲁斯 R 巴林杰.创业计划书:从创意到方案[M].陈忠卫,等译.北京:机械工业出版社,2017.

第四节 创业计划书的演讲

一、创业计划书演讲的含义

如果你的创业计划书引起了一位投资人或银行家的兴趣,或者需要与其他竞争者竞争商业机会,通常需要你对创业计划书进行口头介绍。对于大学生创业者来说,无论是参加各类创业大赛,或是项目具备潜在融资的可能性,都需要公开对创业计划书进行展示和演讲。这类活动又被称为路演。

路演,原指一切在马路上进行的演示活动。它是向他人推荐创意、想法、观点的一种主要表达形式。公司或创业者为获取融资经常使用演示这种方式向投资者推荐自己的项目。路演是一种推介方式,也是一种宣传手段。它的作用在于传播信息,激发投资人的兴趣,进而说服投资人进行投资。由于商业计划演示能在较短的时间内传递大量信息,目前已成为创业者用来与风险投资者交流的主要工具。

二、演讲前的准备

进行演讲之前,需要尽可能多地搜集详细的信息,做好充足的准备。一般来说,演讲的对象主要为投资人与客户,也包括参加各类创业大赛的评委。创业者主动搜集投资人、评委等人的信息,能有的放矢地根据听众调整演讲台词,使得创业计划和与投资人、评委等人有关的一些活动联系起来，从而更容易赢得投资人的支持。

另外，必须弄清楚自己拥有多少时间并提前做好规划。一般来说，路演既有时间较短的电梯路演，也有时间较长的深度路演。演讲的第一条注意事项就是严格控制时间。如果投资人告诉你拥有 1 小时发言时间，但最后半小时是用来接受提问的，你就必须在 30 分钟内结束演讲，不能延时。同时着装也要得体，正常情况下，应身着正装。

演讲开始前，要尽可能多地了解场地情况。如果你要在一个小会议厅里演讲，通常不需要做过多的调整，但如果你要置身于一个较大的舞台，面对更多的观众，类似于一些创业计划书竞赛的最后角逐关头，你就需要做一些调整，比如改变幻灯片的字体字号，或设计更新颖的方法向更多的观众演示。

反复练习演讲也同样重要。许多有经验的创业者在同事和其他观众面前反复练习，以期准确控制演讲时间和获得大家有用的反馈。观摩别人的演讲也是一个好办法，从中能总结出一些成功和失败的经验。互联网上有许多演讲的资源，目前，大型创业计划大赛决赛一般都提供视频资源或在线直播，大学生创业者可以多观摩优秀的演讲，增加自己演讲成功的可能性。

当然，演讲还有关键的一步，就是决定由谁来完成。如果是单独创业，演讲将由创业者独自完成。如果是团队创业，就必须决定到底有多少成员参与演讲，这个问题需要一定的决断力。但有充分的理由让更多的团队成员参与进来。如果你们整个队伍都参与演讲并且进展十分顺利，说明你们的团队成员之间合作良好，没有任何一个人因作用过于重要而成为焦点。这样可以激起听众的兴趣与注意力，使得演讲节奏变化有致，也使得听众对每个参与演讲的人都有所了解。

三、演讲幻灯片的制作

之前我们讲了很多关于商业计划书的写作技巧，多数是基于"阅读型"的创业计划书，但如果参加创业大赛或者其他形式的路演，这种"阅读型"的创业计划书并不合适。一般而言，需要制作专门的"演讲型"创业计划书，即演讲幻灯片。虽然不同的演讲者之间可能有所差异，但一场 20～30 分钟的创业计划书演讲应包含的内容大体上并无二致。除了封面和结尾外，演讲幻灯片应该围绕以下几个问题设计："What—Why Now—How—Why you—How much"。

首先是封面。演讲一般由一页标题幻灯片开始，它在正式陈述前等待观众的准备阶段用于投影播放。封面包括公司名称/标志、创始人姓名、创始人的联系方式等。目的是让观众知道你是谁，做什么项目，以及如何联系你。

第一部分：What——做什么。用两三页讲清楚你要做什么。这可能是路演幻灯片中最重要的部分之一。注意围绕"问题痛点—解决方案—数据验证"的思路,简明扼要地阐述项目精华之所在。这几页幻灯片的目的是让投资人对项目感兴趣,争取更多展示的机会。

第二部分:Why Now——行业背景和市场现状。用3~5页PPT讲清楚行业背景、市场发展趋势、市场空间。这一部分的内容要说明是在正确的时间做正确的事,而且市场空间大。但值得注意的是市场大,不代表做的项目有市场需求,要描述在目前的市场背景下,项目抓住了一个用户的痛点。或者项目可以为用户带来更高性价比的产品或服务。要尽量列出与竞争对手的对比分析,表明当前的商业机会。

第三部分:How——如何做。用5~8页PPT讲清楚实现商业模式的具体方案。这一部分的内容包括产品的研发、生产、市场、销售策略等,主要描述这个项目是如何实施的,以及最终达成的效果。重点表明产品规划和创业步伐是在小步快走,不断进行阶段性验证,并及时调整产品思路和商业模式。

第四部分:Who——谁在做。用两三页PPT讲清楚团队的构成和分工。这一部分的内容需要介绍团队主要成员的背景和特长,强调每个人的能力适合其职能岗位。另用一两页PPT讲清楚项目和团队优势。让投资人相信团队的组合适合该创业项目,回答好"为什么你们能做成功"这个问题。

第五部分:How much——需要多少资金。做好财务预测与融资计划。用两三页PPT讲清楚财务情况,以及后三年的财务预测。列清楚项目分阶段的目标,为达成这些目标需要多少资金以及需要资金的依据。为了融资,出让的股份比例如何,项目的估值及依据。

最后一部分是结尾,即幻灯片的结束页。这一部分的内容要向听众表示感谢。可以用一两句话做总结:为什么这是一个好项目?我们得到什么还将更好?

以上是针对深度演讲的一般体例。有时,创业者仅用很短的时间来陈述自己的创业想法,这种简短而又经过精心设计的陈述又被称为电梯式演讲(Elevator Speech)。它通常只花一两分钟来阐述创业项目的价值,帮助创业者形成鲜明而又简洁的企业描述。

小贴士 电梯式演讲

对一家新企业来说,一种对演讲十分有用的练习就是设计电梯式演讲。电梯式演讲是简短的、仔细构思过的表述。它对商业机会价值进行了提纲挈领的归纳。为什么将它称为电梯式演讲呢?如果一位创业者进入25层大楼的电梯内,并且非常幸运地在同一个电梯里偶遇潜在投资者,在从25层往底楼下行的时间里,创业者可以试图引起投资者的兴趣。多数电梯式演讲的时间为一两分钟。

电梯式演讲可能在很多场合发生。例如,许多由高校的创业研究中心举行的活动,会一起请创业者和投资者参加。通常这些活动会专门设计让企业家与潜在投资者会面的间歇时间，他们可以在一起讨论投资问题。电梯式演讲需要新创建企业做的另一件事情是，强迫创业者设计十分简明、切中要害的商业机会描述性内容。以下列举的是一份2分钟电梯演讲的提纲。初创企业的电梯式演讲应当认真准备，经常练习。

电梯式演讲的步骤：
- 第一步：阐述机会或可能需要解决的问题　　　　　　　　　　　　　　45秒
- 第二步：阐述你的产品（服务）如何满足机会，或如何去解决问题　　　45秒
- 第三步：阐述你的资质和条件　　　　　　　　　　　　　　　　　　15秒
- 第四步：阐述你的市场　　　　　　　　　　　　　　　　　　　　　15秒
- 合计：　　　　　　　　　　　　　　　　　　　　　　　　　　　　2分钟

资料来源：布鲁斯R巴林杰.创业计划书：从创意到方案[M].陈忠卫，等译.北京：机械工业出版社，2017.

四、创业计划演讲的技巧

需要注意的是，"演讲型"创业计划书的重点在人，幻灯片作为一个辅导工具，起到"提纲挈领"的作用。人们常常为了听众方便把幻灯片制作得尽可能详细，这是一个误区。幻灯片的内容应该简明扼要，只包含主要标题和一些解释性语句。除此之外，我们还需掌握一些演讲技巧，使得整体演讲更加精彩。

总体来说，演讲是一次对外沟通与宣传。需要有明确的主题，自然的仪态、充沛的情感、张弛有度的节奏。当然，进行精彩演讲最重要的一点，就是使演讲生动有趣、充满激情（因场合做到恰到好处）。为了达到这一点，以下提供一些小技巧。比如，介绍个人的经历或趣闻逸事，保持幽默，通过手势和激昂的语调显示你的热情，在介绍关键点时邀请几名观众辅助参与，展示产品的样品等。

以上只是粗略的几条，你也可以使用其他技巧。麻省理工学院的一项权威调查验证显示：沟通涉及三个层面，视觉（身体语言）占55%，声音（语音语调）占35%，口头表达（用语用词）占7%。还有一些其他技巧可以更好地帮助演讲者与观众沟通。如在演讲中通过观众提问而有意停顿，或提高你的声调，使用丰富的表情吸引观众的注意等。

进行商务演讲时还有一个重要的指导思想需要明确，就是不仅要向你的观众传达信息，关键是要感染鼓舞他们。既可以以明显的方式或者不知不觉中感染他们，比如通过讲故事的方法，设置情境，使得观众带入情节中，产生共鸣。注意，这里故事也是沟通的载体，故事的本质在于诉说价值。

创业聚焦

用故事提升路演技能

罗伯特·麦基在《故事经济学》一书中强调了故事在商业传播中的作用。他认为，故事化沟通是传递信息最有力的形式。最早的人类将现实转化成故事来理

解，因此故事最适合人类心智，天生具有吸引并抓住受众注意力的独特能力。○

麦基指出，故事是一系列由冲突驱动的动态递进事件，在人物的生活中引发了意义重大的改变。同样，在路演现场，要把商业计划书里精练的内容生动化地表达出来，故事化、场景化、情感化表达是一种非常实用的方法。演讲的开头就可以以故事导入，比如，个人故事（或团队故事）：从自己（或创始人团队）的角度说故事，为什么启动这个项目；痛点故事：从用户的角度说故事，帮助用户解决了什么难题；愿景故事：从项目（企业）的角度说故事，公司的美好未来等。

痛点类的故事，更确切地说叫场景，容易引发兴趣，能够快速获得投资人和观众的注意力，以及对你做这件事的逻辑认同，进而愿意聆听你的项目陈述。个人或团队类的故事容易引发好奇，让观众第一时间感受故事中的团队成员的人格而产生感性认可。无论是哪一种故事，前提是有内容可说，要简约而清晰地通过故事或者情怀传递优势感知，不用太多时间讲感染力弱的次要问题，否则会暴露弱势。接下来，可以利用数据配合故事场景或人物引发大家的共鸣。这样的逻辑，容易理解，容易记忆，有感染力，更容易改变人们的思考和促使人们行动。

资料来源：编者根据相关资料整理，仅供教学使用。

要点回顾

- 创业计划书通常是创业者为了对外融资而编写的，是一份全方位的项目计划，它从企业内部的人员、制度、管理以及企业的产品、营销、市场等各个方面对即将展开的商业项目进行可行性分析。
- 创业计划书既可以为企业执行战略和计划提供值得借鉴的"地图"，也是创业者叩响投资者大门的"敲门砖"。
- 撰写创业计划书的目的在于，可以迫使创业者系统地思考新创企业的各个因素，它是企业的推销性文本，也是创业者做出承诺的工具。
- 一份详尽的创业计划书应包含以下11个部分的内容，分别是：封面和目录、执行概要（项目简介）、企业描述、市场分析、产品/服务、营销计划、管理团队和组织结构、运营计划、财务规划、风险控制、附录。
- 创业计划书在内容或格式等问题的选择上，可以依据以下几项原则：节制性原则、独特性原则、真实性原则、一致性原则、开放性原则。
- 创业计划书的编制技巧包括：亲自撰写创业计划书、关注产品、敢于竞争、了解市场、表明行动方针、展示管理队伍、出色的计划摘要、周详的退身之

○ 罗伯特·麦基，托马斯·格雷斯.故事经济学[M].天津：天津人民出版社，2018.

路、注重细节。
- 路演,原指一切在马路上进行的演示活动。它是向他人推荐创意、想法、观点的一种主要表达形式。公司或创业者为获取融资经常使用演示这种方式向投资者进行推荐和沟通。
- 一场 20～30 分钟的创业计划书演讲应包含的内容大体上并无二致。除了封面和结尾外,演讲幻灯片应该围绕以下几个问题设计:"What—Why Now—How—Why you—How much"。

关键名词

创业计划书　执行概览　市场分析　运营计划　风险控制　路演

复习思考题

1. 创业计划书编制的用途有哪些?
2. 创业计划书的类型有哪些?
3. 创业计划书的一般模板分为哪些板块?
4. 创业计划书撰写的原则有哪些?
5. 为什么要亲自编写创业计划书?
6. 什么是路演?创业计划演讲前要做哪些准备工作?
7. 如何制作创业计划书演讲幻灯片?

牛刀小试

设想你以所在大学园区的学生为服务对象,开展一个创业项目的运营。请尝试按照本书对从创意到商业模式设计的一系列要点展开梳理,并结合本章中关于创业计划书编制的一般体例尝试编写一份创业计划书。

创业风险和创业失败应对

 创业名言

　　创业失败是一个过程，而非仅仅是一个结果；是一个阶段，而非全部。失败是后来者的养料。

——吴晓波

 本章框架

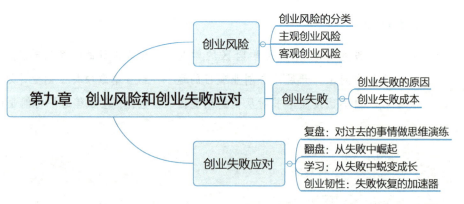

 学习目标

通过本章学习，你应该能够：

1. 了解创业风险的分类
2. 领会创业压力和失败焦虑对创业者的影响
3. 理解创业失败的原因和失败成本
4. 掌握复盘和翻盘的步骤
5. 理解失败学习和创业韧性

⊙ 开篇案例　大学生创业法律风险需重视

秦亮（化名），在上海大学读大四时，通过熟人与中国联通上海分公司一级代理商上海美天通信工程设备有限公司（简称美天）取得联系，并得知美天正准备推广 CDMA 校园卡业务。秦亮认为可以发动老师、同学购买，并从中获利。

由于美天要求必须以公司为主体来签订协议，秦亮和几个同学在家长的帮助下，注册了上海想云科技咨询有限公司（简称想云公司），并以该公司的名义与美天签订了"CDMA 校园卡集团用户销售协议书"。

通过同学和老师的宣传，秦亮的生意很红火，一共发展了 4 196 名用户。秦亮和想云公司可从美天获得 10 余万元的回报，但是美天给秦亮支付了 2 万元钱后，联通发现想云公司递交的客户资料中有几百份是虚假的，有一部分人根本不是校园用户，有的是冒用别人的身份证，最终形成了大量欠费。

美天为此得赔偿联通 442 名不良用户的欠费 52 万余元，联通公司还扣减美天 406 部虚假用户和不良用户的手机补贴款 36 万余元。美天将想云公司及秦亮起诉到法院，要求想云公司及秦亮承担上述赔偿款项，另赔偿美天 406 部虚假、不良用户手机的补贴差价 6 万余元，未归还的手机价款 15 万余元和卡款 5 100 元，总计 100 万元左右。

经过一审，法院认定秦亮借用想云公司的名义与美天签订销售协议，协议书上是秦亮的签名和想云公司的公章，想云公司的其他人员并无参与，故秦亮与想云公司共同承担 100 万元的赔偿责任。秦亮不服判决，他称自己凭肉眼无法辨别证件的真伪，也没想到有人会用假证来蒙混，而业务受理的都是美天的工作人员，美天也有专门辨识证件真伪的仪器，但是美天却要求想云公司承担所有损失，显然在协议制定上就有失公平，遂上诉到二中院要求改判。

毕业两年都未找到工作的秦亮因生活困难，向法院申请缓交上诉费，法院予以准许。但是上海第二中级人民法院经审理后，维持了原判。由于想云公司本来就是为这项业务成立的公司，加上经营亏损，已被吊销营业执照，秦亮成了债务承担人。一分钱没挣到的秦亮背上了 100 多万元的债务。

资料来源：编者根据相关资料整理，仅供教学使用。

在新一轮的创业热潮中，呈现出创业者大众化，创业门槛降低，创业活跃度高的特点。创新创业活动具有高度不确定性，其探索和试验本身就蕴含着风险性，失败极有可能发生，创业失败率高也是创业活动的典型特征。从开篇案例里可以看出法律风险是大学生创业过程中最常见的风险之一，也是大学生创业失败的重要原因之一。了解新创企业常见的风险，并采取相应的应对措施，是新创企业创建和发展的必备步骤。在创业过程中，除了法律风险以外还有哪些风险需要预防呢？导致创业失败的原因有哪些？以及如何对创业失败进行有效应对？希望大家通过本章的学习，对上述问题有较清晰的理解和判断。

第一节　创业风险

"创业教育之父"的杰弗里·蒂蒙斯教授认为，在创业过程中，由于机会的模糊性、市场的不确定性、资本市场的风险以及外在环境变迁等因素，创业过程充满了风险。创业风险是创业过程中的创业机会、资源和团队这三要素之间由于变化而产生动态失衡的现象。

一、创业风险的分类

（一）按照风险内容划分

创业过程面临很多风险，按风险内容划分，创业风险可分为项目风险、市场风险、管理风险、资金风险和环境风险等。

项目风险是指因在项目选择、市场定位、消费需求、项目进度安排等问题上把握不清而导致项目目标实现的不确定性。创业是以创业项目为载体，将创业团队、信息、资源等资源集合在一起，实现价值创造和收获的过程。创业项目选择的重要性在于，它关系到企业的发展，关系到企业能否在激烈的市场竞争中存活下来。

市场风险是指由于市场情况的不确定性导致创业者或新创企业损失的可能性。市场风险在于市场的不确定性和残酷性。企业要想盈利，只能依赖市场将产品生产出来并销售出去。如果企业在市场开拓、产品定位、营销策略等方面把握不准确，就可能造成企业产品或服务没有市场，导致创业失败。

管理风险是指因创业者素质不高、组织架构不完善、企业文化不浓厚、管理过程不科学而给企业造成损失的可能性。尤其是随着企业业务的不断拓展、员工的不断增多，管理幅度和难度都迅速增大，管理风险凸显。

资金风险是指因资金不能适时地筹集和供应而导致创业失败的可能性。资金是企业生存和发展的基础，是企业正常运营的前提条件。资金短缺可能是大学生创业期间遇到的最大瓶颈。如果资金筹备不足，资金流动性差，企业资金管理制度不完善，不能根据外部环境的改变而做出相应的调整，就会导致资金短缺甚至赤字，创业就可能失败。

环境风险是指创业过程中由于经济环境、资源环境、法律环境等外部宏观环境的变化而给企业的利益带来损失。国家政策的变化、意外灾难的发生以及法律法规的修订等，都会给新创企业带来一定的影响，如果处理不好就有可能导致企业面临困境。

（二）按照创业过程划分

按创业过程划分，创业风险可分为机会的识别与评估风险、准备与撰写创业计划风险、确定并获取创业资源风险和新创企业管理风险。创业活动必须经历一定的过程，一般而言，可将大学生创业过程分为四个阶段：识别与评估机会，准备与撰写创业计划，确定并获取创业资源，新创企业管理。

机会的识别与评估风险，指在机会的识别与评估过程中，由于各种主客观因素，如信息获取量不足，把握不准确或推理偏误等使创业者一开始就面临方向错误的风险。另外，机会风险的存在，即创业者由于创业而放弃了原有的职业所面临的机会成本风险，也是该阶段存在的风险之一。

准备与撰写创业计划风险，指创业计划的准备与撰写过程带来的风险。创业计划往往是创业投资者决定是否投资的依据，因此创业计划是否合适将对具体的创业产生影响。在创业计划制订的过程中，各种不确定性因素与制定者自身能力的限制，也会给创业活动带来风险。

确定并获取创业资源风险，指由于存在资源缺口，无法获得创业所需的关键资源。有时候即使获取了资源，但资源获取成本较高，从而给后续创业活动带来一定的风险。

新创企业管理风险，指随着新创企业的发展壮大，它将面临一定的影响企业成长的管理瓶颈。这包括管理风格、企业文化创建、战略制定、组织、技术、营销等各方面存在的不足和风险。

（三）按照风险来源划分

按风险来源划分，可分为主观创业风险和客观创业风险。主观创业风险，是指在创业阶段，由于创业者的身体与心理素质等主观方面的因素导致创业失败的可能性。客观创业风险，是指在创业阶段，由于客观因素导致创业失败的可能性，如市场的变动、法律政策的变化、竞争对手的出现、创业资金缺乏等。下面我们将详细说明创业过程中存在的主客观风险。

二、主观创业风险

小米科技董事长雷军说："创业不是一般人干的事情，是'阿猫阿狗'才干的事情。作为一个正常的人绝对不会选择创业。因为你一旦选择了创业，你就选择了一个无比痛苦的人生，你们的巨大的压力、困难、困惑，别人的不理解，或者别人的看不起，其实真正能走向成功巅峰的人是极少数的，绝大部分的创业者都成了铺路石。"创业维艰，很多人只看到成功创业者头上的光环，但是没有看到其背后所承担的压力、恐惧和焦虑，也许对于许多选择创业的人来说，最大的风险不是来自外部，而是源于自己的内心。

（一）创业压力

（1）创业压力。如果一个人不能完成他的角色要求，压力就产生了，工作的要求和期望超出创业的能力越多，创业者的压力也就越大。研究者分析了创业任务和创业环境是怎样导致压力产生的。创办和管理一家企业都需要承担相当大的风险，创业者还要不断地与人交流，与顾客、供应商、监管者、律师和会计师打交道，这些都会带来压力。如果人力资源不足，创业者就不得不同时扮演多个角色，如推销员、招聘者、发言人和谈判者。创办和运作一家企业需要投入大量的时间与精力，常常还要以家庭和社会活动作为代价，创业者通常是一个人或和很少的员工一起工作，因此很难得到像大公司那样有很多同事的支持。

（2）压力的来源。波伊德和古姆帕特概括了产生创业压力的四个原因。[1]

1）孤独。虽然创业者经常都被各种人包围着，有员工、顾客、会计和律师等，但是他们缺少可以倾诉的人。长时间的工作使他们难以从朋友和家人那里得到安慰与建议。而且，他们不愿意参加社会活动，除非他们认为对公司的发展有益。

2）沉迷于工作。当创业者挣到了很多钱时，他们却没有时间外出旅游、钓鱼或滑雪度假。许多创业者将自己完全交给企业。长时间的工作，让他们根本没有时间参加公益活动、娱乐或学习深造。

3）人际关系问题。创业者的工作依赖于合作者、员工、客户、银行家和专家，但在与这些人交往的过程中他们常常感到失望甚至恼怒。成功的创业者在一定程度上是完美主义者，并且对工作有自己的要求。有时他们不得不投入大量的时间督促偷懒的员工达到自己的要求。很多创业者经常因为一些不可调和的矛盾会让大家不欢而散。

4）成就会带来满足。波伊德和古姆帕特在研究中发现，成就的需要通常导致想要得到的越多却越不能得到满足。通常创业者都希望得到很多，导致工作做得再好也无法满足他们的需求。他们也许意识到无法控制的欲望会带来危险（如健康问题），但他们无法改变自己对成功的渴望。他们似乎认为一旦自己停下来或有所松懈，竞争对手就会后来者居上，而之前自己的苦心经营就会功亏一篑。

小贴士　创业压力有多大

创客到底有多忙？他们出现过什么压力？他们如何排解压力？《重庆商报》的记者在2018年年初设计了一份创业者压力调查问卷，对重庆市的部分创客进行了调查。本次调查共发放问卷1 000份，回收有效问卷968份。

---

[1] Boyd D P, Gumpert D E. Coping with Entrepreneurial Stress[J]. Harvard Business Review, 1983, 61（2）: 44-56.

1. 他们究竟有多忙

在本次受访的创业者中,男性与女性的比例为8∶2。也就是说,绝大部分创业者都是男性。

在这些创业者中,积极寻找创业项目的主动型创业者最多,占69.23%;由于某些原因不得不创业的生存型创业者占比19.23%;还有11.54%的创业者属于变现型创业者,他们积累了丰富的经验,一旦找到适当的机会就开启创业之路。

50%的创业者,每天的工作时间为12～16小时,还有3.85%的创业者达到16小时以上。每天工作8～12个小时的创业者占比为38.46%。

2. 他们的压力来自哪里

在受访的创业者中,常常感到有压力的创业者占65.38%,感到极度有压力的占23.08%,偶尔感到有压力的占11.54%。其中,心理压力占比最大,达到42.31%,经济压力占34.62%,环境压力占19.23%,还有3.85%的创业者认为,家人和朋友的不支持会造成压力。

在创业的具体环节中,73.08%的创业者在市场开拓方面遇到了很大的压力,65.38%的创业者的资金周转出现过问题,另外,人事变动、技术瓶颈和产品研发都给创业者带来过压力。

3. 他们如何排解压力

在受访的创业者中,五成以上的人处于亚健康状态,还有3.85%的人被查出患有严重疾病。26.92%的创业者经常心情压抑,还有人患有严重的精神抑郁。

创业者面临压力时,也会找合适的方式排解。选择与大自然亲近和运动发泄的人最多。有四成人会找生意合伙人商量,有两成人会找朋友或家人倾诉。也有30.77%的创业者什么都不做,默默地承受这一切。以上排解压力的方式,近九成的创业者认为有用。

资料来源:谈书,重庆商报[N],2018-02-09。

(二)失败恐惧

失败恐惧是创业路上必不可少的一部分。它伴随着每个新想法和新项目的产生与发展,并和创业者形成密不可分的伙伴关系。失败恐惧既有能力削弱你,也有能力激励你。当你深陷恐惧之中时,你会怀疑自己,感到紧张和不安,你也会有很多机会摆脱这种恐惧或把它变成你前进的最大动力。不论是在你选择创业与否,还是在你评估机会、遇到创业障碍和困难时,失败恐惧会时刻提醒你:是放弃还是坚持?你的恐惧将你困在一些隐形的围墙里,你因为太害怕失败而不敢做一些事,导致你根本无法承诺任何事。

恐惧、不确定性和自我怀疑是人们考虑创业时的原始感受。每个人在接受新挑战时,都会面临内心的质疑。很多人因为害怕失败而不敢创业,因为害怕失败而不敢采取行动，因为害怕失败而失去机会。但是也有一些创业者将失败恐惧转化为一种激励和动机。对失败的敬畏、对风险的担忧让其在创业路上如履薄冰，小心翼翼地对待各种机会和风险，从而度过一个个冬天，迎来一个个阶段性的创业成功。

从某种意义上说，失败恐惧是人类行为的本能。原始社会时人类在与各种危险斗争的时候，只有那些害怕失败的人才能更好地规避风险，更好地保护自己，生存下来不被淘汰。失败恐惧是人类进步的一种动力，但是也可能成为个人成长和发展的障碍。因为很多时候，由于害怕失败而错失很多机会，拒绝尝试任何有失败风险的事情。比如，在机会发现阶段创业者遇到障碍，经常会引发一种基本的心理规避动机——失败恐惧，这将影响对机会的评估甚至导致放弃创业。

更多关键的事情是，很多时候对失败的恐惧是我们个人构建出来的，并不一定真实存在。每个人总会为自己构建出各种担心和恐惧，比如当我们不去做一件事的时候，并不是害怕这件事本身，而是害怕被评价，害怕脑海里联想出的危险，害怕自己输，害怕自己输不起。另外，失败恐惧是一种动机，深藏于内心，在某些情况下可能会被激活。尤其是在创业过程中遇到困难和障碍的时候，比如遭遇创业失败的时候，失败恐惧会被激活。

印第安纳大学凯利商学院创业学教授迪安·谢泼德将失败恐惧划分为五类：对耻辱感和尴尬的恐惧、对自我评估降低的恐惧、对未来不确定性的恐惧、对失去社会影响力的恐惧、对让重要的人不满的恐惧。

1. 对耻辱感和尴尬的恐惧

这种恐惧主要是指个体担心自己的真实缺陷会通过失败事件展现给自己和他人。比如有过这种经历的创业者会说："你会觉得自己无能为力，有一种令人尴尬的悲伤，你会感到非常后悔和内疚。"预见这种由失败带来的感受，会觉得恐惧，从而影响人们对创业决策过程中失败的经济成本的评估。具体而言，当创业者害怕感受到耻辱和尴尬时，他们在决定是否利用创业机会时会更多地考虑经济成本。经济损失经常被利益相关者注意到，还有可能被传播。因此，如果创业者觉得在别人面前失败很尴尬，这些负面且易被公开的业绩反馈就会让他们尴尬。当人们认为自己可能会面临这种耻辱和尴尬时，他们会远离这种经济风险以求自保。

2. 对自我评估降低的恐惧

对自我评估降低的恐惧意味着，当他人对已知团队中某个个体表现的能力评估下降时，该个体会感到不安。事实上，失败使人们怀疑自己是否有知识和能力去完成某些任务，并让他们对自我价值产生怀疑，自尊心降低，开始担心自己无法控制生活中的重要方面。当创业者担心失败会对他们对自身能力和才能的评估产生负面影响时，他们会衡量经济成本。经济绩效可以是追求创业机会的目标，也可以是实现更大目标的渠道。因此，由于经济损失而关闭企业是一个非常普遍的现象，表明创业者未达到首要目标。同时，失败的经济成本越高，对创业者自我评估的"潜在打击"越大——害怕自我评估降低的创业者不愿面对这种处境。

3. 对未来不确定性的恐惧

对未来不确定性的恐惧意味着个体不知道自己的生活将走向何方。对这种不确定性感到不安的创业者在决定是否追求机会时，会更多地衡量经济风险。经济风险较低的失败对创业者的闲置资源的影响更小。经济宽松程度越大，艰难时期的缓冲就越大，人们开发未来选择和计划的能力就越强，因此对未来更加确定。然而，失败带来的更大损失可能会让人们无法规划未来。换言之，程度大的、经济上的破坏性失败可以摧毁个体关于自我、他人和整个生活的信念，使一切看起来不可预测。因此，害怕计划改变和不确定性的创业者在机会决策时可能会高度关注潜在的经济风险。

4. 对失去社会影响力的恐惧

对失去社会影响力的恐惧意味着人们担心他们将不能利用自己的观点和态度影响他人的观点与态度。失败的经济成本越高，他人就越能注意到失败，而且通常会谴责创业者。例如，研究显示，与由于失败而蒙受较低损失的个体相比，蒙受较高经济损失的个体更容易被他人谴责。作为社会污点，受到谴责的个体的自身声誉因诽谤而受损。害怕失去社会影响力的人在做创业决策时，很容易受到与失败相关的经济风险的影响。

5. 对让重要的人不满的恐惧

对让重要的人不满的恐惧是指个体担心不被自己重视的人认可。作为一个创业者，有压力要成功，不仅是因为员工、合作伙伴和投资者，更主要的是因为你要向你的家人和朋友证明，你的想法是值得的，你有能力让它实现。有这种恐惧心理的人通常害怕巨大的经济成本，因为代价高昂的失败很可能会让重要的人不满。例如，失败的经济成本不仅会影响创业者本人，还会对企业利益相关者乃至创业者的家庭造成负面影响。事实上，利益相关者通常是对创业者及其企业很重要的人，因为有时候有一些朋友和家人通常也投资了企业股份。与其他四种类型的恐惧一样，创业者越是害怕让重要的利益相关者失望，他们在做出决策时越是在乎失败的经济风险。

对创业者来说，失败恐惧是一种情绪更是一种动机，在一些困难和障碍面前容易被激活。当失败恐惧被激活时,个体也会产生与创业失败的情况相关的羞愧、尴尬和社会耻辱等。面对有挑战性的任务时,总是还没有开始努力,就已经因为害怕失败而放弃。

如果我们害怕失败,当失败发生时,我们往往习惯于把自己伪装成一个受害者,以此把责任推脱得干干净净。这种责任不仅包含导致失败的责任,更包括总结及持续改进的责任。不是所有的失败都是成功之母,只有经过总结和反思的失败,才是成功之母。个人不能接纳失败,可能会因为在过去的某个时间段,个体产生了"某一次失败=他人(尤其是父母)的否定=全盘否定自我"这样的思维定式,而这种思维定式会导致后期形成"不想否定自我=逃避失败=拒绝做有失败风险的事=拒绝接纳自己失败的事实"的思维逻辑和心智模式。日本有句谚语:"恐惧可以被思维控制。"明白自己内心的心智模式,清楚了解自己内心真正的恐惧是什么,才能更好地克服恐惧。

他山之石

创业恐惧

作为 IBM 第一任总裁老沃森的长子,当小沃森意识到父亲最终要让他领导当时已经很成功的 IBM 时,他居然哭了出来,对母亲说:"我可干不了这个。"即使在他已经从父亲手里接过了公司掌门人大印的几年后,小沃森还是面临同样的恐惧。

创业者经历的恐惧有其独特性,只要他仍然是创业者,恐惧就不会消失。创业者经历的恐惧不能预期,不能逃避,也不能预防。因为大多数创业者不承认他们经历过这种恐惧,所以它仍然是一个不为人知的谜题。而且因为它不被人们讨论,所以大多数创业者认为他们是唯一经历过恐惧的人。

根据威尔逊·哈勒尔(Wilson Harrell)这位来自美国佛罗里达州杰克逊维尔地区的创业者的说法,这种创业恐惧与一般的恐惧不一样。他解释说,这种恐惧通常是偶然的,不能预期,存在的时间很短,就像几乎被汽车撞上时所产生的感觉。另外,创业恐惧是创业者自己造成的。那是一个内心世界,那里永远没有睡眠,梦魇一刻不停地啃噬着创业者的灵魂。

是什么造成了这种恐惧?应该不是金钱,因为任何一个创业者都会说金钱只是成就的一种回报,失去金钱只不过是风险的一种。害怕失败在很大程度上是造成这种恐惧的主要原因。创业者不想仅仅是一个生意人,也不想还没有做出成绩就被世人遗忘。是什么造成了这种复杂的恐惧还有待进一步研究。

考察这种恐惧,创业精神的秘密是什么?无论经历了何种痛苦,来自成功的喜悦使这种恐惧变得微不足道。那种兴奋,连同恐惧,是创业者特有的情绪,也是心灵鸡汤,但它更像是过山车。在一开始,想象着自己慢慢地爬上滑坡,每一次做出的艰难决定都伴随着越来越强烈的兴奋感和预感。然后，你到了顶峰，有那么一刹那，你感到恐惧，在你感到失控之前预感越来越强烈。当你尖叫着到达未知领域的时候，恐惧淹没了你。首先，你感觉到的只是恐惧；然后，滑过去了，你的恐惧消失了，但是兴奋紧张还在。等待创业者的是什么？当然是再来一次！

那么创业成功的关键因素是什么？根据威尔逊·哈勒尔的说法，是驾驭恐惧的能力。因为他相信是那些孤独的、内心时常处于恐惧中的创业者将生气和激情带给这个世界，否则，这个世界会单调、平凡很多。

资料来源：Harrell W. Entrepreneurial Terror[J]. Inc, 1987, 9（4）: 74-76.（改编自霍华德 H 弗雷德里克，唐纳德 F 库洛特克，理查德 M 霍杰茨. 创业学[M]. 蒋春燕，译. 北京：中国人民大学出版社，2011.）

三、客观创业风险

世界上任何一项有价值的事物都处在风险之中。一定程度上，风险的程度与价值成正比，越有价值的事物，经常都是风险越高的事物，创业者必须善于承担风险。创业是高度不确定性状态下的试错行动，有很多因素都会导致风险增加，如创业情境的不确定性、创业活动的新颖性、机会窗口的短暂性等。对于大学生来说，选择创业面临的风险可能更多的是财务风险、市场风险和法律风险等。

（一）财务风险

新创企业可能会面临的财务困境，主要是指现金流量不足以补偿现有债务的情况。相比成熟的大企业，初创企业更像是一艘小船，对于风险的抵御能力比较弱，而在所有的风险中，财务风险是最主要的风险之一。由于进入市场和培育市场需要一定的时间，初创企业出现亏损型财务困境的情况比较多。具体而言，企业出现财务困境可能由销售收入过少、成本费用过多和现金短缺引起，企业应该特别避免现金的短缺，尤其应避免三种情况同时出现。

大学生创业者的创业资金主要来自父母、亲朋好友和少量日常积蓄，资金量较少。一些创业者即便能够勉强"凑齐"创业启动资金，但由于没有足够的经济实力，在遇到日常开销过大、产品销路不好、客户账款拖延支付等问题时，很容易因为资金周转不灵，造成资金链断裂，影响创业项目的正常发展。缺少创业后续资金、资金链"断裂"常常成为压垮大学生创业者的"最后一根稻草"，不得不中止创业。

（二）市场风险

市场风险是指市场主体在从事经营活动的过程中，由于产品或服务的市场供求不平衡或不匹配,从而面临的盈利不确定性或亏损的可能性。从本质上讲,大学生的创业活动是一个对市场进行判断,从而构思商机创意,通过自身的能力禀赋获取相关资源,将商机转化为商品,再通过创业团队生成互补性资源开展运营管理,并形成一种特定的盈利模式的动态过程。"市场"是大学生创业者在创业实践中考虑一切问题的出发点和落脚点。

对于大学生创业者而言,造成市场风险的主要原因是对于"市场"的理解。一个创业项目的价值是由"市场"决定的,市场又是由"用户"决定的。对于刚刚涉足商业领域的大学生创业者而言,最重要的目标是设法确认市场,即是否有人愿意购买你的产品和服务。没有客户,何来订单,何来盈利,更遑论创业。在实践中,不少大学生创业者缺乏市场调研的基本技巧,他们在做市场调研时图省事方便而找一些认识的人做调查,当他们询问"你们喜欢这个吗",出于善意或敷衍,被访者一般都会给出肯定的回答。但这种市场调查不能真正发现市场需求,不能真正了解用户的想法,并且给后续的创业活动埋下了极大的风险隐患。此外,也有相当多的大学生创业是将个人或科研团队的科研成果带入市场进行商品化,知识产权保护意识和法律意识薄弱的他们,在市场竞争中往往处于弱势,容易遭遇技术复制、行业垄断、知识产权丧失等市场风险。

(三)法律风险

创业同样具有法律风险,大学生在创业时应注意从以下五个方面加强风险规避。

(1)创业初始阶段的资金、设备场地以及办公场所等相关法律问题。由于学生的特殊身份,普遍没有财产可供抵押,又无银行个人信用记录,导致贷款困难。学生应多寻求行政干预和支持,此时各地针对高校自主创业的学生,在工商注册、小额担保贷款、税费减免等方面出台的各项优惠政策就尤为重要。此外,一些企业经营类的创业计划经常会涉及在校外租店面及办公场所,这就需要了解《合同法》中关于房屋租赁的相关法律规定。

(2)创业拓展阶段关于设立经营实体,进行行政审批的相关法律问题。对于创业经济组织的具体责任形式,我国的《个人独资企业法》《公司法》《中外合资经营企业法》以及《中外合作经营企业法》等一系列法规都有不同的规定,制定了多种企业组织形式。2005年《公司法》中增加的一人有限责任公司以及2006年《合伙企业法》新增加的有限合伙企业的法律规定对大学生创业有很好的辅助作用,可部分解决大学生创业存在的资金规模较小、筹措资金困难等问题。同时学生创业需要依据《中华人民共和国公司登记管理条例》以及消防、卫生等行政审批程序的一些具体规定办理相关手续。

（3）创业经营阶段涉及的市场交易及管理的相关法律问题。创业经营必然涉及市场主体间的各种交易行为，无论是从合同的订立到合同的履行，还是违约责任的承担，都与《合同法》密切相关。同时大学生创业者应了解《产品质量法》《劳动法》《票据法》《保险法》《反不正当竞争法》等法律中与自身创业有关的法律规定。

（4）创业经营阶段涉及知识产权的相关法律问题。创业经营阶段应该在法律允许的范围内使用他人的知识产权。目前，我国已经建立了一个比较完备的知识产权法律保护体系，主要包括《商标法》《著作权法》《专利法》等法律法规。大学生创业之初可以利用专利先行公开的特点，合理利用现有专利给自己的创业提供技术开发的思路和可行性支持，同时又要保证不侵犯他人的专利权。在具体经营中如何合法使用商标专利等知识产权都是大学生创业者必须深入细致了解的内容。

（5）创业过程中纠纷解决的相关法律问题。大学生要了解《民事诉讼法》《行政诉讼法》《仲裁法》中规定的具体诉讼程序，要具有积极收集证据的法律意识，面对交易金额较大、商品较多的经济往来要多采用书面合同文本形式。

第二节　创业失败

我国出台了一系列鼓励扶持大学生创新创业的优惠政策，教育部积极推动将创新创业教育列入高校的必修课中。在"大众创业、万众创新"的社会氛围中，大学生积极投身到创业大潮中的人数呈逐年递增趋势。据《2017年中国大学生就业报告》数据显示，中国毕业即创业的大学生人数占比从2011年的1.6%上升到了2017年的3%，也就是说每年都要新增数十万名创业者。在这庞大的创业队伍中，创业成功的比例为2%～3%，那么大量的创业失败，其原因是什么？

一、创业失败的原因

近年来，随着互联网的发展、创业热潮的兴起和国家政策对创业的大力支持，大学生创业项目越来越受重视和青睐。即便如此，大学生创业项目的失败率依然居高不下。需要明确一点，创业失败率高主要由创业活动本身的特点决定。创业活动具有创新性、风险性和不确定性，同时考虑到创业者需要在时间压力和资源约束的情况下把握住稍纵即逝的机会，在这个过程中需要进行大量复杂的决策，失败是很正常的一件事情。从这个意义上来说，创业维艰，失败才是常态。

获得精确的失败率数据需要花费很大的成本。因为不容易定义和识别失败，而且很难得到可靠的统计数据。虽然不同行业的失败率有着很大的差异，但是过去 50 多年大量企业失败率研究成果表明：新企业的失败率很高；大多数企业的倒闭发生在创建后的 2～5 年。虽然政府的数据和研究企业失败率的统计学家给出的关于新企业失败和存活的确切数字不太一致，但他们确实都认为新创企业存在很高的失败风险。

> **创业聚焦**
>
> **新企业失败率的数据**
>
> 2013 年，国家工商总局首次发布《全国内资企业生存时间分析报告》显示，截至 2012 年年底，我国实有企业有 1 322.54 万户，存续时间 5 年以下的企业有 652.77 万户，占企业总量的 49.4%，也就是说，近五成的新企业在 5 年内死亡。其中新企业成立后第 3 年就失败的数量最多，失败率达到最高，接近 40%。在互联网领域，数据显示创业成功率不足 5%（《南方日报》，2014 年 11 月 7 日），最具有典型性的团购行业，2014 年上半年国内团购网站数量已锐减至 176 家，相比 2011 年 8 月的最高峰时段的 5 058 家，现在团购网站的存活率仅为 3.5%（《商业价值》，2014 年 10 月）。

哈佛商学院领导与管理学教授艾米·埃德蒙森，她被评为 2013 年全球最具影响力 50 大商业思想家之一，根据失败的原因，她把失败分为三大类：常规生产型失败、复杂运营型失败以及创新型失败。第一种失败可预防，产生这种失败的原因可能是异常行为、疏忽或能力不足；第二种失败可管理，这种失败在复杂系统中是不可避免的，大多是因为事情本身的不确定性导致的；第三种是智能失败，这种失败能够提供有价值的新知识，具有创新性和学习价值，能够帮助企业领先竞争对手使其在未来飞速发展。对于创业者而言，应该尽量少出现第一种失败，及时识别和管理第二种失败，鼓励尝试第三种失败，通过"小失败"获得"大学习"，学会策略性失败，以最小的成本去试错和失败，以获得最大化的反馈和学习成果。

位于纽约的 CB Insights 是一家风险投资数据公司，该公司会定期发布经济发展趋势及独角兽公司名单。CB Insights 通过分析 101 家创业公司的失败案例，总结了创业公司失败的 20 大主要原因（见图 9-1）。通过对创业失败的公司进行 CB Insights 的数据分析发现：一个新创企业因单个原因而失败的情况很少，新创企业失败的原因多种多样（见表 9-1）。下面我们主要介绍导致创业失败的前三位的原因。

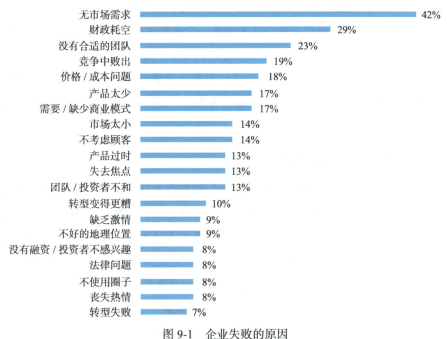

图 9-1　企业失败的原因

表 9-1　基于原因分类的失败类型连续谱

该受责备								值得表扬
异常行为：个体故意选择违反规定	疏忽：无意中偏离规范	能力不足：没有能力、条件或培训能胜任工作	过程不恰当：胜任的个体采取了不恰当或错误的过程	任务挑战性：任务太难，不能可靠地执行每次的任务	过程复杂性：过程中有很多不良因素，需要创新性的互动	不确定性：对未来缺乏清晰的认知，以致采取看似合理的行动，产生不良结果	假设检验：进行试验以检验想法或设计，不幸试验失败	探索检验：目的是丰富知识或对可能性的调查，但导致了不好的结果

1. 无市场需求

无市场需求被 42% 的案例列为失败的首要原因。创业者过于执着于执行自己的创意，却没有真正地弄清楚自己的创意是否符合市场需求，是否有市场空间。没有仔细分析市场需求就贸然做决定开发产品而导致失败。只有先期做好市场调查，然后根据市场需求制定产品战略，才能做到有的放矢，做出产品后才会有市场空间。如 Treehouse Logic 公司在分析失败原因时，分析如下："当初创企业没有解决市场问题时，它们就失败了。我们没有解决一个足够大的可以普遍服务于一个可扩展的解决方案的问题。我们有很好的技术，有关于购物行为的很权威的数据，有作为领导者的声望，有专业知识，有优秀的顾问等，但我们没有的是能以一种可延伸的方式解决一个痛点的技术或商业模型。"

2. 财政耗空

有限的金钱和时间需要被合理地分配。如何使用你手中的资金是一个经常被问起的难题，也是初创企业失败的一个重要原因。正如 Flud 的团队所言："耗尽现金往往与其他原因一起导致初创企业在产品市场匹配和企业转型上的失败，事实上，最终杀死 Flud 的是它无法筹集这笔额外的资金。尽管在追求永远难以捉摸的产品市场匹配的过程中有多种方法，但是 Flud 最终还是耗光了资金，败亡了。"

3. 没有合适的团队

23% 的失败的创业企业都缺少能够指挥大局的人物。这个原因很有趣，多数风险投资者表示，投资之前首先考虑的是团队，其次才是创意。没有一个执行力强、理解力强的团队，再好的创意也不过是空中楼阁。拥有一个具有不同技能的多样化的团队常被认为对创业公司的成功至关重要。创始团队如何分工和协调也很重要，尤其是合伙人之间的相互制约和平衡。正如 Nouncers 的创始人在分析失败的原因时写道："这把我带回到一个根本问题的面前，就是我没有一个伙伴来制衡我，并为业务和技术决策提供健全的检查。"

创业聚焦

为什么高校创业项目失败率居高不下

创业邦专栏作者、右耳科技创始人郑剑波，专注90后创业研究。他根据自己对大学生创业的观察和研究，把大学生创业的失败归为三大原因：创始人团队的局限性、项目的局限性和有效时间的局限性。

创业人团队的局限性

首先，创始人或发起人在组建团队时，基本上都是先把身边的几个好朋友叫过来，大概阐述一下自己的创业想法，将前景描绘得天花乱坠，似乎一年后就能把 BAT 赶超了，把小米也颠覆了，当心潮澎湃之时，这些人就一拍即合开始干了。但干着干着问题就出来了，团队结构、个人兴趣、价值观等问题互相冲突，有的坚持不了，有的忍受不了，而且团队的互补性也很差，所以失败从一开始就已经注定。

其次，创始团队的行业认知和价值观问题。行业认知就是你对自己所从事行业的熟知程度，如果自己对所从事的行业认识不深，且没有不断地学习充电，很显然，你的路会越走越窄，最后企业将一步步走向死亡。然而，价值观则是指创业者创业的目的和初衷，你选择创业是为了挣更多的钱、丰富自己的阅历，还是像 Uber 的创始人一样解决市场上某个自己无法忍受的痛点。价值观很重要，如果有的人想挣钱、有的人想丰富阅历、有的人想为社会做贡献，那么大家的意见容易产生分歧，结果就会影响团队的整体进度，可能导致团队解散。

最后，团队的创始人CEO，这个问题很复杂，在没有提前说好的情况下，要在多个联合创始人中选出一个CEO是很困难的，原因是每个人都认为自己很优秀，觉得别人并没有比自己厉害多少，所以会互相不服气，都认为股份应平分、所有大小事情都应该共同决策，如此团队基本上在内斗和猜忌中发展，结果当然不言而喻。一些团队在这方面存在很严重的问题，结果产品还没做出来，团队就因为这些问题解散了。

项目的局限性

大学生在选择创业项目时会遇到三个问题：项目方向局限于校园、从个人喜好出发、对未来过于乐观。

一般，大学生在选择创业项目时都会将项目方向局限于校园，因为环境熟悉、容易落地、方便推广，且资源相对集中。但弊端是项目的可扩展性和复制性很差，这是由校园市场的特殊性和人群的单一性决定的，而且本地市场的竞争对手众多，竞争激烈恶化。

另外，在选择项目时，很多人都习惯性地从个人喜好出发，主观地认为自己喜欢的项目、产品，消费者也一定会喜欢，前期缺乏对市场的调查和理性的分析。最后，对项目发展前景的估计过于乐观，对销量及利润率预计偏高，而对自身的营运能力、后续资金的投入、风险控制等因素估计不足。项目的选择其实是非常重要的，要多投入一些时间做调查和交流，千万不能因担心别人会偷你的想法，而带着完善项目的初衷去交流。

有效时间的局限性

作为一名大学生，除了平时上课外，我们还有社团、课外作业、娱乐、谈恋爱等活动，如果还要创业，那么你的时间几乎就没了，所以选择创业，也就拒绝了好好听课，或只能投入更少的时间在学习上，如果你认为自己都能兼顾好，那么我可以告诉你你的创业成果不会很好，或者你的二者兼得将导致其他创业伙伴非常忙或你们的创业项目一直平庸无常，因为如果你真的想把创业做好，一定要投入很多的时间，包括吃饭、睡觉、走路的时间，这是公认的事实。因为时间的原因，你们每天可以待在一起讨论项目的时间很少，基本上都是在微信群中简单地讨论，只有周末的时候才有空开个会，但也是匆匆忙忙的。不投入足够的时间到创业中能创好业、能把事业做大吗？以上问题值得每个创业者深思。

纵观过去几年的大学生创业项目，之所以成功率不高，根本不是钱的问题，而是创始人、项目方向和时间的问题，不管政府如何鼓励创业，如果这几个问题没有解决，其他都将是空谈。

资料来源：郑剑波：为什么高校创业项目死亡率居高不下；https://www.cyzone.cn/article/127458.html。

二、创业失败成本

几乎每个创业者都承认，创业非常艰难，开创一番属于自己的事业，并非易事。创业者需要投入时间和精力,付诸行动,付出代价。创业本身具有的资源稀缺、不确定性高、时间压力大以及失败率高等特征,这就导致创业者需要付出很多,承担风险。概括起来,创业者面临的风险及需要承担的成本有以下三个方面。

(一)经济成本

在大多数初创企业中,创业者或投入大部分的个人存款或其他资产,或向家庭其他成员、亲戚和朋友借钱。某种程度上将个人财富与新创企业的价值绑定在一起,一旦企业失败了,这些钱或资产就极有可能全部损失掉。不仅如此,创业者还有可能被要求承担远远超过个人净资产的连带责任,甚至有些时候由于创业所欠下的债务多年才能偿还清。此外,还存在机会成本,因为选择了创业,创业者失去了其他职业选择的机会。开始创业之前,创业者们常常会问自己:如果失败,还能找到新的工作或回到原来的工作中去吗?若他们已有一份稳定的工作并有很高的收入和福利,职业风险将是他们主要考虑的问题。

(二)心理成本

创业者对初创企业不仅投入了大量的时间、精力和资金,往往还有感情投资。很多创业者将初创企业作为事业经营,甚至将它当成自己的孩子,将初创企业看作实现梦想、证明自身能力等需求的一种途径或工具。创业者经营初创企业的时间越长,投入的感情越多,初创企业对创业者越重要。一旦创业失败,会带给创业者悲痛、伤心、自责、内疚、愤怒、焦虑等负面情绪,产生无助感,或对自我价值和能力产生怀疑。有人说创业最大的风险在于创业者的健康状况。钱可以再赚,房子可以再修,妻子、孩子和朋友可以逐渐给予他们关爱。但一些创业者在遭受财务上的重创后就从此一蹶不振,心理上的打击对他们来说才是致命的。

💡他山之石

如何应对创业失败后的悲痛情绪

印第安纳大学凯利商学院创业学教授迪安·谢泼德,先后采访了几百位有过失败经历的创业者和项目负责人,通过这些研究,他给创业者总结了三点启发。

第一,善待自己,关注成长。面对失败时,创业者要以宽容、乐观、中庸的态度关注、爱护、善待自己,可以抑制自我保护机制(如向下比较和推卸责任)的启动。善待自己的态度不会对失败引发的消极情绪产生直接作用,但可以减少消极情绪对学习知识和经验的影响，有利于我们在失败中锻炼自己。有些人在评价失败时对自己采取宽容的态度（宽容），想到的是别人也会遇到同样的困境（乐观），然后设法让自己的情绪处于平衡的状态（中庸）。以平和、淡定、从容的态度面对自己的痛苦，不夸大自己的痛苦，不走极端，以好奇心审视自己的痛苦，不隐藏自己的情绪。例如，把情绪当作信息的一个来源，用好奇心分析这些信息。

第二，管理情绪、吸取教训。调整情绪是需要学习的一个过程，它是一种具有强大力量的技能，谢泼德教授提出了三种控制情绪的战略可以帮助我们达到最佳的学习成果。首先是反思战略（Loss Orientation），主要目的是还原失败经过，想明白失败发生的原因。回想失败的经过，可以切断我们与自己创建的企业之间的情感纽带，这有利于我们客观分析失败的原因，但这个方法就像把伤疤一遍遍揭开，可能会使我们更加难过，也会给学习过程造成障碍。第二种策略是恢复战略（Restoration Orientation），分散注意力，避免消极情绪，就是不再想失败这件事，消除并发压力（如找一份新工作以缓解经济压力），解决了失败导致的其他次要问题，失败的负面影响就会随之降低。但是逃避现实是无法从失败中得到锻炼的，且抑制情绪不太容易做到，况且情绪的长期压抑还有损身心健康。第三种策略是交替战略，即反思战略和恢复战略交替运用，可以发挥两种战略各自的优势，最大限度地避免各自的弊端，将失败者的情绪调整到有利于学习的最佳状态。

第三，提高情商、相互支持。情商高的创业者可以自由驾驭两种情感控制战略，交替使用，游刃有余。创业者应该训练和提升自己的情商，强化自我意识，提高自控能力，能够感知并合理利用自己的情绪，灵活运用情感管理战略来搜寻信息、解读信息，从信息中学习知识和经验。要提高信息搜寻能力，可以将注意力尽量集中到失败的经过上，查找所有与失败有关的线索，要提高信息解读能力，可以将新获得的信息与自己已经掌握的信息和知识联系起来，融会贯通，综合考虑。要提高学习能力，可以在提高信息搜寻和解读能力的基础上，拓宽思路，转换角度，在已有结论的基础上寻找并分析更多的可能性。维持一个社交网络，使自己可以与这个圈子里的人谈论失败的经过，探讨失败的原因，获取社会支持。不仅要提高自己的情商，还要确保自己的社交圈里有情商高的伙伴。

资料来源：迪安 A 谢泼德.从柠檬到柠檬汁[M].何云朝，译.北京：中国人民大学出版社，2012.

（三）社会成本

创建一家企业需要创业者投入大量的精力和时间，这就会使他们周围的人受到影响。如果创业者结了婚，甚至有了孩子，家人所面临的就是难以享受一个完整的家庭并有可能一直为他们担惊受怕。另外，因为不能经常参加聚会，老朋友会渐渐地变得生疏。创业意味着需要对投资者、雇员、债权人、顾客等利益相关者承担责任，一旦创业失败，会损害创业者的网络关系，给创业者带来污名，影响创业者再创业的资源获取，甚至导致同行和专家质疑其专业能力。

创业聚焦

创业失败后利益相关者的五类负面反应

创业失败是一个社会化的过程。社会成员对失败的意义建构是在各方互动的过程中形成的。创业者、职业经理人、员工、外部合作者等利益相关者对失败可能有着完全不同的理解，并不存在一个天然的"共识"。在这一过程中，多方利益相关者互动交织，共同塑造了对创业失败的集体性共识。所谓"众口铄金，积毁销骨"，真相有时并不重要，在自媒体盛行的"看客时代"尤其如此。

面对失败的危机，利益相关者的反应对于创业者、新创企业至关重要。此时，利益相关者的反应多以负面为主，这些负面反应不仅会伤害到创业者的形象、声誉，还会损害他们的自尊、信念，给创业者带来诸如内疚、焦虑、愤怒等各种情绪的煎熬，将其拖入"至暗时刻"。在某种程度上说，利益相关者的负面反应，常常给创业者带来远比失败本身更大的伤害。创业失败后利益相关者的五类负面反应。

脱离关系：在创业失败后，利益相关者断绝与新创企业或创业者联系的情形，是利益相关者常常展现的负面反应。

关系质量下降：这是一种含蓄地从既定关系中部分抽离出来的方式。由于事先约定或碍于过往情分，因此一些利益相关者不能或不愿与新创企业、创业者立刻脱离关系，但他们也不再按照以往的方式对待创业者和新创企业。

要求更有利的交换关系：某些与新创企业有关系的个人或组织可以伺机威胁和谈判，以获得比以往更有利的交换条件。

抹黑（谣言）：这种负面反应是指利益相关者对失败的创业者或新创企业进行夸大式的毁谤。通常，外部利益相关者对失败的情形了解不多，加上创业者对关键信息讳莫如深，他们普遍难以获得充足、准确的信息，从而容易导致谣言迅速蔓延。

抹黑（对峙）：这种负面反应是指直接或当面的侮辱，这对失败的创业者来说是一场巨大的灾难。

创业学之父蒂蒙斯曾说商业上的失败并不意味着创业者的失败。尽管我们努力了，但是企业绩效还是低于预期，最好的行动就是关闭它！虽然关闭企业很痛苦，但是如果我们不关闭它，我们只会损失更多。及时关闭企业，也要正视创业失败带来的成本，理性面对并能够吸收和消化失败带来的各种成本。有学者将创业失败可能带来的成本进行了分类总结，如表9-2所示。

表 9-2　创业失败成本的分类

成本类型	描述
经济成本	个人投资损失、收入损失、个人债务
情绪成本	情绪支出、心理压力、沮丧、悲痛、焦虑、绝望
生理成本	精力透支、生病、作息紊乱、失眠
社会成本	对投资者、雇员、债权人等的责任亏欠
专家成本	专家同行对其专业能力的质疑
创业成本	创业自我效能降低、风险承担倾向降低

资料来源：Cope J. Entrepreneurial Learning from Failure: an Interpretative Phenomenological Analysis[J]. Journal of Business Venturing, 2010, 6 (2): 1-20.

第三节　创业失败应对

我们正处在一个空前的全球创业兴盛的时代，但无数创业公司都黯然收场，以失败告终。创业是高度不确定性状态下的试错性行动，失败不可避免。创业就是通向终极梦想的不断试错、学习和改进的过程，失败是一个排除的过程，创业活动的本质赋予了失败价值，克服人性本能以及对失败的潜意识逃避，具有"婴儿般"的勇气，不怕失败，更好地挖掘失败价值，通过对失败的思维演练走向创业成功。

一、复盘：对过去的事情做思维演练

复盘原本是一个围棋术语，指下完棋，棋手重新摆一遍下棋的过程，以探讨得失，总结当时有无更好的应对招数。在联想有一种称为复盘的学习方式：做一件事情，失败或成功，重新演练一遍。大到战略，小到具体问题，原来的目标是什么，当时是怎么做的，边界条件是什么，做完了回过头看，做得正确不正确，边界条件是否有变化，要重新演练一遍。2011年9月27日，在北京联想之星创业大讲堂暨创业联盟成立大会上，柳传志提出成功的创业者应该具备的素质时说，学习能力很重要，要学会学习，这种学习不仅仅是通过书本学习，而是要懂得复盘，要随时复盘，不断地总结提高自身的能力。柳传志说："复盘至关重要，通过复盘总结经验教训，尤其是失败的事情，要认真，不给自己留任何情面地把这个事儿想清楚，把事情想明白，然后就可以谋定而后动了。"

《创业36条军规》的作者孙陶然，他创办了包括拉卡拉、蓝色光标、考拉基金等在内的多家知名企业，他承认自己是复盘理念的践行者和受益者，并将自己成就的一半归因于自己的天资，另一半归因于复盘。没有人天生就掌握了自己的生活和工作中所需要的所有技能，也就是说人都离不开学习。成功的人最重要的学习方式之一就是向自己过去的经验和教训学习。向自己学习最好的办法就是复盘，复盘有四个步骤：目标-结果比较、情景再现、得失分析和规

律总结。首先，对照最初的目标看结果有没有达到，差距在哪里。其次，不管有没有达到，把要复盘的项目进行回顾和阶段划分。再次，针对每个阶段总结得失，对事也对人，找出问题和原因。最后，从中总结出规律性的东西，作为知识和技能加以掌握，以期再次遇到同类问题时知道如何处理并不再犯同类错误。复盘有小复盘和大复盘，小到每天睡觉前对自己当天经历的事情做一个快速复盘，总结得失，大到一个公司的战略执行的复盘。复盘是一种非常好的学习方式，如果善用复盘，就能够不断成长，不断自我进化，让自己变得越来越强大。

我们借鉴联想的复盘"四步法"，来分析创业者经历失败后如何从复盘中进行学习。

第一步：回顾。回顾目标其实就是让你回想一下当初做这件事情的目的或期望的结果是什么。有两种不同的方法：情境重现法和关键点法。当我们刚开始复盘的时候，最好用情境重现法。当我们越来越熟悉复盘之后，关键点法就会成为最常用的方法，而情境重现法则成为补充。

第二步：反思。反思既是内隐的思维活动，也是外显的探究行为。反思的着眼点不仅要求个体回顾过去从而"发现问题"，还要重视当下的"问题探究"，更要指向未来的"问题解决"。创业者经历失败后需要通过反思和探究来获得对失败原因的深刻理解和未来行动的构想，尤其是通过反思程度的不同获得心智模式的转换。美国哥伦比亚大学的教授麦基罗根据反思的程度将其分为三种类型：内容反思（Content Reflection）、过程反思（Process Reflection）和前提反思（Premise Reflection）。内容反思是对某一问题的内容或叙述进行仔细的审查和检验；过程反思是对所采用的问题解决策略的检核与验证；前提反思是对问题本身产生的质疑，对解决问题的习惯性思维的审视，促使个人产生观点的转化。

第三步：探究。复盘的关键是推演，通过推演，复盘就不仅仅是对过去的复制呈现，而是对各种可能性进行探讨。分析原因是要仔细分析事情成功或失败的关键原因。复盘的时候，需要谈论的内容，可以通过三个问题来明确：①现在的情况如何；②当初是怎么决定的；③让我们再审视思考的前提。这三个问题，可以帮助你清楚地认识事情的方方面面。为了保证复盘的顺利进行，需要注意以下三点：设问，通过不停地追问来引发思考，进而得出结论；叙述，对事情的发展过程进行情境重现；回答，对别人提出的问题进行回答，在解答疑问的过程中去除迷思，接近规律。

第四步：提升。这一步骤包括得失的体会，以及发现是否有规律性的东西值得思考，还包括下一步的行动计划。复盘得出的结论是否可靠，必须在复盘时做出判断，一般来说可以通过四项原则来评判：①复盘结论的落脚点是否在偶发性的因素上；②复盘结论是指向人还是指向事；③复盘结论的得出，是否有过三次以上的连续的"为什么"或者"为什么不"的追问；④是不是经过交叉验证得出的结论。

二、翻盘：从失败中崛起

每个人都会经历失败，但并非人人都能"向阳而生、逆风翻盘"，实现最终的成功。走出失败的阴影并实现自我成长是一种出色的个人技能。《翻盘》[⊖]（*The Successful Mistake*）是一本适用于鼓舞、激励、指导创业者正视失败，并从失败中恢复，逐渐走向成功的书籍。作者马修（Matthew）在书中介绍了全世界163位创业者如何从失败走向成功的案例，并告诉我们所有人都会经历失败，但并非所有人都能走向成功，重要的差异在于，这些转败为胜的人往往可以迅速地从失败中恢复、改变并且变得更加强大。

作者马修根据采访总结了从失败中恢复，做出改变一般需要经历的七个阶段：打击、痛苦、纠结、沮丧、引爆点、重建和接受。但是，由于每个错误、失败和情境都是不同的，每个过程的这几个阶段并不是那么泾渭分明。翻盘并不是必须依次经历这七个阶段，每种失败都不一样，翻盘可能开始于任一阶段。以下是翻盘的七个主要阶段。

1. 打击

决策贯穿整个"打击"阶段，打击不仅会导致许多最初的错误，而且会使你在恐慌中做出更糟糕的决定，而非去寻找正确的选择。首先，在打击阶段要识别错误或失败的七个特征，请你思考创业项目中的招聘、发展、决策、激情和目的、恐惧、沟通和外部环境七个方面，看它们是否存在潜在错误。其次，你要善于识别错误来临前的威胁信号，包括枯燥、单打独斗、忽视你的愿景等。

2. 痛苦

不论你是谁，不论你在创业的道路上走了多久，你所遭受的错误和失败都伴随着痛苦。可能是财务上的痛苦、情感上的痛苦，也可能是个人的痛苦、身体的痛苦。一旦你在一件事情上投入了大量的金钱，你将面临何时终止、何时继续、何时需要投入更多资金的困境。不论你愿意与否，先退后一步，思考金钱在你的生活之中扮演着何种角色。情感上的失意，大多数情况下，商人也是正常人，他们也会做普通人都会做的事情——感情用事，被一些情感控制，包括害怕、愤怒、后悔、遗憾和悲伤等，但是它们都可以归结为失望。此外，身心疲惫，身体上的痛苦最能让你彻底垮掉，管理好自己的身体至关重要。生意上的错误经常会给你带来困境，也许这会影响你的家庭、你与其他人的关系等。

⊖ 该书中文版已由机械工业出版社出版。

他人的陪伴是帮助你把错误转换为成功的关键因素。

3. 纠结

如果你从自己犯下的错误中感受到的只有愧疚，那么你就看不到大局和错误蕴含的潜力。首先，面对现实需要做艰难的决定、承认错误并真正地采取行动从而解决它。必须要前进，不要拖延。其次，拒绝无意义的"指责游戏"。不要责怪别人，不管是错误还是奖赏，你要对事情负责、对自己负责。对自己负责，为自己的错误负责（即使有时不是你的错误），但是不要沉溺于错误中无法自拔，要承担责任。行动、前进的同时，也需要清醒的头脑。要掌握好行动和思考之间的平衡点。要有意识地前进，不要沉迷于所犯的错误，当然，也不能鲁莽行事。

4. 沮丧

沮丧可以使人正确全面地看待生活。当压力靠近并使人濒临放弃的时候，只要叩问内心并真诚地回答，这些时刻并不会终结你的事业、你的梦想。仅凭一己之力是很危险的，朋友、家人和整个人际关系网至关重要。不管你的错误或失败是什么，无论你感到何等沮丧，只要你当初待人友善并证明你作为朋友的价值，他们就会帮助你站起来。你今天的行为在很大程度上定义了你的明天。逃离并不是最理想的解决办法，但有时却是必要的，这是一次充电的机会，有时候你需要退一步来缓口气，做重新评估。

以上四个阶段（打击、痛苦、纠结和沮丧）正如"黎明前的黑暗时刻"，是一段艰难的时光，也是把失败转换为成功的关键时刻。

5. 引爆点

引爆点是指顿悟的那一刻；是你开始把你的错误和失败变为成功的时刻；是把一个好的想法变成一个伟大主意的时刻；是重新开始，为了更好的事情工作的时刻。谁也不知道你的灵光一现会揭示什么，但是它总是美好事物的开始，会使你重新振作，给你一个新的前进方向。引爆点不是直接给你提供答案，而是给你一个睁开双眼、观察周围一切的机会。观察往往是你真正所需的。观察周边的世界、联系自身的优势、思考它们能够带来的价值，通过把自己置身于类似创业者的角度，打开自己的眼睛和耳朵，一直寻找的答案就会横空出世。

6. 重建

不必执着于过去所犯的错误。而是要从中学习，排除困难，并最终战胜困难。专注、扩张、多元化或者重新开始都是扭转局势的时刻。通常情况下，实现重建的最好方法就是专注于你已经做的，并深入研究，这样的专注可以为你的产业带来更深远的利基市场。专注并不是唯一答案,有时候需要扩宽视野,使自己多元化。扩张通常归结于在更大的规模上重复你之前做的事情,它有很多种形式。事业的终结并不代表自己或人生的完结。重新开始并不是一个理想情况,但它通常也是一个诞生更好想法和生意的时刻。

7. 接受

今天的折磨是明天的幸福。"接受"阶段就是接受已经发生的事情。接受现实并且秉承着让事情变得更好的目的而勇往直前。当你回顾过去的错误并接受它们时,你会毫无疑问地改变自己的看法和方式。如今我发现自己做的每件事都有内在价值,而过去我并没有发现这一点。在"接受"阶段,得到的最大收益是在此过程中的个人成长。

创业聚焦

学会管理创业失败

为了不被利益相关者的负面反应拖入"至暗时刻",创业者一般会采取印象管理策略来避免、应对这些负面反应。印象管理是指任何能够改变、保持个体在另一个人眼中形象的行为,这些行为以达成某些有价值的目标为目的。创业者应该主动运用印象管理策略管理失败,影响受众对创业失败的意义建构,为尽快走出失败的阴影,以下几条原则可供参考。

我心向阳

创业者需要明确的是,自己对自己的看法在很大程度上决定了外界对自己的看法,因此不能因失败而看轻自己,否则往往会吸引他人"落井下石",以"受害者"的心态验证自己的观点。创业者需要对创业失败有一个正确的认识,失败是多数创业活动的必然结局,本身具有重要的学习价值。创业者在面对失败时可采用"净罪"(Catharsis)的修辞说服自己,区分创业失败前后的自身,相信只有通过失败的洗礼才能获得提升和一个全新的自我,将失败解释为试错、"垫脚石",向更加积极的方向引导利益相关者的态度。

积累资本

创业者拥有的社会资本(如声望、社会地位)越多,创业失败越难以导致污名,即便造成污名,污名对创业者声誉的负面影响也非常有限。首先,社会地位、声望等社会资本会改变大众对创业失败的看法,拥有更多社会资本的创业者更易获得大众的善意和同情,令大众展现出更为积极的反应;其次,作为信任储蓄,社会资本可以换来受众对创业失败的谅解;最后,社会资本有网络效应,创业者与网络中的其他精英相互支持,更易获得声援。因此,创业者平时应注意积累"人品",少树敌、多交友,积累社会资本,并防止在"至暗时刻"透支自己的社会资本。

保持距离

创业者应与造成失败的"负面事件"保持适当的距离以减少失败的污名,尽可能说明造成创业失败的因素是不受创业者意志控制的外部因素，且该情形不会再次发生。当失败是由利益相关者不合规或不合法的行为导致时，创业者应当迅速明确责任方并与之划清界限，拒绝当"替罪羊"。

充分沟通

创业者在创业失败后对创业过程进行详细陈述、曝光细节有利于减少失败的污名。一方面，谣言的产生在很大程度上是因为创业者和受众之间信息不对称，受众能够获取的信息不够充足和准确，多数情况下会形成对失败的夸大式毁谤，创业者对信息的主动曝光能够在早期杜绝这种隐患。另一方面，创业者可以在详细陈述、曝光细节的过程中向受众展示其关键决策是通过科学的方式做出的，即便回到原点，失败仍不可避免，使社会受众有"代入感"，引发共鸣，获得谅解。

巧用组合

每种印象管理策略的有效性都存在相似因素，组合策略可能比单独使用某一种策略更为有效。例如，隐瞒真相可能是不道德的，但它是一种有效的临时措施，能够为其他长期有效的策略，如积极定义、推卸责任等赢得实施的时间。我们的一项研究发现，如果创业者将失败框架设定为"环境太复杂、敌人太狡猾、我竭尽全力、之后不会再次发生"时，更有可能获得社会受众对失败的理解和接受。

资料来源：于晓宇，蒲馨莲，桑大伟.学会管理失败[J].中欧商业评论，2018（7）.

三、学习：从失败中蜕变成长

1. 树立一种基于学习导向的失败观

基于学习导向的失败观认为失败是健康试验和学习过程的副产品，失败管理的焦点并不是控制成本，而是视其为对未来的投资。在某种程度上，创业者可以将从失败中学习当成另外一个创业过程，将创业视为对阻碍、挫折和失败的管理过程。

要想成为一个成功的创业者，就要将对失败的态度从传统视角转为学习导向的视角，将失败视为试错、试验、学习的机会。除了创业者要从失败中学习外，初创企业还需要营造一种包容失败、鼓励试错、积极分享的学习氛围和组织文化。

创业聚焦

请微笑面对失败

在创业的大时代里，每位创业者遇到的个性化的小败局，都充满了方法论、必然性和可参考性。它像人类的童年所犯的错误，在你长大之后看到自己的童年纪录片，看到你的摔倒，看到你的哭泣，看到你被猫咬，看到你被灯泡烫，看到你吃了不该吃的东西，看到这些的时候你会会心一笑。这是人类童年必然经历的，每个人都要这样。大家用看人类童年的方式，来看这些可爱的、真实的、值得尊敬的试错，他们的试错会给绝大多数创业者带来非常好的操作案例。但是即使你看了很多次这样的案例，当你开始创业的时候，还是会有极大的概率再犯同样的错误。我们不期待创业者看到这些案例就能避免失败，我们更多的是期待当你遇到类似的失败时，你会告诉自己，"我肯定会犯这样的错误，但我不会放弃，我会坚持，我会再重新开始，我会再忍耐，等待一个新的生机"，就如同你看到自己童年时的摔倒一样。但是你不要害怕，那是成长的代价，成千上万个创业者每天都面临失败，每天都面临挫折，每天都面临试错，面临失败你坦然并且能够坚持，这是创业国度里最重要的国民素质。

通过读《请微笑面对失败》一文以后，你对失败的态度会有一些改变吗？对失败的不同态度，也决定着你从失败中学习的深度。根据表 9-3 中的两种失败观，看看你内心深处趋向于哪一种？

表 9-3　不同视角下的失败观

	传统观点下的失败	学习导向下的失败
对失败的预期	失败是不可接受的	失败是试错，是试验和学习过程中的正常现象
与绩效的关系	避免失败	从智能失败中学习，组织内广泛交流教训
对失败的心理	自我保护	营造包容、鼓励、好奇、幽默的学习氛围
管理重点	运营的有效性	识别出多余的组织能力，以便更好地学习、成长和适应未来
管理焦点	成本控制	未来成功的投资
对失败的态度	建立监测并预防失败的体系	计划好，并将失败成本控制在一定范围内，快速响应失败

资料来源：创业家.i黑马，创业小败局[M]．北京：北京时代华文书局，2014.

小贴士

世界上第一台笔记本电脑的发明者，奥斯本公司的创始人亚当·奥斯本，他曾经在计算机技术发展过程中创造了辉煌，给整个产业带来了深远的影响和变革，他曾经说过一句话："你能创造的最有价值的东西就是失败，你不可能从'完美'中学习到任何东西。"

2. 培养从失败中获益的思维方式和学习技巧

逃避失败和错误是人类趋利避害的心理本能，我们的价值体系中也排斥"失败"，更缺少从失败中学习的技巧和能力。总结失败经验并不会在失败之后立刻发生，而是需要一段时间；总结失败教训也不是自动发生的，而是需要一个学习过程，总结失败的经验教训并不是每个人天生的本领，而是后天习得的一种技能。创业失败带给创业者一系列成本，有些失败甚至改变了创业者人生的轨迹，而随着时间的流逝以及创业者阅历的增加，创业者往往会对创业失败的经历不断反思、质疑和追问，会不断地设想各种"如果……那么……"的场景和可能性,通过这种反思思维对失败的经验进行新的解读。通过反思思维训练引导创业者思考创业失败可能造成的负面影响,以及如何应对这些负向影响,通过总结和吸取失败的教训来提升创业者"反失败"的思维能力,提高他们在遭遇失败后更好地管理失败并从中有效学习的能力。

3. 巧妙设计失败发现问题,提升组织适应性

正视失败不仅需要改变对失败的偏见,创业者甚至还可以在正确的时间、地点通过系统的试验来设计失败,通过设计失败促进对模糊结果的再认知,及时发现潜在的问题,刺激信息搜索的宽度和深度。面对高不确定性的环境,创业者应该策略性地设计一些有学习价值的失败,这不仅给创业者提供了宝贵的学习机会和有价值的新知识,而且有助于创业者克服认知局限,突破自我,提升在危机中求生的能力,帮助企业领先竞争对手使其在未来飞速发展。因此,应该鼓励创业者尝试具有价值的失败,学会策略性地设计失败,以最小的成本去试错和失败,从而获得最大化的反馈和学习成果。

媒体宣传和创业教育中更多地教授创业者如何创业成功,鲜有人关注如何避免失败以及如何从失败中更好地吸取教训,从失败中快速地恢复并从中学习受益。创业之前,创业者就为失败做好心理和物质准备,投入自身可承担的损失和风险,创业中时刻保持危机和风险防患意识。创业失败后及时理性关闭企业,避免损失升级,尽快调整自身悲痛等负面情绪,快速从失败中崛起,开始新的人生旅途。这种为创业失败做准备的训练不仅能够帮助创业者更好地应对失败,坦然接受失败,从失败中获益,也有助于创业者从失败中学习并蜕变成长。

四、创业韧性:失败恢复的加速器

2018年,万科名誉董事会主席王石在北京水立方发表演讲,他表示:人在最困难的时候不是看他的高峰,而是看他由高峰跌到低谷的反弹力。史玉柱,曾自己坦言"我是中国一个著名的失败者",从"巨人汉卡"的第一桶金,到"巨人大厦"的沦陷,再到"脑白金"的崛起,他在经历沉重的失败打击后仍能有效地调整自我,总结经验教训,并由此蜕变成长,很快便东山再起,开创了新事业,这便是充满创业韧性的表现。创业是一场充满挑战的旅程,之所以充满挑战,是由创业本身的复杂性和不确定性决定的,怎样规避风险并合理地应对潜在的失败可能是一个难题。从无到有、从小至大,创业者不断地"摸爬滚打",以自己的创业韧性积极应对重重阻碍,最终实现"惟坚韧者始能遂其志"。

创业韧性代表创业者预测潜在威胁、有效应对突发事件以及适应变化,并

变得比以前更强大的能力。韧性作为在不确定情境下个体发展出的应对能力，主要包括恢复、应对和成长三个能力层次，具体表现如下。

（1）在消极的应激状态下，恢复情绪、修复自我，以达到稳定情绪的能力；

（2）在自我适应的基础上积极转变、克服逆境、有效化解危机的能力；

（3）获得成长与发展，在今后的生活与工作中更加积极乐观、有效适应环境的能力。

韧性的恢复和应对等特性使个体在遭遇挫折情境后能够运用积极情绪，降低消极情绪对自身行为的影响，并找出应对策略以便从不利情境中尽快恢复。韧性作为个体所具有的一种能力，是人们缓解压力或危机的关键点。它不仅可以帮助创业者在失败后得到有效的恢复，还能促进其逆流而上、战胜并超越自己。韧性是一种努力化解危机并促进自我发展与成长的能力，它能促进创业者在恢复的基础上，进行深入的反思，提升行动效果。具有反思自我并寻求发展能力的创业者在失败后，不再仅仅局限于简单的行为匹配和问题解决式学习，也会十分重视有利于未来发展与成长的知识积累和能力提升。

小贴士

以创业韧性应对创业压力

德福瑞斯（Herb De Vries）和希尔兹（Mishelle Shields）于2006年提出创业韧性的概念，将其定义为在面对创业逆境、压力和不确定性时，个人有效应对的能力。应对是指因感知逆境事件而引发的短期、临时的调整过程。心理学家拉扎勒斯（Richard Lazarus）和福克曼（Susan Folkman）建议两种类型的应对：以问题为中心的应对和以情绪为中心的应对。就应对创业压力而言，以问题为中心的应对指管理或改变导致创业压力的环境，以情绪为中心的应对指调整对压力环境的情绪反应。创业者若能够有效管理或改变创业环境固然很理想，但是在现实中客观条件改变的难度往往较大，即管理或改变压力源（以问题为中心的应对）的难度较大，这时调整对创业环境的情绪反应（以情绪为中心的应对）就显得很重要，而创业韧性为此提供了基础。创业韧性水平高的创业者具备顽强的毅力和乐观的特质，能够较好地控制情绪与认知，容忍创业的不确定性，变压力为动力，从艰难的环境中恢复并提升自我。这种心理和情绪运行机制，使创业者在经历创业挫折或重大损失时也能维持相对稳定、健康的心态。

创业韧性有利于创业者以积极的情绪应对冒险失败。科纳尔（Patricia Doyle Corner）等人于2017年研究发现，在失败初期，创业者可能在行为上出现中等程度的混乱，高创业韧性能够提升他们的责任感和承诺，从而在情绪、心理和日常的行为上抑制这种混乱，降低沮丧，维持创业者的情绪和心理运行的稳定性；在失败中期，创业韧性有助于创业者进行认知的重构或动机的改变，以减轻对失败的情绪反应；在失败后期，创业韧性体现了其改善功能，显示出韧性对情绪的内在控制轨迹。从整体上看，高创业韧性使创业者能够在冒险失败后做到情绪超然，促进创业的可持续性。

资料来源：宋国学. 以创业韧性应对创业压力 [J]. 中国社会科学学报，2018-8-7.

凭借坚韧的毅力，不畏惧任何困难险阻，自能逆流而上、拨云见日；若缺乏韧性，凡事知难而退，那么创业成功只能是望洋兴叹。大学生创业群体是创业人群中具有特殊性的样本。创业愿望和激情较高，自信心一般较高，"初生牛犊不怕虎"，对新鲜事物的兴趣更高并更容易接受，不拘于条条框框，能够迅速抓住商机，采取行动。但同时，承受挫折的能力较差，遇到挫折和困难容易放弃，有可能在前期因畏惧创业艰难，没有继续走下去。所以，当代大学生创业者应该努力提升自己的创业韧性，面对困难不轻言放弃，在创业旅途中不断成长，最终才能收获满满。

要点回顾

- 创业维艰，创业者承担着主客观的创业风险，主观创业风险包括创业压力和失败恐惧，客观创业风险包括财务风险、市场风险和法律风险等。
- 创业活动的特点决定了其具有高失败率，并不是所有类型的失败都值得学习；创业失败的原因多种多样，主要包括无市场需求、资金短缺和没有合适的团队等。
- 创业失败可能会给创业者带来经济成本、社会成本和心理成本等。
- 通过复盘可以对过去发生的失败事件进行思维演练，以求更好地学习。
- 从失败中恢复，做出改变一般需要经历的七个阶段：打击、痛苦、纠结、沮丧、引爆点、重建和接受。
- 从失败中学习首先要树立一种基于学习导向的失败观，培养从失败中获益的思维方式和学习技巧，也要设计失败，发现问题，提升组织柔性。
- 创业韧性作为在不确定情境下个体发展出的应对能力，主要包括恢复、应对和成长三个能力。

关键名词

创业风险　创业压力　失败恐惧　经济成本　社会成本　心理成本　翻盘　复盘　创业韧性

复习思考题

1. 创业压力的来源有哪些?
2. 你认为失败恐惧对创业者有哪些影响?失败恐惧的类型有哪些?
3. 创业失败的原因有哪些?
4. 创业失败可能会给创业者带来哪些影响?
5. 请对比复盘和翻盘,你认为二者存在哪些相同点和不同点?
6. 如何从失败中获益,你有哪些技巧和方法?
7. 如何锻炼和发展在校大学生的创业韧性?

牛刀小试

对失败的恐惧

本练习可以让学生有机会深化对失败恐惧的认知。通过一个简单的活动,学生可以体会人们对失败持有不同的认识以及对风险的不同容忍度水平。在练习中,学生不仅能够讨论个体层面的恐惧和沮丧,还可以延伸到国家、地区和社会层面,探讨其中的规律。

学习目标

(1)在个体层面以及国家、地区或社会层面评估人们自身对失败的恐惧(对风险的容忍)程度。

(2)识别失败恐惧的来源。

(3)比较失败恐惧的相同之处(普遍性)和不同之处(变化性),以及它们如何影响创业。

(4)将个体层面的失败恐惧与国家层面的平均水平进行比较。

材料清单

(1)活动挂图、测评表(见本练习的结尾部分)和圆点状标签牌(每位学生准备一个)。

(2)全球 GEM 报告。

游戏步骤(25分钟)

第一步(5分钟)

在练习开始的时候,给每位学生发放单页的测评表并让他们填写。这张表总共有9个指标需要评级打分(1~6分别代表从"完全不符合"到"完全符合"最后需要在表的末尾计算平均分。

第二步(5分钟)

当所有学生计算完平均分后,让他们每个人走到教室中间摆放活动挂图的位置,逐个把自己的那个圆点状标签牌贴在挂图所示的相应数值(平均分)的位置上。

第三步(5分钟)

询问学生本练习的总体目的是什么。这些数值又代表了什么?指标测度的是什么?揭示答案:对失败的恐惧和对风险的容忍。

第四步(10分钟)

进一步展开深入讨论。从团队的角度询问学生如何看待这些不同标签牌的分布。是正态分布吗?有没有异常的极端值?团队整体的风险容忍或者风险规避情况如何？

就个体而言，哪些因素导致了他们对失败的恐惧？对失败的恐惧又会如何影响创业？然后对讨论进行总结，并引导学生形成下列认识：对失败的恐惧在个体、群体、国家层面的确存在差异性和变化性，但是这种恐惧是普遍存在的，从某种程度上说，每个人都害怕犯错误，而这种感觉则会影响创业行动。

关键点

（1）不同的个体在风险容忍和失败恐惧上具有差异性。

（2）对失败的恐惧在群体、团队、国家和社会层面上会有差异。

（3）尽管不同个体和国家之间存在差异，但是有一点是普遍存在、不可否认的，每个人都害怕失败，这对创业发展具有深远影响。

（4）对失败的恐惧是大学生创业者的主要障碍。

课堂练习使用的测评表

根据表9-4所描述的情况与自身实际的符合程度，进行打分并填写在表中。请把分数（1～6分）填写在每行末尾的空格处，并对所有打分进行加总，最后计算出平均值。其中1～6分分别代表：完全不符合、不符合、不太符合、比较符合、符合、完全符合。

表9-4 测评表

指标	表述	分值
1	一般而言，我更喜欢解决那些我知道自己能够处理的难题，而不是试图挑战那些对我而言可能较难处理的难题	
2	如果有些事我没有做好，我通常倾向于不让其他人知道，或者倾向于掩盖这个情况	
3	有时候，我发现自己在从事那些自认为比较困难的事情上总是漫不经心	
4	当我与一些看上去比我强的对手竞争时，我有一点想放弃尝试	
5	有时候当他人谈论自己的成绩时，我发现自己会夸大自己过去做过的事情	
6	我总是避免在公众面前讲笑话，因为人们可能不会笑	
7	当我出色地做成了一些事时，我通常会让家人和朋友知道	
8	我会对成为一名成功的创业者而感到担忧，这种情况经常出现	
9	在一个活动中，当我不确定自己相较其他人能否胜任某个工作时，我倾向于旁观而不是参与	
	总分	
	平均分 = 总分 ÷ 9	

资料来源：海迪·内克，帕特里夏·格林，坎迪达·布拉什.如何教创业——基于实践的百森教学法[M].薛红志，等译.北京：机械工业出版社，2015：217-220.

第十章 新创企业的成立和管理

 创业名言

我很喜欢的一部电影是《帝企鹅日记》。企鹅是一种可爱的动物，在它们身上集结了爱、勇气和冒险的精神。

——马化腾

 本章框架

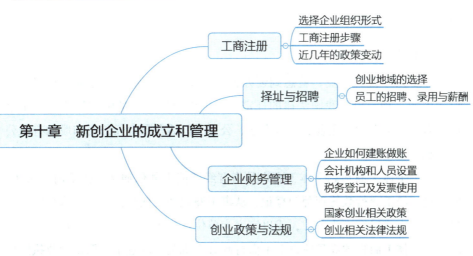

 学习目标

通过本章学习，你应该能够：

1. 了解企业组织形式
2. 熟悉企业工商注册的主要步骤
3. 了解新创企业选址以及员工的招聘、录用和薪酬设计

4. 理解企业建账做账的过程、会计机构和人员设置以及发票使用
5. 熟悉和创业相关的主要法律法规政策

> ⊙ **开篇案例 切勿违规取得发票，以免损失后悔莫及**
>
> 浙江省建德市某工具有限公司在向A企业购进30万元原材料的过程中，因A企业为小规模纳税人无法提供增值税专用发票，在该公司支付货款后，A企业就从另一家单位——B企业把发票开给了该公司（发票上销货单位名称也是B企业）。这项看似货款两清的交易，殊不知却因无知埋下了隐患。之后，B企业以发票开给该公司，却尚未收到货款为由，向该公司索讨货款，由此引发了一场本不应该发生的经济官司，该官司最终还是以该公司偿付了并无实际交易的30万元货款而告终。
>
> 该公司之所以会为并不存在的交易买单，其症结就在于该公司未按规定取得发票，该公司取得发票和B公司开具发票的行为事实上都是违法的。根据《增值税专用发票管理办法》规定，企业开具增值税专用发票必须票、货、款相一致，支付的货款必须交给开票和销售货物的同一个单位。否则开票单位为虚开发票，接收发票单位则为未按规定取得发票，发票不但不能抵扣，还将被税务机关处罚。
>
> 资料来源：杭州市国税局网站。

第一节　工商注册

一、选择企业组织形式

1. 企业的组织形式

许多人一说到创业，就想到创办公司。事实上，公司只是企业众多组织形式中的一种。根据我国法律的规定，自主创业所采取的组织形式可以是个体工商户、个人独资企业、合伙企业、公司（包括有限责任公司和股份有限公司）等。

（1）个体工商户。个体工商户是指有经营能力并依照《个体工商户条例》的规定，经工商行政管理部门登记，从事工商业经营的公民。按国家规定，凡是以自然人或以个人为单位，或以家庭为单位从事工商业经营的，均为个体工商户。个体工商户须经县级以上工商行政管理机关核准登记，取得营业执照后才可以开始经营。在依法核准登记的范围内，个体工商户的正当经营活动受法律保护，对其经营的资产和合法收益，个体工商户享有所有权。个体工商户可以在银行开设账户，向银行申请贷款，有权申请商标专用权，有权签订劳动合同及请帮工、带学徒，还享有起字号、刻印章的权利。

（2）个人独资企业。个人独资企业是指依照《中华人民共和国个人独资企

业法》之规定，由一个自然人投资，财产为投资人个人所有，投资人以其个人财产对企业债务承担无限责任的经营实体。个人独资企业与个体工商户从本质上来说，都是一种个体经济，都是以个人（或家庭）财产进行投资，个人承担无限责任，但其所依据的法律不同，其在企业特征方面也存在细微的差别。

（3）合伙企业。合伙企业是指两个以上的投资人（包括自然人、法人、其他组织）通过订立合伙协议，共同投资设立，合伙人按照企业的性质及合伙协议的约定处理合伙事务、承担企业债务的经营实体，分为普通合伙企业和有限合伙企业两大类。普通合伙企业由普通合伙人组成，合伙人对合伙企业的债务承担无限连带责任。有限合伙企业由普通合伙人和有限合伙人组成，普通合伙人对合伙企业的债务承担无限连带责任，有限合伙人以其认缴的出资额为限对合伙企业的债务承担责任。

需要注意的是，合伙企业和前两种企业形式的一个明显区别是，前两种企业的投资者都是自然人，合伙企业的投资者可以是自然人，也可以是法人或其他组织。这意味着，如果我们要设立一个合伙企业，不仅可以找其他的个人（同学、朋友、家人、亲戚等），也可以找一家公司或别的组织合作。

（4）公司。公司是指依据《公司法》设立的企业法人。它有独立的法人财产，以其全部财产对公司债务承担责任，公司的投资人（股东）对公司承担有限责任。我国《公司法》规定的公司分为有限责任公司和股份有限公司两种。有限责任公司的股东以其认缴的出资额为限对公司承担责任；股份有限公司的股东以其认购的股份为限对公司承担责任。

所谓有限责任，是指创业者（投资者）除其认缴的对企业的出资外，不再对企业及企业的债权人承担任何财产责任。如果企业经营失败，创业者的最大财产损失就是无法收回其对企业的全部出资。也就是说，如果一个创业者出资10万元创办企业，那么对他来说，最坏的情形就是，他的全部投资10万元血本无归。虽然很惨，但和无限责任相比，这种损失是可以预期的、有限度的。公司是典型的有限责任企业。

所谓无限责任，是指创业者（投资者）除其认缴的对企业的出资外，还需以自己的其他财产对企业债务承担连带清偿责任。也就是说，如果企业经营失败，创业者不但无法收回最初的投资，还可能要倒贴。同样是出资10万元，最坏的情形是，不但这10万元有去无回，甚至还要把自己另外的财产拿来帮企业还债。个体工商户、个人独资企业的投资者需承担无限责任。

合伙企业的情况比较复杂。2007年6月1日起施行的新的《合伙企业法》将合伙企业分为普通合伙企业和有限合伙企业，有限合伙企业允许有限责任合伙人的存在。也就是说，有限合伙企业的投资者中有的需要对合伙企业的债务承担无限责任，而有的仅需承担有限责任。

2. 创业阶段选择企业形式时应考虑的因素

既然有多种企业组织形式，那么创业时我们到底应该如何选择呢？人们常说，适合自己的才是最好的，创业也一样，在选择组织形式时，应当按照自身的实际情况，做出最明智的决策。我们认为，选择企业形式时应当考虑以下因素。

（1）合作还是单干。合作有合作的好处，比如更容易筹集到资金，合作伙伴可以优势互补、风险共担等。但是如果合作不好，会给创业带来很多麻烦。所以在创业之初，必须认真考虑这个问题，如果有合作意向的伙伴，那么要对你们合作创业的可行性、默契程度等进行客观、充分的评估。单干的选择也很多，如个体工商户、个人独资企业、一人有限责任公司等。合作的形式主要有合伙企业和公司。

（2）项目风险的大小。有的创业项目风险小，回报率低。有的创业项目回报率虽高，但风险也大。创业之初能够合理评价自身创业项目的风险是很重要的。如果是风险较大的项目，建议选择仅仅承担有限责任的创业形式，如公司。如果是风险较小的项目，建议选择承担无限责任的创业形式。

（3）筹资金额。资金是企业的生命线，企业成立之初都必须注入一定的资本。我国法律对于企业创办的资金条件一般都有明确的规定，例如，有限责任公司注册资本的最低限额为 3 万元，股份有限公司注册资本的最低限额为 500 万元。与修订之前的《公司法》相比，从 2006 年 1 月 1 日现行的《公司法》开始对于公司注册资本最低限额的规定大大降低了，而且由于出资的形式不限于货币，因此，从理论上说，现在的创业者只需要很少的现金就可以设立公司了。一般来说，资金实力雄厚、规模大的项目适合采取公司形式，而资金较少、规模较小的项目适合采取个体工商户、个人独资企业以及合伙企业等形式。

（4）税负的轻重。不同形式的企业所承担的税负是不一样的。如公司要交纳企业所得税，而个体工商户、个人独资企业、合伙企业不用交纳企业所得税。企业规模的大小也影响税负水平，如我国《增值税暂行条例》及其实施细则按照生产经营规模将增值税的纳税人分为一般纳税人和小规模纳税人，对小规模纳税人按照 3% 的征收率征收增值税，而一般纳税人的税率则是 17%。但是，准确评判具体企业承担的税负是一个相当复杂的问题，在选择时还需要结合各方面的因素进行权衡。

（5）是否有利于长远的创业规划。为了促进企业做大做强，我们一开始选择的企业形式应当具有充分的发展空间，有利于吸收新的股东，有利于吸引资金、人才、技术等。相比较而言，有限合伙企业、公司在以上方面显然比个体工商户、个人独资企业等更具优势。另外，还要考虑到法律法规的一些特别规定。例如，根据《商业特许经营管理条例》（2007 年 5 月 1 日起施行）第三条规定"企业以外的其他单位和个人不得作为特许人从事特许经营活动"，所以如果创业企业未来想实施连锁经营战略，那么创业者必须放弃个体工商户这种形式，因为按照我国目前的法律规定，个体工商户并不属于"企业"。

二、工商注册步骤

2017年，公司工商注册可以参考下面的流程（见图10-1）。各地办理流程因当地工商局政策的不同而有差异，具体可以咨询当地工商局服务窗口。

步骤一：准备基础资料
（1）公司名字请提供四五个
（2）办公地址
（3）公司经营范围
（4）注册资本
（5）法人股东身份证原件及复印件
（6）公司监事人信息
（7）股权比例

步骤二：办理公司，名称核准
注册公司的第一步是向工商局申请公司名称，查明需要股东的身份证明并签署《企业名称预先核准申请书》，公司查名通过后，工商局颁发《企业名称预先核准通知书》，其有效期为半年

步骤三：资料签名，工商审核
公司股东、法人代表、监事等需签署《公司注册登记申请表》《公司章程》《企业告知承诺函》等工商注册登记材料。资料提交给市场监督局，然后进行工商审核，需要3~5个工作日

步骤四：领取执照，用户刻章
审核完成后会发送审核回执，根据回执用户领取执照。工商营业执照审批下来后，刻公司公章、法人章、财务章

步骤五：税务机关报到
公司成立后，一般要求10个工作日内去所属税务机关报到。超时未报到，将会影响企业的法人及股东的征信

步骤六：开设企业基本账户
凭借营业执照正本、税务登记正本、组织机构代码正本及法人身份证、公司公章、财务专用章、法人章去银行开立基本账户

图10-1　新创公司工商注册步骤

三、近几年的政策变动

2014年，新修订的《公司法》将注册资本实缴登记制改为认缴登记制。即

新公司施行后，公司股东可以自主约定认缴出资额、出资方式、出资期限等，并记载于公司的章程。

注册资本实缴登记制是指企业营业执照上的注册资本是多少，该公司的银行验资账户上就必须有相应数额的资金。而认缴登记制则是工商部门只登记公司认缴的注册资本总额，无须登记实收资本，不再收取验资证明文件。认缴登记制不需要占用企业资金，可以有效提高资本运营效率，降低企业成本，这个政策极大地降低了学生创业的门槛。

2015年10月1日全国开始实施营业执照、组织机构代码证、税务登记证三证合一的政策。这个政策简化了公司注册流程，在有的地方，如深圳已经开始实施四证合一全流程网上办理了。虽然做了种种努力，但是目前注册公司还是需要经过相对复杂的流程，所以很多人会选择请代理公司办理。

小贴士　新《公司法》开始施行

拿出一元钱，便可轻松创办一个属于自己的公司。这样的"妄想"从2014年3月1日起，就已成真。3月1日新修订的《中华人民共和国公司法》（简称《公司法》）正式实施，注册资本实缴登记制度改革也将随《公司法》的修订和国务院出台的《注册资本登记制度改革方案》同期正式执行。

根据原《公司法》规定，有限责任公司的最低注册资本为3万元，股份有限公司的最低注册资本为500万元。而根据新修订的《公司法》，一元钱也可以创办公司。另外，首期出资额取消20%的限制，改由股东自主约定，也就是说，零首付也可以创办公司。新《公司法》还取消了货币出资30%的限制，改由股东自主约定，从理论上说，没有现金也可以创办公司。同时，公司注册时可以自主约定出资方式和货币出资比例，对于高科技、文化创意、现代服务业等创新型企业可以灵活出资，提高知识产权、实物、土地使用权等财产形式的出资比例，克服货币资金不足的困难。

河南省工商局注册处副处长韩毅打比方说，一个公司设立时，如果登记注册资本为1亿元，按照原《公司法》的规定，一期资本需要先到位20%，即2 000万元，其余的资本要在两年内全部到位，这样企业在登记注册时的门槛就比较高，而目前依据新《公司法》，企业注册资本何时到位将不再受限制。另外，实收资本不再作为工商登记事项，登记时无须提交验资报告，"何时出资，如何出资都是自己定"。

有人担心，过于宽松的规定可能导致资本金欺骗现象频发。对此，工商总局相关负责人表示，此次改革的核心是"宽进严管"，宽进就是指取消注册资本最低限额，严管则是系列措施，比如启动企业信用公示系统，可登录系统查询企业的信用情况，目前各执法部门正在加强联合执法，使违法企业"一处违法、处处受限"。

资料来源：编者根据相关资料整理，仅供教学使用。

第二节 择址与招聘

一、创业地域的选择

对于有创业打算的首次创业者来说，选择创业地点是一件非常重要的事情。需要在最初的创业计划中予以重点考虑。例如，一家店地址的好坏关系到今后的客流与营业额。对于进行店面经营的公司来说，成功的秘诀更是只有一个：选址。经营地点的选择是创业者在创业初期面临的一大难题。

在开始创业前，创业者需要了解各个城市的基本法律环境。设立企业从事经营活动，必须到工商行政管理局等部门办理登记手续，领取营业执照，如果从事特定行业的经营活动，还必须先取得相关主管部门的批准文件。设立特定行业的企业，还有必要了解有关开发区、高技术园区、软件园区等方面的法规、规章制度以及有关地方规定，这些都有助于首次创业者选择创业地点，以享受税收等优惠政策。

大多数首次创业者都会选择在自己比较熟悉的城市开始自己的创业活动。例如，家乡、工作或学习的城市，在选定目标城市后，也需要对城市中的各个区、园、所等进行细致的了解，方便今后进行一系列的注册、经营活动。

一般来说，无论是选择商业、服务业、制造业或是IT业，在选择经营地点时，都应该注意以下因素：市场因素、商圈因素、物业因素、政策因素、个人因素、价格因素。

（1）市场因素，可以从顾客和竞争者两个角度考虑。从顾客角度看，要考虑经营地是否接通客户，周边客户是否有足够的购买力，对于零售业和服务业，店铺的客流量和客流的购买力决定着企业的业务量。从竞争对手角度看，经营地的选取有两种思路：一是选择同行业聚集林立的地方，同行业成群有利于人气聚合与上升，比如服饰一条街、建材市场、家电市场等；二是"别人淘金我卖水"。

（2）商圈因素，就是指要对特定的商圈进行特定的分析。如车站附近是往来旅客集中的地区，适合发展餐饮食品、生活用品；商店是居民购物、聊天、休闲的理想场所，除了适宜开设大型综合商场外，特色鲜明的专卖店也很有市场；电影院、公园名胜附近，适合餐饮经营等；在居民区，凡是能够为家庭生活提供服务的经营活动，都能获得较好的发展；在市郊，不妨考虑向驾车者提供生活、休息、娱乐和维修车辆的服务。

（3）物业因素同样不可或缺，在置地建房和租用商铺前，创业者要先了解地段或房屋的规划用途与自己的经营项目是否符合，该物业是否有合法权证；此外，还应考虑物业的历史、空置率及其原因、坐落地段的声誉和形象等。

（4）政策因素指的是经营业务最好能得到当地所在区和政府的支持，至少不能与当地政策背道而驰。

（5）个人因素，有时会被一些创业者过多关注，一些人常常选择在自己住所经营，然而这种做法可能会令创业者丧失更好的机会或因经营受到局限，购买力无法突破。

（6）价格因素。创业者在购买或租赁商铺时，要充分考虑价格因素，包括资金、业务性质、创业成败后的安排、物业市场的供求情况、利率趋势等，以免做出错误的决定，对企业的业务经营造成不良影响。

二、员工的招聘、录用与薪酬

在进行创业准备前期，同时开展人员招聘工作。不管是从社会还是从亲朋好友中选才，创业者都必须先了解当地的劳动法规，其中包括：劳动部门的各项规章制度、受雇人员管理档案的规定、受雇人员薪资的管理规定等。另外，还需要先确定：同行业受雇人员的薪资状况、需要雇用的人员数量和职位、受雇人员的社保分配情况和个人交税情况等。

1. 人员招聘形式与途径

通过前期的了解和综合考虑，对人力组成与人力成本有了大致的估算，可以通过多途径招聘公司所需人才。

（1）在专业招聘网站上发布人才需求。根据需要在国内几个较大的招聘网站，如51job、zhaopin或者当地人才网、专业人才网进行企业注册，一般按年或月收费，可以发布公司职位的描述和人才需求，也可以进行人才的搜索。选择何种招聘网站可以视该网站的主流客户类型和自己的经济能力而定。网上招聘时应聘人数虽然多，但人才质量往往良莠不齐，需要对应聘的资料进行筛选，一般成功率低。

（2）参加招聘会。当地人才市场、人才中心一般都会不定期地组织各种招聘会，公司缴纳场地费用后，就可以在其中占据一席之地，事先准备好公司介绍、招聘岗位描述，带好纸笔。招聘会现场由于前来应聘的人多，因此招聘人员无法详细了解对方情况，以收集书面材料为主，可先请应聘者留下简历和联系方式，等招聘会结束后，参考简历和见面的第一印象，对应聘者进行筛选。

（3）校园招聘。对工作经验要求不高的岗位，可以考虑在校园里进行招聘，刚刚毕业的大学生对薪资要求起点低，正处于积累工作经验阶段，又由于年轻无负担，可以承担工作量大、工作时间较长的工作。缺点是应届毕业生刚接触社会，容易好高骛远，稳定性不够。

（4）熟人推荐。对亲朋好友推荐的人员，也应该按照要求进行考核，同时，事先沟通好关于薪资、福利待遇、公司制度等问题，以免今后出现不必要的矛盾。

2. 员工录用和劳动管理

人员上岗前，应仔细检查核对其提供的身份资料，如身份证、学历证书、毕业证书、失业证明或与前一家公司解除劳动合约的证明等，应届大中专毕业生须检查是否能够提供加盖毕业生就业专用章的报到证，如新录用的本地务工劳动者，公司须至所在区就业处为其办理《录用备案证明书》，如新录用外地务工人员，除办理录用证明外，还需要填写《外来人员就业证花名册》一式两份。另外，对于外来工作人员，公司还需要督促和协助办理暂住证。员工上岗后，应与其签订劳动合同或用工合同，并为其办理相关的人事手续和社会保险。

劳动合同范本可到当地劳动和社会保障局领取，合同一式三份，约定从事岗位，填写雇用起始和截止日期，如有其他约定事项，也需要填写在上面，双方签字，公司加盖章，雇用时间不能低于当地政府规定的最低雇用年限。

各地的人才市场和园区管委会都有人事代理的项目，凭营业执照副本复印件、单位组织机构代码证复印件等材料签订《人事代理协议》，就可将公司员工的人事关系挂靠在公司下面。

应届生户口挂靠和人才引进的相关政策，视各地政策而定，可咨询人事代理处，并通过它们完成手续。

需要为员工办理保险，俗称"五金"，具体是国家规定需要为员工交纳的基本社会保险金、基本医疗保险金、失业金、住房公积金、重大医疗疾病保险金。这些社会保险费征缴都可以在政府主管部门服务窗口和网页上查询。

3. 薪酬规划

员工薪酬制度是在企业创建之初就面临的重要问题之一。这个问题的复杂性在于：首先，员工有不同的层次，对不同层次的员工应该采取何种不同的激励制度；其次，有各种薪酬制度可供选择，如员工持股、期权制，长期来讲还有管理者收购（MBO）等，哪一种制度最适合自己的企业；最后，随着企业的发展，企业的薪酬制度是否应该做相应的调整。这些问题都需要首次创业者思考并给出答案。一般来说，初创企业的薪酬设计应采取以下几个原则：高工资低福利的原则、简明实用原则、增加激励力度、建立绩效工资制度。

企业内部的部门与岗位大致可以分为技术高度密集型和一般经营、服务型两类。两者在薪酬制度上将会有所区别：技术高度密集型部门与岗位，企业对所招募的员工有比较强的依赖性，所以为了招募到技术人才，在薪酬设计上必须考虑企业的长远发展目标和相对的稳定性。基于此，薪酬制度应采取灵活的组合方式，如直接给股份、高薪加高福利等。

对于一般经营、服务型部门与岗位，应采用岗位、级别的等级薪资制度。这项制度最好在企业创建初期建立，越早越好。根据企业的岗位需求和实际能力,以及员工的实际能力和水平,有目的地定岗、定员、定级、定薪。员工进入企业有明确的个人定位及发展目标,岗位的变化与薪水具有必然的联系。企业的薪资制度和激励制度是两个不同的制度,尤其是初创企业更要加以区分,否则会导致基本薪资制度与激励制度的混乱,使员工的工作热情受到打击。企业管理者要对做出杰出贡献的员工给予激励,不能采用在原岗位上直接加薪的简单方法,而应采用一次性奖励或升职加薪的方法。

创业聚焦

为什么高工资没有高效率

F公司是一家生产电信产品的公司。在创业初期,依靠一批志同道合的朋友,大家不怕苦不怕累,从早到晚拼命干。公司发展迅速,几年之后,员工由原来的十几人发展到几百人,业务收入由原来的每月十几万元发展到每月上千万元。企业规模大了,人也多了,但公司领导明显感觉到,大家的工作积极性越来越低,也越来越计较。

F公司的老总黄明裁一贯注重思考和学习,他想,公司发展了,确实应该考虑提高员工的待遇,一方面是对老员工为公司辛勤工作的回报,另一方面是吸引高素质人才加盟公司的需要。为此,F公司重新制定了薪酬制度,大幅度提高了员工的工资,并且对办公环境进行了优化。

高薪的效果立竿见影,F公司很快就聚集了一大批有才华、有能力的人。所有的员工都很满意,大家的工作热情高,工作十分卖力,公司的精神面貌也焕然一新。但这种好势头不到两个月,大家又慢慢恢复到懒洋洋、慢吞吞的状态。F公司的高工资没有换来员工工作的高效率,公司领导陷入两难的困惑境地,既苦恼又彷徨。那么该问题的症结在哪儿呢?

资料来源:摘自中国管理传播网 http://study.manage.org.cn。

其实,案例中F公司出现的这种情况是一个普遍现象,很多企业都经历了这样一个过程,在创业初期,每个人都可以不计报酬、不计得失、不辞辛劳、不分彼此,甚至加班加点、废寝忘食。但是,只要企业发展壮大,这种艰苦奋斗、不计报酬的奉献精神就没有了,不分上下班的工作干劲和热情态度也没有了,关心企业、互相帮助、团结一致的人情氛围也消失了。为什么会这样呢?原因有三个。

首先,企业的规模大了,老板或忙于企业发展的大事,或忙于社会上的各种应酬,与原来创业的老员工在一起的时间少了,感情必然疏远,心理距离必然拉大,以感情作为激励手段的作用自然就会逐渐消失。

其次,在创业初期每个老板可能都会对公司员工,尤其是一些核心骨干有过许多承诺，但当企业真的做大之后，老板可能并没有兑现这些诺言，因而老员工便产生了失望情绪，结果自然是消极怠工，或是集体跳槽。

最后，当企业发展到一定规模之后，必须走向制度化的管理，而制度给人的感觉总是冷冰冰的，原来的那种相依为命一起创业的融洽氛围消失殆尽，一切都要按级别来，按公司规定行事，制度容不得感情。

第三节　企业财务管理

一、企业如何建账做账

企业财务管理是企业管理的重要内容，如何管好财务，达到收支平衡，让企业始终有充足的资金流，并且不断带来效益，是企业生存发展的头等大事。对于创业者而言，通过有效的企业财务管理，能够清楚地了解企业的经营状况，客观评析企业的经营成果和存在的问题，及时调整企业发展战略和决策，从而保障企业发展走上正确的轨道。

另外，我国《税收征收管理法》明确规定，企业应当依法设置账簿，根据合法、有效凭证记账，并进行核算。因此依法实施企业财务管理，客观真实地反映企业资金运动状况，并以此为依据交纳税款，是每个企业的基本义务。其基本要求就是依法会计、依法纳税。

《会计法》（2000年7月1日起施行）第二条规定，国家机关、社会团体、公司、企业、事业单位和其他组织（简称单位）必须依照本法办理会计事务。会计是以货币计量作为统一尺度，根据凭证，按照规定的程序，对各企业、各单位的经济活动和财务开支，全面、系统、真实、准确地进行记录、计算、分析、检查和监督的一种活动。简而言之，就是企业建账做账活动。那么企业应该如何依法建账做账呢？

企业建账做账的过程主要包括三个环节：填制会计凭证、登记会计账簿、编制财务会计报告。

1. 填制会计凭证

会计凭证包括原始凭证和记账凭证。企业在建账做账的过程中，要特别重视原始凭证的填制和取得，原始凭证必须真实、合法，填制必须完整、准确，记载的各项内容均不得涂改。记账凭证应当根据经过审核的原始凭证及有关资料编制。

根据《会计法》的规定，办理下列经济业务事项，必须填制或者取得原始凭证。

（1）款项和有价证券的收付；

（2）财物的收发、增减和使用；
（3）债权、债务的发生和结算；
（4）资本、基金的增减；
（5）收入、支出、费用、成本的计算；
（6）财务成果的计算和处理；
（7）需要办理会计手续、进行会计核算的其他事项。

2. 登记会计账簿

会计账簿包括总账、明细账、日记账和其他辅助性账簿。登记会计账簿，必须以经过审核的会计凭证为依据，按照连续编号的页码顺序登记，如果记账时发生错误或者隔页、缺号、跳行的，应当按照国家会计制度规定的方法更正，并由会计人员和会计机构负责人（会计主管人员）在更正处盖章；使用电子计算机进行会计核算的，其会计账簿的登记、更正，应当符合国家会计制度的规定。同时，企业应当建立财产清查制度，定期对账，保证会计账簿记录与实物、款项相符。

特别要注意的是，企业发生的各项经济业务事项只能在依法设置的会计账簿上统一登记、核算，不得另外私设会计账簿。现实中，有的企业会做两本账，一本应付检查，一本自己用，这是极端错误的违法行为。

3. 编制财务会计报告

财务会计报告是企业对外提供的反映企业某一特定日期的财务状况和某一会计期间的经营成果、现金流量等会计信息的文件。财务会计报告上应当有单位负责人和主管会计工作的负责人、会计机构的负责人（会计主管人员）的签名和盖章。

财务会计报告包括会计报表及其附注和其他应当在财务会计报告中披露的相关信息和资料。会计报表包括资产负债表、利润表、现金流量表等报表，小企业编制的会计报表可以不包括现金流量表。

- 资产负债表是指反映企业在某一特定日期的财务状况的会计报表。
- 利润表（也称损益表）是指反映企业在一定会计期间的经营成果的会计报表。
- 现金流量表是指反映企业在一定会计期间的现金和现金等价物流入与流出的会计报表。

根据编制期间的不同，财务会计报告分为年度、半年度、季度、月度报告。一般企业均应在每一会计年度（会计年度自公历1月1日起至12月31日止）终止时编制年度财务会计报告。

另外，企业建账做账还应对会计凭证、会计账簿、财务会计报告和其他会计资料建立档案，妥善保管。

二、会计机构和人员设置

企业根据自身的实际情况，可以设置会计机构或者在有关机构中设置会计人员并指定会计主管人员；如果不具备设置条件的，可以不设置会计机构，但是应当委托经批准设立从事会计代理记账业务的中介机构代理记账。

设置会计机构时要注意配备具有相应资质的会计人员，根据规定，从事会计工作的人员，必须取得会计从业资格证书。会计机构的负责人（会计主管人员），还应当具备会计师以上专业技术职务资格或者3年以上会计工作经验。

三、税务登记及发票使用

1. 税收登记

根据《税收征收管理法》的规定，企业以及企业在外地设立的分支机构和从事生产、经营的场所，个体工商户和从事生产、经营的事业单位（简称从事生产、经营的纳税人）自领取营业执照之日起三十日内，持有关证件，向税务机关申报办理税务登记。税务机关应当于收到申报的当日办理登记并发给税务登记证件。从事生产、经营的纳税人的财务、会计制度或者财务、会计处理办法和会计核算软件，还应当报送税务机关备案。

2. 企业如何使用发票

发票是指在购销商品、提供或者接受服务以及从事其他经营活动中，开具、收取的收付款凭证。企业应当按照规定开具、使用、取得发票。

（1）依法领购发票。发票是重要的财务会计凭证，国家明令禁止私自印制、伪造、变造发票。对企业来说，依法领购发票是远离假发票、保证依法使用发票的前提。领购发票必须向主管税务机关提出申请，具体办理步骤为：先凭税务登记证申请取得发票领购证，再持发票领购证提出领票申请。

（2）依法开具、取得发票。企业在对外发生经营业务收取款项时，应当向付款方开具发票；在购买商品、接受服务以及从事其他经营活动需支付款项时，应当向收款方取得发票。

开具发票时，必须做到按号码顺序填写，填写项目齐全、内容真实、字迹清楚，全部联次依次复写、打印，内容完全一致，并在发票联和抵扣联加盖单位财务印章或者发票专用章。取得发票时，不得要求变更品名和金额。应经而未经税务机关监制，或填写项目不齐全，内容不真实，字迹不清楚，没有加盖财务印章或发票专用章，伪造、作废以及其他不符合税务机关规定的发票都是不符合规定的发票，不得作为财务报销凭证，任何单位和个人有权拒收。使用税控装置开具发票的企业，应当按照规定安装、使用税控装置，不得损毁或者擅自改动税控装置。

（3）依法保管发票、接受发票检查。开具发票的单位和个人应当按照税务机关的规定存放和保管发票，不得擅自损毁。已经开具的发票存根联和发票登记簿，应当保存5年。保存期满，报经税务机关查验后方可销毁。此外，还需配合税务机关的发票检查工作，如实反映情况，提供有关资料，不得拒绝、隐瞒。

第四节　创业政策与法规

一、国家创业相关政策

2017年，《教育部关于做好2018届全国普通高等学校毕业生就业创业工作的通知》（简称通知），出台了多项优惠政策大力促进高校毕业生就业创业。《通知》规定，各地各高校要把创新创业教育改革作为高等教育综合改革的重要突破口，通过提供创业服务，落实创业扶持政策，提升创业能力，帮助高校毕业生自主创业。省级教育部门要配合有关部门进一步完善落实工商登记、税费减免、创业贷款等优惠政策，为毕业生创新创业开辟"绿色通道"。高校要细化完善教学和学籍管理制度，进一步落实创新创业学分积累与转换、弹性学制管理、保留学籍休学创业、支持创新创业学生复学后转入相关专业学习等政策。

1. 注册资本登记制度改革

2014年2月7日，国务院印发《注册资本登记制度改革方案》，决定从2014年3月1日起在全国推行注册资本登记制度，实现注册资本认缴登记制。国家工商总局为配套改革设施决定同步启用新版营业执照。

一方面新制度实现了简政，放宽了注册资本登记条件，简化了登记材料，工商部门只登记工商认缴的注册资本总额。另一方面新制度做到了放权，股东（发起人）获得四项权利：一是取消有限责任公司最低注册资本3万元、一人有限责任公司最低注册资本10万元、股份有限公司最低注册资本500万元的限制，也就是说，理论上可以"一元钱办公司"；二是自主约定公司设立时全体股东的首次出资比例，为资金受限的特困人员、大学毕业生等弱势群体提供创业条件；三是自主约定出资方式和货币出资比例，出资形式更加灵活；四是自主约定公司股东缴足出资的出资期限，最大限度地提高公司股东资金的使用效率。

新制度简化了住所登记手续。申请人提交场所合法使用证明即可给予登记。鼓励各地充分利用现有资源建设大学生创业园等创业基地，为大学生提供创业场所支持。高校毕业生无法提供住所产权证明的，可以提交市场开办者等机构出具的同意在该场所从事经营活动的相关证明，办理工商注册登记。

新制度还要推行电子营业执照和全程电子化登记管理，实现全国统一标准规范的电子营业执照，为电子政务服务提供保障。电子营业执照载有电子工商登记信息，与纸质营业执照具有同等的法律效力。

2. 税收优惠

财政部、国家税务总局和人力资源社会保障部联合印发的《关于继续实施支持和促进重点群体创业就业有关税收政策的通知》规定，自 2017 年 1 月 1 日至 2019 年 12 月 31 日，继续实施《财政部国家税务总局关于支持和促进就业有关税收政策的通知》所规定的税收优惠政策，同时完善相关政策，进一步加大支持力度：持就业失业登记证明的大学毕业生在毕业所在自然年度从事个体经营的，3 年内以每户每年 8 000 元为限额依次扣减其当年实际应交纳的城市维护建设税、教育费附加和个人所得税。

《国家税务总局关于小微企业免征增值税有关问题的公告》提出：增值税小规模纳税人应分别核算销售货物或者加工、修理修配劳务的销售额和销售服务、无形资产的销售额。增值税小规模纳税人销售货物或者加工、修理修配劳务月销售额不超过 3 万元（按季纳税 9 万元），销售服务、无形资产月销售额不超过 3 万元（按季纳税 9 万元）的，自 2018 年 1 月 1 日起至 2020 年 12 月 31 日，可分别享受小微企业暂免征收增值税优惠政策。

3. 小额担保贷款和贴息支持

根据《教育部关于做好 2018 届全国普通高等学校毕业生就业创业工作的通知》和由财政部、人社部和中国人民银行 2013 年联合发布的《关于加强小额担保贷款财政贴息资金管理的通知》的规定：在财政贴息资金支持对象中，高校毕业生应适度给予重点支持；财政贴息资金支持对高校毕业生的小额担保贷款最高额度为 10 万元。

4. 享受培训补贴

为了充分发挥就业专项资金的作用，提高资金的使用安全性、规范性和有效性，财政部等部门发布了《关于进一步加强就业专项资金管理有关问题的通知》，其中明确提出：对高校毕业生在毕业学年内参加创业培训的，根据其获得的创业培训合格证书或就业、创业情况，按规定给予培训补贴；进入"高校学生科技创业实训基地"创办企业的，可享受减免 12 个月的房租等优惠政策。

二、创业相关法律法规

1. 创业相关法律

法律面前，人人平等。对大学生创业者而言，从企业设立、财务税收到人事管理甚至破产倒闭，都需要遵守严格的法律规定。具体涉及以下几个方面。

（1）企业设立方面的主要法律。设立企业从事经营活动，要到工商行政管理部门办理登记手续，领取营业执照；如果从事特定行业的经营活动，还需先获得有关部门批准。我国按企业组织形式分别立法，根据相关法律规定，企业的组织形式可以是股份有限公司、有限责任公司、个人独资公司、合伙企业，其中有限责任公司最为常见。企业成立时应该依据《中华人民共和国公司登记管理条例》等法规办理登记手续。

（2）企业发展方面的主要法律。企业设立后，与政策打交道最多的，是税务登记和财务方面的工作。这里涉及税法和财务制度，因此，所得税的相关规定需要熟练掌握。在发展过程中，企业需要建立知识产权保护体系，这就涉及《中华人民共和国著作权法》《中华人民共和国商标法》《中华人民共和国专利法》等一系列政策法规。

（3）其他常用的主要法律。与企业经营活动相关的法律有很多，我们应对其有所了解，以保证合法营业，避免违法，保障自己的合法权益。大学生在创业初期具体需要了解的法律规范包括《中华人民共和国合同法》《中华人民共和国反不正当竞争法》《中华人民共和国消费者权益保护法》等。

2. 创业相关法规

法规是指国家行政机关制定和颁布的规范性文件，一般用"条例""规定""办法"等称谓。例如，我国省、自治区、直辖市人大及常委会制定和公布的地方性法规。

对大学生而言，在开始创业前除了要了解创新创业的相关法律条文外，还需熟知国家以及各级政府部门针对创新创业所设立的相关法规、规章。设立企业时，需要了解《中华人民共和国企业登记管理条例》等工商管理法规，这样有助于享受税收等优惠政策。

创业者还应该了解《中华人民共和国企业所得税法》《中华人民共和国增值税暂行条例》《中华人民共和国税收征收管理法》等法规及税法和财务制度。聘用员工会涉及社会保险问题，因此还需要了解《中华人民共和国社会保险法》《中华人民共和国工伤保险条例》《中华人民共和国最低工资规定》等法规。

要点回顾

- 设立企业从事经营活动，必须选择适合的企业组织形式，到工商行政管理局等部门办理登记手续，领取营业执照，如果从事特定行业的经营活动，还必须先取得相关主管部门的批准文件。
- 公司经营地点的选择是创业者在创业初期面临的一大难题。企业创建之初还应当掌握如何进行员工的招聘、录用和薪酬设计。
- 企业应当依法设置账簿，根据合法、有效凭证记账，并进行核算。依法实施企业财务管理，客观真实地反映企业资金运动状况，并以此为依据交纳税款，是每个企业的基本义务。其基本要求就是依法会计、依法纳税。
- 开始创业前，创业者需要了解各个城市的基本法律环境和与创业相关的政策。

关键名词

工商注册　建账做账　创业法律法规　创业政策

复习思考题

1. 企业工商注册的主要步骤包括哪些？
2. 如何进行员工的招聘、录用和薪酬设计？
3. 企业如何建账做账以及正确地使用发票？
4. 与大学生创业相关的主要的法律法规政策有哪些？

牛刀小试

登录所在城市的人社厅（局）、教育厅（局）、科技厅（局）、共青团以及学校招就办、教务处等相关网站，了解最新的大学生创业扶持政策。

第十一章
CHAPTER 11

大学生创业活动

  创业名言

坚持是通向成功的基石。不到万不得已不要轻言放弃。

——埃隆·马斯克

  本章框架

```
                                            ┌─ 大学生创业计划竞赛的定位与意义
                                            ├─ 竞赛项目选择
                        ┌─ 大学生创业计划竞赛 ─┼─ 创赛团队组建
                        │                   ├─ 创赛答辩
第十一章  大学生创业活动 ─┤                   └─ 创赛中的风险投资
                        │                   ┌─ 大学生创业孵化基地的功能及类型
                        └─ 大学生创业孵化基地 ─┼─ 大学生创业孵化基地入驻申请
                                            └─ 大学生创业孵化基地的考核与退出
```

  学习目标

通过本章学习，你应该能够：

1. 了解大学生参与创业活动的三种常见形式
2. 理解参加大学生创业竞赛的价值
3. 了解创业竞赛的基本过程
4. 了解两种大学生创业孵化基地形式以及申请、运行和退出机制

⊙ 开篇案例　尚艺文化纪念品工作室

尚艺文化纪念品工作室（简称尚艺）的创始人员是安徽财经大学2010级文化产业管理专业的学生王洋和邓佳琪。他们在考察了其他地区高校的文化纪念品市场之后，对自己所在学校——安徽财经大学的校园文化纪念品市场进行了分析并发现，校园文化传承得到了普遍认可，而且他们本人作为文化产业管理系的学生，可以充分利用自己的专业优势，同时他们也是学校社团的干部，其创业能力和可获取的资源为他们创立工作室也提供了便利。王洋和邓佳琪通过市场挖掘分析，尚艺确定了该市场的目标客户主要有三类。一是学校活动需要，包括交流活动和表彰奖励。高校每年都会有很多出访交流的活动，而这些活动结束之后，彼此都会赠送小礼物，高校纪念品能代表学校的形象，成为学校对外交流的窗口和桥梁，因而高校纪念品也承担了学校对外交流的重任，给来访嘉宾留下深刻印象。安徽财经大学每年都会举办数十场各级表彰大会，学校每次都会为买到合适的奖品而绞尽脑汁，有了高校纪念品之后，学校以高校纪念品作为奖品发给获奖者既是对获奖者的表彰，也使得获奖者对母校的认同感加深。二是校友。每所高校在各地都有自己的校友会，即使毕业多年，校友对母校总是有着牵挂和不舍，在校友参加校友聚会的时候，收到高校纪念品，会是一件很温馨的事情，即使这个礼物只是一枚小小的胸针、校徽，校友都会倍感亲切。与此同时，这样一份校园纪念品也能成为校友赠送亲朋好友的礼物，这包含了校友以母校为荣的深切情怀，从某种程度上来说，母校纪念品也是校友自己的纪念品，对母校的自豪感油然而生。三是个人需要。高校纪念品不同于其他纪念品，它有着深刻的文化背景和底蕴，既可以满足学校师生员工的需要，也可以满足校园参观者选购纪念品的需要，参观者来校参观之后挑选一两件能代表学校文化、精神的高校纪念品，这不仅仅实现了经济效益，也提高了学校的知名度，从而实现经济效益与社会效益共赢的局面。

尚艺文化纪念品工作室目前主营产品：一是各类富有特色和创意的校园文化纪念品，接受各类个性化定制，如印有校徽的文化衫、文具、玻璃水晶制品、陶瓷制品，还有各类自主设计的民俗纪念品等；二是安徽财经大学的师生艺术作品，包括中国画、油画、版画、水彩画、水粉画、素描、书法作品等；三是创意饰品及礼品的设计与制作，包括有蚌埠特色文化的礼品设计与制作、原生态装饰艺术设计和回收物品的加工设计与制作。

两位创始人在本系老师的指导下完成了创业策划书，并通过了校团委的筛选，最后成功落地安徽财经大学大学生创业孵化基地。尚艺文化纪念品工作室的日常值班是根据现有成员的课表安排的，利用他们的课余时间轮流值班。这种兼职创业模式并不耽误创业学生的正常学习，同时对其创业能力的培养也很有帮助。

资料来源：编者根据相关资料整理，仅供教学使用。

第一节　大学生创业计划竞赛

一、大学生创业计划竞赛的定位与意义

首届"挑战杯"中国大学生创业计划竞赛于1999年成功举办，它由共青团中央、中国科协、全国学联主办，清华大学承办。竞赛汇集了全国120余所高校的近400件作品，这是我国第一次大规模的正式比赛，它标志着我国学生创业计划竞赛的开端，同时在中国掀起了一轮创新创业的热潮，社会反响巨大。在此之后，部分省市和高校开始相继开展了创业计划竞赛。2014年"挑战杯"中国大学生创业计划竞赛成为"创青春"全国大学生创业大赛的重要组成部分。大学生创业计划竞赛（简称创赛），用风险投资的运作模式，要求参赛者组成优势互补的竞赛小组，提出一项具有市场前景的技术产品或服务，并围绕这一产品或服务，以获得风险投资为目的，完成一份完整、具体、深入的创业计划。虽然通过创赛获得风险资本孵化项目在学生计划竞赛中的比例不高，但大学生创业计划竞赛的主要意义在于培养高素质创新人才。大学生创业计划竞赛的主要意义在于以下几个方面。

1. 培养创业精神

在创赛团队中，最为重要的是团队成员要具备创业者精神。那么创业者精神是什么？简而言之，创业者必须具备激情，这种激情会感染周边的所有人。这种激情同时也产生了一种带动和感化作用，会激励整个团队行动起来，每个团队成员必须有主人翁的精神，每个行为都必须为团队负责。这种创业精神是高素质综合型人才所必备的。无论是经济浪潮中的弄潮儿，还是一个社会服务工作者，我们都需要具备这种精神。

2. 提升学习能力

对创赛而言，没有一个学生的知识储备是足够的，因此团队成员必须时刻准备着学习新知识。可以说，较强的学习能力和学习意识是保持团队持续竞争力的重要保障。每个团队成员都应有较强的学习能力。通过创赛，学生可以扩展自身的知识结构，提高自己的综合素质。这也是大学生创赛的重要目的。

3. 促进知识科研成果的转化

大学生努力创造具有自主知识产权的技术产品和服务，同时一些有远见的教师把自己的科研成果交给学生创业团队运营，拿出对投资商有吸引力的创业计划，这本身就是一个科研成果走向市场并转化为生产力的过程。这种通过创业计划竞赛，大学里的新知识、新技能转化成为具有商业价值的先进生产力的崭新模式，必将为造就一批拥有自主知识产权的高新技术企业开辟新道路。

二、竞赛项目选择

哪种项目才是符合市场需求、能够满足顾客需要的？一般来说，这样的项目具有一些共同的特征，汇总后可形成一套标准的判断依据。团队先选出一些具有市场潜质的项目，然后再根据风险投资的标准进行二次筛选。并不是每个项目都会引起风险投资商的兴趣，只有符合投资价值的项目才会引起风险投资的兴趣。

（一）项目选择的普遍标准

1. 市场规模

如果一个项目进入的市场规模巨大而且处于发展上升期，那么只需要在其中占用一个不大的份额就可以拥有相当大的销售量。比如，在一个1亿元销售额的市场，要取得100万元的销售额，创业企业只需占有市场份额的1%，就可以使企业在初期存活下来，而且不会因为竞争者的打压而提前破产。对于新创企业来说，初期的存活对公司长远发展的重要性不言而喻。因此，对于参赛者来说，并不是项目越大越好，资金投入越多的项目就越保险，而是要避免在创业初期就遭遇强大竞争对手的竞争而难以存活。

2. 市场结构

市场结构非常重要，它包括销售中的数目、销售者的规模、分销的方式、进入和退出的环境、购买者的数量、成本环境、需求对价格变化的敏感度等因素。营销者的数量决定了市场供给方垄断市场的强弱，购买者的数量则决定了市场需求容量的大小。总之，市场结构主要反映企业在市场竞争中的地位、产品或服务市场实力的强弱。因此，对于参赛者而言，在选择项目时，要对比项目的市场结构进行一定的预测分析，了解显性和潜在消费者的数量等，从而确定项目的优势。一般来说，那些高度集中、完全竞争、已经处于成熟期甚至衰退期的行业，企业无法获取足够的利润，这是典型的没有吸引力的行业。像这样的行业就不存在较大的商业机会。

3. 市场增长率

一个有吸引力的市场应该具备规模大且不断发展的优点。在这样一个持续增长的市场上，创业者只需占小部分份额就能活下来并且不会对竞争者构成威胁，只要能够存活下来，就意味着创业企业拥有一个不断增长的销售额。试想一下，如果一个1亿元的市场每年以50%的速度增长，那么几年时间就能发展成为一个10亿元的市场。一个新创企业如果在第一年能够占有1%的销售额，那么只要在随后几年保持稳定，它的销售额就能以同样的速度增长。相反，一个增长率不到 10% 的市场，是不会产生有吸引力的商业机会的。

4. 成本结构

参赛者需要记住，能够成为低成本供应商的创业企业是有吸引力的。低成本的商业机会可能存在规模经济，但对于新创企业来说，一开始就利用规模经济实现低成本是非常困难的。这时低成本只能来源于创业企业的技术、管理和人员支出。对于参赛者来说，若市场只有少数的产品销售且单位成本高，那么销售成本较低的新创企业就获得了具有吸引力的商业机会。

（二）项目选择的误区

对于创业大赛的参加者来说，项目的普遍衡量标准和风险投资商的标准确实可以帮助大家判断项目的优势。但是由于参赛者主要是大学生，因此项目来源的狭窄性、选择的局限性往往使他们在选择时陷入误区。

1. 误区一：有创意的项目就是好项目

一个好的创意，是将创业者的创造力转变为商业机会的第一步。但是，参赛者只是单纯地追求想法上的创新，忽视了项目的可行性，就有可能会在后期的市场调研、营销计划、财务等环节遇到麻烦。商业机会是指具有极强吸引力的、较为持久的、适时的一种商务活动空间，并存在于能够为消费者创造价值或增加价值的产品和服务中。在一个完全自由的创业系统中，商业机会的出现往往是因为创业者准备进入的行业和市场存在着缝隙，如商业环境的变化、市场的不协调、技术的落后、信息的滞后等。对创业者来说，商业机会的把握依赖于能否识别和利用这些因素。

2. 误区二：大的项目就是好项目

很多参赛者认为，如果一个项目是国家重点科研项目或"863"项目，就是好项目，希望以此参赛。其实，这些项目往往隐藏着比赛中的各种风险。比如，大的项目需要巨大的启动资金，一般这样的项目需要几百元甚至千万元的资金，对于学生团队来说这根本无法运作。因此能否得到风险投资商的支持是其能否做下去的风险。同时，如果参赛团队无法在价格、技术和经验策略上给出合理的安排，那么其抗风险能力将受到评委的质疑。

3. 误区三：最新的技术就是好项目

参赛者往往将目光投向那些最新的技术，尤其是 IT 行业，其实以这种方式进行项目选择具有很大的风险。最主要的问题在于，新技术在法律上往往存在各种较大的风险，如果技术没有申请专利，就需要以商业秘密的形式进行保护。这样，如何进行保护对于没有经验的参赛者来说是一个大障碍。同时，新技术往往不具有稳定性，如果出现问题，必然会给项目的实际运行带来沉重的打击。

三、创赛团队组建

（一）团队组建原则

（1）共同的愿景。共同的愿景是团队凝聚力、战斗力的核心。愿景是一幅美好的蓝图，或是一个明晰的方向和目标。有了明确的愿景，不仅可以给大家一个明确的方向和目标，而且更能激发大家努力工作、挖掘潜能。在合作过程中难免有挫折和失败，愿景就是这些不利因素的润滑剂。在参赛团队组建时就应该明确目标，把参加创赛作为一种在大学里学习的平台、交流的平台、历练的平台，只有这样才能取得更好的成绩。同时要在整个团队里形成共同愿景，只有这样，才会有利于团队发展，使每位成员都有收获。

（2）优势互补。团队成员应来自不同专业，具有不同的学科背景，形成优势互补的创赛团队。优秀的创赛团队是各方面人才的集合，团队成员各施所长，各尽其职，才能达成优势互补，产生"1+1＞2"的效果。在组建创赛团队的过程中，大学生容易步入误区，例如，不看专业特长，只选平时关系好的；或者团队骨干成员都是相同的专业等，这些都不符合优势互补原则。我们首先应该考虑的是成员背景的差异化，从而达到优势互补的目的。

（3）核心人物。创赛团队需要有耐心的"总管"和具有战略眼光的"领袖"。他们在创赛团队和创赛过程中往往扮演着下列角色：树立团队愿景，及时与大家沟通，让大家都能深深体会到愿景的具体内容；激励团队成员；创造条件促进矛盾向好的方面转化；不惜花时间致力于沟通并处理好各种事务，带领大家前进。一个优秀的团队，应具有比一般团队更有弹性、更快速解决问题的能力。由于大学生社会经验不够丰富，因此我们建议一个团队除负责人外，可以形成三人左右的核心。

（4）互信协作。创赛团队成员间互信协作是一个团队顺利运行的重要因素，如果团队成员间缺乏互信，合作的过程将充满不确定性，因为自己无法明白别人是否也是为同样的目标而努力的；创赛团队不同于正轨组织团队，约束力较小，所以成员间互信协作的氛围是团队凝聚力形成的重要条件。另外，团队协作还要做好计划周密、合理分工、定期沟通三个方面的工作。

（二）合适的参赛者特征

（1）参赛兴趣和欲望强烈。具有强烈的参赛兴趣和欲望，是比赛的动力，是取得大赛好成绩的基础。如果对比赛只是一时兴趣或持无所谓的态度是不适合参加比赛的。创赛时间周期较长，需要大半年的时间，任何的动摇都会影响比赛和其他团队成员。因此建议，同学在参赛前要对创赛有全面的了解，看看这样的比赛是否适合自己。

（2）表达和沟通能力强。在整个创赛过程中，团队内部的讨论与决策，寻找项目与调研时的沟通，比赛过程中的演说、答辩等，都离不开表达和沟通。所以，如果你有比较强的表达和沟通能力，比较适合参加。当然，如果觉得自己在这些方面并不是很强，参加创赛也是一个非常好的提升自己表达和沟通能力的机会。

（3）具有较宽的知识面和较强的想象力。曾有参赛队员指出，创赛过程可能涉及几乎所有学过的学科知识。虽然这种说法有些夸张，但是创赛确实不只是一个经管类的学科竞赛，从自然科学到人文社科，都可以在创赛中找到相关的知识。因此，具有较宽的知识面和较强的想象力，在创赛中是有发挥空间的。

（4）足够的学余时间和精力储备。有些同学功课很紧张，又有很多社会工作要做，同时还要准备国考，如果还参加创赛，就不明智了。创赛投入与产出是成正比的，如果没足够的时间与精力就参赛，不但不会有收获还会影响团队的进度。另外，创赛是一个较长时间的比赛，有时需要连续几天加班加点进行比赛准备，需要一定的精力和体力，甚至需要较强的毅力和意志。

（5）重视过程中的学习而不是重视结果。这一点在参赛前就需要明确。创赛平台可以让大学生得到全方位的锻炼和各个方面能力的提升。而决定比赛结果的因素有很多，我们也不能排除其中的偶然因素。如果只是追求竞赛结果，就会显得过于功利，同时也失去了许多学习的机会。

（三）有建设性的备选人才

（1）具有项目技术的相关背景。技术是一个项目的核心，团队里一般需要对项目技术有充分了解的人，这一点很重要。没有对技术的充分了解，就没有创业基础，其他一切都是空的。

（2）有一定的商业敏感性。团队成员对商业有敏感性，也是有好处的。对商业敏感会使决策更加实际，更能够抓住市场机会，更有独到之处。

（3）对管理有一定的了解。创赛中运用了较多的管理学知识，比如项目管理、市场营销管理等。

（4）对财务有一定的了解。财务管理也属于管理学的一方面。这里单独强调，是因为在比赛中，会涉及对项目进行财务分析的部分。我们建议团队中有专人负责财务，最好是由与财务相关专业的同学负责。这样一是能够节省团队时间，二是能够保证财务分析的准确性。

（5）擅长平面美工设计。在创赛中，很多时候需要有设计经验的同学。因为成果的美观和专业，也是很重要的。

四、创赛答辩

大学生创业计划竞赛答辩是竞赛评审的重要环节，一般分为秘密答辩和公开答辩两种形式。在校级复赛决赛、省级决赛、全国决赛等环节，都要在文本评审的基础上对部分优秀作品举行秘密答辩，用来最后确定参加下一轮比赛的项目及获奖等级。公开答辩一般在校、省、全国决赛秘密答辩的基础上，选择部分具有代表性的优秀项目参加，目的是公开展示大学生创业计划竞赛成果。因此，创业团队的项目要取得良好的成绩，必须认真了解答辩环节和内容，训练答辩技能，积极有效地准备答辩，做到沉稳机智、胸有成竹地应对答辩。

（一）答辩的内容和技巧

创赛答辩过程分为陈述和回答评委提问两个环节，一般各占 8～10 分钟。陈述只可提前结束不得超时，评委一般由 3～5 人组成，由产品（服务）专业技术领域、管理学科、经济学科、风险投资行业或相关产业界的专家学者、总裁组成，参加答辩的团队成员一般限定为 4 人。

下面我们以全国大学生创业计划大赛决赛答辩评审的内容和要求，来帮助大学生理解答辩环节。答辩评审内容包括团队陈述、回答评审提问和团队整体表现三个方面。

1. 团队陈述

参加答辩的创业团队成员数一般限定为 4 人，团队陈述可分为一人主述其他成员配合、团队成员分段集体陈述等模式。同时，陈述一般采用多媒体（如 PPT）演示和口头演讲相结合的方式，也可以在陈述过程中出示与项目相关的其他文字、图片、样品等。陈述要求做到简洁明了、重点突出、具有视觉和语言的冲击力，毕竟要在 10 分钟内向评审团全面准确地介绍创业项目的精华，绝非易事。陈述一般包括以下内容。

- 产品/服务介绍：全面且客观地介绍和评价产品的特点、性质与市场前景。
- 市场分析：突出市场的细致调查，并对调查结果进行严密科学的分析。
- 公司战略及经营战略：介绍公司短期和长期的发展战略，以及不同时期的营销战略。
- 团队能力和经营管理：着重介绍公司的团队组成和优势、经营管理的特点，明确公司经营和组织结构情况。
- 企业经营和财务状况：介绍公司在不同经营时期的经济和财务状况。
- 融资方案和回报：介绍完善且符合实际的企业融资方案，明确资本回报率。

- 风险及问题分析：对可能遇到的问题和风险进行先期考虑与分析，并给出实质性对策。

2. 回答评审提问

回答评审提问是答辩的关键环节，是评审组在听取创业团队陈述后，就创业项目提出具体问题，由创业团队集体回答问题，一般不超过10分钟。该环节是对创业团队对创业项目的自信程度以及创业团队成员间分工协作能力和各成员的反应能力、思辨能力等的充分考验。回答问题时应注意以下几点：正确理解评委的提问，即对评委提出的问题的要点有准确的理解，回答时具有针对性且简洁明了；及时流畅地做出回答：能在评委提问结束后迅速做出回答，回答内容连贯、条理清楚；回答内容准确可行，即回答的内容建立在准确的事实和可信的逻辑推理上；特定方面要充分阐述，即对评委特别指出的方面能做出充分的说明和解释。

3. 整体表现

从参加答辩的4位成员进入只有评委和工作人员的答辩现场时开始，团队成员的言行举止、陈述的互相配合、回答问题的分工和互相补充，直至最后离场的整个过程，团队的整体形象贯穿始终，塑造良好的团队形象应注意以下几点：要确保整体答辩的逻辑性及清晰程度；团队成员协作及互相配合；在规定的时间内有效回答；保持沉稳礼貌；着装统一，队形协调。

（二）演示PPT的设计制作

大学生创业计划竞赛答辩都需要PPT演示，一般分两种：一是配合陈述演讲的PPT演示文稿，另一种是应对评委问题而准备的问题答案。前者尤其重要，是丰富并生动呈现创业计划的重要形式，一般与陈述演讲同步展示。以下是创赛答辩时配合陈述演讲的PPT设计制作，结合一些比较优秀的创赛团队的成功经验提出的建议。

（1）以展示创业计划的重点为内容。创赛答辩所演示的PPT是配合陈述同步演讲而制作的。因此陈述演讲的重点内容必须展示出来。创业计划中难以用语言来表达和描述的素材也需要通过PPT来展示，如影视资料、实物图片、重点图表、团队成员等。

（2）以增强瞬间可读性为目的。评委在听取团队陈述演讲的同时也在快速浏览PPT的内容。由于每页PPT演示的时间很短，因此必须增强瞬间的可读性，使评委在视觉、听觉的共同作用下，能在较短的时间内获取尽可能丰富的内容。这就要求PPT的设计中要简化文字内容、多使用关键词；影视资料、实物图片要清晰；图表设计要精确且不复杂。

（3）制作个性化的演示模板。参赛团队要根据自身参赛项目的特点，为演示材料制作统一且具有视觉冲击力的 PPT 背景模板，以突出项目特色，展现统一的团队形象和信息。PPT 中出现的幻灯片效果也要尽量统一，从而保持连贯性。另外，创赛 PPT 的制作还需要注意图多字少、色调协调、字体字号便于阅读等细节。

细节决定成败。一个小小的问题都有可能影响评委对整个团队的态度和看法。PPT 制作完成后要通过多次模拟，反复筛查。尤其注意 PPT 在排版、颜色、字体、拼写、动画等方面是否存在问题。另外还要避免页数过多、色彩太杂、动画太多、照 PPT 念文字等错误做法。

（三）答辩前的其他必要准备

为了更好地应对答辩，取得良好的答辩效果，答辩前还有许多必要的、细致的工作需要准备。

1. 开展模拟答辩

模拟答辩是答辩准备过程中最有效的训练方式，参赛团队要取得优秀成绩，一般都要通过多次模拟答辩，来检查、修改、调整陈述演讲文稿和 PPT 演示内容，收集评委有可能提出的问题，选拔确定参加答辩的团队成员，通过训练提高其协作能力，设计团队答辩时的整体形象等。模拟答辩应尽可能正式化，包括陈述演讲、PPT 演示以及回答提问。多组织数量适中的有创赛经验的师长、团队成员兼任评委，提出质疑，训练答辩成员的应变能力和解答能力。

2. 问题提前归类分工并备答

评委的问题可能来自各个方面，所以参赛团队在答辩前，就要有比较充分的准备。首先要对可能提出的问题进行深入研究，通过在团队内部开展头脑风暴，把可能出现的问题尽可能地全部提出。接着应该就各个方面开始分工，保证每个方面的问题都有人负责来回答。然后就是汇总答案，看能否说服团队成员，若不能，则必须继续斟酌，通过反复修改得出较为全面和准确的答案。同时，可以把确定的答案做成演示 PPT 的附件或文本。若在答辩中有评委提出类似问题，就可以通过 PPT 或文本的现场演示来回答评委的问题。这更可以让评委感受到团队在答辩前做了大量精心准备。

3. 提前熟悉设备和环境

在正式答辩前，对现场的设备调试、环境的熟悉很关键。要保证演示 PPT 等资料能正常播放，确定现场要示范的道具能顺利展示。同时，团队也要对演讲的站台有所熟悉，如团队成员的站位和上下场。

五、创赛中的风险投资

伴随着国内风险投资（Venture Capital，VC）行业的成长，越来越多的风险投资企业开始从国家大学生创赛中遴选优秀的创业项目进行投资。因此，有必要了解风险投资企业遴选项目的评价标准以及如何与之有效交流的内容。

（一）VC 的评价标准

1. 具备企业成功的基本条件

任何一家投资公司都不会选择那些不具备成功条件的企业进行投资。通常，风险投资商认为一家企业成功的条件有以下几个方面。

（1）有较高素质的创业者。具备较高素质的创业者必须有献身精神、决策能力、信心、勇气，思路清晰，待人诚恳，有出色的领导水平，并能激励下属为同一目标而努力工作。

（2）既有远见又符合实际的企业经营计划。这个计划要阐明创办企业的价值，明确企业的发展目标和发展趋势，明确企业的市场和顾客定位，明确企业的优势和劣势，同时指明创办或发展企业所需要的资金。

（3）有市场需求或有潜在市场需求的新技术、新产品。有需求，就会有顾客；有顾客，就会有市场；有市场，就有了企业生存发展的空间。

（4）有配比合适的团队。有经营管理的经验和能力的管理者与技术人员和营销人员的均衡配备，有能高效运转的组织机构。

（5）有资金支持。任何没有资金支持的企业都只能是空想，不可能将创意转化成现实的产品和服务，也不可能获得真正成功。

2. 高成长性公司

风险投资商特别偏爱那些在高技术领域具有领先优势的公司，比如软件、药品、通信技术领域，如果创业者能有一项受保护的先进技术或产品，那么他的企业就会引起风险投资公司更大的兴趣。这是因为高技术行业本身就有很高的利润，而领先的或受保护的高技术产品/服务更可能让企业很容易地进入市场，并在激烈的市场竞争中立于不败之地。

3. 区域因素

一般的风险投资商都有一定的投资区域，这里的区域有两个含义：一是指技术区域，风险投资公司通常只对自己所熟悉的行业的企业或自己了解的技术领域的企业进行投资；二是指地理区域，风险投资商所资助的企业大多分布在公司所在地的附近区域。这主要是为了便于沟通和控制。一般地，投资人并不参与所投资企业的实际管理工作，他们更像一个指导者，不断地为企业提供战略指导和经营建议。

4. 小公司

大多数风险投资商更偏爱小公司，首先，小公司的技术创新效率高，有更多的活力，更能适应市场的变化；其次，小公司的规模小，需要的资金量也小，风险投资商所冒风险有限，最后，小公司的规模小，其发展的余地更大，因而同样的投资额可以获得更多的收益。

5. 经验

现在的风险投资行业越来越不愿意与一个缺乏经验的创业者合作，即使他的想法或产品非常有吸引力。在一般的投资项目中，投资者都会要求创业者有从事该行业工作的经历或成功的经验。

（二）与 VC 的沟通技巧

创业离不开风险投资的支持。学会和风险投资商打交道并赢得支持，就像是为创业之船扯起风帆，是远航不可缺少的环节。

1. 了解风险投资商的关注点

有不少创业者会遇到这样的困境：他们和风险投资商的"语言体系"不同，创业者往往说很多投资商不关注的内容。投资商最爱问的几个问题：你这个想法的核心价值是什么？能给客户带来什么价值？为什么你能做成？核心竞争力在哪里？这些问题创业者都要思考清楚，并懂得用精练的语言表达。

2. 利用电话和邮件与风险投资商沟通

在多数情况下，创业者与风险投资商的接触可以通过电话或电子邮箱开始。绝大多数的风险投资商都会积极予以反馈，因为他们也不知道下一个好的项目会从哪里来。然而由于寻求资金的人很多，风险投资商也需要一个筛选的过程。如果创业者能得到某位令风险投资商信任的律师、会计师或某位业内"权威"的推荐，那么获得投资的可能性就会提高。事实上，多数的风险投资商都要比人们想象得更容易接近。

3. 掌握"撒网"的技巧

为了保证筹资成功，有的创业者认为接触的风险投资商越多越好，但结果往往不尽如人意。事实上，最可靠的方法是先选定 8～10 位风险投资商作为目标，然后再开始与他们接触。在接触之前，要认真了解那些有可能对项目感兴趣的风险投资商的情况，并准备一份候选表。总之，创业者千万不要把项目介绍给太多的风险投资商。风险投资商不喜欢产品展销会的形式，他们更希望发现那些被丢弃在路边的不被人注意的好的商业机会。

4. 熟悉要递交的材料

在见风险投资商之前，你还需要准备一份精准的创业计划书。除非创业者很有背景、有成功的记录，或者有人推荐，否则风险投资商还是希望先看到文字资料。如何撰写创业计划书，本章不再赘述。在准备和风险投资商洽谈融资事宜之前，创业者最好准备好四份主要文件。

（1）《投资建议书》：描述创业企业的管理状况、利润情况、战略地位等。

（2）《创业计划书》：详细描述创业企业的业务发展战略、市场推广计划、财务状况和竞争地位等。

（3）《尽职调查报告》：对创业企业的背景情况和财务稳健程度、管理队伍和行业做了深入细致的调研后形成的书面文件。

（4）营销材料：这是一份详尽的与创业企业产品或服务销售有关的文件材料。文件准备齐全之后，下一步才可以开始接触风险投资商。

5. 幻灯片汇报中应注意的细节

一位风险投资商，常常在一天之内不得不听数十个创业者讲述他们的项目。遗憾的是，有些创业者并没有掌握汇报项目的要领，如用几十页的幻灯片来说明一个专利、市场优势等，丝毫不考虑听者的心理感受。其实在VC的领域里流传着一个关于PPT的10/20/30规则：PPT最多10页，不超过20分钟，字号不小于30磅。10页是一个PPT最合理的页数。因此，创业者需要事先准备好风险投资商最关心的10个问题：①商业机会，②你的解决方法，③商业模型，④运用的技术，⑤市场和销售，⑥竞争分析，⑦团队，⑧目标/阶段目标，⑨目前的状况和时间进度表，⑩总结概述。

6. 诚信是法宝

如果抛掉一切技巧，创业者最需要牢牢掌握的法宝就是诚信。没有任何一家VC机构愿意投诚信缺失的企业。一个想拿到风险投资的创业团队不妨多想想：如果自己是VC机构，会怎么样。换位思考，是与人沟通的最有效的方法。

第二节 大学生创业孵化基地

一、大学生创业孵化基地的功能及类型

（一）大学生创业孵化基地的兴起

孵化器原本是指帮助禽蛋孵化的专业设备，它有助于提高禽蛋孵化出壳的成功率。而企业孵化器则是指为创新创业企业提供空间支持和培养服务的一

种平台。许多创业企业在成立之初，由于能力有限，缺乏场地、经验和资金等情况，其成长和发展受到很多方面的制约。而孵化器恰恰是在创业企业艰难挣扎的阶段，为创业活动提供所必需的场所和基础设施，包括低价乃至免费的场地、办公设备、水电、通信网络等；提供发展咨询和金融扶持服务，包括政策咨询、知识技能培训、市场推广、引入资金等。一个成功的孵化器，必须具备共享空间、共享服务、孵化企业、孵化器管理人员、扶植企业的优惠政策五项要素。

大学生创业孵化基地是一种多立足于高等院校的企业孵化器，它的运作主体为高校，主要服务对象为大学生。它是为有创业想法的大学生提供项目孵化活动的一种平台。大学生创业孵化基地内一般都会配备办公场地、生产经营场所等配套的硬件设施。此外，还为创业大学生提供各方面的信息咨询、创业培训、融资及市场拓展等软件扶持。其主要目的和意义是在大学生创业初期，减少其投入成本，降低其经营风险，提高其创业活力，加快其发展速度，培养其创业人才，最终将成熟的、能够独立经营的企业推向社会。

20世纪60年代末，美国硅谷地区成功的创新和创业模式使得大学创业教育的需求大大增加，大批的创业基地建设和大量风险投资的注入，催化了企业孵化器的发展。美国硅谷科学工业园内，集中了多达3 000家高新技术产业生产和研发机构，周围有斯坦福大学和加州大学伯克利分校两所世界级的高等学府。硅谷创业园区以科研力量雄厚的知名大学为平台，建设成为高新技术产业群，并逐渐形成产学研三位一体的科技基地，这种模式不仅大大缩短了高新技术发展的知识信息从创造加工到传播应用的周期，而且带动和加速了高新技术产业的发展。

20世纪80年代，企业孵化器的概念和成功经验被引入中国。此后，我国在企业孵化器建设方面不断尝试，并由国家科委牵头，于1987年在武汉创立我国首家企业孵化器——武汉东湖新技术创业中心，该中心的成立标志着我国企业孵化器发展进入了一个新的阶段。近几年来，在党中央和国家提出"提高自主创新能力，建设创新型国家"号召的引领下，全国各地不断出台多项优惠和扶持大学生创业的政策。同时，相当一部分的高校大学生将就业的目光投向了自主创业，与之相对应的是一批大学生创业孵化基地、创业孵化园、创业科技园、创业中心等机构陆续在各大高校建立起来。

（二）大学生创业孵化基地的功能

大学生创业孵化基地本着扶持大学生创业的主旨，以公益性、引导性、专业性为主要特征，搭建集创业培训、创业引导、创业模拟、创办实体、孵化服务等功能于一体的创业平台。大学生创业孵化基地的主要功能有以下几个方面。

1. 企业孵化

孵化功能是大学生创业孵化基地最基本的功能。通过整合各方资源,大学生创业孵化基地为大学生提供较为完备的服务体系,帮助创业企业享受国家政策,其服务包括法律、税务、财务等,以帮助初创企业规避创业风险,使每个初创实体得到有效磨炼并逐步发展壮大,实现企业成功孵化,从而提高大学生创业的成功率。

2. 研发创新

将大学生与创业孵化基地对接,是对大学生群体潜在科技创新研发能力的肯定。大学生是最具想象力和行动力的群体,其学术知识可为科技项目的成功提供强有力的支撑。大学生创业孵化基地通过集聚大学生的智力,在项目选择、项目招标、项目孵化上为研发创新提供资金和政策支持,鼓励大学生将实验室研究成果和创新项目带到基地进一步研究开发,使创新成果以最快捷的方式实现产业化和市场化,形成创新知识流和技术流,同时充分发挥科技的引领和辐射作用。

3. 创业教育与创业人才培养

作为大学生创业的主要平台,创业孵化基地聘请高校内部和社会上的专家、知名企业家、研究人员及任课教师等,在高校内部和外部设立专家指导委员会,对大学生的创业意愿、创业流程进行专业化的培训,并根据学生的特点帮助学生确定创业项目,提高创业技能,并为他们的创业提供指导和支持。另外,创业教育作为创新型人才培养体系的一部分,实训实践环节必不可少,创业孵化基地的建设为课程的完整性提供了物质基础保障,使创业教育真正实现了由理论向实践的跨越。

(三) 大学生创业孵化基地的类型

1. 校内运营基地

校内运营的创业孵化基地是由所在的大学进行建设、运营和管理的。校内运营基地整合校内资源,充分利用和依托校内工程中心、重点实验室、实训中心等现有条件,帮助学生开展创业实践。对进入基地的学生给予技术、资金、智力等方面的扶持,配备或聘请校内外指导教师,提供经常性的咨询、指导和跟踪服务。这类创业孵化基地所承担的主要任务是为学校开展创新创业教育教学提供创业模拟及创业实践服务,同时为有创业意愿的大学生搭建一个平台,提高其创业技能,降低创业风险。校内运营的大学生创业孵化基地具有进入门槛低、运营成本低和竞争压力小等优点,但同时也存在孵化配套服务缺乏、融资功能不健全、市场化管理水平较低等缺点。适合小型和验证性的创业项目入驻孵化。

创业聚焦

安徽财经大学大学生创业孵化基地建设初见成效

为鼓励和引导大学生自主创业，营造大学生创业的良好环境，安徽财经大学利用自身优势于2013年5月建立安徽财经大学大学生创业孵化基地。创业孵化基地位于安徽财经大学东校区24栋宿舍楼下，建筑面积达1 400多平方米，规划了20个房间作为入驻企业的办公场所，其中内设大学生创业协会管理办公室负责各个创业项目组的日常管理与服务，另外会议培训室、接待室和活动大厅等公共区域配套设备完善。

创业孵化基地的主要功能是为入驻企业提供创业工作场所，为大学生提供创业培训、创业指导、项目推介、启动资金支持等创业就业服务，协助落实各项优惠扶持政策，鼓励和扶持大学生自主创业，实现创业带动就业的倍增效应。

创业孵化基地在共青团安徽财经大学委员会的领导下，由安徽财经大学大学生创业协会负责日常管理。入驻项目采用学院申报-院小组初审-专家评审-创业基地管理领导小组审核-批准入驻-进驻孵化基地的申报流程，入驻周期为一年。目前已成功入驻20家项目组，有将近90名大学生开始自主创业，累计实际带动就业人数132名。现已成为融合大学生创业培训、创业实践、创业孵化、创业服务于一体，在蚌埠大学城区具有示范引领作用的创业孵化基地园区。

2. 独立运营基地

独立运营基地通常是由大学、政府、企业等多方主体共同发起成立和建设的开放型的大学生创业孵化基地，并委托相对独立的园区机构组织进行运营管理。其主要任务是以引导和扶持大学生创业为核心目标，以公益性、专业性、科研性、示范性为主要特征，搭建集创业教育及指导、创业模拟及实践、创业服务及研究等功能于一体的创业孵化平台。基地设有专门的管理服务机构，建有合理规范的管理运营机制；具备完整的孵化功能和专门的服务场所，可为大学生创业提供项目论证、公司注册、财务管理、法律咨询、专利代理、物业管理等"一站式"服务，帮助创业大学生落实和享受各级政府出台的税费减免、一次性创业补贴、创业岗位开发补贴、小额担保贷款及贴息、创业培训补贴等创业优惠扶持政策。独立运营基地的优点是管理规范、配套服务齐全、政策支持力度大等，缺点则是进入门槛较高、需支付各类运营成本、直接面向市场的生存及竞争压力。诸如赛博（杭州）创业工场、合肥国家大学科技园、武大珞珈创意园等属于此类基地，它适合有较为成熟的商业模式、团队组织和盈利空间的具备竞争性的创业项目入驻孵化。

二、大学生创业孵化基地入驻申请

（一）入驻条件

无论是校园内部运营基地还是开放型的大学生创业孵化基地，它们对于准备入驻的创业孵化项目在人员组成与项目方面都提出了相应的要求和规定。

1. 人员要求

（1）有创业愿望的本校或周边高校的大学生。规定在校生以及一定年限以内（通常为五年）的毕业生均可入驻，包含大专生、本科生、研究生以及留学生。

（2）由以上人员作为主要负责人且占有一定股份的创业团队或初创企业。

（3）企业的负责人熟悉本行业的发展状况，具有管理和团队协作能力。

2. 项目要求

大学生创业孵化基地还会在创业孵化项目上做出相应的规定和要求。一般来说，基地同时接纳以个人、团队或是企业为形式的创业孵化活动，也不会区分对待是否已进行工商注册和税务登记，但在创业团队或企业入驻孵化基地后，需要在一定时间内以该基地为注册地址进行注册或变更注册。

（1）项目应具有科技含量或是创新型的商业模式。企业从事研究、开发、生产的项目或产品应属于国家科技部等部门颁布的《中国高新技术产品目录》范围及文化创意领域。

（2）股权明晰、自主经营、自负盈亏、运行状况良好的企业。

（3）项目来源清晰，无专利冲突，拥有项目的合法产权，并且手续完整，项目有转化生产的可能，并且商品化后有好的市场前景和高附加值的企业。

（4）项目工艺先进，对环境不造成污染，符合中国境内本行业的有关规定。

（二）材料准备及审批

1. 材料准备

申请入驻基地孵化的创业团队或企业在满足上述条件之后需要向基地相关管理部门递交申请材料，这些材料一般包括以下方面。

- 《大学生创业孵化基地入驻申请表》。
- 《创业计划书》。
- 《创业团队人员基本情况表》，含团队介绍和团队人员组成名单，主要负责人的学生证或毕业证图片、股东或法人证明等。

2. 审批与公示

基地管理方一般将定期对申请人及申请材料进行初审核实，之后定期组织专家进行可行性、创新性等方面的评审或以路演、比赛等方式确定，并最终公示评审结果。

3. 办理入孵手续

（1）在公示期满后的一定时间内，申请人携带本人身份证、学生证或毕业证原件，已经注册企业的，请加带工商营业执照副本及税务登记证副本原件、组织机构代码证正副本等材料，填写并签订《大学生创业基地入驻协议书》《大学生创业基地租赁合同》《物业服务管理约定》《安全责任书》等文书。

（2）交纳物业管理费和履约保证金等（一些校园内运营的孵化基地会免除这些费用）。

（3）领取钥匙并开通水、电、网络通信等设施。

（4）在规定的时间内办理企业工商税务注册或变更注册地址为基地所在的地理位置。

（三）应履行的义务

（1）遵守创业基地的有关规定，执行与基地签订的相关协议，积极支持、协助、配合开展各种创业活动。

（2）如实填报不涉及商业机密的报表和统计数据。

（3）经营活动不能影响他人的学习和生活。

（4）不得转租孵化场地，不得擅自对场地结构进行改造，不得损坏或转移场地设施。

三、大学生创业孵化基地的考核与退出

（一）优惠政策

创业企业入驻大学生创业基地后会在房租物业、公共场馆设施使用、一条龙行政服务、国家及地方创业政策实施、筹融资配套、创业培训及项目宣传等方面享受基地提供的优惠政策，具体包括以下几个方面。

（1）大学生创业者可根据项目运行的实际需要，申请使用基地中面积不等的各类创业单元，基地管理部门通常会根据入驻时限及考核情况予以租金减免，但物业管理费、水电费会据实结算。

（2）大学生创业基地中的各类会议室、报告厅、基础家具等作为公共配套设施，可以免费或者优惠使用。

（3）基地提供定期联系政府相关主管部门到基地集中办理工商注册、税务登记等行政许可手续。

（4）享受国家及省、自治区、直辖市、市、县等各层级政府对大学生创业的政策支持。

（5）由基地推荐参与各类创业计划竞赛，并对获奖项目予以配套奖励和补贴。

（6）基地定期对孵化优秀企业提供基地内外部展出和宣传。

（7）基地提供筹融资金、创业导师、创业培训、资产评估、科技项目申报、对外创业合作交流等多项创业服务。

（二）孵化考核

基地通常在一定时间周期内对入孵企业进行首次评估考核，并根据评估考核结果对被评估企业采用不同的跟进政策。

1. 评估考核程序

创业孵化基地提前书面通知被考核企业→企业根据评估考核要求准备材料→基地组织有关专家对评估考核材料进行审核，或对企业进行实地考察→根据评估考核指标体系进行打分→评估考核结果以书面形式反馈给企业。

2. 评估考核内容

评估考核内容通常从盈利能力、技术创新能力、企业经营管理能力、产品或服务质量和产业化程度、企业发展潜力等方面加以全面考核。

3. 评估考核结果

考核结果分优秀、合格与不合格三种，考核结果由评估考核小组以书面形式反馈给企业。

入驻企业在业绩评估考核中，如出现下列情况之一者，可能视为考核不合格。

（1）项目进展不正常。企业入驻大学生创业基地后因某种原因使创业项目没有相应的推进方案和措施，使项目开展处于停顿状态。

（2）在大学生创业基地内未能正常开展工作。在企业入驻基地后，工作人员未按要求在基地内开展工作，企业用房长期处于空闲或关闭状态。

（3）企业人员配备不到位。企业未能按入驻时承诺的人员数配备相应的工作人员和技术人员，在基地内经常只有一名人员驻守。

（4）入驻企业终止实施企业创业计划。

4. 被评估考核企业通常需提交的材料

（1）企业财务报表。

（2）企业在编人员花名册（含姓名、性别、出生年月、学历、专业技术职称）。

（3）企业项目研发计划及研发经费投入明细表。

（4）企业评估考核自评表。

（5）企业年度工作总结报告（入孵后，企业应对产品开发、技术团队和管理团队的建立与培养、管理制度、营销渠道等方面的建设情况进行详细的总结）。

5. 评估考核结果的运用

对第一年度评估考核不合格的入孵企业，予以提醒；对连续二次评估考核不合格的孵化企业，劝其退出孵化场地，终止对其提供相关扶持政策和服务；如其在合同期内需继续使用孵化场地，物业管理费及房租等费用按市场标准价收取。

对评估考核优秀的孵化企业，作为重点服务对象，在政策扶持、经费资助等方面予以倾斜。

（三）退出程序

1. 退出大学生创业孵化基地的方式

入孵基地的创业企业退出大学生创业基地通常有以下四种方式。

（1）自行申请退出。

（2）不符合政府支持大学生创业的相关规定。

（3）连续考核不合格。

（4）拒不履行基地规定的入孵企业相关义务。

2. 入孵企业申请退出大学生创业基地的具体程序

（1）向基地相关管理部门提出退出申请。

（2）基地管理部门在约定的工作日内给予书面答复。

（3）入孵企业在接到答复后的规定工作日内与基地解除《大学生创业孵化基地申请协议》《大学生创业基地租赁协议》《物业服务管理约定》等，退还房间钥匙、桌椅等，结清水电费、物业服务费、空调费等；基地退还入孵企业的保证金、押金等。

3. 由基地提出劝退的入孵企业

由基地提出劝退而不同意退出的入孵企业，将不享受本大学生创业基地的相关优惠政策，按市场标准价格全额交纳房租费等。

要点回顾

- 大学生创业计划竞赛用风险投资的运作模式，要求参赛者组成优势互补的竞赛小组，提出一项具有市场前景的技术产品或服务，并围绕这一产品或服务，以获得风险投资为目的，完成一份完整、具体、深入的创业计划。
- 大学生创业孵化基地就是一种立足于高等院校的企业孵化器，它的运作主体为高校，主要服务对象为大学生。它是为有创业想法的大学生提供项目孵化活动的一种平台。

关键名词

大学生创业计划竞赛　创赛团队与答辩　大学生创业孵化基地

复习思考题

1. 大学生参与创业活动有哪些常见的形式？
2. 如何理解大学生创业计划竞赛的意义？
3. 创业计划竞赛的基本过程有哪些？
4. 如何与风险投资商进行有效沟通？
5. 大学生创业孵化基地有哪两种主要形式？
6. 大学生创业孵化基地如何申请、运行和退出？

牛刀小试

1. 结合本章内容，假设学校计划举办大学生创业计划竞赛，而你决定参加这次比赛。你需要：

（1）寻找3～5个你较为熟悉的同学组成一个模拟创赛小组。

（2）分析小组成员各自的特点、小组中的分工以及原因。

（3）小组成员从团队成员性格特点、任务分工和有效沟通方式三个方面展开讨论。

最终由小组组长汇总以上内容，形成书面报告提交给授课教师。

2. 请静下来想一想，近期是否有特别想做的事，想做的事至少符合两个基本条件：一是对自己有挑战性，也能给别人甚至社会带来好处；二是重要但又不是很紧迫，因为如果很紧迫也许就做了。如果有，请写下来：

_____
_____
_____

把特别想做的事与同学分享，请大家帮助你判断是否有价值。

_____
_____
_____

请再看看身边的创业者，你有何感受？

_____
_____
_____

科科通教育信息技术有限责任公司创业计划书

科科通教育信息技术有限责任公司项目简介

科科通教育信息技术有限责任公司（简称科科通）成立于2016年5月6日，公司团队成员主要是来自会计、金融和计算机等专业的学生，是一个充满青春活力的创新创业团队。公司自成立以来，致力于交互式且支持多系统和多平台使用的新型无纸化考试学习平台。2018年，科科通已经凭借自身内容涵盖广、试题更新速度快和定制化服务出众的优势发展O2O的特色营销，拥有超过13万个客户，科科通在安徽已经注册成立了第二家公司——安徽财萃教育科技有限责任公司，开创了独特的万人考试模拟系统的先河。团队的梦想是"让考生轻松过关，成就梦想"。

科科通教育信息技术有限责任公司项目目录

概　述

第一章　公司概况

一、公司名称与商标

二、公司理念

三、公司历程

第二章　创业团队

一、核心团队介绍

二、团队运营管理模式

三、团队现有文化建设

第三章　产品与服务

一、电子题库

二、教学视频

三、技术支持

四、线下培训

五、售后服务

第四章　商业模式

一、考证题库销售

二、在线网络视频销售

三、App 及网站的广告位租赁

第五章　目前市场及运营情况

一、公司市场

二、公司经营状况

三、电子题库运营

第六章　行业行情分析

一、行业排名

二、竞争者分析

第七章　风险控制

一、市场风险

二、技术风险

三、对其他行业依赖的风险

四、产品与业务多样化的风险

第八章　主要客户及合作情况

一、主要客户来源

二、主要合作商介绍

第九章　财务分析及预测

一、营业收入构成

二、资产负债表分析

三、利润表分析

四、现金流量表分析

五、财务指标分析

六、利润预测

第十章　未来规划

一、近期规划

二、远期规划

附件

本项目获得 2018 年"创青春"浙大双创杯全国大学生创业大赛、安徽省金奖、国家级铜奖。项目团队成员有安徽财经大学许为耿、高鹏、张芙蓉、孙翔、娄世启、张勤、孟欣同学；指导老师为焦晓波教授。

有关《科科通教育信息技术有限责任公司创业计划书》的详细内容，请扫描上方的二维码即可浏览和阅读。

"创青春"全国大学生创业大赛

"创青春"全国大学生创业大赛的起源

"创青春"全国大学生创业大赛起源于美国,又名商业计划竞赛。自1983年美国得克萨斯大学奥斯汀分校举办首届大学生商业计划竞赛以来,包括麻省理工学院、斯坦福大学等世界一流大学在内的美国30多所大学每年举办一次该竞赛。

中国的大学生创业计划竞赛起源于清华大学。1998年3月,清华大学加入了由美国、欧洲和亚洲等地区的数十个国家的高校组建的全球商业计划竞赛联盟,并于当年5月成功举办了第一届创业计划竞赛。清华大学首届创业计划竞赛的成功举办为"挑战杯"中国大学生创业计划竞赛奠定了良好的基础。1999年,共青团中央、中国科协、全国学联在清华大学联合主办了第一届"挑战杯"中国大学生创业计划竞赛,自此,创新创业的火炬逐渐燃遍了全国的高校校园,成为当代大学生创新创业实践的"奥林匹克"盛会。

2014年,在原有"挑战杯"中国大学生创业计划竞赛的基础上,共青团中央、教育部、人力资源和社会保障部、中国科协、全国学联决定,自2014年起共同组织开展"创青春"全国大学生创业大赛,每两年举办一次。"创青春"全国大学生创业大赛下设三项主体赛事:"挑战杯"大学生创业计划竞赛、创业实践挑战赛、公益创业赛。其中,大学生创业计划竞赛面向高等院校在校学生,以商业计划书评审、现场答辩等作为参赛项目的主要评价内容。创业实践挑战赛面向高等院校的在校学生或毕业未满5年的高校毕业生,且已投入实际创业3个月以上,以经营状况、发展前景等作为参赛项目的主要评价内容。公益创业赛面向高等院校的在校学生，以创办非营利社会组织的计划和实践等作为参赛项目的主要评价内容。

"创青春"全国大学生创业大赛的发展

截至 2018 年，"挑战杯"中国大学生创业计划竞赛已经成功举办了十届，"创青春"全国大学生创业大赛连续举办了三届。创业大赛在过去 20 年的发展中，组织形式更加成熟，参赛作品涉及领域更加广泛，科技含量更高，向现实转化的能力也更强。创业大赛不仅孕育了一批具有市场潜力的公司，更重要的是挖掘和培养了一大批具有强烈创业热情的大学生创业者。

第一届"挑战杯"和讯网中国大学生创业计划竞赛于 1999 年在清华大学举行。此次竞赛由和讯网赞助，汇集了全国 21 个省市 120 余所高校的近 400 件参赛作品，共产生了 10 件金奖作品、20 件银奖作品，来自清华大学的视美乐科技发展有限公司成功获得上海第一百货股份有限公司 5 250 万元的风险投资。竞赛配合高校教育教学改革，培养复合型、创造型人才的要求，不仅对推动科教兴国战略的实施有着积极的意义，而且在建立国内风险投资体系的进程中发挥了积极的作用，产生了良好的社会影响，在全国的高校中掀起了一轮创新创业的热潮。

第二届"挑战杯"万维投资中国大学生创业计划竞赛于 2000 年在上海交通大学举行。竞赛由万维投资网赞助，共收到来自全国 24 个省 137 所高校的 455 件参赛作品，产生了 15 件金奖作品、35 件银奖作品和 150 件铜奖作品。本次竞赛获得了社会各界的广泛关注，一批具有良好市场前景的优秀科技创新作品进入了实际运行操作阶段，提高了大学生把科技转化为生产力的能力。

第三届"挑战杯"天堂硅谷创业计划竞赛于 2002 年在浙江大学成功举办。此次竞赛获得了作为承办单位之一的杭州市人民政府提供的全部经费支持，共收到来自全国 29 个省、自治区、直辖市的 244 所高校的 542 件参赛作品，产生了 20 件金奖作品、40 件银奖作品以及 162 件铜奖作品。竞赛受到社会各界尤其是企业界和风险投资界的关注，最终签订合同的项目有 6 个，签约金额达到 4 640 万元，并且许多方案都获得了专利技术，使创业计划大赛真正成为联系市场与实验室的良好桥梁。

第四届"挑战杯"中国银行中国大学生创业计划竞赛于 2004 年在厦门大学成功举办。竞赛由中国银行和亚礼得集团赞助，收集了来自全国 29 个省、直辖市、自治区的 276 所高校的 603 件参赛作品，共产生 29 件金奖作品、71 件银奖作品。此次竞赛，不仅有许多专科院校队伍参与其中，而且台湾地区也首次派队参加，港、澳地区的大学生应邀观摩。层次更高、规模更大、受关注更多的第四届"挑战杯"中国大学生创业计划竞赛真正激发了大学生创新创业的激情，把大学生创业浪潮推向了新的高峰。

第五届"挑战杯"飞利浦中国大学生创业计划竞赛于 2006 年在山东大学成功举办。共有 110 件作品入围终审决赛，产生了 38 件金奖作品。据统计，赛前共有 13 个参赛项目与 25 家企业达成投资意向，获得了 5 921.35 万元的风险投资。在终审决赛期间，共有 3 个项目与 4 家企业正式签约，获得的风险投资达 2 225 万元。此次竞赛成了"挑战杯"中国大学生创业计划竞赛以来参赛高校数量最多，作品数量最多，港、澳、台地区全部参赛，自主创新比例明显提高，与现实生活密切相关的服务类项目明显增加的一次比赛。

第六届"挑战杯"瓮福中国大学生创业计划竞赛于 2008 年在四川大学举行。本次竞赛汇集了全国 356 所高校的 600 多件作品，共产生 31 件金奖作品、124 件银奖作品。本届"挑战杯"的参赛作品同时受到了社会各界尤其是企业界和风险投资界的高度关注，企业意向投资金额达 1.85 亿元，实现了创业计划从理论到实践的转变，极大地提升了大学生的创业热情。

第七届"挑战杯"一汽大众中国大学生创业计划竞赛于 2010 年在吉林大学举办。该竞赛共收到全国 374 所高校的 640 件参赛作品，最终产生了 55 件金奖作品，共有 46 件参赛作品与有关投资方签订了投资意向协议，签约金额达 1.37 亿元。此次竞赛首次增加网络虚拟运营环节，更全面地提高了学生的整体素质和团队意识。复赛评审实现无纸化办公是本届竞赛的又一大特色，充分保证了竞赛评审的公平公正和迅速便捷。

第八届"挑战杯"复星中国大学生创业计划竞赛决赛于 2012 年在同济大学成功举办。来自全国 31 个省、市、自治区 390 所高校的 650 件作品汇聚申城，最终产生金奖作品 69 件、银奖作品 142 件。在本届竞赛期间，主办单位还设立了"网络虚拟运营"专项竞赛，共有 187 支参赛团队入围专项竞赛决赛，最终评出一等奖 20 个、二等奖 40 个、三等奖 98 个。其中，16 件金奖作品已经投入实际运营，占参赛已创业作品的 29.1%。另外有 94 件参赛作品与有关投资方已签订投资协议或达成投资意向，签约及意向投资金额共计 2.81 亿元，标志着技术、资本与市场的结合向着更深的层次推进。

2014 年，"创青春"全国大学生创业大赛决赛于 1 月在华中科技大学成功举办。该赛事从本届开始升级为"创青春"全国大学生创业大赛，2014 年大赛下设 3 项主体赛事，即第九届"挑战杯"大学生创业计划竞赛、创业实践挑战赛和公益创业赛。来自 209 所高校的 385 个项目参加了终审决赛。通过公开答辩和专家评议，三项赛事最终产生金奖作品 120 件。北京市委等 21 个省级团委和北京师范大学等 141 所高校获得优秀组织奖。上海交通大学、华中科技大学以团体总分并列第一的成绩共同捧得冠军杯，20 所高校荣获优胜杯。

2016年"创青春"中航工业全国大学生创业大赛决赛于11月在电子科技大学成功举办。共有来自全国32个省、市、自治区（包括新疆生产建设兵团）、香港特别行政区、澳门特别行政区220所高校的作品入围此次终审决赛。经过初审、复赛的层层选拔，最终有399个创业项目从全国11万个项目中脱颖而出，进入决赛。大赛评委会最终评定出金奖项目134个、银奖项目262个、铜奖项目726个。

2018年"创青春"浙大双创杯全国大学生创业大赛终审决赛于11月在浙江大学落下帷幕。本届大赛以"弄潮创青春，建功新时代"为主题，突出创新+精准、智慧+人文、国际+开放、公正+规范的特点，参赛项目蕴含着很强的经济价值和社会价值，孕育着国家经济发展和产业升级的希望。各位参赛同学不仅充分展现了当代青年学子所富有的朝气、活力、创造力，也彰显了青年大学生勇立"大众创业、万众创新"时代潮头的青春风采。通过网络评审、公开答辩，大赛评委会最终评定福建农林大学"福建贝洋渔业科技工作室"等69个项目为第十一届"挑战杯"大学生创业计划竞赛金奖，广东工业大学"广州聚匠文化传播有限公司"等35个项目为创业实践挑战赛金奖，香港中文大学"菇创未来"等20个项目为公益创业赛金奖。浙江大学以团体总分第一的成绩捧得冠军杯，北京航空航天大学等20所高校荣获优胜杯。北京市团委等15个省级团委获省级优秀组织奖，清华大学等68所高校获得校级优秀组织奖，香港新一代文化协会获优秀组织奖。

"创青春"全国大学生创业大赛会徽及释义

"创青春"全国大学生创业大赛会徽及释义

"创青春"全国大学生创业大赛会徽以汉字"创"为主体图形，由代表着广大青年学子的五只展翅高飞的大鹏有序排列组合而成，体现了大学生的活力与激情。五只大鹏盘旋天空，簇拥着飞向右上方，表现出青年学子挑战自我、追求卓越的进取精神，寓意着青年学子对创业的积极参与之情，"创青春"大赛将是他们放飞创业梦想的摇篮，终有一天他们会怀揣梦想，翱翔天际。

五只大鹏的造型又恰似字母"C"，传达出"创新、创意、创造、创业、创青春"的"五C"内涵；大鹏的主体色为绿色、蓝色、红色，代表大赛精神：青春、梦想和奋斗，寓意着大学生用奋斗的青春实现梦想。为大赛专门设计的"创青春"三个字，具有较强的视觉识别性、内涵传达性和表现艺术性，更具有独特的专属性。

"创青春"全国大学生创业大赛章程

第一章 总则

第一条 "创青春"全国大学生创业大赛是由共青团中央、教育部、人力资源和社会保障部、中国科协、全国学联和地方省级人民政府主办，工业和信息化部、国务院国有资产监督管理委员会、中华全国工商业联合会支持的一项具有导向性、示范性和群众性的创业竞赛活动，每两年举办一届。

第二条 大赛的宗旨。培养创新意识、启迪创意思维、提升创造能力、造就创业人才。

第三条 大赛的目的。为深入学习贯彻习近平新时代中国特色社会主义思想和党的十九大精神，引导和激励高校学生弘扬时代精神，把握时代脉搏，将所学知识与经济社会发展紧密结合，培养和提高创新、创意、创造、创业的意识与能力，促进高校学生就业创业教育、创业实践活动的蓬勃开展，发现和培养一批具有创新思维和创业潜力的优秀人才，帮助更多的高校学生通过创业创新的实际行动，推动大众创业、万众创新，为决胜全面建成小康社会、建成社会主义现代化强国、实现中华民族伟大复兴的中国梦贡献青春力量。

第四条 大赛的内容。下设大学生创业计划竞赛（即"挑战杯"中国大学生创业计划竞赛）、创业实践挑战赛、公益创业赛三项主体赛事。

第五条 大赛的基本方式。大学生创业计划竞赛面向高等院校在校学生，以商业计划书评审、现场答辩等作为参赛项目的主要评价内容；创业实践挑战赛面向高等学校在校学生或毕业未满三年的高校毕业生，且已投入实际创业三个月以上，以盈利状况、发展前景等作为参赛项目的主要评价内容；公益创业赛面向高等学校在校学生，以创办非营利社会组织的计划和实践等作为参赛项目的主要评价内容。全国组织委员会聘请专家评选出具备一定操作性、应用性以及良好市场潜力、社会价值和发展前景的优秀项目，给予奖励；组织参赛项目和成果的交流、展览、转让活动。

在符合大赛宗旨、具有良好导向的前提下，可根据实际需要设立专项赛事，具体规则另行制定和颁布。

第二章 组织机构及其职责

第六条 大赛设立领导小组，由主办单位、承办单位的有关领导组成。

第七条 大赛设立全国组织委员会，由主办单位、支持单位、承办单位的有关负责人组成。全国组织委员会设主任、副主任若干名。

第八条 全国组织委员会的职责如下：

1. 审议、修改大赛章程；

2. 确定大赛承办单位；

3. 筹集大赛组织、评审、奖励所需的经费；

4. 议决其他应由全国组织委员会议决的事项。

第九条 全国组织委员会下设秘书处，负责按照全国组织委员会通过的章程组织大赛活动并向全国组织委员会报告工作。秘书处设秘书长、副秘书长若干名，由主办单位、承办单位有关负责人担任。

第十条 竞赛设立全国指导委员会，由全国组织委员会邀请享有较高知名度并关注青年创业的经济学家、企业家、风险投资人和新闻媒体工作者等社会各界人士担任成员。全国指导委员会设主任一名，副主任和委员若干名。

第十一条 全国指导委员会的职责为：对大赛的组织工作及高校学生创业就业工作给予宏观性、战略性指导。

第十二条 大赛设立全国评审委员会，由全国组织委员会聘请非高校的各相关领域的专家学者、企业家、风险投资界人士、青年创业典型代表等组成。全国评审委员会设主任、副主任和评审委员若干名。

全国评审委员会经全国组织委员会批准成立，有权在本章程和评审规则所规定的原则下，独立开展评审工作。

第十三条 全国评审委员会职责如下：

1. 在本章程和评审规则的基础上制定评审实施细则；

2. 接受对参赛项目资格的质疑投诉并进行判定；

3. 审看参赛项目，与作者进行答辩；

4. 确定参赛项目获奖等次。

第十四条 大赛设立全国监督委员会，由主办单位代表、承办单位代表、举办地学生代表、新闻媒体单位代表等共同组成。全国监督委员会设主任、副主任和成员若干名。

第十五条 全国监督委员会职责如下：

1. 对评审过程和评审纪律进行监督,确保公平公正;

2. 协调处理对竞赛作品资格和评审结果的质询,其中,对竞赛评审结果的质询需由省级团委提出。

第十六条 各省(自治区、直辖市)、各高校须根据自身实际,逐步举办与全国大赛接轨的届次化的大学生创业大赛。各省(自治区、直辖市)团委、教育部门、人社部门、科协、学联联合设立省级组织协调委员会和评审委员会,负责本省(自治区、直辖市)竞赛的组织协调、参赛项目资格审查和初评等有关工作。

第三章 参赛资格与项目申报

第十七条 凡在举办大赛终审决赛的当年7月1日以前正式注册的全日制非成人教育的各类高等院校在校专科生、本科生、硕士研究生和博士研究生(均不含在职研究生)可参加全部三项主体赛事;毕业三年以内(时间截至举办大赛终审决赛的当年7月1日)的专科生、本科生、硕士研究生和博士研究生可代表原所在高校参加创业实践挑战赛(需提供毕业证证明,仅可代表颁发最终学历的高校参赛)。

第十八条 参赛项目的申报条件。

大学生创业计划竞赛。参加竞赛的项目分为已创业与未创业两类;分为农林、畜牧、食品及相关产业,生物医药,化工技术和环境科学,信息技术和电子商务,材料,机械能源,文化创意和服务咨询七个组别。实行分类、分组申报。

拥有或授权拥有产品或服务,并已在工商、民政等政府部门注册登记为企业、个体工商户、民办非企业单位等组织形式,且法人代表或经营者为符合第十七条规定的在校学生、运营时间在三个月以上(以预赛网络报备时间为截止日期)的项目,可申报已创业类。

拥有或授权拥有产品或服务,具有核心团队,具备实施创业的基本条件,但尚未在工商、民政等政府部门注册登记或注册登记时间在三个月以下的项目,可申报未创业类。

创业实践挑战赛。拥有或授权拥有产品或服务,并已在工商、民政等政府部门注册登记为企业、个体工商户、民办非企业单位等组织形式,且法人代表或经营者符合第十七条规定、运营时间在三个月以上(以预赛网络报备时间为截止日期)的项目,可申报该赛事。申报不区分具体类别、组别。

公益创业赛。拥有较强的公益特征(有效解决社会问题,项目收益主要用于进一步扩大项目的范围、规模或水平)、创业特征(通过商业运作的方式,运用前期的少量资源撬动外界更广大的资源来解决社会问题,并形成可自身维持的商业模式)、实践特征(团队须实践其公益创业计划,形成可衡量的项目成果,部分或完全实现其计划的目标成果）的项目，且参赛学生符合第十七条规定，可申报该赛事。申报不区分具体类别、组别。

第十九条　参赛形式。以学校为单位统一申报，以创业团队形式参赛，原则上每个团队的人数不超过 10 人。网络初评开始后，只可进行人员删减，不可进行人员顺序调整及人员添加。

对于跨校组队参赛的项目，各成员须事先协商明确项目的申报单位。

对于经授权的发明创造或专利技术，在报名时需提交具有法律效力的发明创造或专利技术所有人的书面授权许可、项目鉴定证书、专利证书等。

对于已注册运营项目，在报名时需提交相关证明材料（含单位概况、法定代表人情况、营业执照复印件、税务登记证复印件、组织机构代码复印件等材料）。

第二十条　参赛项目涉及下列内容时，必须由申报者提供有关部门的证明材料，否则不予评审。

动植物新品种的发现或培育，须有省级以上农科部门或科研院所开具证明。

对国家保护动植物的研究，须有省级以上林业部门开具证明，证明该项研究的过程中未产生对所研究的动植物繁衍、生长不利的影响。

新药物的研究须有卫生行政部门授权机构或具有同等资质机构的鉴定证明。

医疗卫生研究须通过专家鉴定，并最好附有在公开发行的专业性杂志上发表过的文章。

涉及燃气用具等与人民生命财产安全有关用具的研究，须有国家相应行政部门授权机构的认定证明。

第二十一条　每个学校选送参加全国大赛的项目总数不超过 6 件。其中，参加大学生创业计划竞赛的项目总数不超过 3 件，参加创业实践挑战赛的项目总数不超过 2 件，参加公益创业赛的项目总数不超过 1 件，每人（每个团队）限报 1 件；每个参赛项目只可选择参加一项主体赛事，不得兼报。

参赛项目须经过本省（自治区、直辖市）组织协调委员会进行资格及形式审查和本省（自治区、直辖市）评审委员会初步评定，方可上报全国组织委员会办公室。各省（自治区、直辖市）选送全国大赛的项目数额由主办单位统一确定。

第四章　展览、交流、孵化

第二十二条　全国组织委员会将在大赛举办期间组织多种形式的交流、展示和其他活动，丰富大赛内容。

第二十三条　全国组织委员会拥有组织转让及孵化获奖项目的优先权。成果产权及利益分配由学校和作者协商确定。全国组织委员会可结集出版大赛获奖项目及评委评语。

第二十四条 在每次大赛举办期间，全国组织委员会将联合地方政府、园区及风险投资机构举办项目对接和孵化活动，对大赛中涌现出的优秀项目优先转化。

第二十五条 全国组织委员会将设立大学生创业基金，加强与有关方面特别是金融机构、风险投资机构和创业投资机构等方面的合作，并通过成立大学生创业联盟等，为高校学生通过参与大赛实现创业提供支持。

第五章 奖励

第二十六条 全国评审委员会对各省（自治区、直辖市）报送的3项主体赛事的参赛项目进行复审，分别评出参赛项目的90%左右进入决赛。三项主体赛事的奖项统一设置为金奖、银奖、铜奖，分别约占进入决赛项目总数的10%、20%和70%。

其中，大学生创业计划竞赛实行分类、分组申报，针对已创业与未创业两类项目实行相同的评审规则，各组参赛项目获奖比例原则上相同；计算总分时，将视已创业项目实际运营情况，在其实得总分的基础上给予1%～5%的加分。创业实践挑战赛、公益创业赛等两项主体赛事实行统一申报，决赛实行抽签分组，各组参赛项目获奖比例原则上相同。

专项赛事单独设置奖项，不计入所在学校的得分。

第二十七条 参加全国终审决赛的项目，确认资格有效的，由全国组织委员会向作者颁发证书，并视情况给予创业资金、专业指导、出国培训等奖励。参加各省（自治区、直辖市）预赛的项目，确认资格有效而又未进入全国大赛的，由各省（自治区、直辖市）组织协调委员会向作者颁发证书。

第二十八条 大赛以学校为单位计算参赛得分并排序。各等次奖计分方法如下。

大学生创业计划竞赛的金奖项目每件计100分，银奖项目每件计70分，铜奖项目每件计30分，上报至全国组委会但未通过复赛的项目每件计10分。

创业实践挑战赛的金奖项目每件计120分，银奖项目每件计90分，铜奖项目每件计50分，上报至全国组委会但未通过复赛的项目每件计10分。

公益创业赛的金奖项目每件计100分，银奖项目每件计70分，铜奖项目每件计30分，上报至全国组委会但未通过复赛的项目每件计10分。

如遇总积分相等，则以获金奖的个数决定同一名次内的排序，以此类推至铜奖。

第六章 附则

第二十九条 大赛结束后，对获奖项目保留一个月的质疑投诉期。若收到投诉，大赛领导小组将委托主办单位有关部门进行调查。经调查，如确认该项目资格不符者，取消该项目获得的奖励，通报全国组织委员会成员单位；并视情节给予所在学校取消参赛资格或其他处罚。

大赛组委会不接受匿名投诉，将保护实名投诉人的合法权益。

第三十条 大赛承办单位有权以全国组织委员会的名义寻求大赛及三项主体赛事的赞助。

第三十一条 www.chuangqingchun.net 为大赛官方网站，由主办单位和承办单位共同建设。

第三十二条 本章程自全国组织委员会通过之日起生效，由大赛主办单位及全国组织委员会秘书处负责解释。

中国"互联网+"大学生创新创业大赛

中国"互联网+"大学生创新创业大赛的起源

2015年3月,中国《政府工作报告》中多次发出"大众创业、万众创新"的号召。《政府工作报告》中如此表述:推动"大众创业、万众创新""既可以扩大就业,增加居民收入,又有利于促进社会纵向流动和公平正义"。在论及创业创新文化时,强调"让人们在创造财富的过程中,更好地实现精神追求和自身价值"。随后,2015年5月国务院办公厅印发了《关于深化高等学校创新创业教育改革的实施意见》等一系列文件,指出大学生是实施创新驱动发展战略和推进"大众创业、万众创新"的生力军,既要认真扎实学习、掌握更多知识,也要投身创新创业、提高实践能力。

在此背景下,教育部组织并实施了首届中国"互联网+"大学生创新创业大赛(每年举办一次)。中国"互联网+"大学生创新创业大赛紧扣国家发展战略,是促进大学生全面发展的重要平台,也是推动产学研用结合的关键枢纽。大赛的宗旨是深化高等教育综合改革,激发大学生的创造力,培养造就"大众创业、万众创新"的生力军;推动赛事成果转化,促进"互联网+"新业态形成,服务经济提质增效升级;以创新引领创业、创业带动就业,推动高校毕业生更高质量地创业就业。大赛的目标是把竞赛作为深化创新创业教育改革的重要抓手,引导各地各高校主动服务创新驱动发展战略,创新人才培养机制,切实提高高校学生的创新精神、创业意识和创新创业能力。

中国"互联网+"大学生创新创业大赛的发展

截至 2018 年 12 月,中国"互联网+"大学生创新创业大赛已经成功举办了四届,带动了上百万名大学生投入创新创业活动。大赛将移动互联网、云计算、大数据、物联网等新一代信息技术与行业产业紧密结合,覆盖"互联网+"传统产业、新业态、公共服务、技术支撑平台等领域,展现了当代大学生创新创业的生机与活力。

第一届中国"互联网+"大学生创新创业大赛总决赛于 2015 年 10 月 19 日至 21 日在吉林大学举行。本届大赛主题为"'互联网+'成就梦想,创新创业开辟未来",在整个赛事期间,吸引了全国 31 个省(市、自治区)1 878 所高校的 57 253 个团队报名参加,提交项目作品有 36 508 个,参与学生超过 20 万人。总决赛产生金奖 34 个、银奖 82 个、铜奖 184 个。本次竞赛获得了社会各界的广泛关注,高校产学研用及科技成果转化成为大赛主旋律。

第二届中国"互联网+"大学生创新创业大赛总决赛于 2016 年 10 月 13 日至 21 日在华中科技大学举行。本届大赛主题为"拥抱'互联网+'时代,共筑创新创业梦想",大赛自 2016 年 3 月启动以来,吸引了全国 2 110 所高校参与,占全国普通高校总数的 81%,报名项目数近 12 万个,参与学生超过 55 万人,分别是首届大赛的 3.3 倍、2.5 倍。总决赛共产生金奖 36 个、银奖 115 个。近 400 家投资机构和企业参与评审并为大赛提供支持,是上一届参与企业数量的 3 倍。大赛此时已经成为覆盖全国所有高校、面向全体大学生、影响最广泛的赛事活动,呼应了国家"大众创业、万众创新"和创新驱动发展战略的要求,促进产学研用紧密结合,带动高校创新创业教育改革不断深化。

第三届中国"互联网+"大学生创新创业大赛总决赛于 2017 年 9 月 16 日至 18 日在西安电子科技大学举行。本届大赛主题为"搏击'互联网+'时代,壮大创新创业主力军",自 2017 年 3 月启动以来,吸引了全国 2 000 多所高校参与,参与学生超过 150 万人。大赛期间,分别进行了内地 119 个团队金奖争夺赛,8 个港、澳、台地区团队金奖争夺赛,17 个国际赛道团队金奖争夺赛,以及 109 个团队"铜奖晋银奖"复活赛。经过一天的激烈比赛,119 个内地团队中产生了 30 项金奖,8 个港、澳、台地区团队中产生了 3 项金奖,共有 33 个团队脱颖而出,获得了本届大赛的金奖。另外,还有其他项目组的 10 项金奖,分别来自国际赛道的 4 个团队和"银奖晋金奖"复活赛的 6 个团队。本届大赛共产生金奖 43 项、银奖 123 项、铜奖 481 项。本届大赛激励青年学生把青春梦、创新创业梦融入伟大的中国梦,推动高校创新创业教育迈上新台阶。后续相关部门也会继续推动大赛成果转化,扶持项目孵化落地,不断提高创新创业人才培养水平,培育创新创业生力军,支撑国家创新发展战略。

2018年10月13日至15日，由教育部等13个部委和福建省人民政府共同主办、厦门大学承办的第四届中国"互联网+"大学生创新创业大赛总决赛开赛。本届大赛以"勇立时代潮头敢闯会创，扎根中国大地书写人生华章"为主题，大赛于2018年3月全面启动。内地共有2 278所高校的265万名大学生、64万个团队报名参赛，超过以往三届的总和。经激烈角逐，共有400多个团队参加总决赛。港澳台地区项目方面，共有近百个项目参赛，从中产生20个团队参加总决赛。国际赛道方面，来自全球50个国家的600多个团队参赛，最终有60个团队参加总决赛。10月13日8时，第四届中国"互联网+"大学生创新创业大赛总决赛在厦门大学思明校区庄汉水楼正式开赛，共有383个团队参加角逐。其中，参加金奖争夺赛的共有290个团队，包含内地（150个）和港澳台地区（20个）参赛队170个，"青年红色筑梦之旅"赛道60个，国际赛道参赛队60个，另外还有93个团队参加了铜晋银复活赛。经过激烈的角逐，本次大赛共产生银奖211个、金奖96个、单项奖6个。

2018年中国"互联网+"大学生创新创业大赛概况

一、大赛主题

勇立时代潮头敢闯会创，扎根中国大地书写人生华章

二、大赛目的与任务

旨在深化高等教育综合改革，激发大学生的创造力，培养造就"大众创业、万众创新"生力军；鼓励广大青年扎根中国大地了解国情民情，在创新创业中增长智慧才干，在艰苦奋斗中锤炼意志品质，把激昂的青春梦融入伟大的中国梦。

重在把大赛作为深化创新创业教育改革的重要抓手，引导各地各高校主动服务国家战略和区域发展，积极开展教育教学改革探索，切实提高高校学生的创新精神、创业意识和创新创业能力。推动创新创业教育与思想政治教育紧密结合、与专业教育深度融合，促进学生全面发展，努力成为德才兼备的有为人才。推动赛事成果转化和产学研用紧密结合，促进"互联网+"新业态形成，服务经济高质量发展。以创新引领创业、以创业带动就业，努力形成高校毕业生更高质量地创业就业的新局面。

三、大赛总体安排

第四届大赛要力争做到"有广度、有高度、有深度、有温度"，努力体现

有突破、有特色、有新意。扩大参赛规模，实现区域、学校、学生类型全覆盖和国际赛道拓展；广泛实施"青年红色筑梦之旅"活动，培养有理想、有本领、有担当的热血青春力量；壮大创新创业生力军，服务创新驱动发展、"一带一路"建设、乡村振兴和脱贫攻坚等国家战略。突出"海丝"特色，加强"海上丝绸之路"沿线国家创新创业教育合作；突出海峡特色，推动海峡两岸青年大学生深度交流；突出海洋文化特色，培养学生敢闯敢创、敢于冒险、敢为天下先的创新创业精神。以改革开放40周年为契机，实现更大程度的开放合作，打造国际大赛平台，努力办一届惊艳非凡的全球双创盛会。

第四届大赛将举办"1+5"系列活动。"1"是主体赛事，在校赛、省赛的基础上，举办全国总决赛（含金奖争夺赛、四强争夺赛和冠军争夺赛）。"5"是5项同期活动，具体包括以下内容。

（1）"青年红色筑梦之旅"活动。在更大范围、更高层次、更深程度上开展"青年红色筑梦之旅"活动，推动创新创业教育与思想政治教育相融合，创新创业实践与乡村振兴战略、精准扶贫脱贫相结合，打造一堂全国最大的思政课。组织理工、农林、医学、师范、法律、人文社科等各专业大学生以及企业家、投资人等，以"科技中国小分队""幸福中国小分队""健康中国小分队""教育中国小分队""法治中国小分队""十九大宣讲小分队"或项目团队组团等形式，走进革命老区、贫困地区，接受思想洗礼，学习革命精神，传承红色基因，将高校的智力、技术和项目资源辐射到广大农村地区，推动当地社会经济建设，助力精准扶贫和乡村振兴。

（2）"21世纪海上丝绸之路"系列活动。主动服务"一带一路"建设，推动教育先行，实现创新创业教育交流合作从"丝绸之路经济带"到"21世纪海上丝绸之路"的全面布局，为民心相通、合作共赢铺路搭桥。建立创新创业教育共同体，成立"21世纪海上丝绸之路"大学联盟，举办"一带一路"大学校长创新创业教育论坛，深化"一带一路"沿线国家双创教育合作和青年交流，为国际高等教育发展贡献新经验。

（3）"大学生创客秀"（大学生创新创业成果展）。在大赛总决赛期间举办"大学生创客秀"，在承办高校厦门大学设置项目展示区、项目路演、投融资对接区、合作签约区、交流分享区、创意产品体验区等，开展投资洽谈、创新创业成果展、团队展示等活动，为各方人员提供开放参与的机会。

（4）改革开放40年优秀企业家对话大学生创业者（"互联网+"产学合作协同育人报告会）。邀请改革开放40年来涌现出的有影响力的企业家、投资人、行业领军人物、技术专家与大学生创业者对话，在总决赛期间开设报告会或主旨演讲，围绕产业发展趋势、行业人才需求和产学合作协同育人等主题进行交流，传播成功经验，共享创新创业理念，助力大学生成长发展。

（5）大赛优秀项目对接巡展。在2018年"数字中国"建设峰会、第二十二届中国国际投资贸易洽谈会和大赛总决赛期间设立专区，开展优秀项目展示交流和投融资洽谈对接活动，进一步推动大赛成果转化应用。实施国际优秀创新创业项目落地计划，举办地方政府与双创项目对接巡展，推动科技含量高、市场潜力大、社会效益好、具有明显投资价值的优质项目落户中国。

四、组织机构

本次大赛由教育部、中央网络安全和信息化领导小组办公室、国家发展和改革委员会、工业和信息化部、人力资源社会保障部、环境保护部、农业部、国家知识产权局、国务院侨务办公室、中国科学院、中国工程院、国务院扶贫开发领导小组办公室、共青团中央和福建省人民政府共同主办，厦门大学承办。

大赛设立组织委员会（简称大赛组委会），由教育部部长陈宝生和福建省省长唐登杰担任主任，有关部门负责人作为成员，负责大赛的组织实施。

大赛设立专家委员会，由中国工程院原常务副院长潘云鹤担任主任，国家知识产权局原局长田力普担任副主任，社会投资机构、行业企业、大学科技园、高校和科研院所专家作为成员，负责参赛项目的评审工作，指导大学生创新创业。

大赛设立纪律与监督委员会，对大赛组织评审工作和协办单位的相关工作进行监督，并对违反大赛纪律的行为给予处理。

本次大赛由中国建设银行和中国高校创新创业教育联盟、全国高校创新创业投资服务联盟、中国教育创新校企联盟、中国高校创新创业孵化器联盟、中关村百人会天使投资联盟、全国高校双创教育协作媒体联盟（新华社、中央电视台、中国教育报、中国教育电视台、光明校园传媒等）等机构参与协办。

各省（区、市）可根据实际成立相应的机构，开展本地初赛和复赛的组织实施、项目评审和推荐等工作。

五、参赛项目要求

参赛项目能够将移动互联网、云计算、大数据、人工智能、物联网等新一代信息技术与经济社会各领域紧密结合，培育新产品、新服务、新业态、新模式；发挥互联网在促进产业升级以及信息化和工业化深度融合中的作用，促进制造业、农业、能源、环保等产业转型升级；发挥互联网在社会服务中的作用，创新网络化服务模式，促进互联网与教育、医疗、交通、金融、消费生活等深度融合。参赛项目主要包括以下类型。

（1）"互联网+"现代农业，包括农林牧渔等；

（2）"互联网+"制造业，包括智能硬件、先进制造、工业自动化、生物医药、节能环保、新材料、军工等；

（3）"互联网+"信息技术服务，包括人工智能技术、物联网技术、网络空间安全技术、大数据、云计算、工具软件、社交网络、媒体门户、企业服务等；

（4）"互联网+"文化创意服务，包括广播影视、设计服务、文化艺术、旅游休闲、艺术品交易、广告会展、动漫娱乐、体育竞技等；

（5）"互联网+"社会服务，包括电子商务、消费生活、金融、财经法务、房产家居、高效物流、教育培训、医疗健康、交通、人力资源服务等；

（6）"互联网+"公益创业，以社会价值为导向的非营利性创业。

参赛项目不仅仅限于"互联网+"项目，还鼓励各类创新创业项目参赛，根据行业背景选择相应类型。以上各类项目可自主选择参加"青年红色筑梦之旅"活动。

参赛项目须真实、健康、合法，无任何不良信息，项目立意应弘扬正能量，践行社会主义核心价值观。参赛项目不得侵犯他人的知识产权；所涉及的发明创造、专利技术、资源等必须拥有清晰合法的知识产权或物权；抄袭、盗用、提供虚假材料或违反相关法律法规的一经发现即刻丧失参赛相关权利并自负一切法律责任。

参赛项目涉及他人知识产权的，报名时需提交完整的具有法律效力的所有人书面授权许可书、专利证书等；已完成工商登记注册的创业项目，报名时需提交单位概况、法定代表人情况、股权结构、组织机构代码复印件等。参赛项目可提供当前财务数据、已获投资情况、带动就业情况等相关证明材料。

六、参赛对象

根据参赛项目所处的创业阶段、已获投资情况和项目特点，大赛分为创意组、初创组、成长组、就业型创业组。具体参赛条件如下。

（1）创意组。参赛项目具有较好的创意和较为成熟的产品原型或服务模式，在2018年5月31日（以下时间均包含当日）前尚未完成工商登记注册。参赛申报人须为团队负责人，须为普通高等院校在校生（可为本专科生、研究生，不含在职生）。

（2）初创组。参赛项目工商登记注册未满3年（2015年3月1日后注册），且获机构或个人股权投资不超过1轮次。参赛申报人须为初创企业法人代表，须为普通高等院校在校生（可为本专科生、研究生，不含在职生），或毕业5年以内的毕业生（2013年之后毕业的本专科生、研究生，不含在职生）。企业法人在大赛通知发布之日后进行变更的不予认可。

（3）成长组。参赛项目工商登记注册3年以上（2015年3月1日前注册）；

或工商登记注册未满 3 年（2015 年 3 月 1 日后注册），且获机构或个人股权投资 2 轮次以上。参赛申报人须为企业法人代表，须为普通高等学校在校生（可为本专科生、研究生，不含在职生），或毕业 5 年以内的毕业生（2013 年之后毕业的本专科生、研究生，不含在职生）。企业法人在大赛通知发布之日后进行变更的不予认可。

（4）就业型创业组。参赛项目能有效提升大学生就业数量与就业质量，主要面向高职高专院校的创新创业项目（高职高专院校也可申报其他符合条件的组别），其他高校也可申报本组。若参赛项目在 2018 年 5 月 31 日前尚未完成工商登记注册，参赛申报人须为团队负责人，须为普通高等学校在校生（可为本专科生、研究生，不含在职生）。若参赛项目在 2018 年 5 月 31 日前已完成工商登记注册，参赛申报人须为企业法人代表，须为普通高等学校在校生（可为本专科生、研究生，不含在职生），或毕业 5 年以内的毕业生（2013 年之后毕业的本专科生、研究生，不含在职生）。企业法人在大赛通知发布之日后进行变更的不予认可。

以团队为单位报名参赛。允许跨校组建团队，每个团队的参赛成员不少于 3 人，须为项目的实际成员。参赛团队所报参赛创业项目，须为本团队策划或经营的项目，不可借用他人项目参赛。已获往届中国"互联网+"大学生创新创业大赛全国总决赛金奖和银奖的项目，不再报名参赛。

在初创组、成长组、就业型创业组已完成工商登记注册参赛项目的股权结构中，参赛成员合计不得少于 1/3。

高校教师科技成果转化的师生共创项目不能参加创意组，允许将拥有科研成果的教师的股权合并计算，合并计算的股权不得少于 50%（其中参赛成员合计不得少于 15%）。

各省、自治区、直辖市教育厅（教委），新疆生产建设兵团教育局，各高等院校负责审核参赛对象资格。

七、"青年红色筑梦之旅"赛道

增设"青年红色筑梦之旅"赛道，参加此赛道的项目须为参加"青年红色筑梦之旅"活动的项目。各省（区、市）教育厅（教委）、各高校要组织大学生创新创业团队到各自对接的县、乡、村和农户，从质量兴农、绿色兴农、科技兴农、电商兴农、教育兴农等多个方面开展帮扶工作，推动当地社会经济建设，助力精准扶贫和乡村振兴。

参加"青年红色筑梦之旅"活动的项目可自主选择参加主赛道或"青年红色筑梦之旅"赛道比赛，但只能选择参加一个赛道。

八、国际赛道

打造大赛国际平台,提升大赛全球影响力。由国际赛道专家组会同全球大学生创新创业联盟(筹)择优遴选推荐项目。鼓励各高校推荐国外友好合作高校的项目参赛,鼓励各高校推荐海外校友会作为国际赛道合作渠道。

九、比赛赛制

大赛采用校级初赛、省级复赛、全国总决赛三级赛制。校级初赛由各高校负责组织,省级复赛由各省(区、市)负责组织,全国总决赛由各省(区、市)按照大赛组委会确定的配额择优遴选推荐项目。大赛组委会将综合考虑各省(区、市)报名团队数、参赛高校数和创新创业教育工作情况等因素分配全国总决赛名额。每所高校入选全国总决赛团队总数不超过 4 个。

全国共产生 600 个项目入围全国总决赛主赛道,通过网上评审,产生了 150 个项目进入全国总决赛现场比赛。港澳台地区参赛名额单列,通过网上评审,产生了 20 个项目进入总决赛现场比赛。全国共产生 200 个项目入围全国总决赛"青年红色筑梦之旅"赛道,通过网上评审,产生了 40 个项目进入全国总决赛现场比赛。国际赛道产生了 30～60 个项目进入全国总决赛现场比赛。

十、赛程安排

(1)参赛报名(3～5 月)。参赛团队可通过登录"全国大学生创业服务网"(cy.ncss.cn)或微信公众号(名称为"全国大学生创业服务网"或"中国'互联网+'大学生创新创业大赛")任一方式进行报名。报名系统开放时间为 2018 年 3 月 28 日,截止时间由各省(区、市)根据复赛安排自行决定,但不得晚于 8 月 31 日。

(2)初赛复赛(6～9 月)。各省(区、市)各高校登录 cy.ncss.cn/gl/login 进行报名信息的查看和管理。省级管理用户使用大赛组委会统一分配的账号进行登录,校级账号由各省级管理用户进行管理。初赛复赛的比赛环节、评审方式等由各高校、各省(区、市)自行决定。各省(区、市)在 9 月 15 日前完成省级复赛,遴选参加全国总决赛的候选项目(推荐项目应有名次排序,供全国总决赛参考)。

(3)全国总决赛(10 月中下旬)。大赛评审委员会对入围全国总决赛的项目进行网上评审,择优选拔项目进行现场比赛,决出金、银、铜奖。

大赛组委会将通过"全国大学生创业服务网"为参赛团队提供项目展示、创业指导、投资对接等服务。各项目团队可以登录"全国大学生创业服务网"查看相关信息。各省(区、市)可以利用网站提供的资源,为参赛团队做好服务。各高校还可以通过腾讯微校（weixiao.qq.com/shuangchuang）进行赛事宣传，腾讯云根据参赛团队的组别提供不同级别的免费云服务支持，给予项目激励和孵化指导。

十一、评审规则

请登录"全国大学生创业服务网"（cy.ncss.cn）查看具体内容。

十二、大赛奖项

大赛主赛道设金奖 50 个、银奖 100 个、铜奖 450 个。另设中国港澳台项目金奖 5 个、银奖 15 个、铜奖另定；国际赛道金奖 15 个、银奖和铜奖另定。设最佳创意奖、最具商业价值奖、最佳带动就业奖、最具人气奖各 1 个。获奖项目颁发获奖证书，提供投融资对接、落地孵化等服务。

设"青年红色筑梦之旅"赛道金奖 10 个、银奖 30 个、铜奖 160 个。设"乡村振兴奖""精准扶贫奖"等单项奖若干，奖励对农村地区教育、科技、农业、医疗、扶贫等方面有突出贡献的项目。

设高校集体奖 20 个、省市优秀组织奖 10 个和优秀创新创业导师若干名。设"青年红色筑梦之旅"高校集体奖 20 个、省市优秀组织奖 8 个和优秀创新创业导师若干名。获奖单位颁发获奖证书及奖牌。

十三、宣传发动

各地各高校要认真做好大赛的宣传动员和组织工作。各省（区、市）教育行政部门要组织做好省内比赛和项目推荐工作。各高校要认真组织动员团队参赛，为在校生和毕业生参与竞赛提供必要的条件和支持，做好学校初赛组织工作。鼓励教师将科技成果产业化，带领学生创新创业。同时，坚持以赛促教、以赛促学、以赛促创，积极推进高校学生创新创业训练和实践，不断提高创新创业人才培养水平，厚植"大众创业、万众创新"土壤，助力"双创"升级，为建设创新型国家提供源源不断的人才智力支撑。

参考文献

[1] 阿玛尔·毕海德. 新企业的起源与演进 [M]. 北京：中国人民大学出版社，2004.

[2] 埃里·克莱斯. 精益创业：新创企业的成长思维 [M]. 北京：中信出版社，2012.

[3] 彼得·戴曼迪斯，史蒂芬·科特勒. 创业无畏 [M]. 杭州：浙江人民出版社，2015.

[4] 彼得·德鲁克. 创新与企业家精神 [M]. 北京：机械工业出版社，2009.

[5] 布鲁斯·巴林杰. 创业计划书：从创意到方案 [M]. 北京：机械工业出版社，2016.

[6] 蔡剑，吴戈，王陈慧子. 创业基础与创新实践 [M]. 北京：北京大学出版社，2015.

[7] 蔡松伯，王东晖，王小方. 大学生创新创业指导 [M]. 成都：西南财经大学出版社，2016.

[8] 陈龙春，杨敏. 大学生创业基础 [M]. 杭州：浙江大学出版社，2007.

[9] 陈永奎. 大学生创新创业基础教程 [M]. 北京：经济管理出版社，2015.

[10] 陈忠卫. 知行统一路 [M]. 北京：经济管理出版社，2017.

[11] 谌飞龙. 创业营销：创业项目包装与推介 [M]. 北京：机械工业出版社，2017.

[12] 程江波. 创业力：创业者的 9 堂必修课 [M]. 北京：机械工业出版社，2017.

[13] 迪安 A 谢泼德. 从柠檬到柠檬汁 [M]. 何云朝，译. 北京：中国人民大学出版社，2012.

[14] 丁栋虹. 创业管理 [M]. 北京：清华大学出版社，2006.

[15] 杜永红，梁林蒙. 大学生创新创业教育：基于互联网 + 视角 [M]. 北京：清华大学出版社，2017.

[16] 邓立治. 商业计划书：原理、演示与案例 [M]. 2 版. 北京：机械工业出版社，2018.

[17] 郭斌，王成慧. 大学生创新创业案例 [M]. 天津：南开大学出版社，2016.

[18] 海迪·内克，帕特里夏·格林，坎迪达·布拉什. 如何教创业：基于实践的百森教学法 [M]. 薛志红，等译. 北京：机械工业出版社，2015.

[19] 贺尊. 创意学概论 [M]. 2 版北京：清华大学出版社，2016.

[20] 霍华德 H 弗雷德里克，唐纳德 F 库洛特克，理查德 M 霍杰茨. 创业学 [M]. 蒋春燕，译. 北京：中国人民大学出版社，2011.

[21] 李巍，黄磊. 大学生创业基础 [M]. 北京：中国人民大学出版社，2017.

[22] 李肖鸣，孙逸，宋柏红. 大学生创业基础 [M]. 3 版. 北京：清华大学出版社，2016.

[23] 李振勇. 商业模式：企业竞争的最高形态 [M]. 北京：新华出版社，2006.

[24] 刘平. 大学生创业基础 [M]. 北京：机械工业出版社，2013.

[25] 刘沁玲，陈文华. 创新与创业管理 [M]. 北京：清华大学出版社，2016.

[26] 罗宾·蔡思. 共享经济：重构未来商业新模式 [M]. 王芮，译. 杭州：浙江人民出版社，2015.

[27] 马小龙. 大学生创业基础 [M]. 北京：高等教育出版社，2017.

[28] 沈全洪，王旭光. 大学生创业方略 [M]. 北京：清华大学出版社，2016.

[29] 施永川. 大学生创业基础 [M]. 北京：高等教育出版社，2017.

[30] 斯科特 A 沙恩. 寻找创业沃土 [M]. 北京：中国人民大学出版社，2005.

[31] 王庆生，王坤. 大学生创业基础 [M]. 北京：清华大学出版社，2013.

[32] 王杉. 12 堂关键创业课 [M]. 北京：民主与建设出版社，2017.

[33] 吴巨慧. 大学生创业计划竞赛伴你成长 [M]. 杭州：浙江大学出版社，2007.

[34] 徐俊翔. 大学生创业基础知能训练教程 [M]. 北京：现代教育出版社，2014.

[35] 薛艺，乔宝刚. 创行：大学生创新创业实务 [M]. 青岛：中国海洋大学出版社，2016.

[36] 杨华东. 中国青年创业案例精选 [M]. 北京：清华大学出版社，2012.

[37] 姚凯. 大学生创业导论 [M]. 北京：清华大学出版社，2017.

[38] 伊丽莎白·切尔. 企业家精神：全球化、创新与发展 [M]. 李裕晓，等译. 北京：中信出版社，2004.

[39] 于晓宇，蒲馨莲，桑大伟. 学会管理失败 [J]. 中欧商业评论，2018（7）：52.

[40] 张玉利，李华晶，薛杨. 创新与创业基础 [M]. 北京：高等教育出版社，2017.

[41] 张玉利，薛红志，陈寒松，李华晶. 创业管理 [M]. 4 版. 北京：机械工业出版社，2016.

[42] 张玉利，杨俊. 创业管理（行动版）[M]. 北京：机械工业出版社，2017.

[43] 张玉利，谢巍. 改革开放、创业与企业家精神 [J]. 南开管理评论，2018（5）：4-9.

[44] 张志，乔辉. 大学生创新创业入门教程 [M]. 北京：人民邮电出版社，2016.

[45] 张志，乔辉. 大学生创业指南——从零开始学创业 [M]. 北京：人民日报出版社，2016.

[46] 郑晓燕. 创业基础案例与实训 [M]. 成都：西南财经大学出版社，2014.

[47] 朱恒源，余佳. 创业八讲 [M]. 北京：机械工业出版社，2016.

[48] 马修·特纳. 翻盘：全球 163 位创业者从失败走向成功的七步法 [M]. 于晓宇，等译. 北京：机械工业出版社，2018.

[49] Boyd D P，Gumpert D E. Coping with Entrepreneurial Stress[J]. Harvard Business Review，1983，61（2）：44-56.

[50] Cope J. Entrepreneurial Learning from Failure：an Interpretative Phenomenological Analysis[J]. Journal of Business Venturing，2010，6（2）：1-20.

[51] Edmondson A C. Strategies of Learning from Failure[J]. Harvard Business Review，2011，89（4）：48-55，137.

网站推荐

1. 36氪网：www.36kr.com
2. 虎嗅网：www.huxiu.com
3. 雷锋网：www.leiphone.com
4. 黑马网：http://www.iheima.com
5. 《创业家》杂志网站：http://www.chuangyejia.com
6. 《创业邦》杂志网站：http://www.cyzone.cn
7. 中国大学生创业网：httpwww.chinadxscy.com
8. MIT创业中心：http://entrepreneurship.mit.edu
9. 哈佛技术创业中心：http://tech.seas.harvard.edu
10. 斯坦福技术创业项目：http://stvp.Stanford.edu
11. 伯克利创业创新中心：http://entrepreneurship，berkeley.edu/main/index
12. 沃顿商学院创业项目：http://wep.wharton.upenn.edu
13. 中央电视台《财富故事会》网站：http://www.cctv.com/program/cfgsL
14. 中央电视台《致富经》网站：http://www.zhifujing.org
15. 优米网：http://www.umiwi.com
16. 精益创业网站（《精益创业》一书作者创建的网站）：http://theleanst
17. 环球协力社（Global Links Initiative）的网站平台：www.glinet.org
18. 中国管理案例共享中心：http://cmcc.dlemba.com/index.php
19. 清华管理评论：http://www.tbr.net.cn
20. 中国企业家网：http://www.iceo.com.cn
21. 中国经营网：http://www.cb.com.cn
22. 商业评论网：http://www.ebusinessreview.cn

微信公众号推荐

1. 创新工场，微信号：chuangxin2009
2. 飞马旅，微信号：feimalv0927
3. 创事记，微信号：sinachuangshiji
4. 创客100，微信号：TM7100BJ
5. i黑马，微信号：iheima
6. 36氪，微信号：wow36kr
7. 创业邦杂志，微信号：ichuangyebang
8. 虎嗅，微信号：huxiu_com
9. 雷锋网，微信号：leiphone-sz
10. 3W互联网深度精选，微信号：studywww
11. 金错刀，微信号：ijincuodao
12. 钛媒体，微信号：taimeiti
13. 起点创业营，微信号：istartvc
14. 罗辑思维，微信号：luojisw
15. 中欧商业评论，微信号：ceibs-cbr
16. 南开创业，微信号：nkcygl
17. 暨南大学创业学院，微信号：jnucyxy
18. 哈佛商业评论，微信号 hbrchinese
19. 北大纵横，微信号：ALLPKU-Wangpu
20. 阿里研究院，微信号：aliresearch
21. 大学生创业网，微信号：s2014927